AF478941

DAS PORTRÄT FOTOGRAFIE ALS BÜHNE
THE PORTRAIT PHOTOGRAPHY AS STAGE

KUNSTHALLE wien

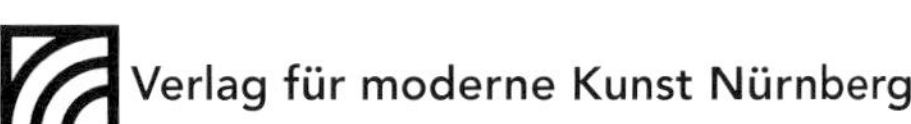

Verlag für moderne Kunst Nürnberg

4 **Vorwort** Foreword
Gerald Matt

8 **Zur Ausstellung** On the Exhibition
Peter Weiermair

14 **Über Porträts in Zeiten der digitalen Wirklichkeit** On Portraits in Times of Digital Reality
Ulrich Pohlmann

26 Roger Ballen
32 Tina Barney
38 Valérie Belin
44 Dirk Braeckman
50 Clegg & Guttmann
54 Andrea Cometta
60 Anton Corbijn
66 Rineke Dijkstra
72 Amy Elkins
78 JH Engström
84 Bernhard Fuchs
88 Alberto García-Alix
94 Luigi Gariglio
100 Anthony Gayton
106 Nan Goldin
112 Greg Gorman
118 Katy Grannan
124 Jitka Hanzlová
130 Peter Hujar
136 Jean-Baptiste Huynh
142 Leo Kandl
148 Barbara Klemm
154 Gerhard Klocker
160 Andreas Mader
166 Sally Mann
172 Robert Mapplethorpe
178 Hellen van Meene
184 Judith Joy Ross
190 Thomas Ruff
194 Stefano Scheda
200 Beat Streuli
204 Wolfgang Tillmans

210 **Biografien** Biographies

226 **Werke in der Ausstellung /Abbildungsverzeichnis** Works in the exhibition / List of illustrations

VORWORT

Gerald Matt

Ich bin sichtbar. Ich bin Bild.
Jean Baudrillard

Als mit der Erfindung der Fotografie die Demokratisierung des Porträts einsetzte und auch ein einfacher Bürger in einem jener heute legendären Fotostudios wie dem von Nadar in Paris ein Porträt anfertigen lassen konnte, verblüffte und verzückte das neuartige Produkt, denn für den Menschen des 19. Jahrhunderts war es keine Selbstverständlichkeit, ein Bild von sich selbst zu besitzen. Über 150 Jahre später und drei Jahrzehnte nach der Erfindung der Digitalkamera, ist die Fotografie dasjenige künstlerische Medium und das Porträt dasjenige künstlerische Genre, zu denen der kreative Laie vielleicht am stärksten in Konkurrenz tritt oder treten zu können glaubt. Was kann Porträtfotografie heute leisten angesichts der medialen Überproduktion und Allgegenwart fotografischer Abbilder? Was bedeutet die Darstellung eines Menschen heute angesichts neuer Technologien, mit denen jedes Bild schnell, einfach und billig manipuliert und der menschliche Körper nach Wunsch verändert und verschönert werden kann? Welchen geistig kulturellen Mehrwert ist die künstlerische Fotografie im Stande zu erzeugen? Wie positionieren sich zeitgenössische Porträtisten im Verhältnis zum Begriff des Porträts, welches traditionell als Stellvertreter der Person und Identifikationsmedium gilt?

Nach den Fotografieausstellungen der letzten Jahre wie *Flash Afrique* und *Black Brown White*, die zwei unterschiedlichen Fotokulturen in Afrika abseits des etablierten Kunstbetriebes gewidmet wurden oder Einzelausstellungen wie *Nan Goldin*, *Juergen Teller* und *Lisette Model* zeigt die Kunsthalle Wien im „Sommer der Fotografie" nun neben der Werkschau von Thomas Ruff mit *Das Porträt. Fotografie als Bühne* eine international ausgerichtete Gruppenausstellung, die sich einem kunsthistorischen Sujet widmet, welches in der jüngsten Fotografiegeschichte einen neuen Stellenwert erlangt hat und für Fotografinnen und Fotografen in den letzten Jahrzehnten wieder interessant geworden ist. Im Bewusstsein der bildmedialen Gegenwärtigkeit von fiktiven Realitäten steht die zeitgenössische Porträtfotografie ihrer eigenen Tradition skeptisch gegenüber und vor der Aufgabe, ihr Genre ästhetisch zu hinterfragen und neu zu verorten.

„Fotografieren bedeutet teilnehmen an der Sterblichkeit, Verletzlichkeit und Wandelbarkeit anderer Menschen", hat Susan Sontag einmal gesagt. Fast humanistisch könnte in diesem Sinne auch der Zugang zum Abbilden des Individuums der 32 hier vertretenen Künstlerinnen und Künstler genannt werden. Die ausgewählten Exponate zeugen vor allem vom Interesse am Menschen und es mag daher kein Zufall sein, dass die Fotografierenden oft Freunde und Familie zu ihren Protagonisten machen. Verbreitet scheint u.a. der Ansatz, Persönlichkeiten in ihrem Umfeld darzustellen und somit Individualität als Wert sichtbar zu machen, der auf einen gesellschaftlichen und sozialen Kontext bezogen ist, der sich aus der Lebenswelt des Einzelnen definiert. Porträtfotografie wird schließlich auch zum Dokument, welches zeigt, wie Menschen gelebt und gefühlt haben, zum Schlüssel eines persönlichen Bildes einer Zeit. Auf intime jedoch sehr gegensätzliche Weise haben Robert Mapplethorpe und Nan Goldin die Personen, die ihnen am nächsten standen, porträtiert und mit ihrem Werk die nachfolgende Künstlergeneration nachhaltig beeinflusst. Mapplethorpe suchte nach perfekter Schönheit und verwandelte den menschlichen Körper in Skulptur. Goldin hat ein persönliches Bilderbuch geschaffen, in dem sie schonungslos physische und emotionale Intimität auf Zelluloid

FOREWORD
Gerald Matt

I am visible. I am image.
        Jean Baudrillard

When, with the invention of photography, the portrait was democratised, and even a simple citizen could have a portrait made in one of the now legendary photo studios, such as that of Nadar in Paris, the new-fangled product seemed astonishing and delightful, for people of the 19th century did not take it for granted that they could own a picture of themselves. More than 150 years later, with the invention of the digital camera, photography is the art medium and the portrait the art genre where the creative lay person can compete most effectively, or thinks s/he can. What can portrait photography achieve today, in the face of media over-production and ubiquitous photographic images? What is the significance of a representation of a person today, in the face of new technologies with which any picture can be manipulated quickly, easily and cheaply and the human body can be changed and beautified? What added cultural value can the art photograph produce? What position do contemporary portrait artists take up in relation to the traditional idea of the portrait as a place-holder for the person and medium of identification?

After the photo exhibitions of recent years like *Flash Afrique* and *Black Brown White*, which were devoted to two different photo cultures in Africa outside the established art industry, as well as solo exhibitions such as those of Nan Goldin, Juergen Teller and Lisette Model, the Kunsthalle Wien is now enjoying a 'Summer of Photography,' with a retrospective on Thomas Ruff as well as *The Portrait. Photography as Stage*. This is an internationally conceived group exhibition devoted to a subject from art history that has acquired a new status in the most recent history of photography and which has again become interesting in recent years for photographers. Aware of the presence of fictitious realities in the visual media, contemporary portrait photography is sceptical about its own tradition and is facing the task of inquiring into its genre in aesthetic terms and positioning it anew.

"Photography means participating in the mortality, vulnerability and alterability of other people," Susan Sontag once said. In this sense, the approach to images of the individual by the 32 artists represented here could almost be called humanistic. The selected exhibits demonstrate more than anything else an interest in the human, and it may therefore be no accident that the photographers often make friends and family their protagonists. It also seems to be a widespread approach to present individuals in their natural surroundings, thus making personality visible as a value related to a communal and social context, defined from within the circumstances of one's life. Portrait photography also becomes a document showing how people have lived and felt, a key to a personal image of a particular time. In intimate yet very contrasting ways, Robert Mapplethorpe and Nan Goldin portrayed those who were closest to them, thereby strongly influencing the generation of artists who followed. Mapplethorpe looked for perfect beauty and transformed the human body into sculpture. Goldin created a personal picture book, by mercilessly fixing physical and emotional intimacy on celluloid. Her photographs are, at the same time, a portrait of the *zeitgeist* of a generation who lived in a haze of drugs in the 1980s and had to mourn the first who died of AIDS. Beyond that, it is also a matter of the immanent reflection of the media environment, in contemporary portrait photography: the borderlines between art, fashion, journalism, advertising and documentation, as well as the technical possibilities and limits of representation.

bannte. Ihre Aufnahmen sind gleichzeitig ein Porträt des Zeitgeistes einer Generation, die in den 1980er Jahren im Drogenrausch lebte und die ersten AIDS Toten beklagen musste. Darüber hinaus geht es in der zeitgenössischen Porträtfotografie ebenso um die immanente Reflexion des medialen Umfeldes, um Grenzbereiche zwischen Kunst, Mode, Journalismus, Werbung, Dokumentation, um technologische Möglichkeiten und Grenzen der Abbildung. Porträt bedeutet heute auch das Durchspielen von Repräsentationsformen nach dem Verlust der Unschuld der Fotografie.

Die ungebrochene Aktualität des fotografischen Mediums, denn paradoxerweise ist gerade im Zeitalter der Digitalisierung der auratische Wert des Fotos als Kunstobjekt gestiegen, bietet darüber hinaus Anlass, im Rahmen eines umfangreichen Diskursprogramms die verschiedenen Aspekte der Fotografie und der Fotoszene in Österreich zu beleuchten. Expertinnen und Experten des Kunstbetriebes diskutieren den Status Quo und die Desiderata der österreichischen Fotografielandschaft. Dabei stehen Fragen nach dem Stellenwert der Fotografie in Österreich im Mittelpunkt, nach ihrer Position im internationalen Vergleich sowie die Notwendigkeit und die Möglichkeit eines Fotomuseums für Österreich.

Für die Mitwirkung an dieser Ausstellung sei zahlreichen Einzelpersonen und Organisationen gedankt. Allen voran gilt unser Dank den Künstlerinnen und Künstlern sowie allen Leihgebern, die sich in diesem Projekt engagiert haben. Besonders gedankt sei auch dem Kurator Peter Weiermair, der diese Ausstellung und die begleitende Publikation für die Kunsthalle Wien konzipiert hat. Dank gilt dem Verlag für moderne Kunst Nürnberg und Silvia Jaklitsch für die Aufnahme der Ausstellungspublikation in das Verlagsprogramm sowie Ulrich Pohlmann für seinen anregenden Text zur Porträtfotografie heute und Dieter Auracher für die grafische Gestaltung. Abschließend richtet sich ein herzliches Dankeschön an die Mitarbeiterinnen und Mitarbeiter der Kunsthalle Wien, die mit Einsatz und Engagement an der Realisierung dieser Ausstellung gearbeitet haben, auf Seiten der kuratorischen Assistenz Synne Genzmer und Martin Walkner, außerdem Sigrid Mittersteiner, Produktionsleitung, Claudia Bauer, Leitung Presse/Marketing sowie Katharina Murschetz und Michaela Zehetner, Isabella Drozda, Leitung Kunstvermittlung, und Johannes Diboky, Leitung Technik.

'Portrait' today also means playing through the various forms of representation after the loss of innocence in photography.

The uninterrupted topicality of the photographic medium – for paradoxically the mystical value of the photo as an art object has actually increased in the age of digitalization – also provides an opportunity to spotlight various aspects of photography and the art photography industry in Austria as part of a wide-ranging programme of discussions. This will focus on questions of international comparison and a photo museum for Austria. Experts from the art world will debate the status quo and the desiderata of the Austrian landscape of photography.

Many individuals and organizations deserve our thanks for their contributions to this exhibition. In the first place, our thanks go to the artists and donors who have shown their commitment to this project. In particular, we are grateful to the curator, Peter Weiermair, who conceived of this exhibition and the accompanying publication for Kunsthalle Wien. We thank the Verlag für moderne Kunst Nürnberg and Silvia Jaklitsch for including the exhibition book in their publishing program, as well as Ulrich Pohlmann for his text on portrait photography today, and Dieter Auracher for graphic design. Finally, a warm word of thanks to the people at Kunsthalle Wien, who have worked on realizing this exhibition: the curatorial assistants Synne Genzmer and Martin Walkner; Sigrid Mittersteiner, production management; Claudia Bauer, press and marketing management; Katharina Murschetz and Michaela Zehetner; Isabella Drozda, educational program, and Johannes Diboky, technical management.

ZUR AUSSTELLUNG

Peter Weiermair

*Das menschliche Antlitz ist wirklich wie das jenes Gottes einer orientalischen
Theogonie eine ganze Traube von Gesichtern, die, auf verschiedenen
Ebenen nebeneinandergestellt, nicht auf einmal überblickbar sind.*

Marcel Proust, 1919

*Es ist genau der durchscheinende Charakter des fotografischen Bildes
mit seinem Versprechen von Realismus und Treue, welcher der Natur des
fotografischen Porträts eine solche Vielschichtigkeit verliehen hat.*

Alberto Martin, 2005

Als die entscheidende mechanisch-technische Reproduktionsmöglichkeit hat die
Fotografie seit ihrer Erfindung im 19. Jahrhundert nahezu alle Themen der Malerei, die Landschaft, das Stillleben, das Genre, den Akt und vor allem das Porträt
vereinnahmt. Statt des komplizierten, zeitraubenden und aufwendig synthetischen malerischen Verfahrens handelte es sich bei der kostengünstigen Fotografie
nicht nur um eine mögliche neue Kunstform, sondern um ein „neues Phänomen,
nicht nur um eine neue Kunst, sondern eine neue Form des Bewusstseins."[1]

Innerhalb der in den letzten Jahren in Europa realisierten Ausstellungen und den
sie begleitenden Büchern, die sich mit dem Thema des Porträts auseinandergesetzt
haben, nimmt das Projekt der Kunsthalle Wien eine eigene Position ein. Es geht
nicht um die Konstruktion oder Dekonstruktion des Gesichts (als nur einem Teil
des Porträts) vor dem Hintergrund einer Infragestellung der Leistungsfähigkeit des
Porträts, ja der Möglichkeit des Wahrheits- und Wirklichkeitsgehalts der Wiedergabe eines Menschen, sondern um das Porträt nach der Ära des Konzeptualismus und
der Selbstbefragung des Mediums Fotografie in den sechziger und siebziger Jahren
des vorherigen Jahrhunderts. Unsere Fotografinnen und Fotografen arbeiten zwar
mit dem Prinzip „Zweifel" schlechthin, reflektieren dabei jedoch die Kunst- wie Fotografiegeschichte. Hat William A. Ewing in seiner Ausstellung *Face* eine Geschichte
vom möglichen Verlust des Porträts geschrieben[2], so wird hier dagegen ein Reichtum unterschiedlichster Möglichkeiten des zeitgenössischen Porträts demonstriert.

„Fotografie als Bühne" – mit dieser Metapher versuche ich die Haltung des
Abgebildeten (des Schauspielers) und die des Fotografen (des Regisseurs) zu
betonen, die Tatsache, dass jede Porträtaufnahme sich im rechteckigen Rahmen des
theatralischen Bildausschnittes ereignet. Die Mehrzahl der in dieser Ausstellung auftretenden „Schauspieler" sind keine öffentlichen Figuren, deren Bild wir bereits
kennen und das vielleicht vom Fotografen korrigiert wird. Sie sind uns unbekannt,
ja in der Streetfotografie selbst auch dem Fotografen. Die gezeigten Werke
verdichten sich zu einem Panorama des Menschenbildes der letzten dreißig Jahre,
wobei wir aufgrund von Kleidung, Haartracht und Haltung zeitlich zu differenzieren
imstande sind. Interessant ist, dass jüngere Fotografen von der brüchigen oft nicht
festgelegten, offenen Identität ihrer Modelle fasziniert sind. Wollte man die
angewandten ästhetischen Strategien charakterisieren, wird deutlich, dass die
Künstlerinnen und Künstler unterschiedlichste Aufnahmemethoden übernehmen
und sich aneignen. Sie arbeiten mit ästhetischen Kategorien der Mode-, Passbild-,
Dokumentations-, Schnappschuss- sowie Aktfotografie und erweitern so den
tradierten Begriff des Porträts. Zur Diskussion steht dabei ebenso eine Fotografie,
die aus analogen Traditionen herrührt, wie sich auch die Fotografen (zumeist

ON THE EXHIBITION

Peter Weiermair

*The human face is indeed like the face of a god of some oriental
theogony, a whole cluster of faces crowded together, but on different
planes so that one does not see them all at once.*

Marcel Proust, 1919

*It is precisely the transparent character of the photographic image –
its promise of realism and faithfulness that has made the nature of the
photographic portrait so complex.*

Alberto Martin, 2005

As the most important mechanical/technical method of reproduction since it was invented in the 19th century, photography has taken on all the themes of painting: landscape, still life, genre, nude and, especially, portraiture. In place of the complicated, time-consuming and expensive synthetic procedure of painting, low-cost photography was a "profoundly new phenomenon, not only an art but a new form of human consciousness."[1]

Among the exhibitions and accompanying books that have been concerned with the theme of portraiture in Europe in recent years, the project of Kunsthalle Wien is taking a unique position. It is not about the construction or deconstruction of the face (which is only one part of a portrait) against a question of the portrait's performance capacity, or even about possibilities of truth and reality in reflecting a human being, but rather about the portrait after Conceptualism and the self-criticism of the photographic medium in the sixties and seventies of the last century. While our photographers work, in fact, with the 'doubt' principle in itself, they also reflect on art history and the history of photography. If William A. Ewing wrote a history on the possible loss of the portrait in his exhibition *Face*[2], we, on the other hand, are displaying a wealth of extremely varied possibilities in contemporary portraiture.

"Photography as Stage" – I use this metaphor as a way to emphasize the attitude of the person portrayed (the actor) and that of the photographer (the director), and, indeed, every photographic portrait takes place in the square frame of the theatrical image-excerpt. Most of the 'actors' playing their roles in this exhibition are not public figures, whose images are already familiar to us and which might be corrected by the photographer. They are unknown to us and, in the case of street photography, even to the photographer. The works exhibited amount to a panorama of the image of humanity in the last thirty years, with differentiations in time marked by clothing, hair-styles and posture. It is interesting that younger photographers are fascinated by the fragile, often still unfixed, open identity of their models. If one wants to characterize the aesthetic strategy used here, it becomes clear that the artists take over photographic strategies serving a wide range of other functions and make them their own. They work with aesthetic categories from fashion, passport photography, documentaries, snapshots and nude photography, in this way extending the traditional concept of the portrait. In dispute here is also a kind of photography that comes from analogous traditions, just as the photographers make use (commonly with polemical irony) of the possibilities of digital manipulation and correction. The self-portrait is excluded. What interests us here is not the relationship of the photographer to himself, nor his attempts at

polemisch-ironisch) der Möglichkeit digitaler Bearbeitung und Korrektur bedienen. Das Selbstporträt wurde ausgeschlossen. Nicht die Beziehung des Fotografen zu sich selbst, seine Deutungsversuche interessieren uns hier, sondern sein Dialog mit dem Anderen, mit Familie (und den innerfamiliären Beziehungen) oder Freunden.

Alberto Martin konstatiert eine bestimmte Tendenz in der Fotografie jener Zeitspanne, die hier beleuchtet wird: „Seit den 1980er Jahren hat sich das Interesse, in konkreter Weise Zusammenhänge wiederzugeben, die Individuen oder klar definierte und abgegrenzte Gruppen von Menschen, gesellschaftliche Gruppen oder Berufsgruppen erklären und bestimmen, zu einem weit verbreiteten Modell entwickelt. Das Individuum wird durch seine Zugehörigkeit zu einer Gemeinschaft oder Gruppe zu verstehen versucht. Seit den Achtzigerjahren hat eine klar umrissene Ableitung dieses Ansatzes, das Fototagebuch, im Bereich der Porträtfotografie beinahe die Wirksamkeit eines Subgenres erlangt."[3] Demgemäß kann es hier nicht das Einzelbild sein, das als Werk angesehen wird, wenn es jetzt allein Werkcharakter besitzt, sondern eine Folge von Bildern als Resultat einer Forschungsabsicht. Es geht um die Beobachtung von Modellsituationen der Identität, welche von einer ethnologischen, soziologischen, rein ästhetischen bis hinzu einer anthropologischen Perspektive reichen.

Die Ausstellung vereint internationale Positionen (darunter eine ganze Reihe, die zum ersten Mal in Wien gezeigt werden) und ist historisch sowie nach verwandten Haltungen gegliedert. Das Katalogbuch hat eine eigene alphabetische Struktur und enthält Selbstäußerungen der Künstlerinnen und Künstler, für die das Porträt zu ihren zentralen Themen zählt. Auswahlkriterien waren Innovationen thematischer, konzeptueller oder stilistischer Art. Manche stehen dabei stellvertretend für eine ganz bestimmte Haltung – Redundanz sollte vermieden werden. Künstlerinnen und Künstler, deren Ansatz vor dem magischen Datum 1980 liegt, wurden nicht berücksichtigt. Historische Vorbilder, seien sie auf der amerikanischen Seite Walker Evans, oder Diane Arbus, auf der europäischen Seite die Systematiker und Enzyklopädisten August Sander oder Bernd und Hilla Becher, aber auch die gesamte Porträttradition der klassischen Malerei spielen für die hier gezeigten Positionen eine Rolle. Die Auseinadersetzung mit dem Körper, Fragen der eigenen Identität, die Genderdiskussion der 1960er und 1970er Jahren wirken noch nach. Porträt bedeutet nicht nur die Darstellung des Gesichts als, wie es früher hieß „Ausdruck der Seele", sondern der gesamten Person in ihrem Habitat. Seit Diane Arbus oder Richard Avedon kennen wir das Aktporträt. Mimik und Körpersprache sind in gleicher Weise für die Charakterisierung der Person wichtig.

Alle Porträtfotografie ist Resultat eines Dialogs. Dieser Dialog ist das zentrale Thema. Zuerst geht es um einen Dialog zwischen dem Fotografen und dem Modell, das sich verweigern kann oder gesehen werden will, und dem, der sieht, der also ein Voyeur der Wirklichkeit ist. Liegt die Fotografie als zweidimensionales statisches Bild vor, geht es um die Beziehung des Betrachters zum Bild und der durch ihn erfolgenden Deutung. Peter Hujar hat mir gegenüber einmal erwähnt, dass ein Fotograf ein Arzt sei, vor dem sich das Modell (der Patient) entblößt. Martin schreibt: „Das Genre der Porträtfotografie, das wohl als Inbegriff der Fotografie überhaupt anzusehen ist, beruht auf vielfältigen Dialogen zwischen Fotograf und Modell sowie Modell und Betrachter. Wenn es eine Periode gibt, in der die Implikationen und Folgen dieser komplexen Beziehungen bis an ihre Grenzen ausgereizt wurden, war das die zweite Hälfte des 20. Jahrhunderts. Besonders augenfällig wird das daran, wie sehr sich Fotografen ihrer Möglichkeiten bewusst sind, dieses wechselseitige Spiel zu beeinflussen und dadurch die festgelegten Rollen zu verändern und in Frage zu stellen."[4] Linda Nochlin bemerkt zu Recht, dass wir im Porträt „das Aufeinandertreffen von zwei Subjektivitäten"[5] beobachten können.

self interpretation, but his dialog with the other, with families, and their internal relationships, or friends.

Alberto Martin states: "Since the 1980s, the interest in concretely reflecting contexts that explain and determine the subject or well-defined and demarcated human, in social or professional groups, has become a widespread model. The subject is explained in terms of his or her belonging to a community or group. Since the 1980s, a clearly delineated derivation of this praxis has nearly gained the force of a sub-genre within portraiture – the photo diary."[3] It is understandable that it cannot be an isolated image, but a series of pictures that is to be seen as a work resulting from the artist's research intentions. It is a matter of observing model situations of identity, which range from ethnological perspectives through sociological and purely aesthetic ones to anthropological interests.

The exhibition brings international positions together (including a large number that are being seen in Vienna for the first time) and is sorted historically and according to related postures. The catalogue volume has its own alphabetical structure and contains statements from the artists for whom portraiture is one of the main themes. All have been selected according to the criterion of whether they are or were significant in terms of innovation – thematically, conceptually or stylistically. Some stand as representatives of a particular attitude. Artists whose approaches were developed before the magic date of 1980 have not been taken into account.

Historical precedents, whether from America, like Walker Evans or Diane Arbus, or from Europe, like the systematic and encyclopaedic August Sander or Bernd and Hilla Becher, and indeed the entire portrait tradition of classical painting have a role to play in the positions shown here. The concern with the body, questions of one's own identity and the gender discussion of the sixties and seventies still have an after-effect. A portrait is not only the presentation of the face, of the kind once called "an expression of the soul," but rather of the entire person in its habitat. Since Diane Arbus and Richard Avedon, we have become familiar with the nude portrait. Gesture and body-language are similarly important for characterizing the personality.

All portrait photography is the result of a dialog. This dialog is its central theme. In the first instance, it is a dialog between the photographer and the model, who may be resistant or may want to be seen, and the person who sees, in other words, a voyeur of reality. Whenever photography is a two-dimensional, static image, it is about the relationship of the viewer to the picture and the interpretation he makes. Peter Hujar once remarked to me that a photographer is a doctor in front of whom the model (the patient) disrobes. Martin writes: "Portraiture – perhaps photography's epitomic genre – is built on the basis of multiple dialogues between photographer and model, and model and viewer. And if there is a period in which the implications and consequences of these complex relations were pushed to the limits it is the second half of the twentieth century. This is especially evident in photographers's conscious attitude toward their capacity to influence this play of transactions, thus modifying and questioning established roles."[4] Linda Nochlin rightly says that in the portrait we can observe "the meeting of two subjectivities."[5]

In comparison with the other genres of photography, the relationship between the viewer and the viewed is closer. Portrait photography has undergone a development whose last thirty years are documented in this exhibition. The exhibition is consciously open-ended and takes up no particular ideological standpoint. Robert Mapplethorpe is situated at the beginning of this exhibition and, at the same time, at the end of the development of portraiture in the tradition of the "directorial mood," studio photography. This eclectic perspective of the portrait frozen in light as a beautiful object stands in contrast to the approaches of Peter Hujar and

Im Unterschied zu den übrigen Genres der Fotografie ist die Beziehung zwischen dem Betrachter und dem Dargestellten enger. Die Porträtfotografie hat eine Entwicklung genommen, deren letzte 30 Jahre in dieser Ausstellung dokumentiert werden. Die Ausstellung ist bewusst offen und bezieht keinen ideologischen Standpunkt. Robert Mapplethorpe steht am Anfang dieser Ausstellung und gleichzeitig am Ende der Entwicklung des Porträts in der Tradition des „directorial mood", der Studiofotografie. Dialektisch entgegen gesetzt sind zu dieser eklektizistischen Auffassung des im Licht eingefrorenen Porträts als schönem Objekt die Haltungen von Peter Hujar und Nan Goldin. In der Minderzahl befinden sich in dieser Ausstellung Auftragsarbeiten oder wenn es sich darum handelt, dann versuchen die Fotografen das öffentliche Bild der Dargestellten zu korrigieren. Der Fotograf ist der Interpret seines Gegenübers. Diane Arbus hat uns das Fürchten gelehrt. Untersuchungen zu ihrem Werk haben bewiesen, wie sehr ihre seelische Ausgangslage mit Hilfe der Dargestellten gespiegelt wurde. Vergessen wir aber auch nicht, dass das Bild eine Realität für sich ist. Als Greg Gorman in Hollywood mir ein Bild zeigte, fragt er mich, ob ich nicht das Modell kennenlernen wollte, welches in ummittelbarer Nähe zu Hause wäre. Nein, hatte ich ihm geantwortet, ich liebe die Fotografie, nicht das Modell.

1 Ben Maddow, *Faces. A narrative History of the Portrait in Photography*, New York Graphic Society, Boston 1977, S. XI.
2 William A. Ewing, *Face. The New Photographic Portrait*, Thames & Hudson, London 2006.
3 Alberto Martin, *De la Humano Fotografia Internacional 1950–2000*, Junta de Andalucia 2005, S. 24.
4 Ebd., S. 16.
5 Linda Nochlin, „Some women realist", in: *Arts Magazine*, May 1974, S. 29.

Nan Goldin. Commissioned works are in the minority in this exhibition, and if so, photographers are trying to provide corrections to the public image of the person portrayed. The photographer is an interpreter of the person he is looking at. Diane Arbus has taught us to be afraid. Studies of her work have proved the great extent to which her basic mood was reflected, with the help of the person portrayed. But let's not forget that the picture is a reality in itself. When Greg Gorman was showing me a picture in Hollywood, he asked me if I wanted to meet the model, who was at home not far away. No, I answered, I love the photograph, not the model.

1 Ben Maddow, *Faces. A narrative History of the Portrait in Photography*, New York Graphic Society, Boston 1977, p. XI.
2 William A. Ewing, *Face. The New Photographic Portrait*, Thames & Hudson, London 2006.
3 Alberto Martin, *De la Humano Fotografia Internacional 1950–2000*, Junta de Andalucia 2005, p. 24.
4 Ibid, p. 16.
5 Linda Nochlin, "Some women realists," in *Arts Magazine*, May 1974, p. 29,

ÜBER PORTRÄTS IN ZEITEN DER DIGITALEN WIRKLICHKEIT

Ulrich Pohlmann

Wir leben in einer auf starke faciale Reize ausgerichteten Gesellschaft, die „ununterbrochen Gesichter produziert".[1] Diese Feststellung, obwohl vor mehr als zehn Jahren getroffen, hat bis heute in der Kernaussage nichts von ihrer Gültigkeit eingebüßt. Das Gesicht gilt als Ausdrucksträger des menschlichen Charakters par excellence. Ins Bewusstsein der Öffentlichkeit dringen dabei gewöhnlich nur Bildnisse, die aufgrund ihrer prägnanten Oberflächengestaltung besondere Wirkung erzielen oder den Betrachter durch gesteigerte Expressivität zum Hinsehen stimulieren. Insbesondere in der massenmedialen Kulturindustrie wie der Werbung ist man ständig auf der Suche nach „unverbrauchten" Gesichtern, die als potenzielle Projektionsfläche dienen können. Doch geht es nicht nur um die Auswahl des „richtigen" Modells, sondern ebenso um die ästhetischen Mittel, mit denen dieses in Szene gesetzt wird. Die Folge ist, dass die Porträtfotografie das Potenzial ihrer Ausdrucksformen immer wieder von neuem ausloten muss.

Die kollektiven wie individuellen Erwartungen und Wünsche an Porträts sind in einer modernen Mediengesellschaft hoch gesteckt. Sie reichen von der Repräsentation des sozialen Status bis zur psychologischen Charakterisierung. Vor allem aber sollen Porträts Aufschluss geben über die allgemeine Beziehung des Menschen zur Welt. Betrachtet man die Vielfalt an Porträts, die täglich im Karussell der Massenmedien zirkulieren oder auch in Ausstellungen als künstlerische Arbeiten präsentiert werden, so ergibt das unüberschaubare wie widersprüchliche Erscheinungsbild für Außenstehende ein kaum aufzulösendes Paradoxon.

Die vorliegende Auswahl der Ausstellung vermittelt einen Einblick in die Komplexität der verschiedenen Erscheinungsformen des fotografischen Porträts, die sich in den vergangenen drei Jahrzehnten herausgebildet haben. Versucht man die vorliegenden künstlerischen Porträtarbeiten strukturierend zu ordnen, dann bieten sich mehrere Kategorien an. Neben formal-ästhetischen Kriterien wie der Differenzierung in Akt, Ganzfigurenbildnis, Büstenporträt oder Close-up des Gesichts lassen sich verschiedene Themen wie Künstlerporträt, der autobiografische Blick, das neutrale Porträt, Porträt-Fiktionen etc. ausmachen, auf deren spezifische Merkmale im folgenden exemplarisch eingegangen werden soll.

Da sind zum einen die Fotografen, die dokumentarische Strategien verfolgen und auf die Kraft des Einzelbildes und ihre Authentizität vertrauen. Dieses geschieht in dem Bewusstsein, dass die Fotografie zwar nur eine Facette der Persönlichkeit wiedergeben kann, aber dennoch einen „wahren" realistischen Moment repräsentiert, selbst wenn dieser eine Fiktion darstellt. „Für mich sind meine Bilder authentisch", so Wolfgang Tillmans, „da sie ‚authentisch' meine Fiktion dieses Moments wiedergeben, für den Betrachter können es immer nur Vorschläge sein, das Dargestellte auch so zu sehen."[2] Auf der anderen Seite haben konzeptuell arbeitende Künstler Andy Warhols Porträtauffassung verinnerlicht und die Ebene der psychologischen Interpretation verlassen, um sich der Erfassung der puren Oberfläche zuzuwenden. Manche Fotografen reagieren auf die Entwicklungen der modernen Gentechnik, andere haben sich vor allem mit den Formen der Rhetorik und Inszenierung intensiv auseinandergesetzt und das Verhältnis zwischen Fotograf und Porträtiertem sowie Bild und Betrachter zum Gegenstand ihrer Arbeit gemacht. Wesentliche Impulse kommen aus Reflexionen über die Rahmenbedingungen der Porträtherstellung, die vor einigen Jahren in der Ausstellung *Der Kontrakt des Fotografen* unter dem Aspekt der Machtverhältnisse

ON PORTRAITS IN TIMES OF DIGITAL REALITY

Ulrich Pohlmann

We live in a society sensitive to strong facial stimuli and "constantly producing faces."[1] This observation, even though it was made more than ten years ago, is no less valid in its core utterance today. The face is viewed as the expressive instrument of human character *par excellence.* And yet normally, the public is aware only of likenesses that aim for a special effect by pithily shaping the surface, or that stimulate viewers to look at them by exaggerating their expressiveness. Especially in the cultural industry of mass media and advertising, there is a constant search for 'unused' faces that have the potential to be used as projection surfaces. Yet the search is not only for the 'right' model, but for the aesthetic means to put the model into the desired framework. As a result, portrait photography must plumb the potentials of its forms of expression again and again.

Both collective and individual expectations and desires for portraits are pitched at a high level in modern media society. They range from representing social status to a psychological characterization. In particular, however, portraits should reveal something about the general relationship between human beings and their world. If one views the variety of portraits constantly circulating in the carousel of mass media and being presented in exhibitions as works of art, the multitudinous and contradictory range of appearances confronts the outsider with a barely resolvable paradox.

The present selection for this exhibition provides an insight into the complexity of the various manifestations of the photographic portrait, which have developed in recent decades. If one tries to arrange the available artistic portraits structurally, several categories suggest themselves. In addition to formal aesthetic criteria such as a differentiation between nudes, full-length portraits, heads-and-shoulders or facial close-ups, it is also possible to find various themes, such as the artist portrait, the autobiographical vision, the neutral portrait, portrait fictions etc., and in the following we will consider the specific features of all the above.

First, there are the photographers who follow documentary strategies and have trust in the power of the individual portrait and its authenticity. They do so in full awareness that photography can only reproduce one aspect of a personality, and yet also represents a 'true' realistic moment, even if it's actually fictional. Wolfgang Tillmans said: "For me, my pictures are authentic because they 'authentically' reproduce my fiction of the moment, but for the viewer they can be no more than proposals to see the subject in the same way."[2] On the other hand, artists who work conceptually have internalized Andy Warhol's idea of portraiture and have abandoned psychological interpretation in order to concentrate on capturing pure surface. Some photographers are reacting to developments in modern gene technology while others have deeply considered, in particular, the forms of rhetoric and stage techniques and have made the relationship between the photographer and the subject, as well as that between the picture and the viewer, the theme of their work. Major impulses have come from reflecting on the surrounding conditions of portrait production, which were more closely examined a few years ago in the exhibition, *The Photographer's Contract.*[3] Vilém Flusser summarized this interaction as follows: "The photographer has power over the viewers of his photographs: he programmes their behaviour; and the camera has power over the photographer: it programmes his gestures."[4]

zwischen Fotograf und Modell näher untersucht worden ist.[3] Vilém Flusser hat
diese wechselseitige Einflussnahme wie folgt zusammengefasst: „Der Fotograf hat
Macht über den Betrachter seiner Fotografien, er programmiert ihr Verhalten; und
der Apparat hat Macht über den Fotografen, er programmiert seine Gesten."[4]

In der Erzählung *Abenteuer eines Photographen* schildert der italienische
Schriftsteller Italo Calvino die Unmöglichkeit, einen Menschen in sämtlichen
Facetten mit der Kamera zu erfassen. Der Fotograf Antonino kommt schließlich
zu der schmerzlichen Erkenntnis, dass auch tausende Porträtaufnahmen seiner
Geliebten am Ende nichts anderes hinterlassen als „eine in eine Staubwolke
von Bildern zersplitterte Identität."[5] Diese Splitter eines Spiegels aufzulesen
und in die Form eines visuellen Tagebuches zu bringen, hat die Amerikanerin
Nan Goldin in ihrer eindrucksvollen Fotoserie *The Ballad of Sexual Dependency*
unternommen, in der sie ihre Lebenswelt und Freunde in emotional bewegenden
Bildern dokumentiert. Es sind existenzielle Zeugnisse voller Intensität, die keine
gesellschaftlichen Tabus oder Konventionen respektieren. Die Intimsphäre wird
dem Betrachter der Bilder rückhaltlos preisgeben. In einer Lebensphase, die
bestimmt war von einer vagen Sehnsucht, im Leben alles ausprobieren zu müssen, stellte das Fotografieren für Nan Goldin nicht nur Bekenntnis sondern auch
eine Art Memento dar, um Situationen und Menschen dauerhaft festzuhalten,
deren Existenz durch Aids und Drogen ständig gefährdet war. „I used to think I
couldn't lose anyone if I photographed them enough", schrieb sie in ihrem Epitaph über die Freundin Cookie Mueller, nachdem diese an Aids verstorben war.[6]

In ihrer Beiläufigkeit erinnern die Motive Goldins stilistisch an die private
Knipserfotografie und so fügen sich die Bilder zu einer Art Familienalbum, jener
„Family of Nan", deren Intensität und Vitalität auf viele jüngere Fotografen eine
sogartige Faszination ausgeübt haben. Zeitgenossen von Goldin wie Peter Hu-
jar oder Larry Clark haben ebenso wie zahlreiche Fotografen der nachfolgenden
Generation wie Juergen Teller, Wolfgang Tillmans, Alberto García-Alix, oder
Andreas Mader ihre Lebenswelt auf unterschiedliche Weise zum Thema gemacht.
So auch der schwedische Fotograf JH Engström, der autobiografische Momente
mit Stillleben, Landschaften, Porträts und Akten zu einem Ganzen vereint, das
wie eine beiläufig entstandene Ansammlung poetischer Zeichen anmutet. In der
Verbindung zueinander bauen die Einzelbilder lyrische Spannungsverhältnisse
auf, die in der Erzählform offen bleiben. Aus Engströms Serie und Buch *Trying to Dance* stammt eine Serie von Aktaufnahmen männlicher und weiblicher
Modelle, die, in ähnlicher Körperhaltung auf einem Stuhl sitzend, frontal die
Kamera fixieren. Durch die leichte Untersicht und Fokussierung auf den Porträtierten bewahren die Aufnahmen eine Intimität des Augenblicks. Zugleich sind
die Körper in der Frontalität dem voyeuristischen Zugriff freigegeben: eine fragile Balance zwischen Privatheit und physischer Präsenz.[7] Dagegen entziehen
sich die rätselhaften Arbeiten von Dirk Braeckman der konkreten Fixierung des
Physischen. Die Protagonisten sind wie in einer symbolistischen Komposition in
grauem gedämpften Licht traumentrückt und sphärisch zugleich wiedergegeben.

Die zeitgenössische Porträtfotografie verdankt der konzeptuellen Hinterfra-
gung des traditionellen Repräsentationsanspruchs wesentliche Impulse. Künstler
wie Ken Ohara oder Thomas Ruff haben die radikale Abkehr von den klassischen
Konventionen der Porträtdarstellung, das Individuum psychologisch einfühlsam
wiederzugeben, eingeleitet. Eine Schlüsselstellung kommt hier zweifelsohne den
konzeptuellen Porträtserien von Ruff zu, in denen die Rahmenbedingungen wie in
einer wissenschaftlichen Versuchsreihe klar definiert werden. Gleichmäßige Bild-
schärfe und Lichtführung, neutrale Hintergründe, einheitlicher Bildausschnitt und
Gesichtsausdruck sind die wesentlichen Merkmale. Auf den ersten Blick erinnern

In his story *The Adventure of a Photographer*, the Italian writer Italo Calvino describes the impossibility of capturing a person, in all their aspects, on camera. The photographer Antonino finally reaches the painful realization that even thousands of photographic portraits of his beloved leave nothing in the end but "an identity fragmented into a powder of images."[5] Collecting these fragments of a mirror into the form of a visual diary was attempted by the American Nan Goldin in her impressive series of photos *The Ballad of Sexual Dependency*, where she documents her friends and the world she lives in with emotionally moving pictures. These are existential testimonies of great intensity that pay no heed to social taboos or conventions. Private life is ruthlessly revealed to the viewer. In a phase of her life that was characterized by a vague urge to try out everything life had to offer, photography represented not only confession but also a kind of *memento* for Nan Goldin, a way to hold on forever to situations and people whose existence was constantly at risk from AIDS and drugs. "I used to think I couldn't lose anyone if I photographed them enough," she wrote in her epitaph for her friend Cookie Mueller, after she had died of AIDS.[6]

In their casualness, Goldin's motifs are stylistically reminiscent of private snapshots, and in fact the pictures are included in a kind of family album, the "Family of Nan," whose intensity and vitality exercized a compulsive fascination on many younger photographers. Some of Goldin's contemporaries, such as Peter Hujar and Larry Clark, as well as numerous photographers of later generations, such as Juergen Teller, Wolfgang Tillmans, Alberto García-Alix and Andreas Mader, took the world around them as their subject matter in many different ways. One of these was the Swedish photographer JH Engström, who combines autobiographical elements with still life, landscapes, portraits and nudes into a whole that seems like a casually assembled collection of poetic signs. In their relationship to one another, the individual pictures develop lyric stress ratios that remain open in their narrative forms. From Engström's series and book *Trying to Dance* comes a group of nude photos of male and female models, sitting in similar poses on a chair and staring straight at the camera. Because of the slightly low angle and the focus on the subject, the photos preserve an intimacy of the moment. At the same time, being fully frontal, the bodies are yielded up to a voyeuristic approach: a fragile balance between privacy and physical presence.[7] In contrast, the mysterious works of Dirk Braeckman withhold themselves from specific concentration on the physical. The protagonists are shown in a sphere dreamily removed into a grey, subdued light, as if in a symbolist composition.

Contemporary portrait photography owes much of its influence to a conceptual questioning of the traditional claim to be representational. Such artists as Ken Ohara and Thomas Ruff introduced a radical departure from the classical conventions of portraiture that aim to reproduce the individual with psychological sensitivity. Without a doubt, Ruff's conceptual series of portraits, where the parameters are as clearly defined as in a series of scientific experiments, play a defining role. Unvarying resolution and lighting, neutral backgrounds, uniform cropping and facial expression are the central features. At first sight, in their monumentality, purism and austerity, the portraits remind one of police 'wanted' photos that register the physiognomy completely without idealization. As a result, the mechanical equipment aspect of image production comes to the fore, while the author plays no role as an interpreter and the relationships between photographer and model are objectivised and clearly regulated.[8]

Luigi Gariglio also laid down uniform photographic conditions for his series of the female *Lap Dancer* of 2006. The choice of a neutral bright background and of the classical bust portraits, familiar from the Renaissance and Baroque periods, as

die Porträts in ihrer Monumentalität, ihrem Purismus und ihrer Nüchternheit
an polizeiliche Fahndungsfotos, die frei von Idealisierung das Physiognomische
registrieren. Dadurch tritt das Mechanisch-Apparative der Bildherstellung in den
Vordergrund, während der Autor als Interpret keine Rolle spielt und die Beziehungen zwischen Fotograf und Modell objektiviert und klar geregelt sind.[8]

Auch Luigi Gariglio hat für seine 2006 entstandene Serie der weiblichen
Lap Dancer einheitliche Aufnahmebedingungen festgelegt. Die Wahl eines neutralen hellen Hintergrunds und des klassischen Büstenporträts, das aus der Renaissance und dem Barock bekannt ist, sowie der Verzicht auf Accessoires und der
emotionslose frontale Blick in die Kamera lenken unsere Aufmerksamkeit ausschließlich auf die Oberfläche des Physiognomischen. Wir blicken auf gezeichnete
und verbrauchte Gesichter, in denen sich die Spuren eines anstrengenden Lebens
eingeschrieben haben. Fern von Erscheinungsformen des Glamourösen, mit denen
Lapdance in Verbindung gebracht wird, gewinnen die Porträtierten durch die
Selbstrepräsentation eine Identität und verweigern sich der voyeuristischen
Ausbeutung.

Größere persönliche Freiheiten beim Agieren vor der Kamera als die strengen Vorgaben von Ruff, Gariglio oder Roland Fischer erlaubt die niederländische
Künstlerin Rineke Dijkstra ihren Darstellern. Dijkstras Arbeiten beschäftigen sich
ebenfalls mit der Beziehung von Fotograf und Modell. Ohne jegliches Beiwerk
werden jugendliche Heranwachsende in der Serie *Beaches* am Strand vor der
Kulisse des Meereshorizonts abgelichtet. Auch wenn die Fotografin die Aufnahmesituation nicht durch Regieanweisungen forciert, so sind die Jugendlichen doch der
Kamera ausgeliefert. Im Moment der Aufnahme tritt jener Mechanismus ein, den
Roland Barthes treffend beschreibt: „Sobald ich nun das Objektiv auf mich gerichtet fühle, ist alles anders; ich nehme eine ‚posierende' Haltung ein, schaffe mir
auf der Stelle einen anderen Körper, verwandle mich bereits im Voraus zum Bild.
Diese Umformung ist eine aktive: ich spüre, dass die Photographie meinen Körper
erschafft oder ihn abtötet."[9] Das Verhalten der Jugendlichen ist von einer gewissen
Unsicherheit geprägt bzw. macht ihr aktuelles Selbstverständnis sichtbar. Die Aufnahmen der selbstgewählten Pose und der Kleidung werden zum „Spiegel gesellschaftlicher Konstruktionsformen und -normen".[10] „Die Pose wird re-inszeniert, um
im Rahmen einer Komposition des ‚Unbewussten' neue Aspekte der Fotografie zu
verdeutlichen."[11] „Vor dem Objektiv bin ich zugleich der, für den ich mich halte, der,
für den ich gehalten werden möchte, der, für den der Photograph mich hält, und
der, dessen er sich bedient, um sein Können vorzuzeigen. In anderen Worten, ein
bizarrer Vorgang: ich ahme mich unablässig nach. In der Phantasie stellt die Photographie [...] jenen äußerst subtilen Moment dar, in dem ich eigentlich weder Subjekt noch Objekt, sondern vielmehr ein Subjekt bin, das sich Objekt werden fühlt."[12]

Ähnlich mag es den jungen Männern in Amy Elkins Serie *Wallflower* ergangen
sein, in der die Modelle mit entblößtem Oberkörper vor einer Blumendekortapete
posieren. Elkins setzt sich mit der Serie, die in New Orleans nach den Verwüstun-
gen der Stadt durch den verheerenden Wirbelsturm Katrina entstand, mit den
geschlechtsspezifischen Rollenbildern auseinander. Im Unterschied zu den von
der Werbung projizierten Stereotypen von Virilität vermitteln die Aufnahmen ein
anderes Bild des Mannes, das „weiche" Empfindungen und Verletzlichkeit zulässt.

Mit diesem Bewusstsein für die rhetorischen Konstruktionen des Porträts, die
sich zwischen einstudierter Pose und (Selbst)darstellung des Unbewussten bewegen, operieren heutzutage zahlreiche Fotografen wie Jitka Hanzlová, Hellen van
Meene, Zoltán Jókay oder Bernhard Fuchs. Der aus Oberösterreich stammende
Fuchs beispielsweise porträtiert Bewohner seiner heimatlichen Umgebung, in
die der Fotograf regelmäßig zu längeren Aufenthalten zurückkehrt. Die Bildnis-

well as his avoidance of any interruptions to the unemotional frontal gaze into the camera, focus our attention exclusively on the surface of the physiognomy. We gaze at lined and exhausted faces inscribed with the traces of a strenuous life. Far from any manifestations of glamor that lap dancing might be associated with, the subjects gain identity through self-representation and withhold themselves from any voyeuristic exploitation.

Greater personal freedom for acting in front of the camera than permitted by the strict instructions from Ruff, Gariglio and Roland Fischer is granted to her actors by the Dutch artist Rineke Dijkstra. Dijkstra's works are also concerned with the relationship between photographer and model. In her *Beaches* series, adolescents are snapped on the beach against the background of the ocean horizon without any accessories. Even though the photographer does not enforce the photographic ambience with directorial instructions, the young people are delivered up to the camera all the same. At the moment of the photo, a mechanism is activated that was trenchantly described by Roland Barthes: "Now, once I feel myself observed by the lens, everything changes: I constitute myself in the process of 'posing,' I instantaneously make another body for myself, I transform myself in advance into an image. This transformation is an active one: I feel that the Photograph creates my body or mortifies it." [9] The behaviour of the adolescents is marked by some uncertainty, or it makes their current self-image visible. The photos of their self-selected poses and clothing become "mirrors of social manifestations and norms."[10] "The pose is re-staged to clarify new aspects of photography as part of a composition of the 'unconscious'."[11] "In front of the camera I am at once the person I think I am, the person I want to be thought to be, the person the photographer thinks I am and the person he uses in order to demonstrate his skill. In other words, a strange process: I imitate myself constantly. In the imagination photography represents the extremely subtle moment in which I am neither subject nor object but rather a subject that feels himself becoming an object."[12]

The young men in Amy Elkins' series *Wallflower* where the male models stand topless in front of wallpaper decorated with flowers, may have felt like that as well. With these works, Elkins explores gender-specific role models that emerged in New Orleans after the devastation of the city by the overwhelming hurricane Katrina. In contrast to the stereotypes of virility projected by advertising, these photos suggest a different image of men, where 'soft' emotions and vulnerability are permitted.

Today many photographers operate with this awareness of rhetorical constructions of the portrait, shifting between a prepared pose and the (self-)representation of the unconscious: such artists as Jitka Hanzlová, Hellen van Meene, Zoltán Jókay and Bernhard Fuchs. Fuchs, born in Upper Austria, for example, portrays inhabitants of his home environment, where the photographer regularly returns to stay for long periods. The portraits retain a certain intimacy, where the landscape is in harmony with the persons and is something more than just background. Even though most villagers probably have little practice in posing in front of the camera, it seems that a trusting dialogue has taken place between photographer and model. The act of photography – at least the outsider may see it this way – becomes an act of gentle approach and cautious communication with a Lebenswelt that also sustains memories of childhood and youth or re-examines these in the present.[13]

The portraits taken by Roger Ballen during a long-term documentation in South Africa seem, by way of contrast, to have sprung from a mannerist painting by Hieronymus Bosch. Ballen portrays members of the poor white rural population, who pass a frugal existence as day laborers, guards or workers on the 'Platteland.' Their simple dwellings are scenes in a theater, and their comfortless interiors turn

se bewahren eine gewisse Intimität, bei der die Landschaft im Einklang mit den Personen steht und nicht nur als Kulisse dient. Obwohl die meisten Dorfbewohner im Posieren vor der Kamera eher ungeübt gewesen sein dürften, scheint ein vertrauensvoller Dialog zwischen Fotograf und Modellen stattgefunden zu haben. Der Akt des Fotografierens wird – so mag es jedenfalls dem außenstehenden Betrachter vorkommen – zu einem Akt der behutsamen Annäherung und der vorsichtigen Verständigung mit einer Lebenswelt, die auch die Erinnerungen an die Kindheit und Jugend wach hält bzw. diese in der Gegenwart überprüft.[13]

Einem manieristischen Gemälde von Hieronymus Bosch entsprungen, erscheinen dagegen die Bildnisse, die Roger Ballen während einer Langzeitdokumentation in Südafrika aufgenommen hat. Ballen porträtierte Mitglieder der verarmten weißen Landbevölkerung, die als Tagelöhner, Wachleute oder Arbeiter auf dem „Platteland" ein kärgliches Dasein fristen. Schauplätze der theatralischen Inszenierungen sind die einfachen Behausungen, deren karge Innenräume sich in eine klaustrophobische Bühne verwandeln, auf der die Akteure mit zum Teil gewalttätiger Expressivität agieren. Den Kompositionen wohnt etwas Absurd-Groteskes und zugleich Bedrohlich-Bedrückendes inne. Ausgewählte Requisiten wie Drähte, verschlissenes Mobiliar oder „primitive" Bilder, die an die Gegenstandswelt der Arte Povera erinnern, entwickeln im surrealen Zusammenklang mit den Personen ein seltsam bizarres Eigenleben. Vom Geist her der Art Brut verwandt, repräsentieren die im dokumentarischen Stil hergestellten Aufnahmen eine hermetische Welt, die als verstörendes Abbild psychotischer Energien gelesen werden kann: ein existenzialistisches Panoptikum, das Assoziationen an Diane Arbus' Porträts der gesellschaftlichen Randgruppen weckt.[14]

Auch der Schweizer Beat Streuli, Schüler von Bernd und Hilla Becher, setzt sich mit den Erscheinungsformen und der Rhetorik der Pose auseinander. Seine Motive, die gewöhnlich in Metropolen wie Tokio, Paris, New York, Rom oder London entstanden sind, zeigen Einzelpersonen oder Menschengruppen auf der Straße als Figurenstudie oder nahsichtiges Porträt. Streuli isoliert die jugendlichen Passanten aus dem Menschenpulk mit Hilfe eines Teleobjektivs, so dass der Hintergrund unscharf verschwimmt. Auf diese Weise kann er unbemerkt fotografieren. Die Kamera zeichnet die Mimik, Körpersprache und Kleidung von jungen Leuten auf, die sich in einem Transitorium bewegen, da sie sich unbeobachtet in der Masse wähnen und, frei von einer Kontrolle des Ausdrucks, kein „Fotografiergesicht" aufsetzen. In ihrem Ausdruck und Habitus sind sie den Figuren von Werbebotschaften nicht unähnlich, wie sie im öffentlichen Stadtbild auf den großformatigen Billboards anzutreffen sind.[15]

Ein seit der Erfindung der Fotografie gegenwärtiges Sujet stellt das Bildnis des Künstlers dar. Als Repräsentation eines Milieus, das sich als kreatives Außenseitertum von der Norm des Durchschnittlichen und Alltäglichen absetzt, hat das Künstlerbildnis an Anziehungskraft auch in der Gegenwart nichts eingebüßt. Verschiedene Bildtypen lassen sich unterscheiden, wie das im Atelier oder auf der Bühne inszenierte Porträt, das Verbindungen zur künstlerischen Tätigkeit als Maler, Bildhauer, Schriftsteller, Schauspieler etc. herstellt und den Künstler bisweilen im Schaffensprozess vergegenwärtigt. Oft lebt das Künstlerporträt von der Mystifizierung und Auratisierung der Person als Genius. Seltener wird ein Bezug zur Alltagswelt hergestellt. Der Schweizer Andrea Cometta sucht in seinen Bildnissen von Berühmtheiten aus der Welt der Kultur wie Gilbert & George oder Claudio Parmiggiani die künstlerische Vitalität und Intimität des Augenblicks in sorgfältigen Inszenierungen ohne Effekthascherei zu bewahren.

Oft entstehen Künstlerporträts nicht im freien Auftrag, sondern haben eine kommerzielle Funktion wie die Bildnisse des Niederländers Anton Corbijn. Viele

into a claustrophobic stage set where the actors perform with, at times, violent expressions. There is something absurd and grotesque but, at the same time, threatening and depressing in these compositions. Selected props like wires, worn furniture or 'primitive' pictures that remind one of the material world of *arte povera* develop a strange, bizarre life of their own in surreal harmony with the individuals. Related in spirit to *art brut*, these photographs, produced in a documentary style, represent a hermetic world, which can be read as a disturbing image of psychotic energies: an existentialist panoptical collection that awakens associations with Diane Arbus's portraits of social outsiders.[14]

The Swiss Beat Streuli, a pupil of Bernd and Hilla Becher, is also concerned with the manifestations and rhetoric of the pose. His motifs, which were found mainly in the metropolis, such as Tokyo, Paris, New York, Rome and London, show individuals or groups in the street as figure studies or close-up portraits. Streuli isolates the young passers-by from the human crowd with the help of a telescopic lens, so that the background is blurred and vague. By doing so he can take photographs without being noticed. The camera records the facial expressions, body language and clothing of young people who are moving through a transitory scene, because they think they are unobserved in the mass and, with their expressions going unchecked, do not put on 'photo faces.' Their expressions and builds are not unlike those of the figures in advertising messages, of the kind found in the urban public arena on huge billboards.[15]

A subject that has been present since the invention of photography is the portrait of the artist. As the representation of a milieu which has stepped aside from the average norms as a creative outsider space, the portrait of the artist has lost none of its powers of attraction even today. It is possible to distinguish various types of pictures, such as the portrait staged in the studio or on the stage, which creates associations with artistic activity as painter, sculptor, writer, actor etc., and sometimes brings to mind the artist during the creative process. Often the portrait of the artist lives from the mystification or aura-enhancement of the person as a spirit. More rarely, a reference to everyday life is suggested. In his portraits of celebrities from the world of culture, like Gilbert & George or Claudio Parmiggiani, the Swiss Andrea Cometta tries to preserve the artistic vitality and intimacy of the moment in careful stagings without striving for effect.

Often portraits of artists are not free commissions but have a commercial function, much like the portraits of the Dutchman Anton Corbijn. Many of his motifs adorn record or CD covers or are published in music magazines. Of course it would be possible to object that his portraits have come about mainly to provide the million-dollar media industry with glitzy images and to support the cult of the star in order to promote sales. But Corbijn supplies the most beautiful and most intelligent pictures from this industry, which is constantly demanding new representative images. His portraits convey the glamor and the aura of film actors, literati, musicians or artists in pictures where the stars lose some of their forced attitudes and unapproachability. Corbijn's photography makes them seem more vulnerable, more sensitive and more introverted. The pictures are not so much snapshots in unexpected moments as the result of a game which the photographer and the subject are equally engaged in. The staging takes place in mutual agreement and in a relaxed atmosphere, which Corbijn knows how to conjure up with great flexibility.

Barbara Klemm can look back on decades of experience and a sound technical training as photographer, whose portraits often result from her work for the *Frankfurter Allgemeine Zeitung*. Her style is characterized by discretion no less than by a confident psychological feeling for the situation and the person. Observing the critical moment and noticing a fleeting facial expression that undermines the narcis-

seiner Motive zieren Hüllen von Schallplatten und CDs oder sind in den Musikmagazinen veröffentlicht worden. Natürlich ließe sich einwenden, dass seine Porträts vor allem für den Zweck entstanden sind, die milliardenschwere Industrie der mächtigen Medienkonzerne mit schillernden Bildern zu versorgen und den Kommerz um den Starkult verkaufsfördernd zu unterstützen. Doch Corbijn liefert die schönsten und intelligentesten Bilder aus dieser Branche, die ständig nach neuen repräsentativen Darstellungen verlangt. Seine Porträts transportieren den Glamour, die Aura von Filmschauspielern, Literaten, Musikern oder Künstlern in Bildern, in denen die Stars ein wenig das Attitüdenhafte und die Unnahbarkeit verlieren. Corbijns Fotografie lässt sie verletzlicher, empfindsamer und introvertierter erscheinen. Die Bilder sind weniger Schnappschüsse in unbeobachteten Augenblicken, sondern das Ergebnis eines Spieles, an dem Fotograf und Dargestellter gleichermaßen teilhaben. Die Inszenierung geschieht in gegenseitigem Einvernehmen und in einer gelösten Atmosphäre, die Corbijn mit großer Flexibilität herbeizuzaubern versteht.

Auf jahrzehntelange Erfahrungen und eine solide handwerkliche Ausbildung als Fotografin kann Barbara Klemm zurückgreifen, deren Porträts häufig im Verlauf ihrer Tätigkeit für die *Frankfurter Allgemeine Zeitung* entstanden sind. Ihr Stil zeichnet Diskretion ebenso wie ein sicheres psychologisches Gespür für die Situation und das Gegenüber aus. Die Beobachtung des entscheidenden Moments und das blitzartige Erkennen eines Gesichtsausdrucks, der das narzisstische Selbstbild unterläuft, beherrscht Barbara Klemm wie kaum eine andere Fotografin mit großer Meisterschaft. „Barbara Klemms Fotografie ist eine leise Kunst, eine Kunst der Nuancen."[16] Ihre Schwarz-Weiß-Aufnahmen verdichten flüchtige Sinneseindrücke zu Augenblicken der Epiphanie. Die Porträts verströmen Ruhe, Gelassenheit und eine Wachheit, die den Betrachter anzustecken vermag.

Die Sehnsucht und das Streben nach makelloser übernatürlicher Schönheit spiegeln sich in den Serien *Models I* und *Models II* der französischen Künstlerin Valérie Belin wieder. Die nahezu monochromatisch wiedergegebenen Gesichter von Modellen einer Pariser Agentur wirken erstarrt, wie aus einem Wachsfigurenkabinett, hyperreal und unwirklich zugleich. Aus ihrer glatten Oberflächentextur und den verführerisch schönen wie gleichmäßigen Zügen scheinen sämtliche Lebensspuren des Seelischen entfernt und ihre Verwandlung in einen Atavar vollendet. Valérie Belin hat in verschiedenen Arbeiten das Spannungsfeld zwischen extremer Künstlichkeit und Realität untersucht. Zunächst fotografierte sie Doppelgänger berühmter Musiker und Sänger wie Michael Jackson und Madonna, die ihrem Idol bis ins Detail täuschend ähneln. Bilder dieser Art, die wie Klone aus einer virtuellen Welt zu stammen scheinen, wecken Assoziationen an die Versprechungen der Gentechnik bzw. der plastischen Chirurgie. Letzterer unterziehen sich heute nicht nur Hollywoodstars und berühmte Supermodels sondern auch gewöhnliche Sterbliche, um den Vorbildern aus Film und Werbung möglich nahe zu kommen. Wie wenig die aufwändig produzierten Bildnisse aus der Werbung mit der realen Person gemein haben, veranschaulicht nicht zuletzt das Beispiel von Carla Bruni, Sängerin und Ehefrau des französischen Präsidenten Nicolas Sarkozy. Das ehemalige Topmodell, das in den 1990er Jahren als „Gesicht" in Kampagnen für Firmen wie Prada, Christian Dior, Max Mara oder Dolce&Gabbana warb und 250 Titelbilder von Modezeitschriften schmückte, konstatierte rückblickend, dass sie in keinem der Fotos ihre Persönlichkeit wiedererkennen würde.[17]

In welcher Richtung wird sich die künstlerische Porträtfotografie zukünftig weiterentwickeln? Möglicherweise werden digitale Bildtechnologien dank ihrer Verbreitung im Alltagsleben auf die Künste an Einfluss gewinnen und neue Formen der fiktionalen Repräsentation entstehen lassen. Unlängst hat die Filmindustrie Hollywoods das Computer-Kloning als lukrative Möglichkeit entdeckt,

sistic self-image, is something Barbara Klemm has mastered like hardly any other photographer. "Barbara Klemm's photography is a gentle art, an art of nuances."[16] Her black-and-white images condense fleeting sense impressions into moments of epiphany. Her portraits emit quiet relaxation and a wakefulness that is able to infect the viewer.

Longing and a striving for an immaculate over a natural beauty is reflected in the series *Models I* and *Models II* of the French artist Valérie Belin. The almost monochromatic faces of models from a Paris agency seen frozen, as if from a waxwork museum, hyper-real and unreal at the same time. All traces of spiritual life seem to have been removed from their smooth surface texture and seductively beautiful features; their transformation into an avatar seems complete. In various works, Valérie Belin has examined the field of tension between extreme artificiality and reality. She first photographed doubles of famous musicians and singers like Michael Jackson and Madonna, who resembled their idol to the finest detail. Pictures of this kind, which seen to come from a virtual world of clones, awaken associations with the promises of gene technology or plastic surgery. It is not only Hollywood stars and famous supermodels who undergo the latter, but also ordinary mortals who want to come as close as possible to models from film and advertising. How little the lavishly produced portraits from advertising have in common with the actual person is made clear, not least, by the example of Carla Bruni, singer and wife of the French President Nicolas Sarkozy. The former top model, who was the advertising 'face' for firms like Prada, Christian Dior, Max Mara and Dolce&Gabbana in the 1990s, and who adorned 250 cover pages of fashion magazines, remarked with hindsight that she could not recognize her personality in any of the photos.[17]

What direction will artistic portrait photography take in the future? Possibly, digital image technologies will gain more influence on the arts due to the way they are spreading through everyday life and will bring about new forms of fictional representation. Quite recently, the film industry discovered computer cloning as a lucrative way to give new life to filmstars already dead. After a detailed image analysis, the expressive and gestural expression of the face and the body are transferred to a computer-generated model. Marilyn Monroe and Bruce Lee could now appear together with George Clooney or Angelina Jolie as cyberfaces, carrying similitude to an absurdity in which every photograph is a "confirmation of presence" (Roland Barthes).

Perhaps biometric systems based on computer technology, such as 'facial recognition systems,' will also play a role in the future. They register and check the identity of a person by digitally reading the facial features and the iris. This form of two-dimensional or three-dimensional face recognition is already being tested for military and commercial purposes in countries like the USA and China, and is used in banks, firms, border controls or by police as a check before granting access. The resulting "Family of Mankind" is a database that is visible on screen. The photographer as author is meaningless and has abandoned the field to the programmer.

um bereits verstorbene Filmstars wieder zum Leben zu erwecken. Nach eingehender Bildanalyse werden der mimische und gestische Ausdruck des Gesichts und Körpers auf ein computergeneriertes Modell übertragen. Marilyn Monroe und Bruce Lee könnten nunmehr als Cyberfaces gemeinsam mit George Clooney oder Angelina Jolie auftreten und die Übereinkunft, nach der jegliche Fotografie eine „Beglaubigung von Präsenz" (Roland Barthes) sei ad Absurdum führen.

Vielleicht werden zukünftig auch die auf Computertechnologie basierenden biometrischen Systeme wie „Facial Recognition Systems" (Gesichtserkennungssysteme) eine Rolle spielen. Sie registrieren und überprüfen die Identität der Person über das digitale Abtasten der Gesichtszüge und Iris. Diese Form der zwei- bzw. dreidimensionalen Gesichtserkennung wird bereits in Ländern wie den USA oder China militärisch und kommerziell genutzt und in Banken, Unternehmen, beim Zoll oder der Polizei als Zugangskontrolle eingesetzt. Die daraus resultierende „Family of Mankind" ist eine Datenbank, die auf dem Bildschirm sichtbar wird. Der Fotograf als Autor ist bedeutungslos und hat dem Programmierer das Feld überlassen.

1   Thomas Macho, „GesichtsVerluste", in: *Ästhetik und Kommunikation*, 25, H. 94/95, 1996, S. 26. Diesen Hinweis verdanke ich Kerstin Stremmel.

2   Martin Pesch, „Wolfgang Tillmans", in: *Kunstforum*, Bd. 133, 1996, S. 258.

3   Matthias Flügge, Markus Heinzelmann (Hg.), *Der Kontrakt des Fotografen*, Nürnberg 2006.

4   Vilém Flusser, *Für eine Philosophie der Fotografie*, Göttingen 1989 (4. Aufl.), S. 29.

5   Italo Calvino, *Abenteuer eines Lesers. Erzählungen*, München 1986 (2. Auflage), S. 86.

6   *Camera Austria*, Nr. 39, 1992, S. 11. Vgl. auch John Jenkinson, Valérie Massadian, *Nan Goldin – Luzifers Garten*, Berlin 2003.

7   Gerry Badger, Martin Parr (Hg.), *The Photobook A History, Volume II*, London 2006, S. 322–323.

8   Vgl. Matthias Winzen (Hg.), *Thomas Ruff. Fotografien 1979–heute*, Köln 2001.

9   Roland Barthes, *Die helle Kammer. Bemerkungen zur Photographie*, Frankfurt a.M. 1985, S. 18f.

10 Felix Hoffmann, „Das Selbst als ein Anderer. Die Pose im Blick der Fotografie", in: Ute Eskildsen (Hg.), *Der fotografierte Mensch in Bildern der Fotografischen Sammlung im Museum Folkwang*, Göttingen 2003, S. 14.

11 Ebd.

12 Roland Barthes, *Die helle Kammer. Bemerkungen zur Photographie*, Frankfurt a.M. 1985, S. 22.

13 Vgl. Bernhard Fuchs, *Portrait Fotografien*, Salzburg 2003.

14 Roger Ballen, *Platteland. Images from Rural South Africa*, Rivonia 1994. Roger Ballen, *Shadow Chamber*, London 2005.

15 Interview Johanna Hofleitner mit Beat Streuli, in: *Camera Austria*, Nr. 57/58, 1997, S. 65–78.

16 Wilfried Wiegand, in: Barbara Klemm, *Künstlerporträts*, Berlin 2004, S. 15.

17 William A. Ewing, *Face. The New Photographic Portrait*, London 2006, S. 25.

1   Thomas Macho, "GesichtsVerluste," in *Ästhetik und Kommunikation*, 25, vol. 94/95, 1996, p. 26. I am
    grateful to Kerstin Stremmel for this reference.
2   Martin Pesch, "Wolfgang Tillmans," in *Kunstforum*, vol. 133, 1996, p. 258.
3   Matthias Flügge, Markus Heinzelmann (ed.), *Der Kontrakt des Fotografen*, Nürnberg 2006.
4   Vilém Flusser, *Für eine Philosophie der Fotografie*, Göttingen 1989 (4th ed.), p. 29.
5   Italo Calvino, *Abenteuer eines Lesers. Erzählungen*, München 1986 (2nd ed.), p. 86.
6   *Camera Austria*, Nr. 39, 1992, S. 11. Cf. also John Jenkinson, Valérie Massadian, *Nan Goldin – Luzifers
    Garten*, Berlin 2003.
7   Gerry Badger, Martin Parr (ed.), *The Photobook A History, Volume II*, London 2006, pp. 322–323.
8   Cf. Matthias Winzen (ed.), *Thomas Ruff Fotografien 1979–heute*, Cologne 2001.
9   Roland Barthes, *Die helle Kammer. Bemerkungen zur Photographie*, Frankfurt a.M. 1985, p. 18. [*Camera
    Lucida: Reflections on Photography*, New York: Hill and Wang, 1981]
10 Felix Hoffmann, "Das Selbst als ein Anderer. Die Pose im Blick der Fotografie," in Ute Eskildsen (ed.),
    Der fotografierte Mensch in Bildern der Fotografischen Sammlung im Museum Folkwang, Göttingen
    2003, p. 14.
11 Ibid.
12 Roland Barthes, *Die helle Kammer. Bemerkungen zur Photographie*, Frankfurt a.M. 1985, p. 22. [*Camera
    Lucida: Reflections on Photography*, New York: Hill and Wang, 1981]
13 Cf. Bernhard Fuchs, *Portrait Fotografion*, Salzburg 2003.
14 Roger Ballen, *Platteland. Images from Rural South Africa*, Rivonia 1994. Roger Ballen, *Shadow Chamber*,
    London 2005.
15 Interview Johanna Hofleitner with Beat Streuli, in *Camera Austria*, Nr. 57/58, 1997, pp. 65–78.
16 Wilfried Wiegand, in Barbara Klemm, *Künstlerporträts*, Berlin 2004, p. 15.
17 William A. Ewing, *Face. The New Photographic Portrait*, London 2006, p. 25.

ROGER BALLEN

Zwischen 1986 und 1994 wählte ich für meine Fotografien Menschen, die eine gewisse Entfremdung oder Marginalisierung verkörperten und unfähig waren, ihr Leben während der politischen und sozialen Umwälzungen, die zu jener Zeit in Südafrika stattfanden, unter Kontrolle zu haben. Anstatt streng dokumentarisch vorzugehen, strebten diese Porträts danach, eine rein physische Beschreibung zu überwinden und als Reaktion auf die allgemeine Situation die fundamentalen Gefühlszustände von Angst und Unsicherheit auszudrücken.

Zwischen 1994 und 2002 wurden die Reportageelemente, die zu einem gewissen Maß in früheren Arbeiten existierten, von theatralischen und semi-inszenierten Szenarien abgelöst. In diesen waren die Porträts das Ergebnis von Interaktionen zwischen mir und den Subjekten im fotografischen Prozess. Die entstandenen Aufnahmen drücken die Verletzlichkeit im Leben der Menschen aus und das Unvermögen, die transformativen Kräfte der ersten Jahre der Post-Apartheid, in denen diese Porträts aufgenommen wurden, zu kontrollieren.

From 1986 to 1994, I sought out people to photograph who embodied a sense of alienation and marginalization as well as a lack of ability to control their lives in the midst of the political and social changes taking place in South Africa at the time. Rather than being strictly documentary, these portraits attempted to transcend physical description and to express primal states of fear and insecurity in response to the circumstances.

From 1994 to 2002, the elements of reportage that existed to some extent in my former work was replaced by dramaticized and semi-staged scenarios in which the portraits resulted from interactions between myself and the subjects in the process of photographing. These images express the vulnerability of the lives of people and the inability to control the forces of the transformation that was taking place in those early post-Apartheid years in which these photographs were taken.

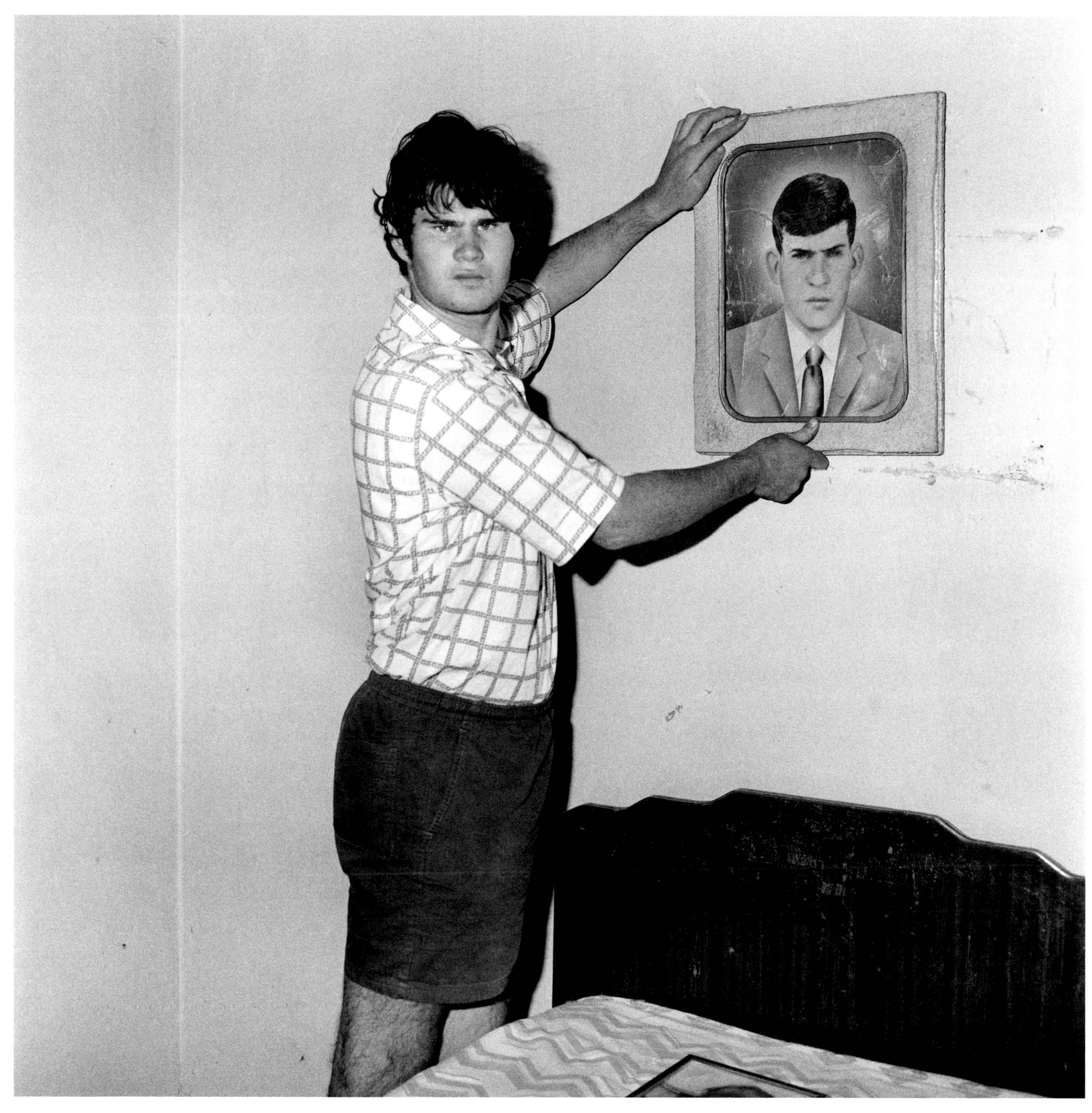

Factory worker holding portrait of grandfather, Gauteng, 1996

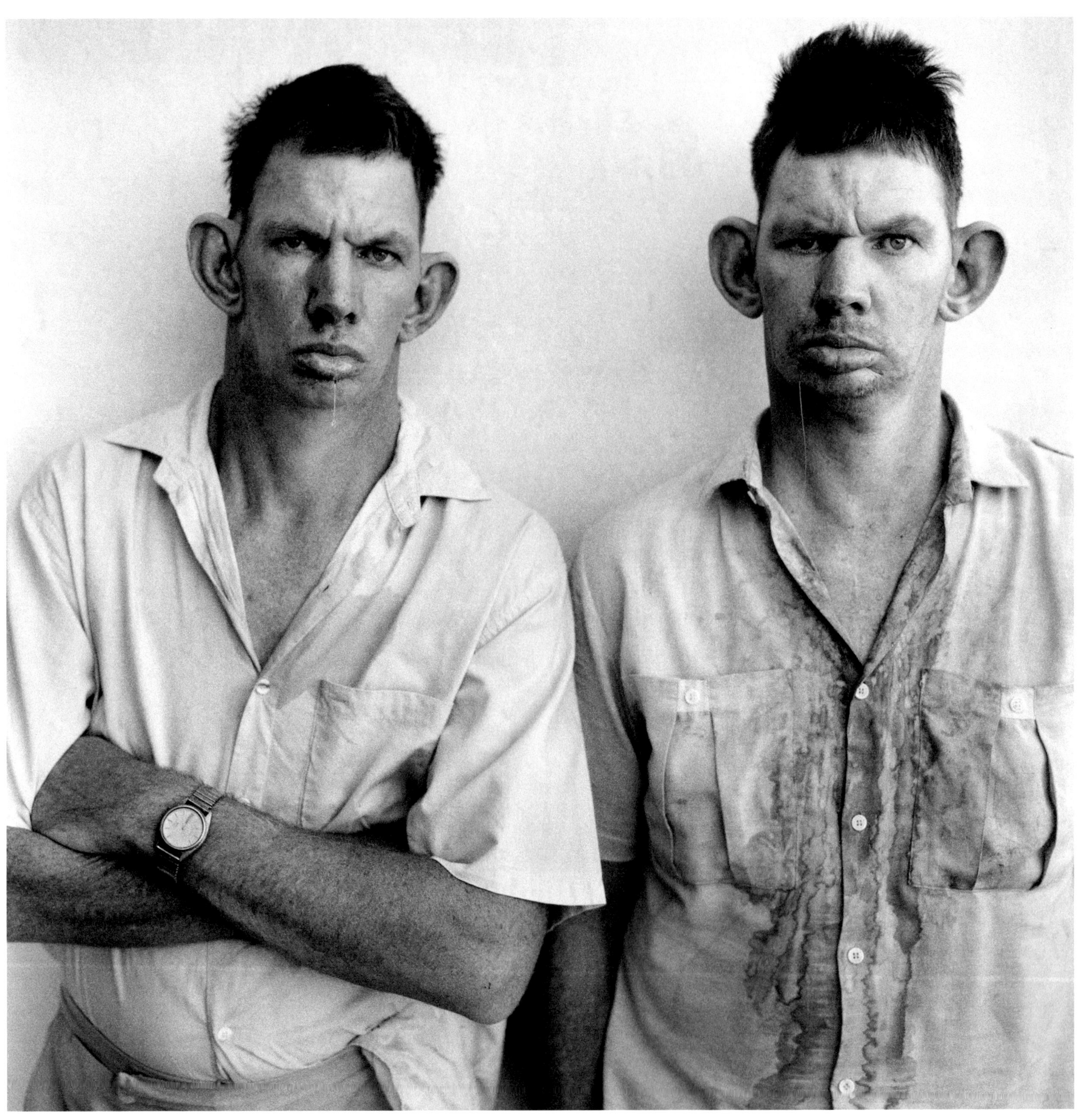

Dresie and Casie, twins,
Western Transvaal, 1993

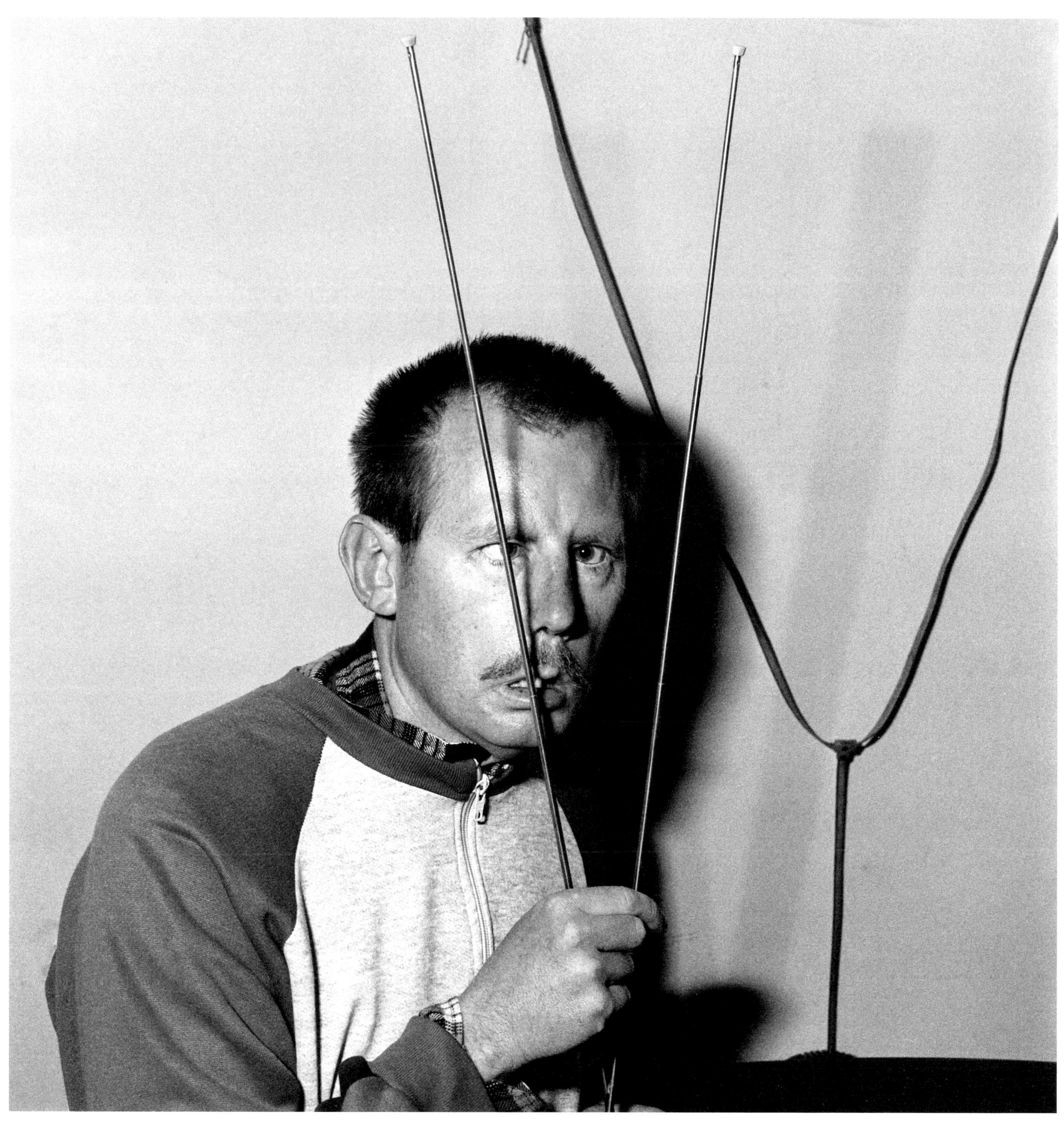

Man with aerials, Gauteng, 1998

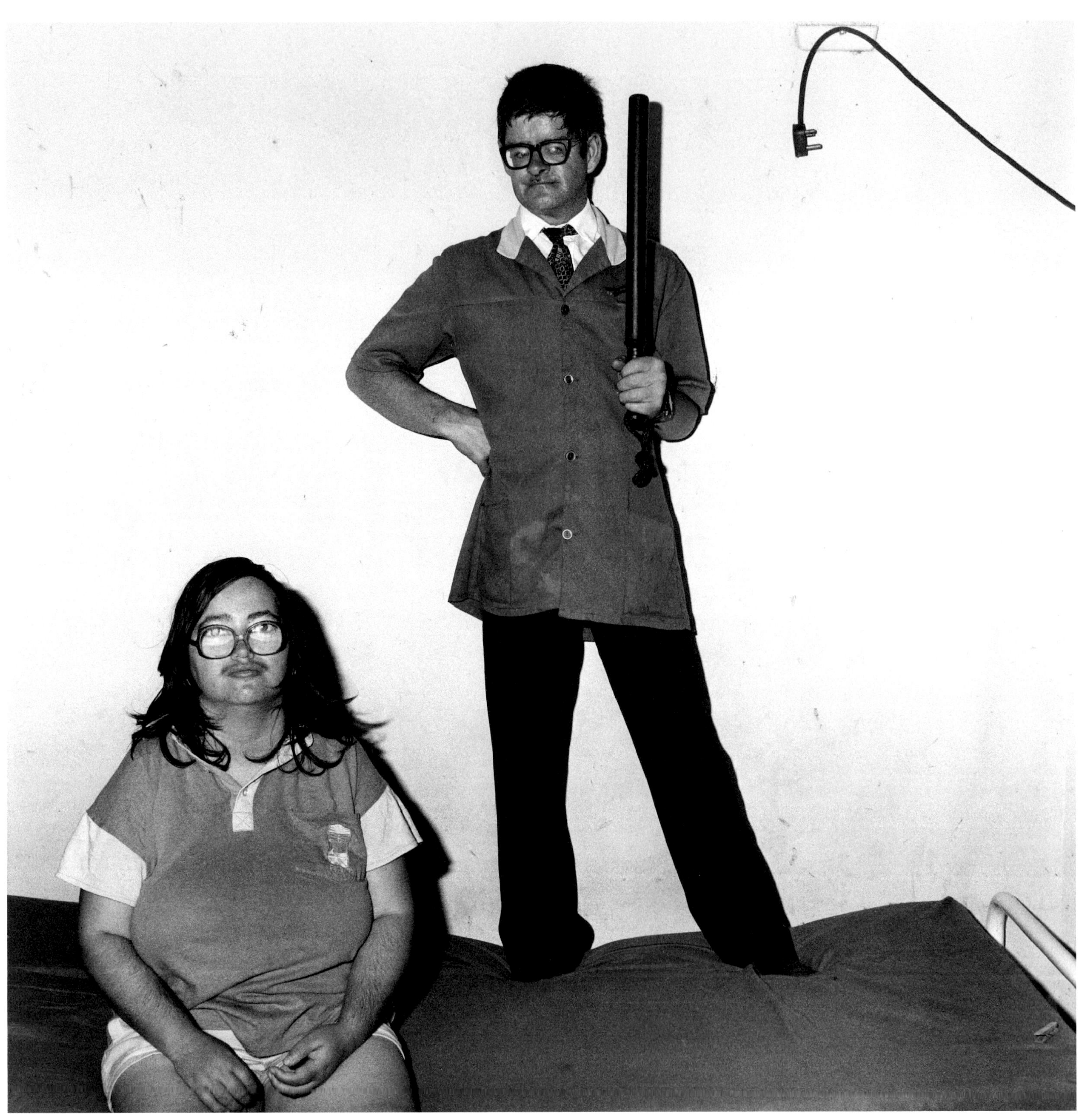

Security guard and girlfriend, 1997

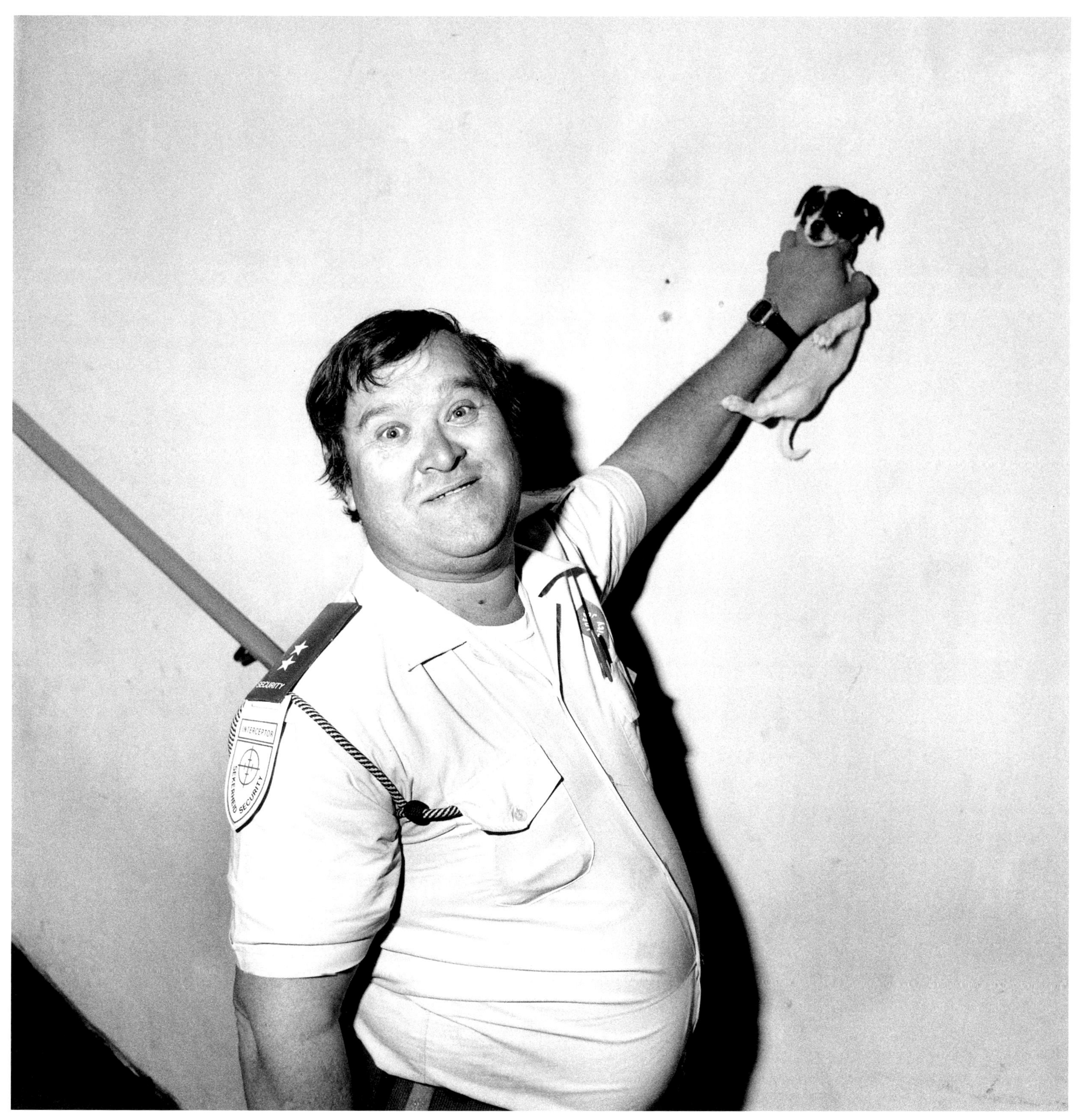

*Security guard and puppy on staircase,
Gauteng, 1997*

TINA BARNEY

Meine Faszination für das Porträt liegt in dem komplexen Verhältnis zwischen dem Fotografen und seinem Subjekt. Wenn meine Arbeit erfolgreich ist, gibt es ein Zusammenspiel im Geben und Nehmen des unbewusst Vorhandenen, in dem, was die Modelle vor der Kamera tun, in dem, was geschieht, wenn ich mit ihnen zusammen bin und in den ungeplanten Dingen, die einfach so passieren.

Ich stelle keine Vermutungen über die Personen an, die ich fotografiere – ich arbeite mit einem visuellen Instinkt. Ich habe keine vorgefertigte Meinung über Menschen und denke, das drückt sich in meiner Arbeit aus. Meine Faszination, die Menschen anzusehen ist anthropologischer und soziologischer Art. Es handelt sich dabei nicht um einen sozialen Kommentar, und ich denke dabei auch nicht an gesellschaftliche Klassen. Geld kauft Qualität und Qualität bedeutet hervorragende Farbe, Architektur und Kleidung. Für mich ist das ein großer visueller Genuss.

In meinen älteren Fotografien war ich mehr an der Beziehung zwischen den Menschen und mir selbst interessiert. Später, nach 1996, wurde ich neugieriger auf das menschliche Gesicht und die Gestalt an sich, losgelöst von meiner Beziehung zu ihnen.

My main fascination with portraiture has always been about the complex relationship between the photographer and the subject. When my work is successful, there is a play between the give and take of what is subconsciously there, what sitters do for the camera, what happens when I am with them, and unplanned things that simply occur.

I don't make any assumptions about the people I photograph; I work with a visual instinct. I don't have narrow opinions about people, and I think that comes across in my work. I have an anthropological and sociological fascination with looking at humans. It's not a social commentary, and I don't think about class. Money buys quality, and quality means fabulous color, architecture and clothes. For me, that's a great visual feast.

In my older photographs, I was more interested in the relationships between people and myself. Later, after 1996, I became curious about the human face and figure, separate from my relationship to them.

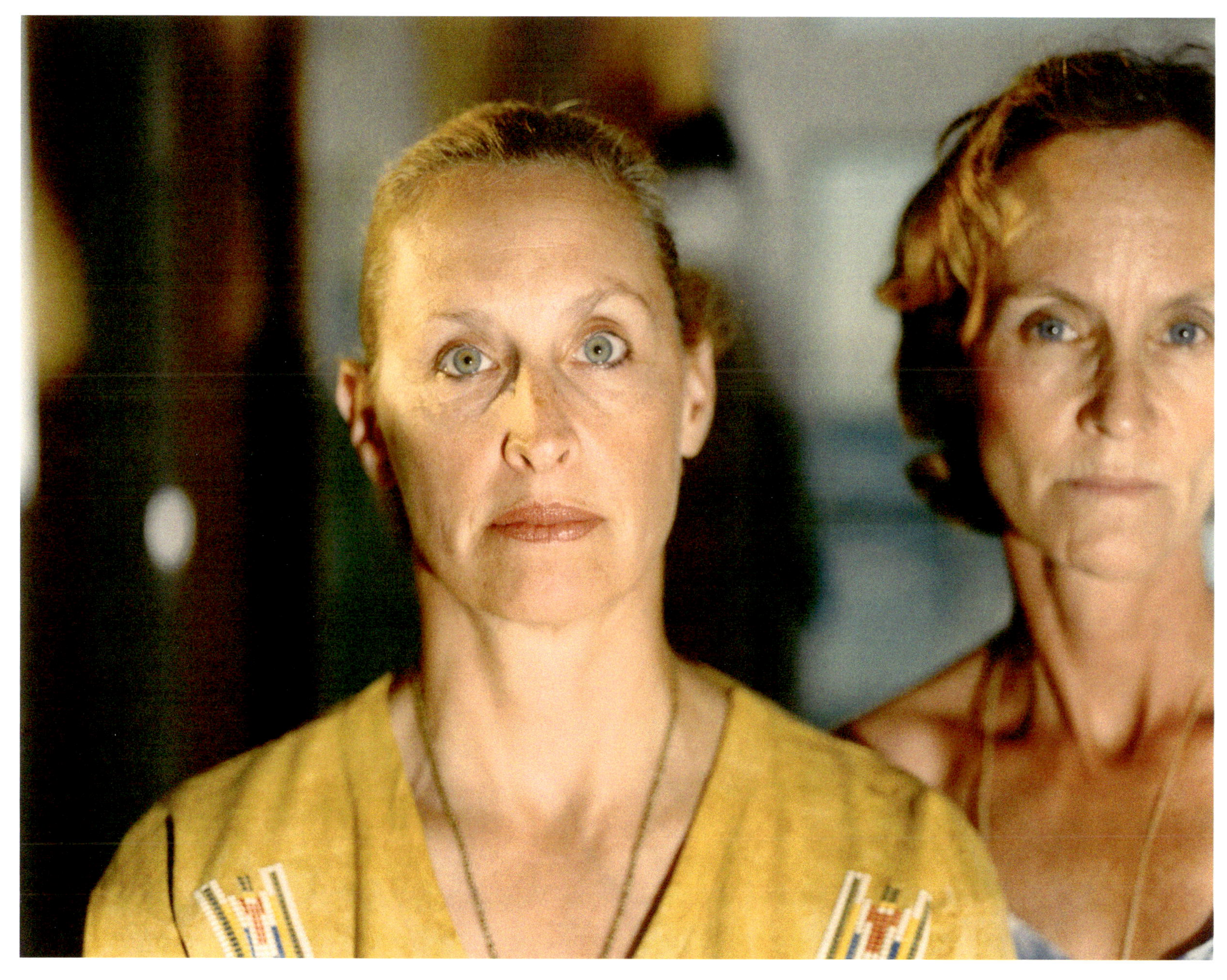

Jill & I, 1993

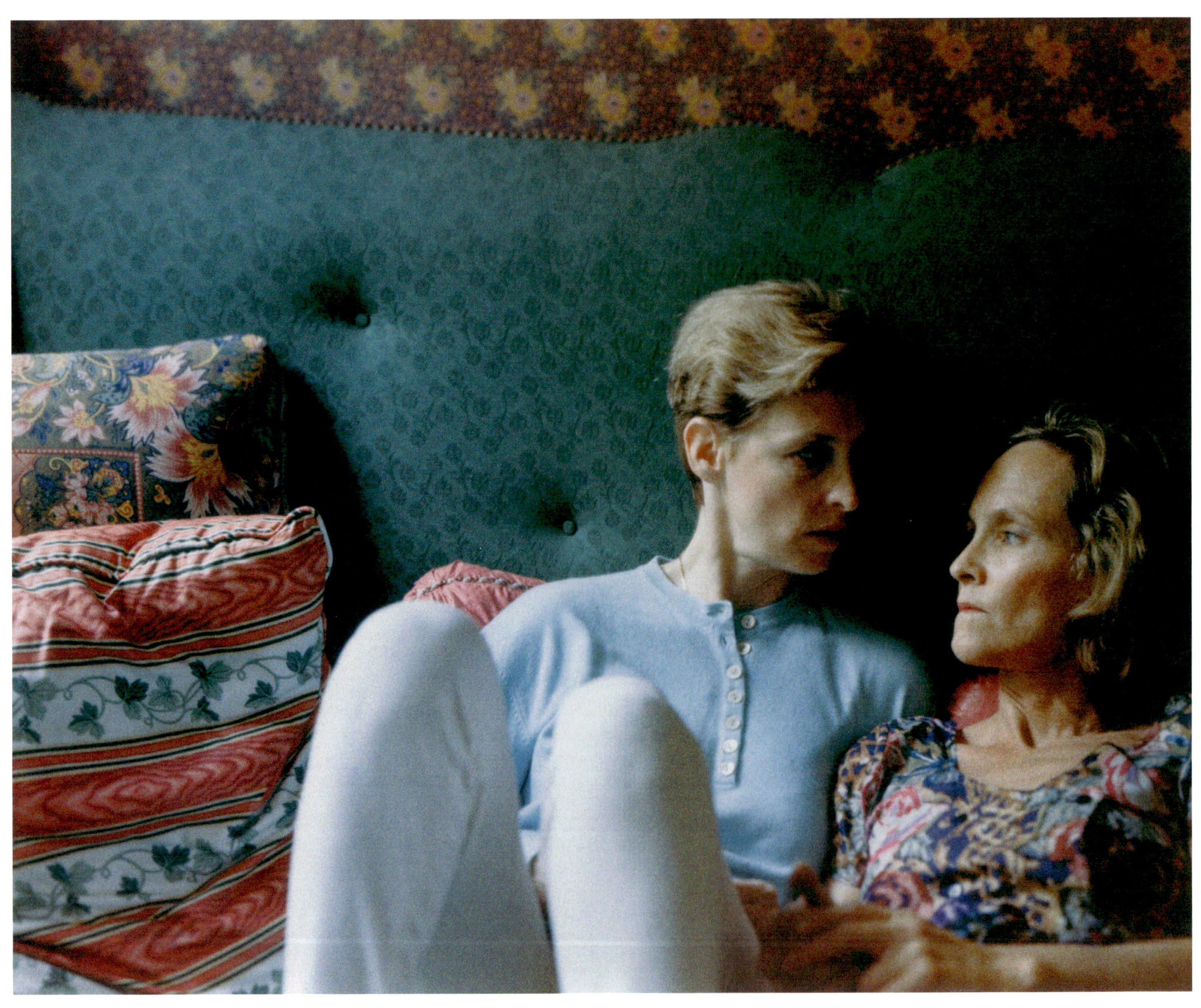

Jill & I, 1990

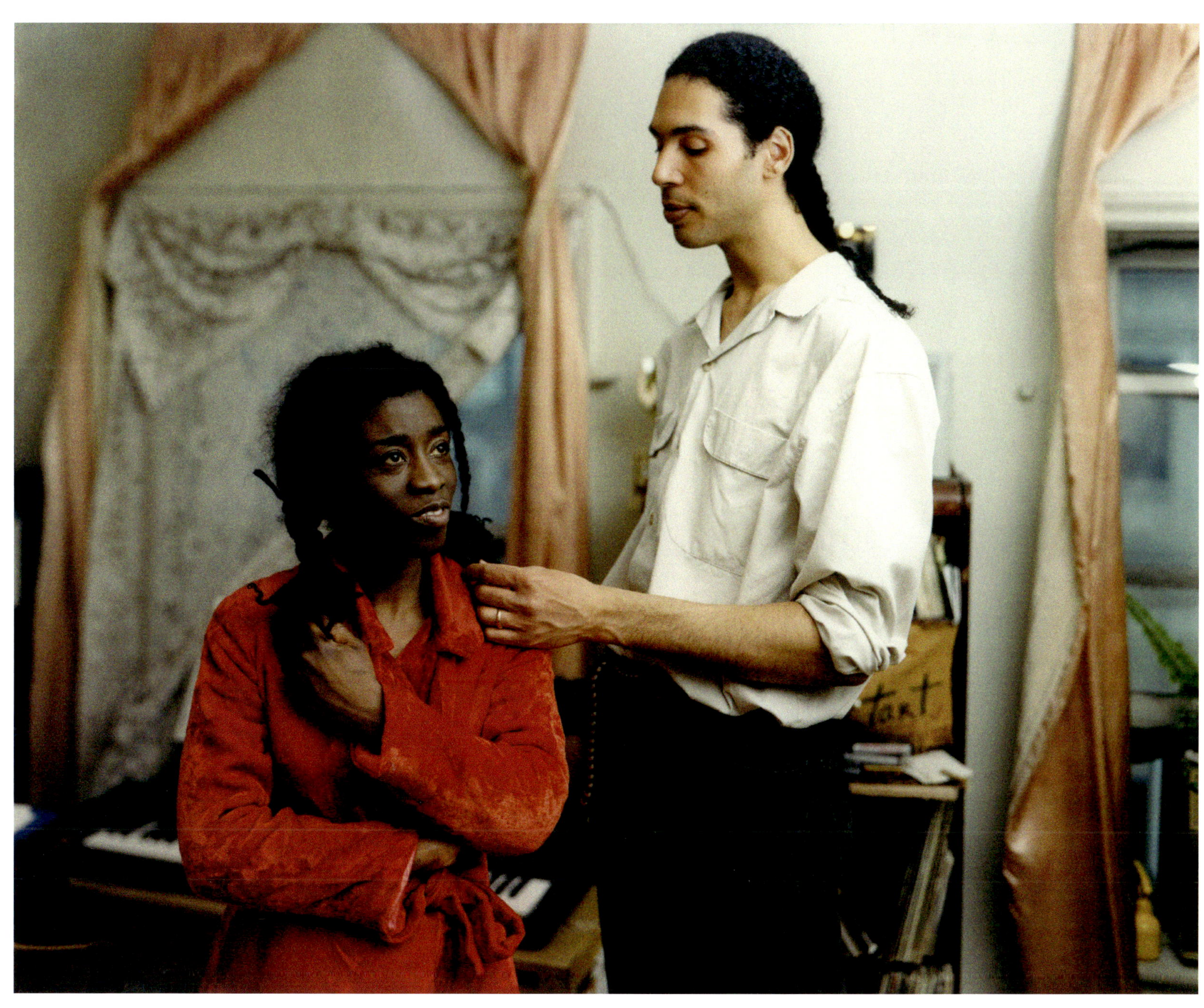

Red Bathrobe, 1994

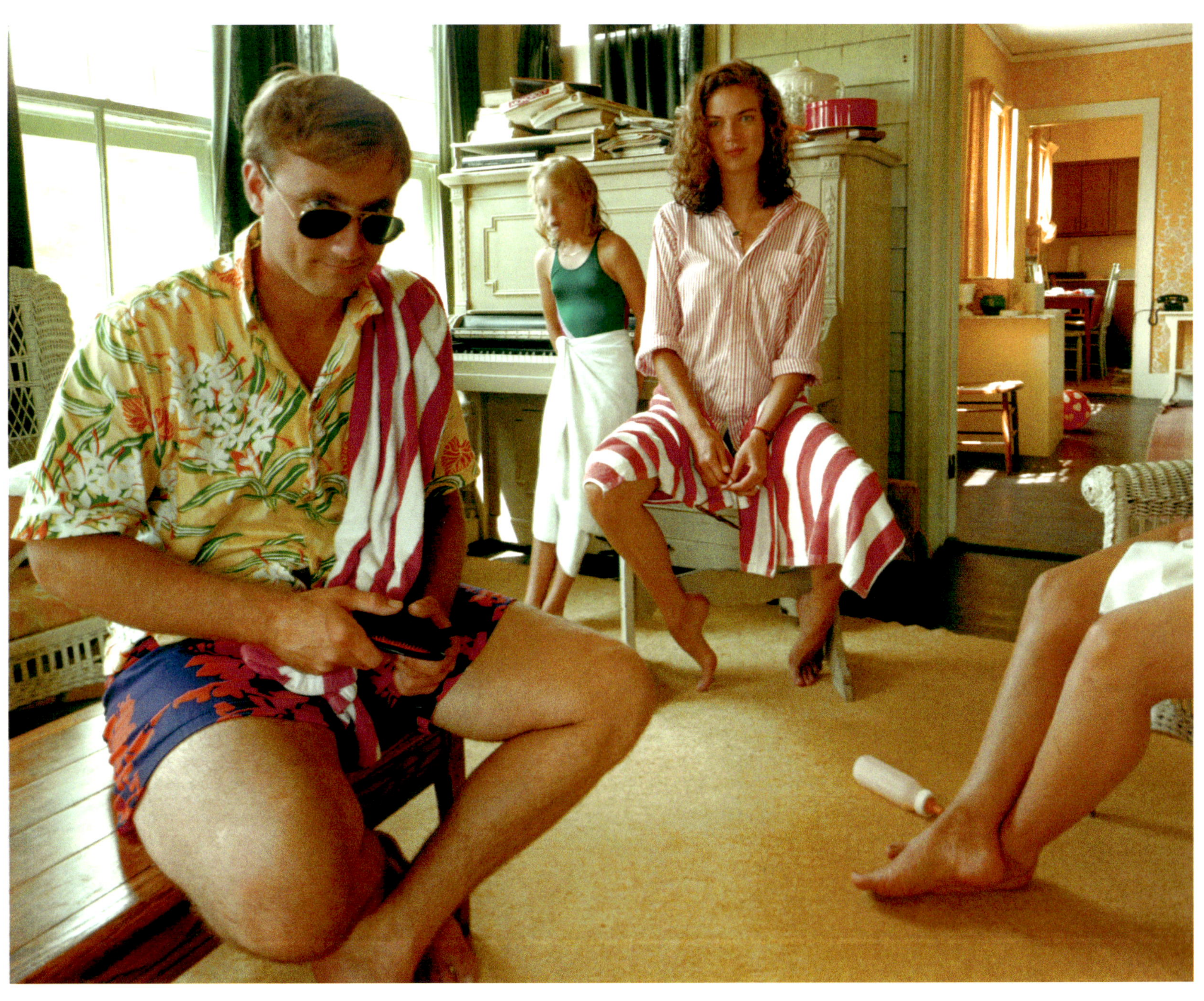

Mark, Amy & Tara, 1983

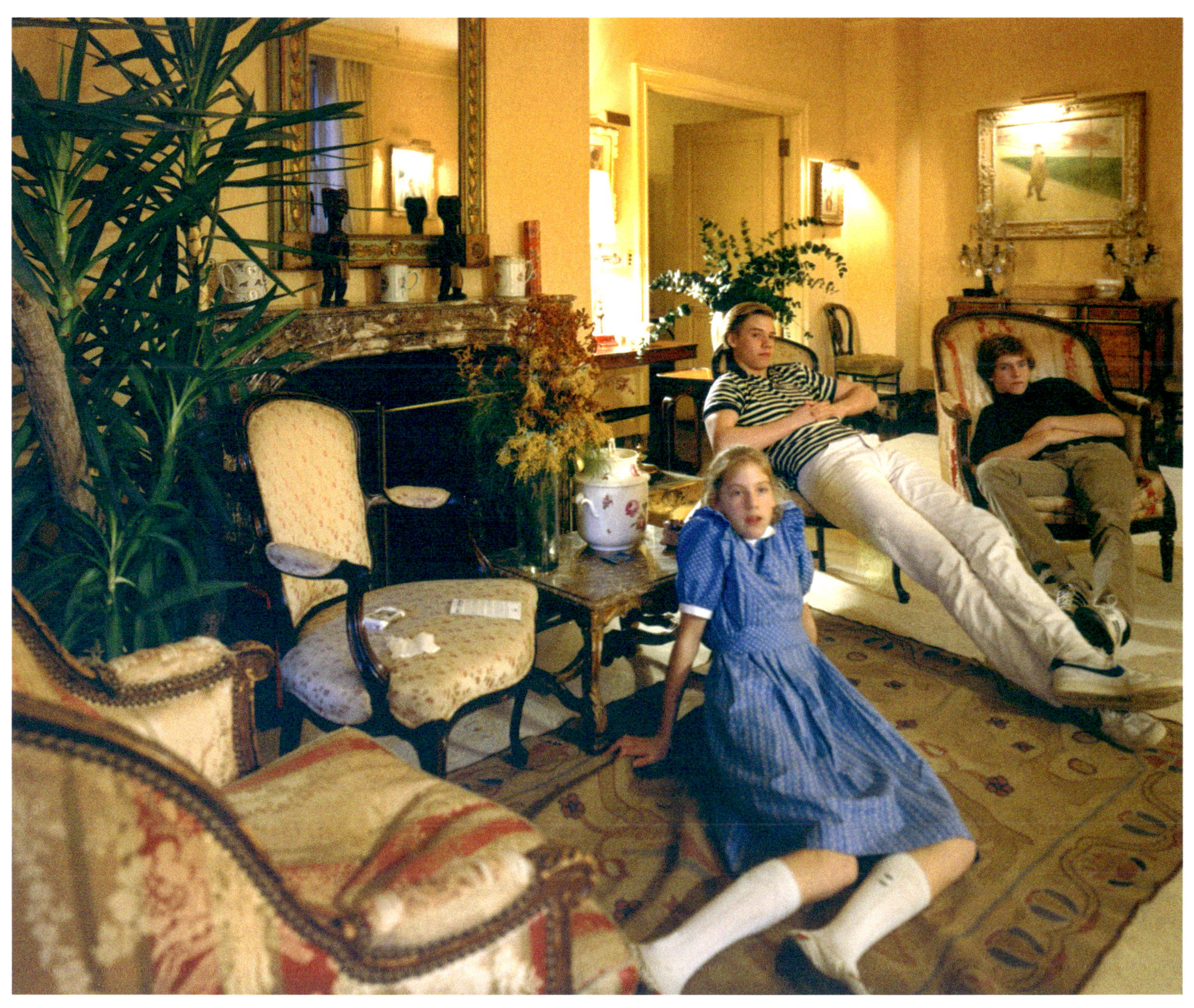

Diane, Mark & Tim, 1982

VALÉRIE BELIN

Ich gehe in meiner Arbeit nie davon aus, dass das Gesicht ein Ausdruck von Individualität ist. Im Gegensatz zu jener Art von Porträt, die behauptet den Charakter einer Person darzustellen, ihr Innenleben, bleibe ich an der Oberfläche – auf der Hautebene, sozusagen. Meine Porträts konstituieren vielmehr Typologien, die das Subjekt auf einer rein abstrakten Ebene platzieren, auf der die fotografische Bearbeitung des Gesichtes einen dem wahren Leben überlegenen Effekt produziert. In meinen frühen Arbeiten hat das Schwarz-Weiß der Aufnahmen die Eigenschaften einer schematischen Zeichnung, was in der Folge zu einem stilisierten und schematisierten Erscheinungsbild führt, zu einem nahezu anthropometrischen Register. Wie fotografische Skulpturen wurden diese „Gesichtsobjekte" in einem Zustand festgehalten, in dem sie über sich hinaus wachsen und die eigene Darstellung in eine Form von Herausforderung verwandeln. Sie deuten einen gewissen Grad an existenzieller Vieldeutigkeit an, die an Masken oder sogar Simulacra erinnern. Heute eröffnet der Einsatz von Farbe eine neue ästhetische Dimension in meiner Arbeit, die sich stark von der Wirkung der Schwarz-Weiß-Fotografien unterscheidet. Meine Porträts sind an bestimmten Grenzen situiert, Orten der Metamorphose, an denen Identität nie einfach oder eindeutig ist; etwa die Grenze zwischen dem Menschlichen und dem Virtuellen, dem Organischen und dem Erhabenen.

Die Serie *Models II* umfasst zwölf Fotografien von jungen Models (*New Faces*), die aus jenen sogenannten Katalogen gewählt wurden, die von Modelagenturen angeboten werden. Die Reihe besteht aus sechs Aufnahmen von Jungen und sechs Aufnahmen von Mädchen. Während ich bei meiner ersten Fotoserie eine anthropometrische Methode anwandte, gehe ich in dieser von einem vorgefertigten Eindruck des Subjektes aus, um daraus eine Stereotype zu schaffen. Die spezifische Ästhetik dieser Serie erinnert an Avatare, die User virtueller Welten anlegen, um sich selbst darzustellen. Man könnte auch sagen, dass es sich hier um Porträts chimärenhafter Wesen handelt. Diese Arbeit schließt auch an eine Porträtserie extrem realistischer Schaufensterpuppen an, die ich 2003 produzierte. Die Puppen wurden nach dem Vorbild der Körper echter Mannequins angefertigt. Den gleichen Ansatz habe ich hier wieder aufgegriffen, aber direkt auf die Fotografie angewandt. Auf eine Art kann man diese Porträts eher als Bilder sehen, denn als Fotografien.

I never approach the face as a mark of individuality. Unlike the kind of portrait that claims to reveal a person's character, their inner life, I stay on the surface – at skin-level, so to speak. My portraits thus constitute typologies which displace the subject onto a purely abstract level where the photogenic treatment of the face produces an effect superior to the one it has in real life. In my first works, the black-and-white has the quality of a schematic drawing, and this subsequently led to an appearance of stylization and schematization in an almost anthropometric register. Like photographic sculptures, these 'face-objects' were captured in a state that was somehow beyond themselves, drawing on their power to convert their image into a form of evocation. They suggested a degree of existential ambiguity by invoking notions of masks and even simulacra. Today, the use of color is opening up a new aesthetic dimension in my work, quite different from the effect in black-and-white. My portraits are positioned along certain frontiers, places of metamorphosis where identity is never simple or unambiguous; the frontiers, for example, that separate the human from the virtual, the organic from the sublime.

The *Models II* series comprises twelve photographs of young models (*New Faces*) chosen from the so-called catalogs provided by modelling agencies. The series comprises six photographs of boys and six of girls. Whereas before I adopted an anthropometric method to make my first series of portraits, here I work from a preconceived image of the subject, in order to create a stereotype. The distinctive aesthetic of this series of portraits also brings to mind the avatars by which users of virtual environments represent themselves. One could also say that this is a series of portraits of chimerical beings. This piece of work also follows on from a series of portraits of extremely realistic shop-window mannequins that I made in 2003. These dummies were moulded from the bodies of real-life models. I have adopted the same approach here, but apply it to photography. In a way, these portraits can be seen as images more than photographs.

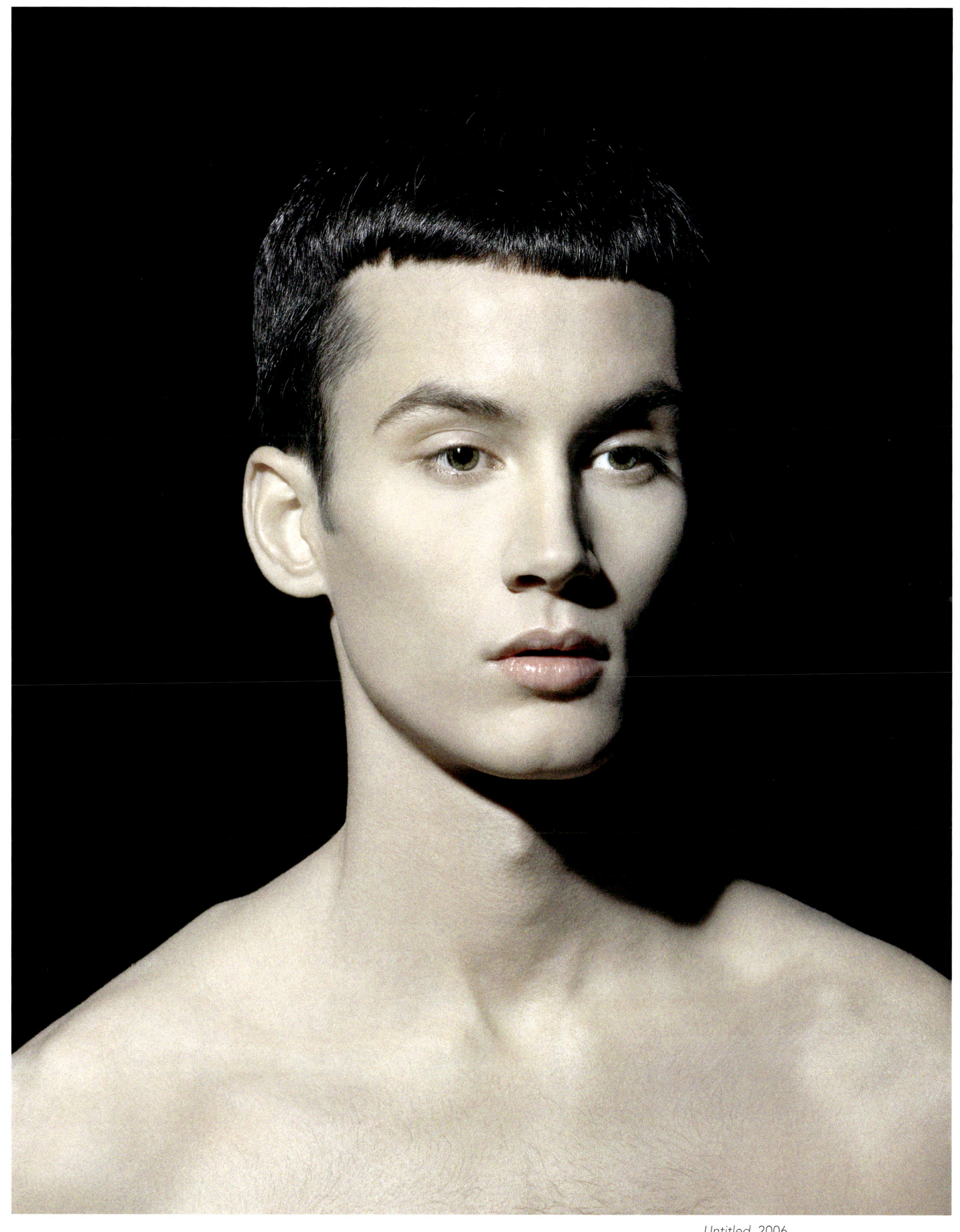

Untitled, 2006
Aus der Serie from the series *Models II*

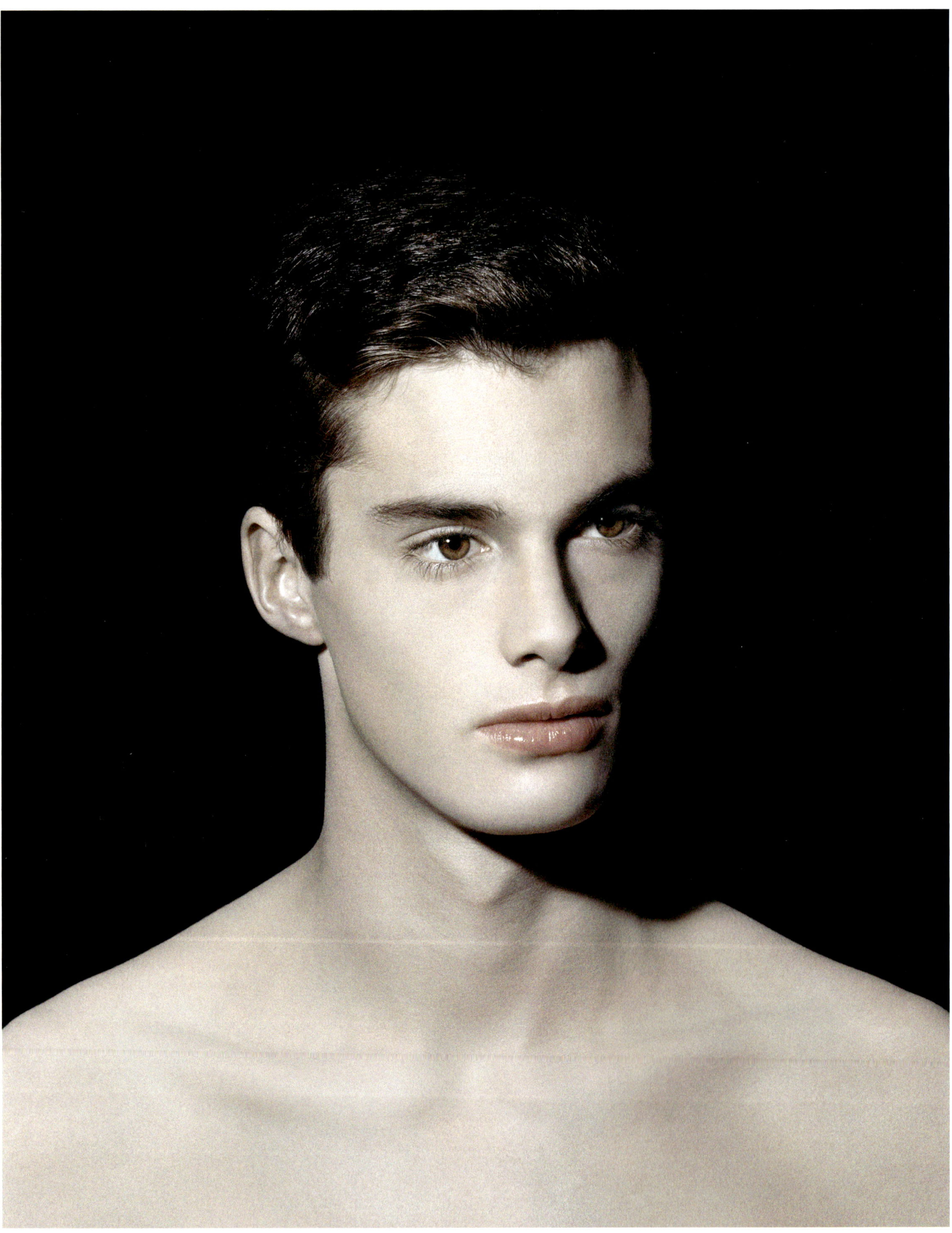

Untitled, 2006
Aus der Serie from the series *Models II*

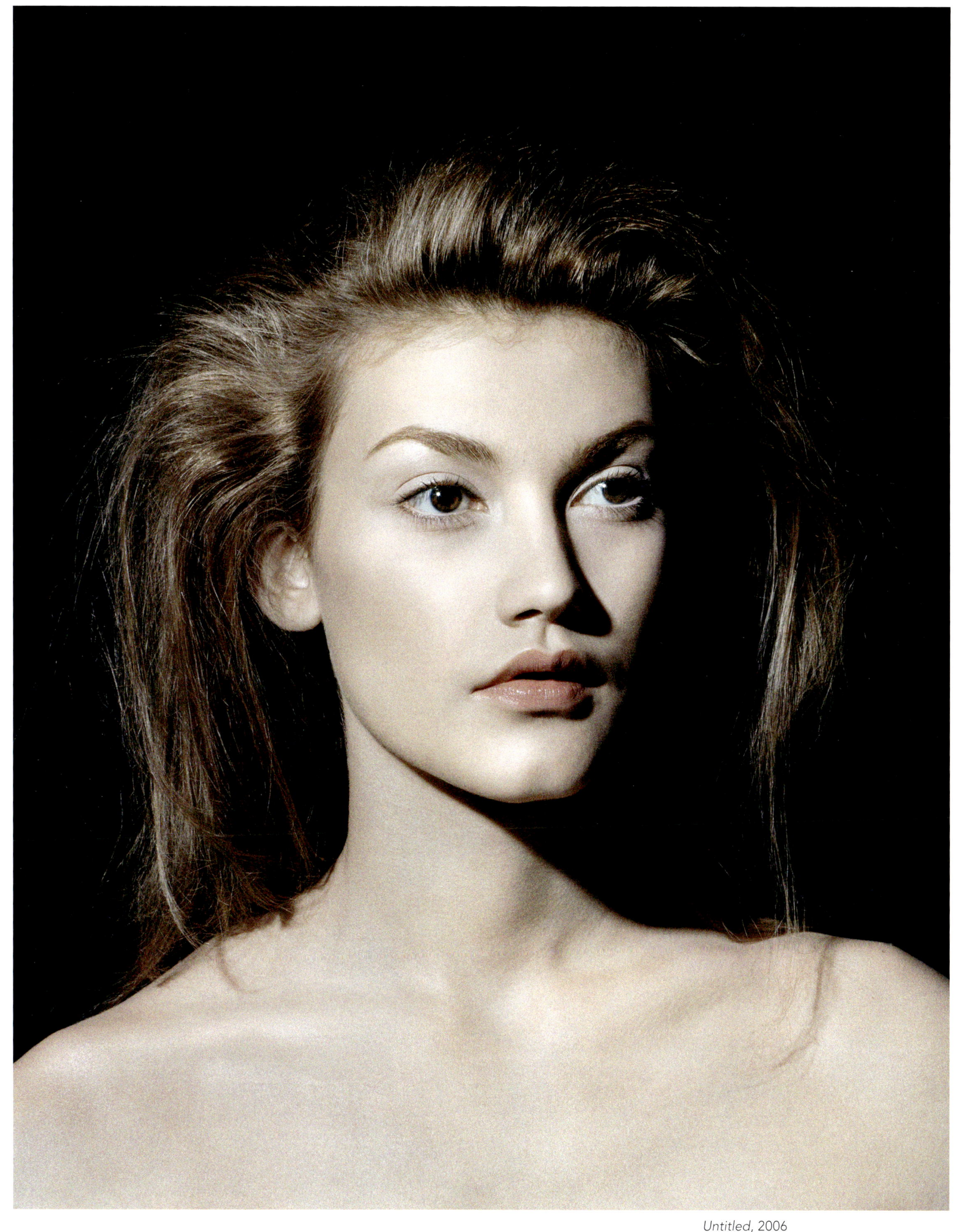

Untitled, 2006
Aus der Serie from the series Models II

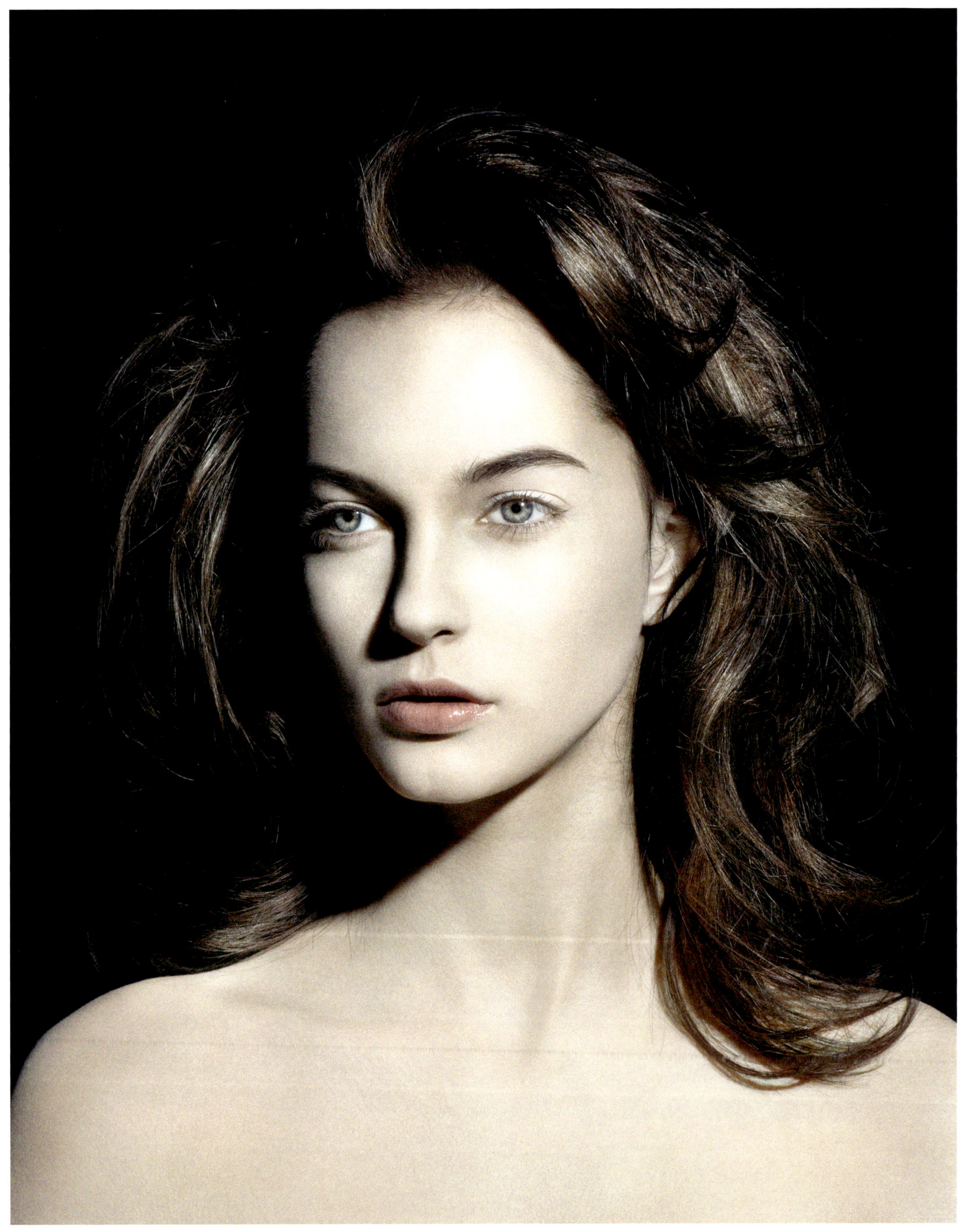

Untitled, 2006
Aus der Serie from the series *Models II*

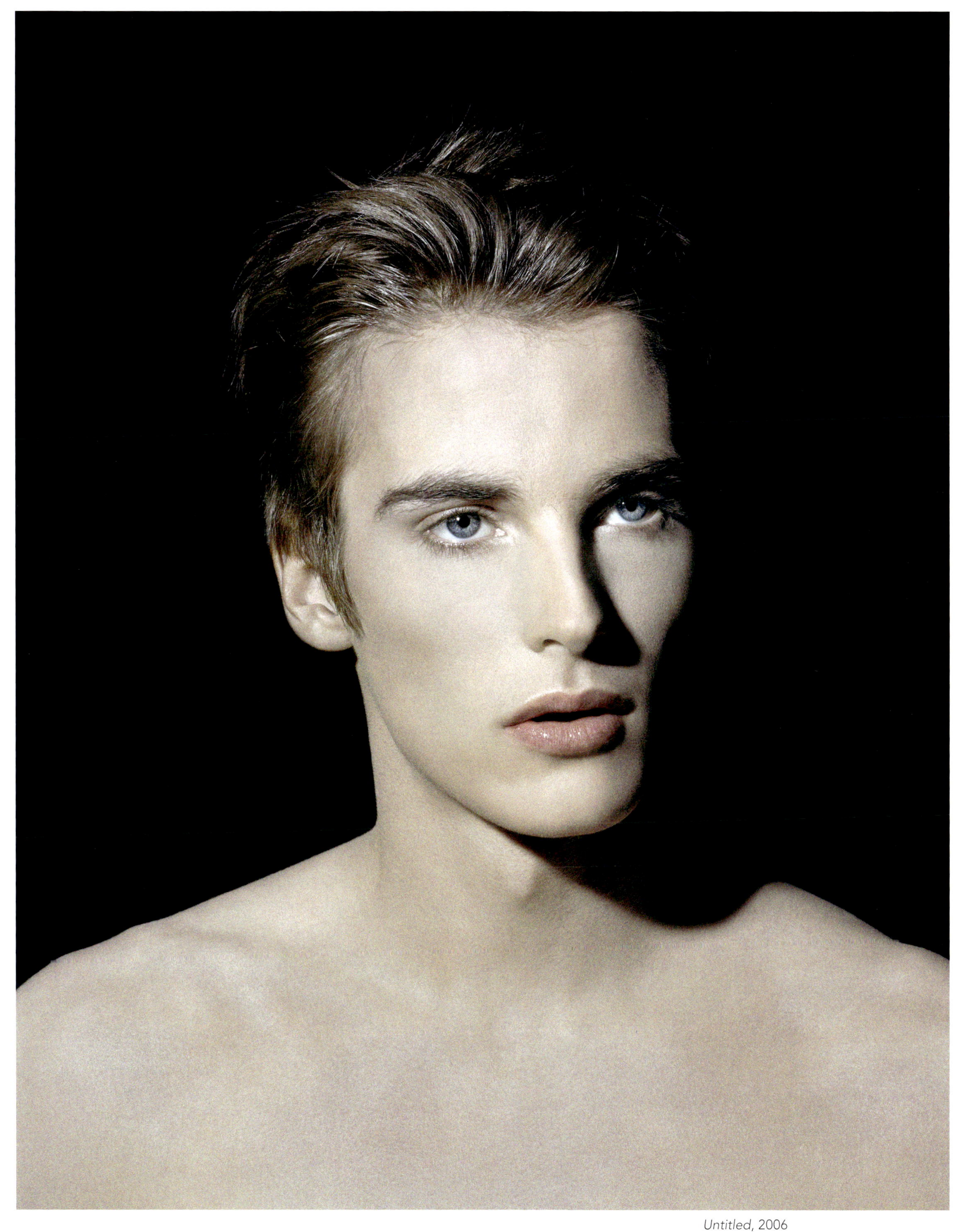

Untitled, 2006
Aus der Serie from the series *Models II*

DIRK BRAECKMAN

Das Porträt des Fotografen als Maler

Als alles anfing, in den frühen achtziger Jahren, hatte ich nie die Absicht meine fotografischen Selbstporträts herzuzeigen. Ich wollte ein Maler sein. Ich mache Fotografien für meine Malerei, dachte ich. Vielleicht hat das etwas damit zu tun, dass ich kurze Zeit später begann, die Abzüge meiner frühen Fotografien in der Dunkelkammer zu bearbeiten. Wie eine Art Aktionsmaler attackierte ich mit Entwickler und Pinsel die Oberfläche meiner Aufnahmen.

Stufenweise entwickelten sich aus den Selbstporträts Porträts von anderen Menschen und Aktfotos, die zunächst gnadenlos frontal, lebensgroß und in klaustrophobisch engen Bildrahmen aufgenommen wurden. Später wandten die Modelle der Kamera den Rücken zu und als nächsten Schritt konzentrierte ich mich auf den Raum, in dem sie sich befanden oder ich mich befunden haben mag. Orte oder Nicht-Orte als eine Art (Selbst)Porträt. Allmählich fanden die Bilder ihre eigene Logik, in einem auf den ersten Blick monotonen, tiefen Silbergrau, das aktivierend wirkt und zugleich mit der Realität zu spielen scheint. Eine Art Folie, nicht um sich zu verstecken, sondern um sich zu verbinden. Ein Freund von mir bezeichnete es als verwirrendes und einfaches Grau: das absterbende Licht nachdem es von allen Dingen absorbiert wurde. Ich benutze nie starke Kontraste, doch für mich sind meine Bilder nie kühl oder distanziert unscharf. Vielleicht liegt das daran, dass ich nie weit entfernt bin. Ich bleibe immer Teil meiner Bilder. Meiner Porträts.

The portrait of the photographer as painter

At first, in the early eighties, I never had the intention of showing the photographic self-portraits I made. I wanted to be a painter. I'd take photographs to use for my paintings, I thought. Maybe that had something to do with the fact that a little later I worked with my early prints in the darkroom, more or less as an action painter. Using developer and brushes to attack the surface of my photographs.

Gradually, the self-portraits evolved into portraits of other people and nudes, at first almost mercilessly frontal, life sized and claustrophobically framed. Then, the models turned their backs to the viewer and, as a next step, I focused on the space, the room they or I might have been inside of. Places or non-places as a kind of (self)portrait. Gradually, the images found a kind of common sense, a monotonous, deep silver-grey that emerged at first sight and seemed to be activating and tempering reality at the same time. A kind of screen, not to hide behind, but to connect with. A friend of mine called it a confusing and plain grey: a died down light after having been absorbed by all kinds of things around it. I never use remarkable contrasts and yet to me my images are never cool or detachedly unsharp. Maybe this is because I am never far away from them. I always remain a part of my images. My portraits.

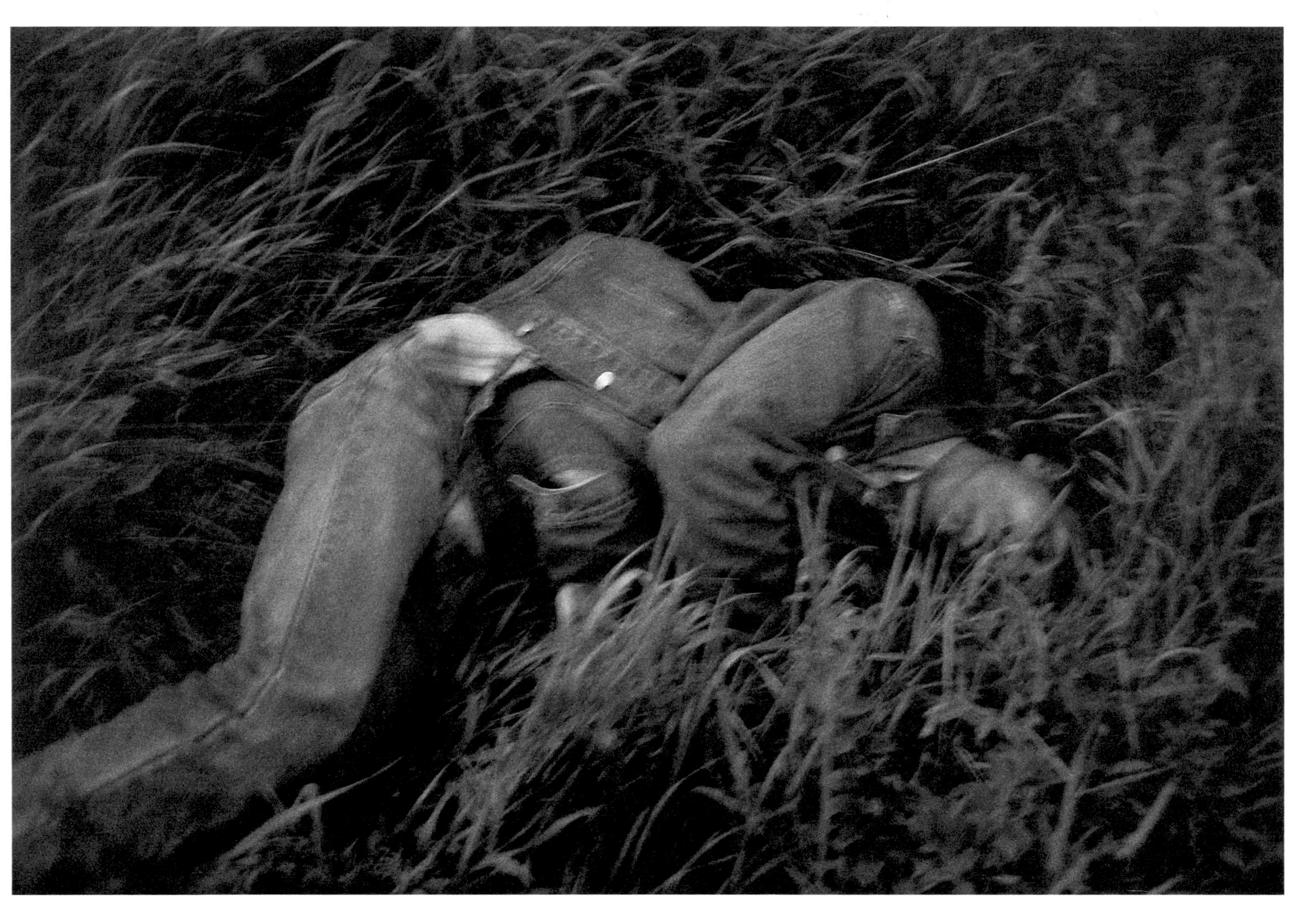

D.G-L.O.-97-01

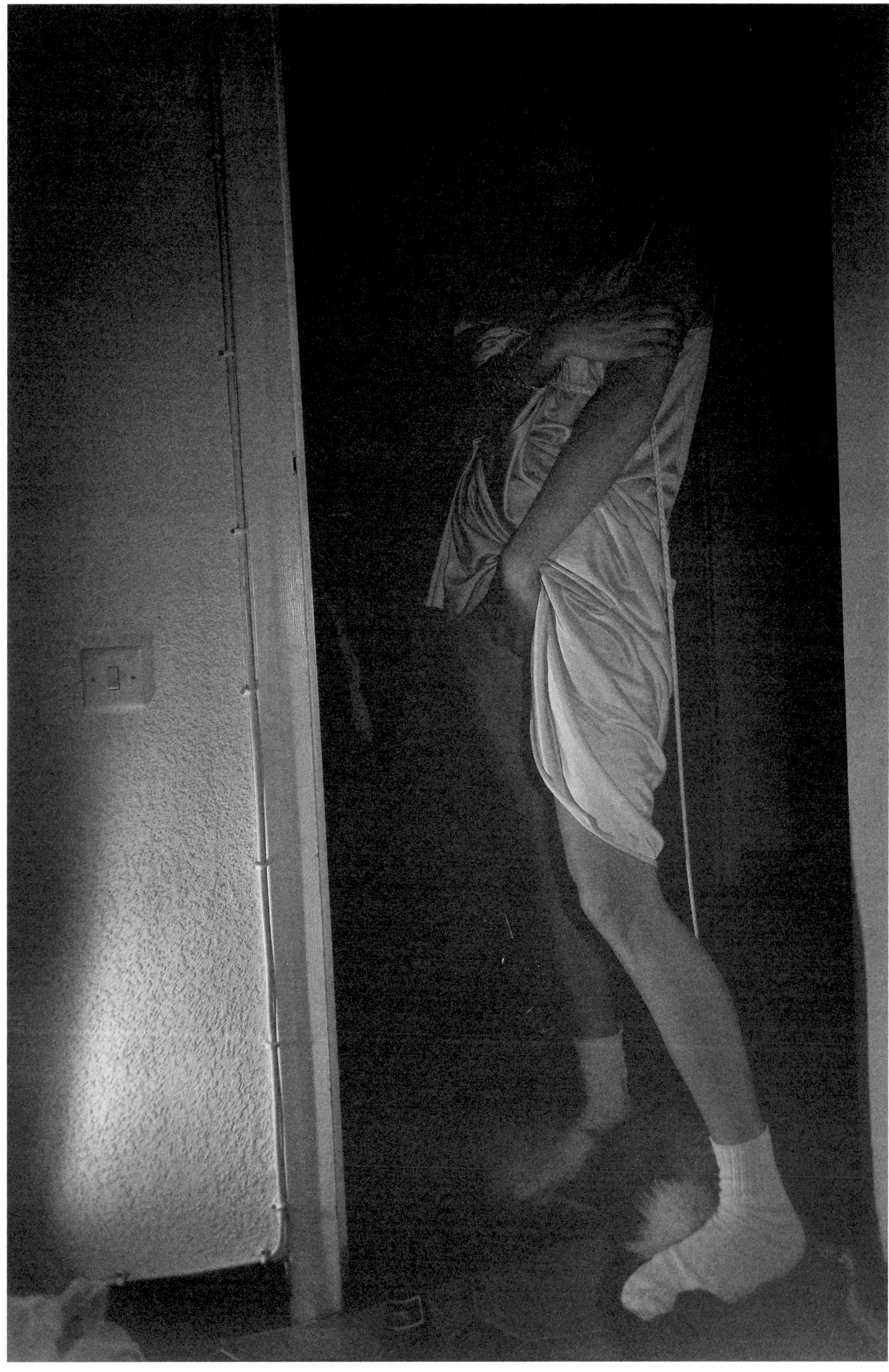

N.P.-F.A.-04

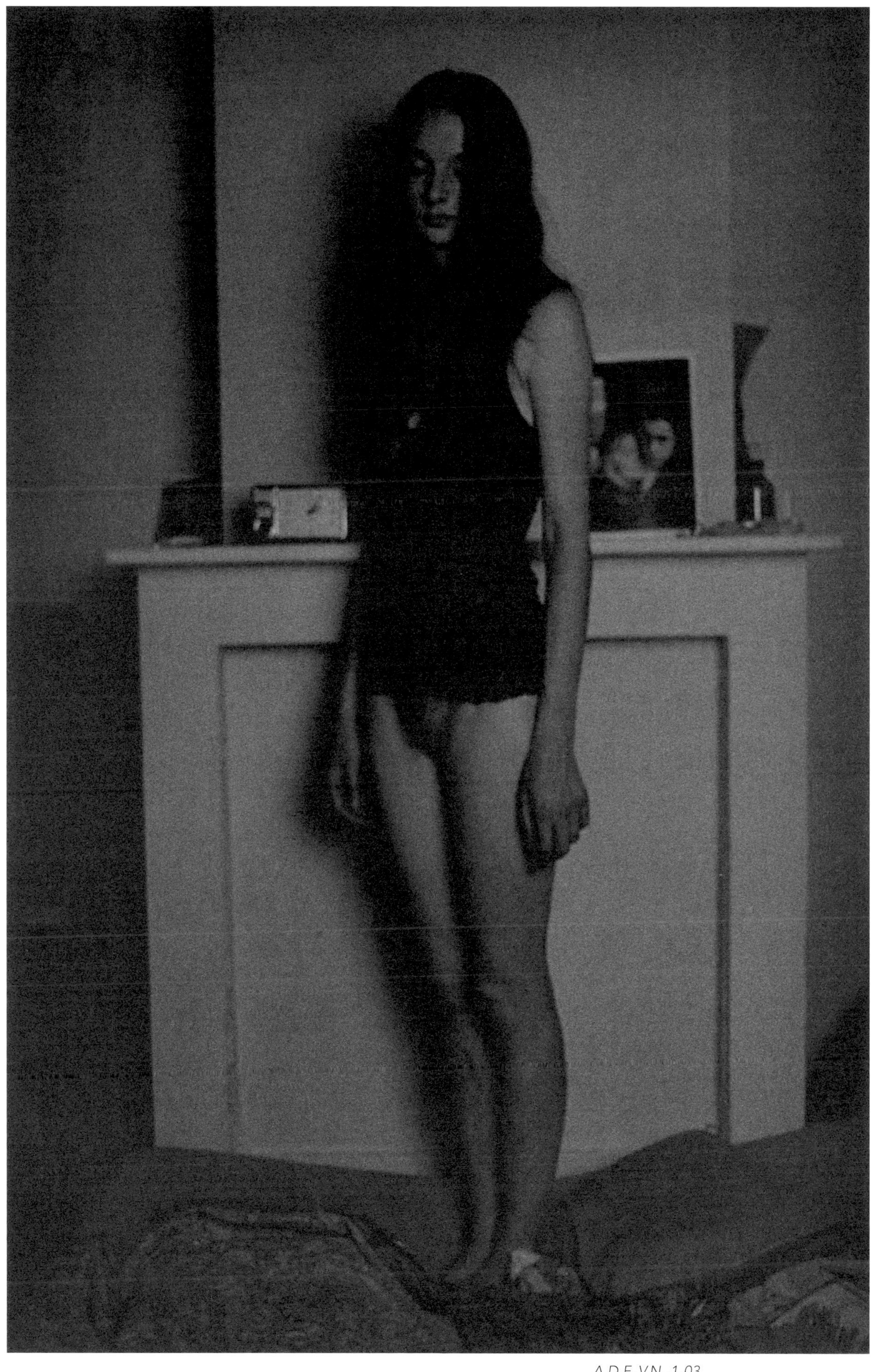

A.D.F.-V.N.-1-03

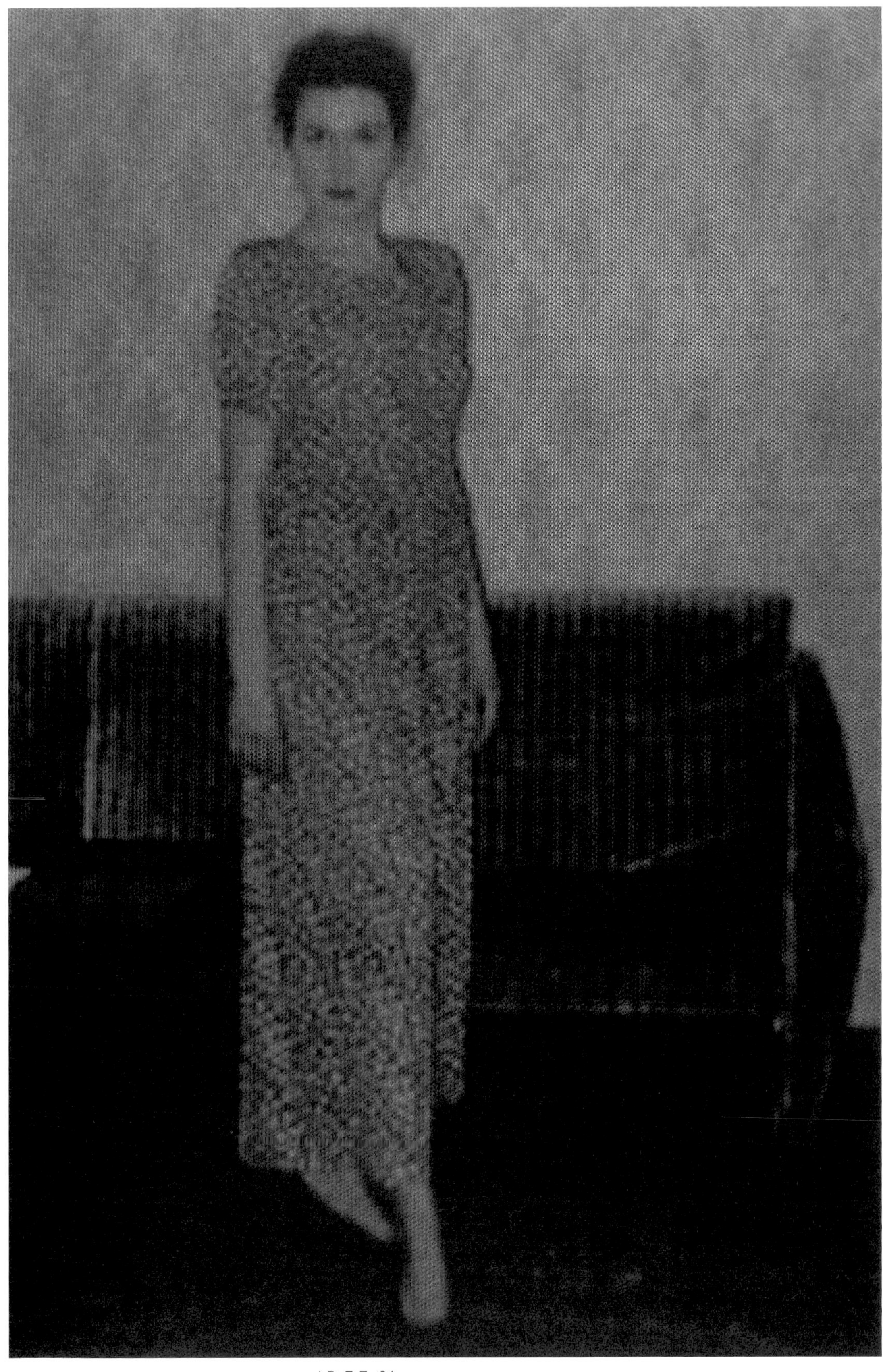

I.P.-E.E.-01

V.F.-V.F.-01

CLEGG & GUTTMANN

Wir glauben, daß es eine der wichtigsten
Aufgaben von Kunst ist, Porträts zu erzeugen,
während über den Prozeß des Porträtierens
selbst reflektiert wird.

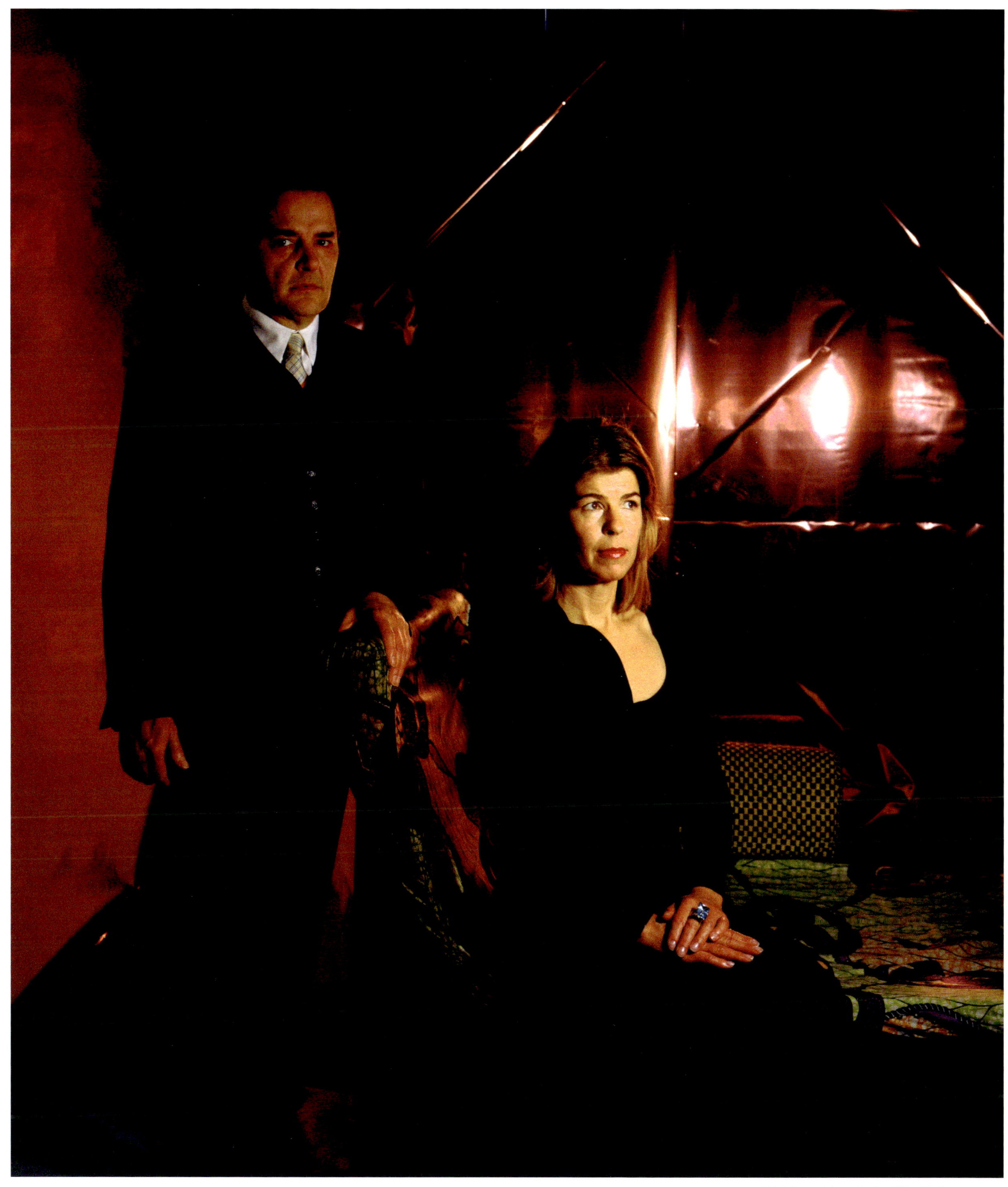

*Matrimonial portrait of the Gallery
Owners, 2006*

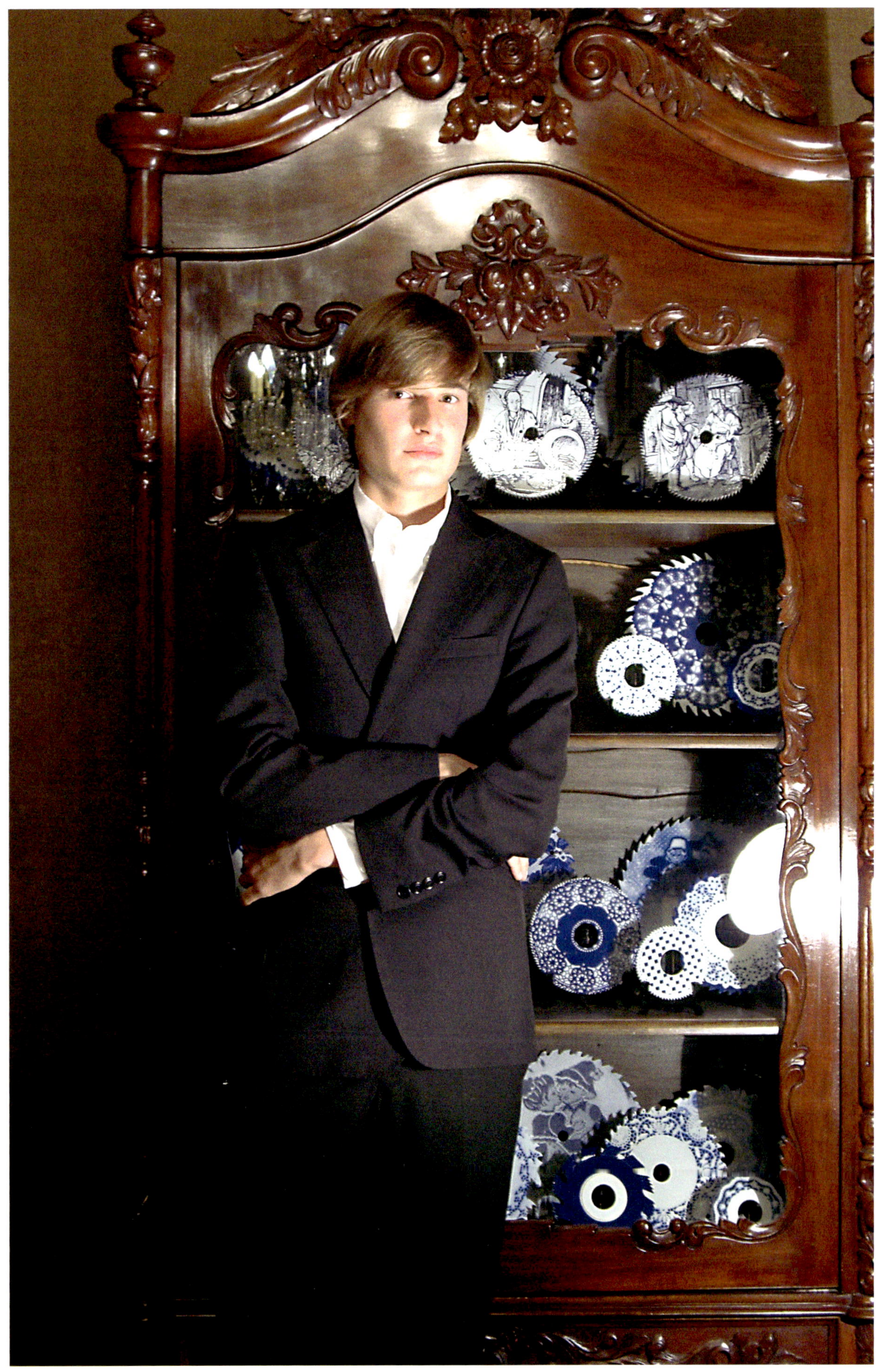

Portrait of a Young Man, 2006

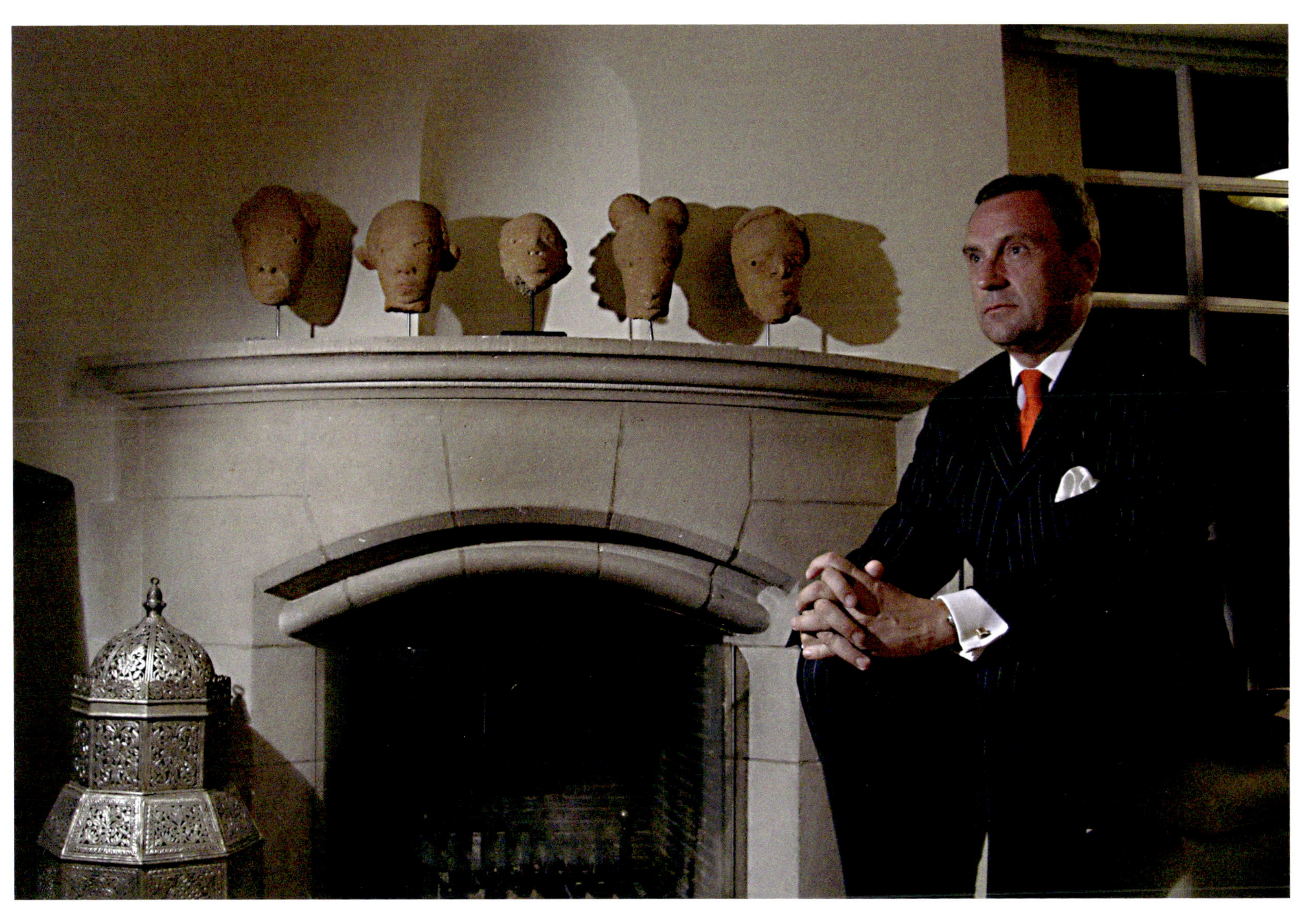

Portrait of a man with Nok masks, 2006

ANDREA COMETTA

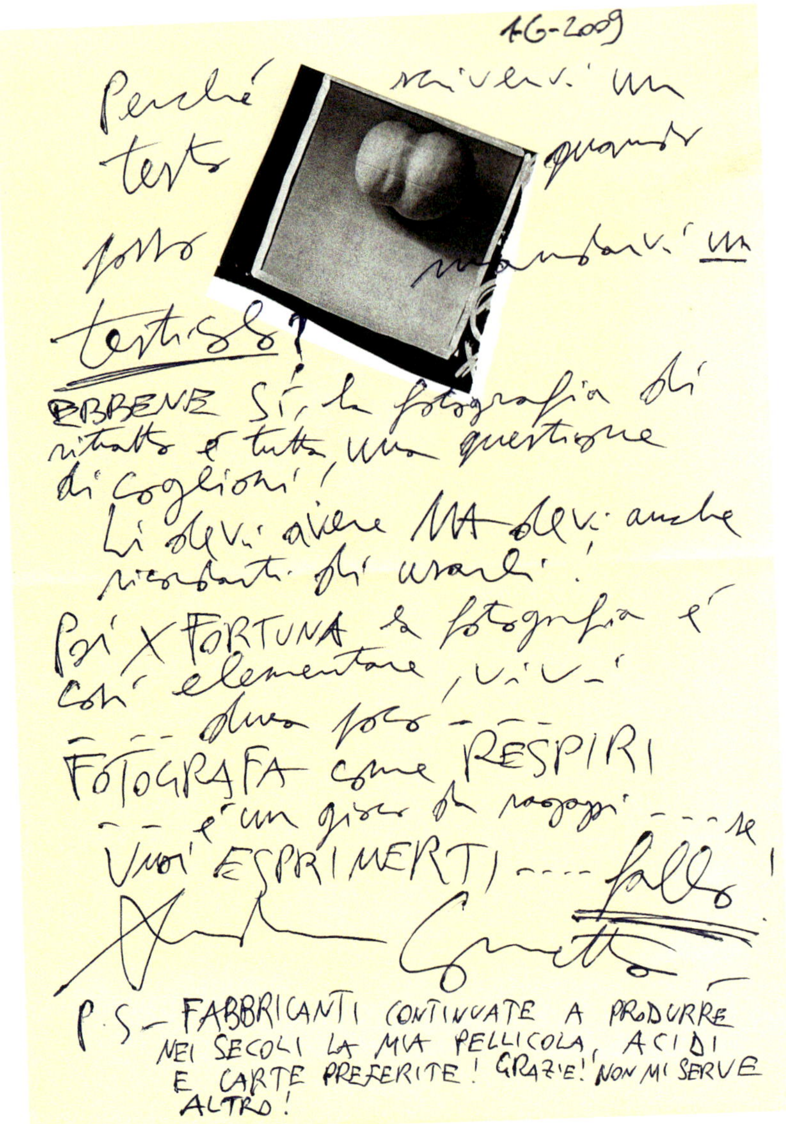

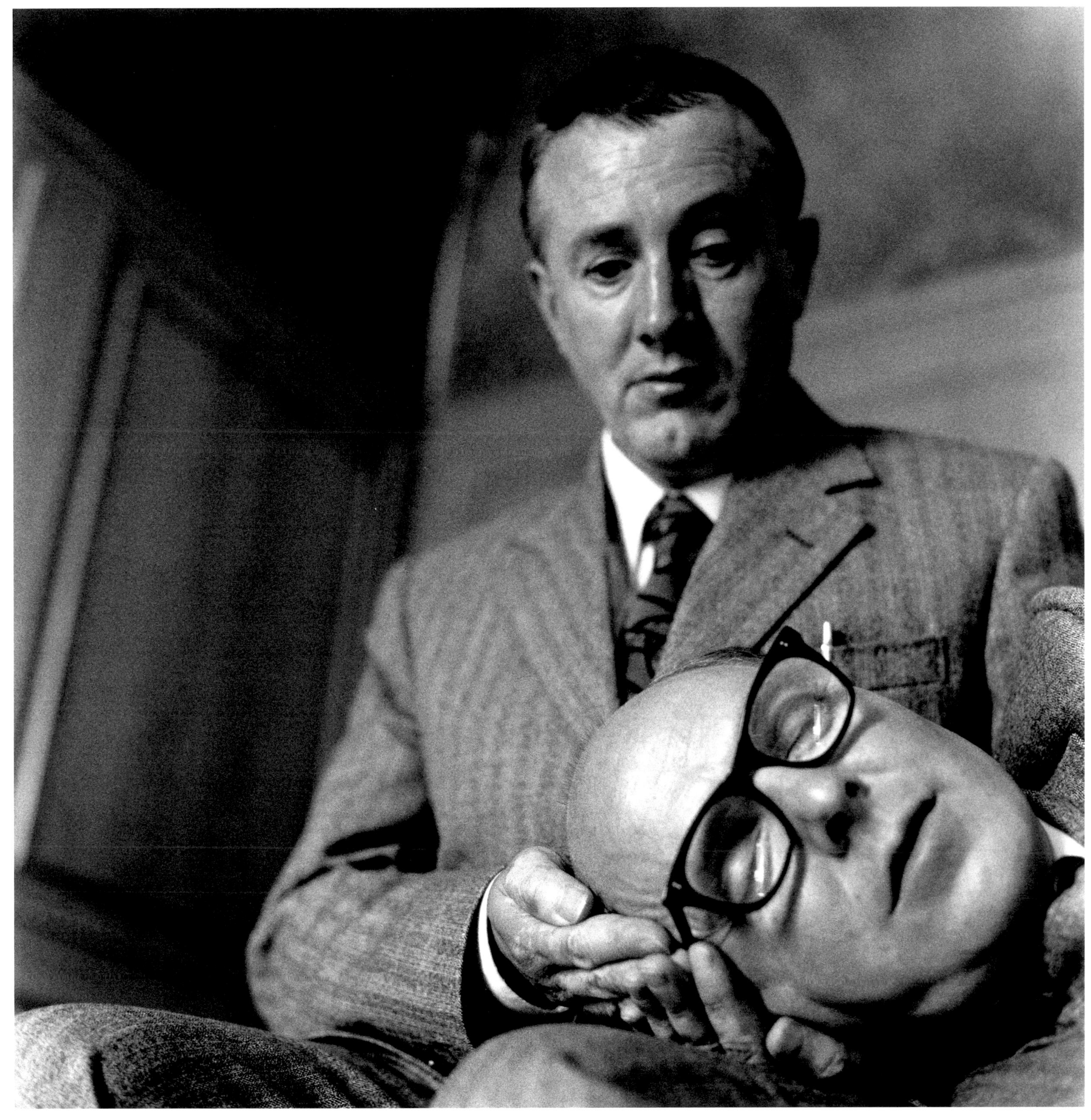

Gilbert & George, Lugano, 17.6.1994

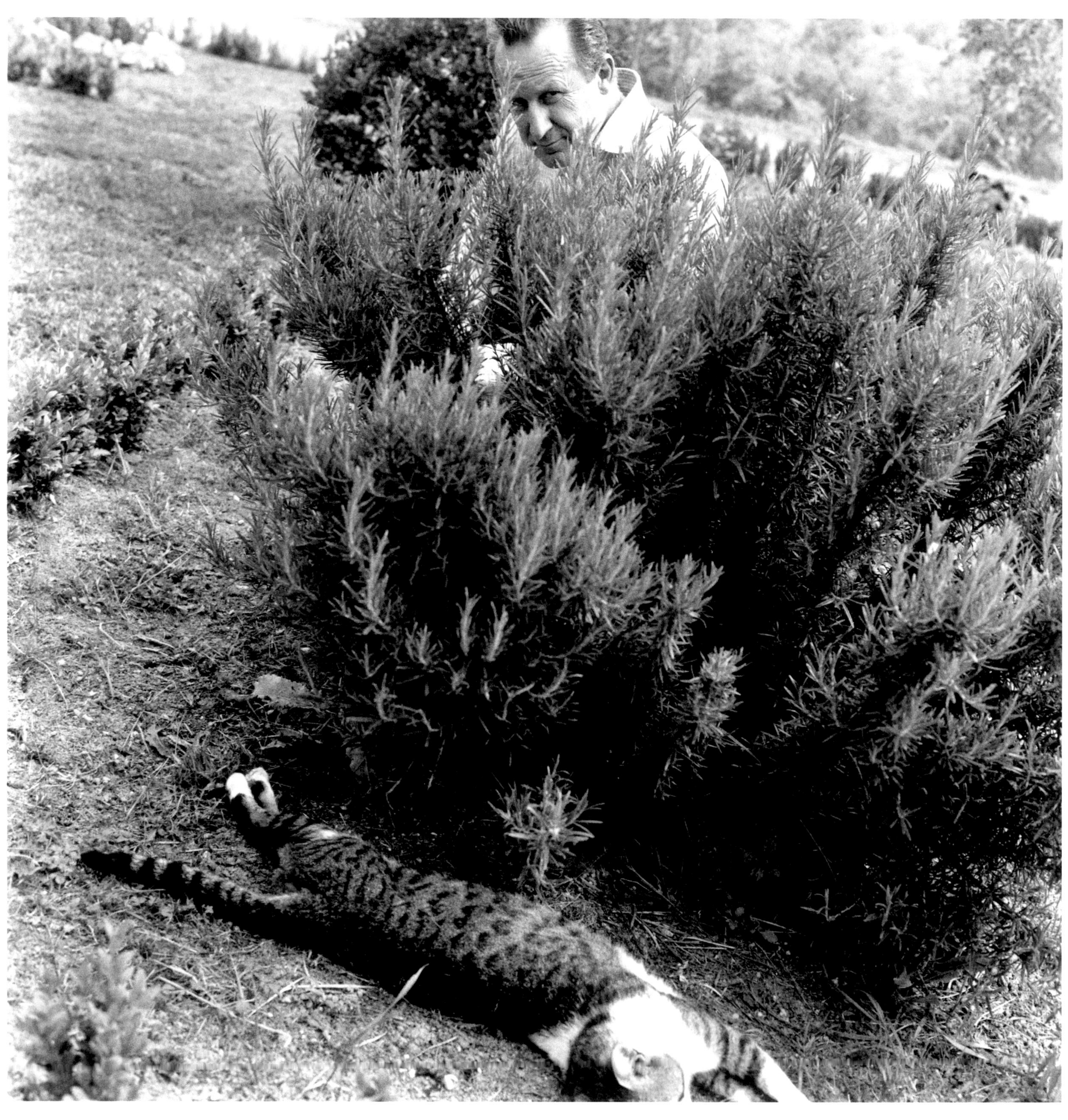

Claudio Parmiggiani,
Torrechiara di Parma, 26.5.1996

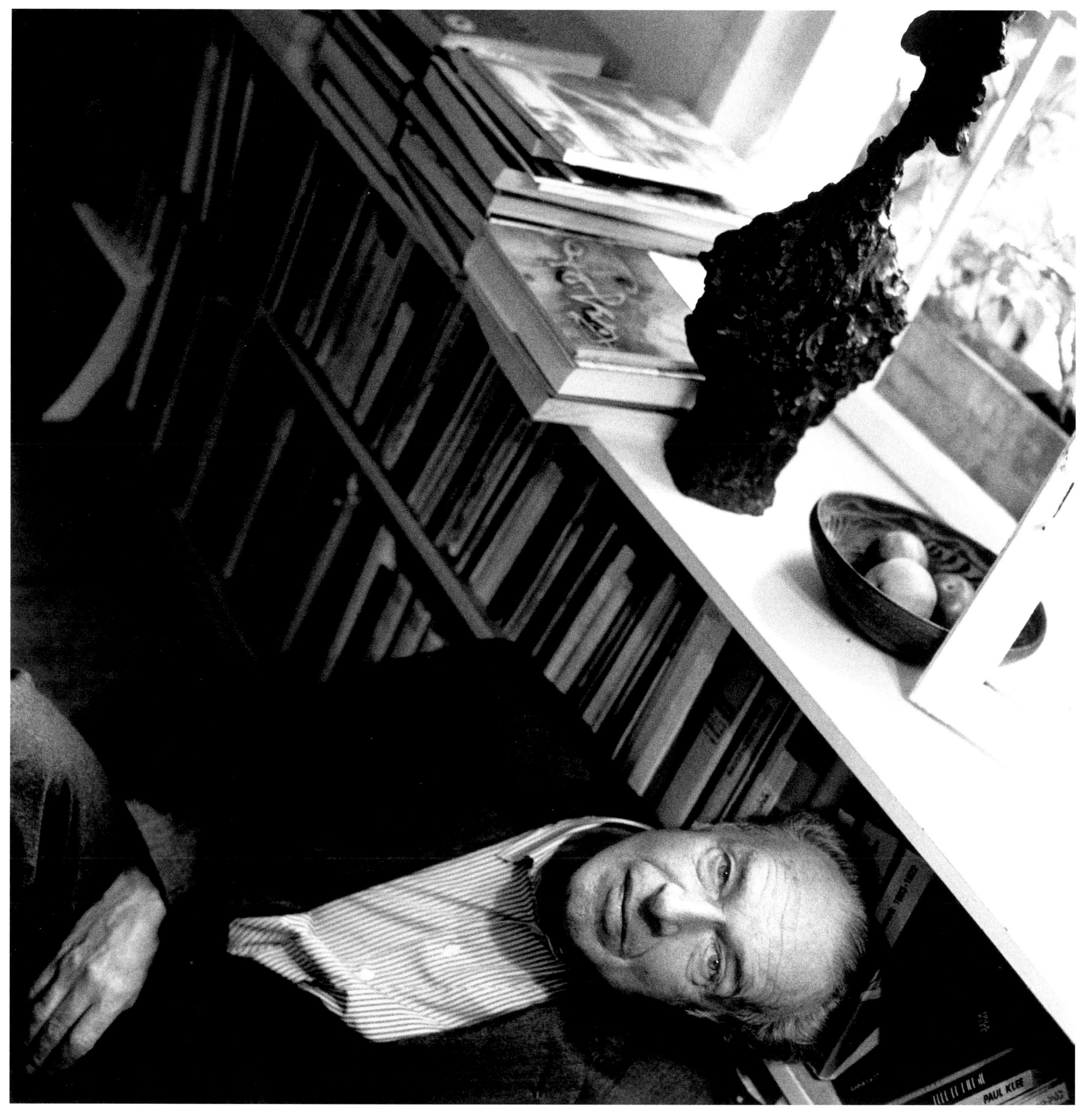

Ernst Beyeler, Basilea, 23.10.1999

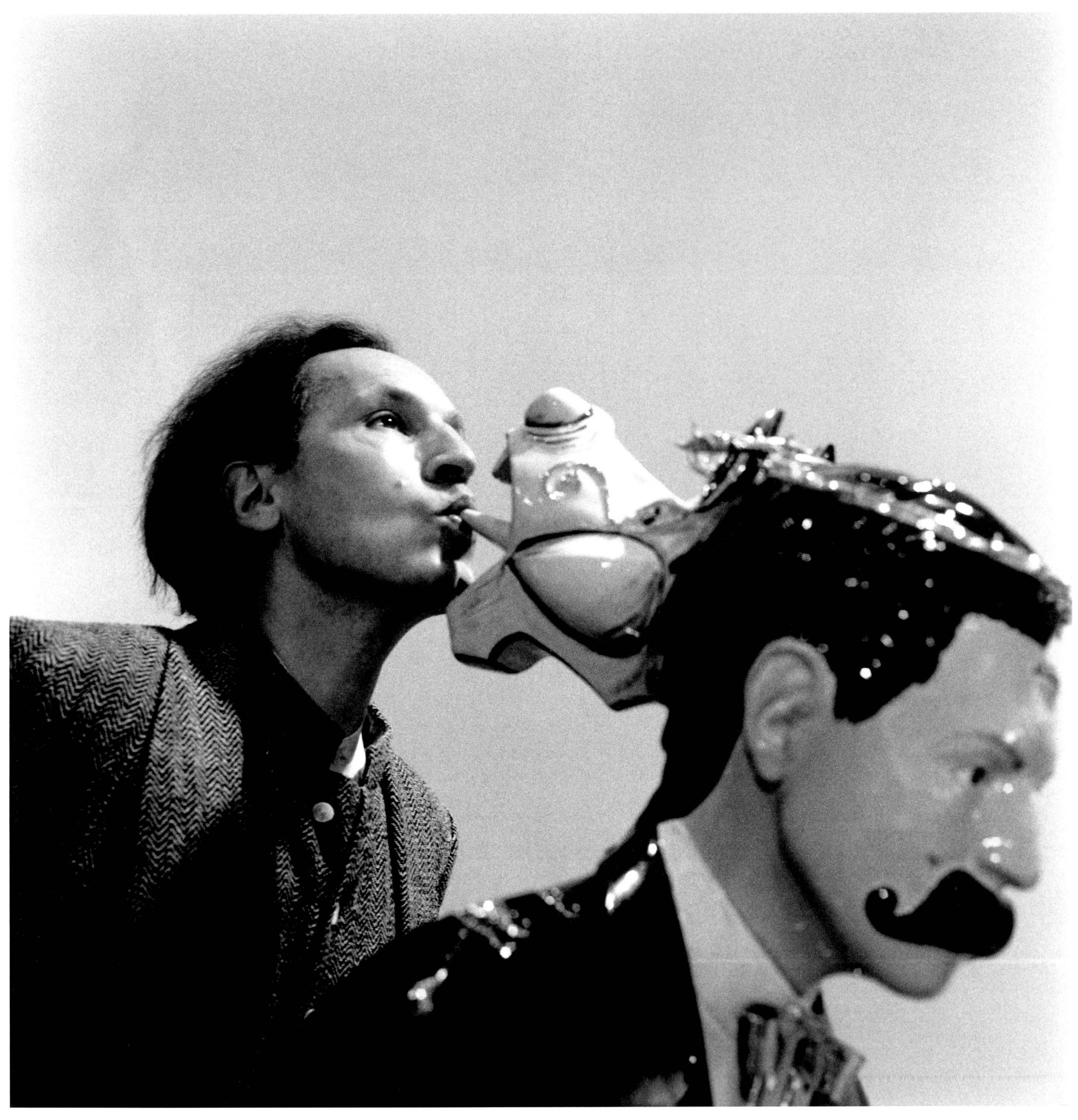

Luigi Ontani, New York, 8.4.1997

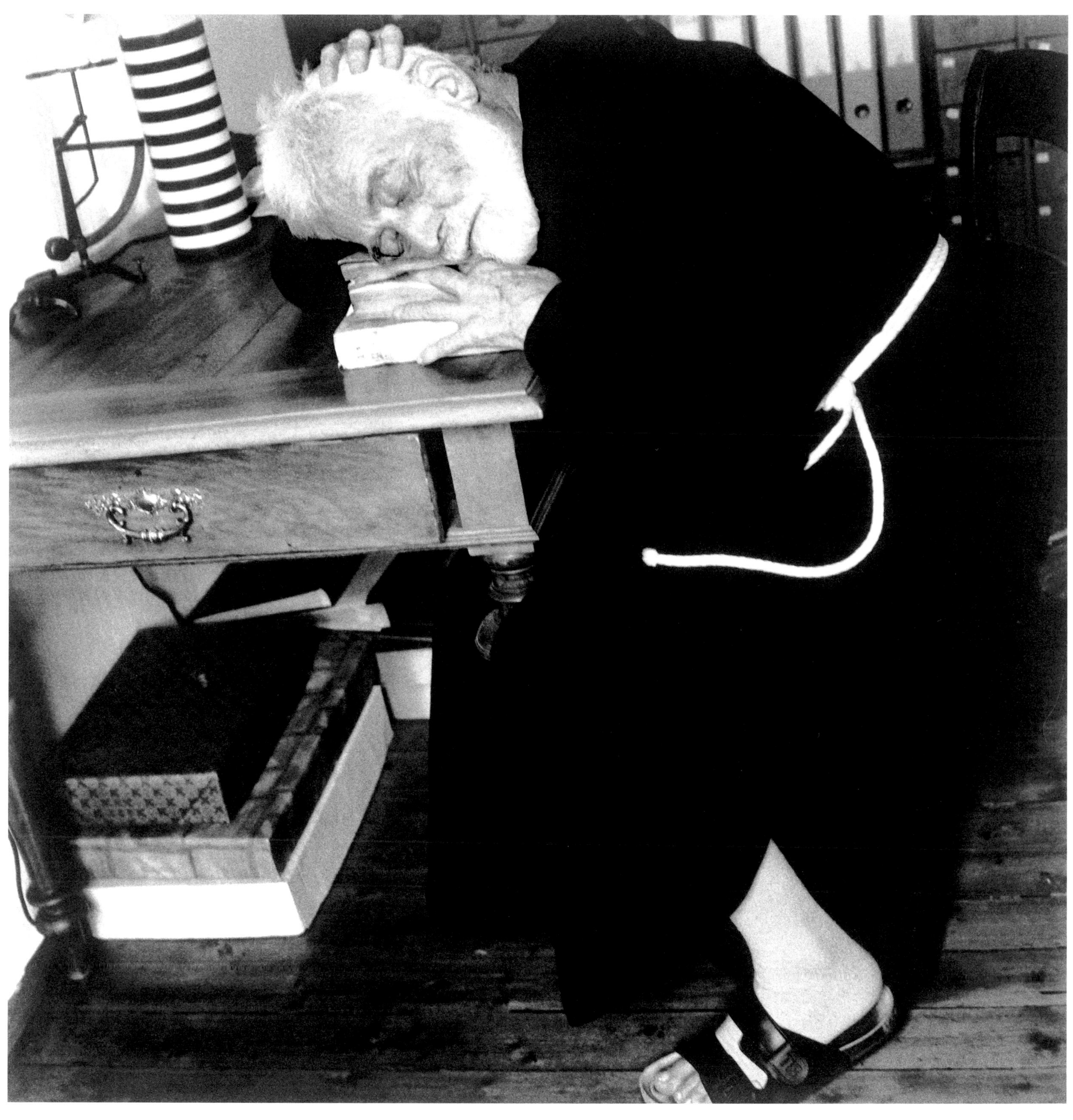

Giovanni Pozzi, Lugano, 2.8.2000

ANTON CORBIJN

Ich bin ein Porträtfotograf, deshalb interessiert mich Performance nicht. Ich interessiere mich nicht für den Orgasmus auf der Bühne, sondern für den Schmerz des Schaffensprozesses, wenn Menschen darüber nachdenken, was sie schreiben sollen, was sie malen sollen. Daran bin ich interessiert und deshalb sind die Menschen, die sich an diesem Prozess abarbeiten, diejenigen, die ich generell interessant finde. Das erklärt auch, denke ich, warum ich mit etlichen Leuten gearbeitet habe, die schwierig oder labil sind. Meine Arbeitsmethode besteht darin, schnell zu arbeiten. Ich benutzte für meine Fotografien kein Stativ, denn ich mag das Unperfekte. Unvollkommenheiten sind unterbewertet, denn für mich bringen sie irgendwie den menschlichen Aspekt hervor. Ich strebe nach Perfektion, aber der Prozess, der stattfindet wenn ich fotografiere, ist von Elementen durchzogen, die diese verhindert. Außerdem mache ich immer Abzüge vom gesamten Bildrahmen, so dass man alles sieht, was sich ins Bild eingeschlichen hat. Mein Entwicklungsprozess ist im Gegensatz dazu nahezu perfekt, aber der geschieht natürlich erst im Nachhinein.

I am a portrait photographer, so performance is not what interests me; I am not interested in the orgasm on stage, I am interested in the pain of creation, when people think of what to write, what to paint, that process, that is what I am interested in and the people who struggle with that process are generally the people I find interesting. That explains why I have worked with quite a few people who are troubled, I think. My practical work method is that I work very fast, and I don't use a tripod in my photography as I like imperfection. I think imperfection is underrated, and to me it brings out the human aspect somehow. I strive for perfection but the process of me taking the photograph is littered with elements that prohibit it. On top of that, I always print the full frame so you see everything that slipped into it. My printing process, on the contrary, is close to perfection, but that is after the fact of course.

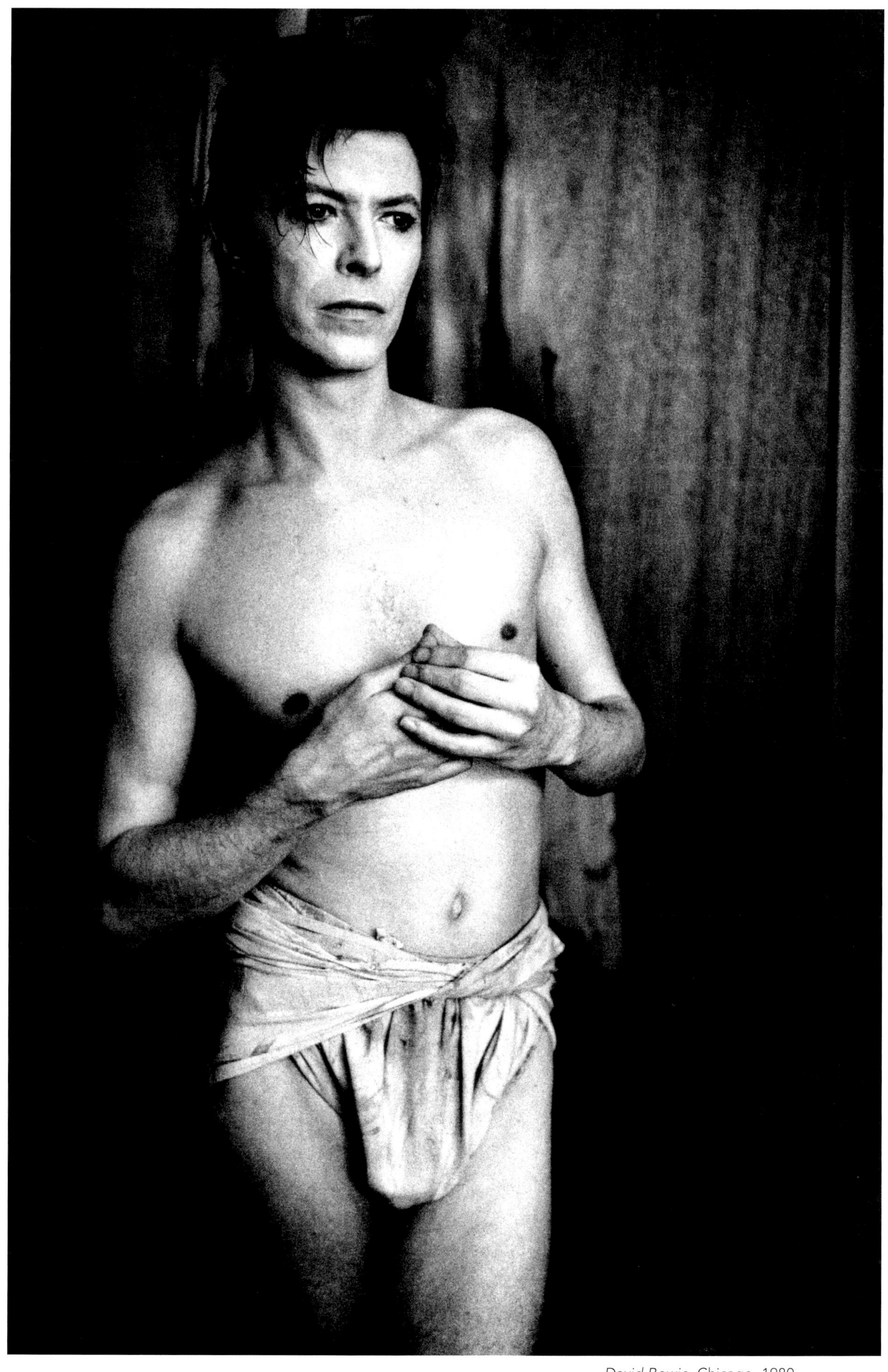

David Bowie, Chicago, 1980

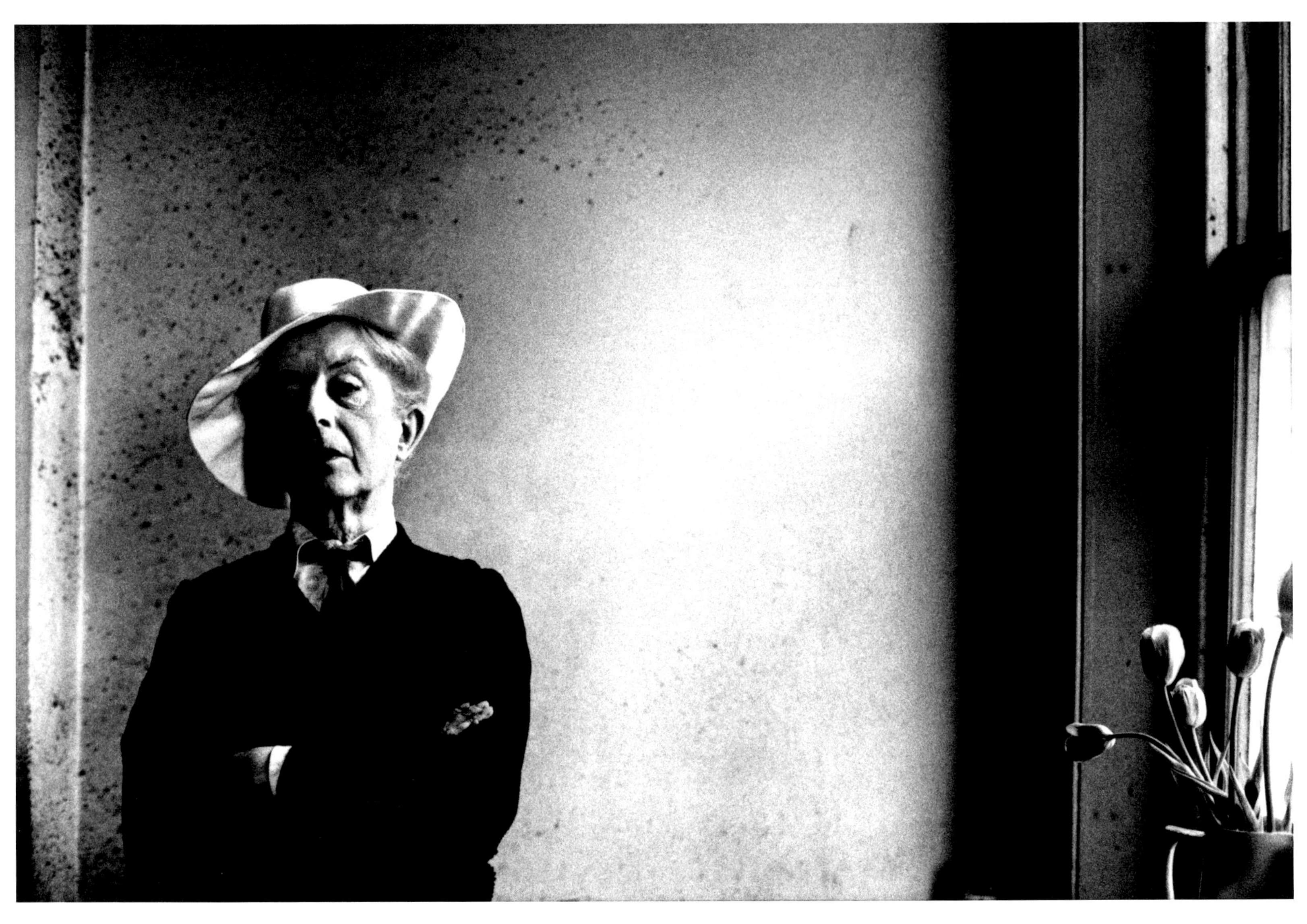

Quentin Crisp, London, 1982

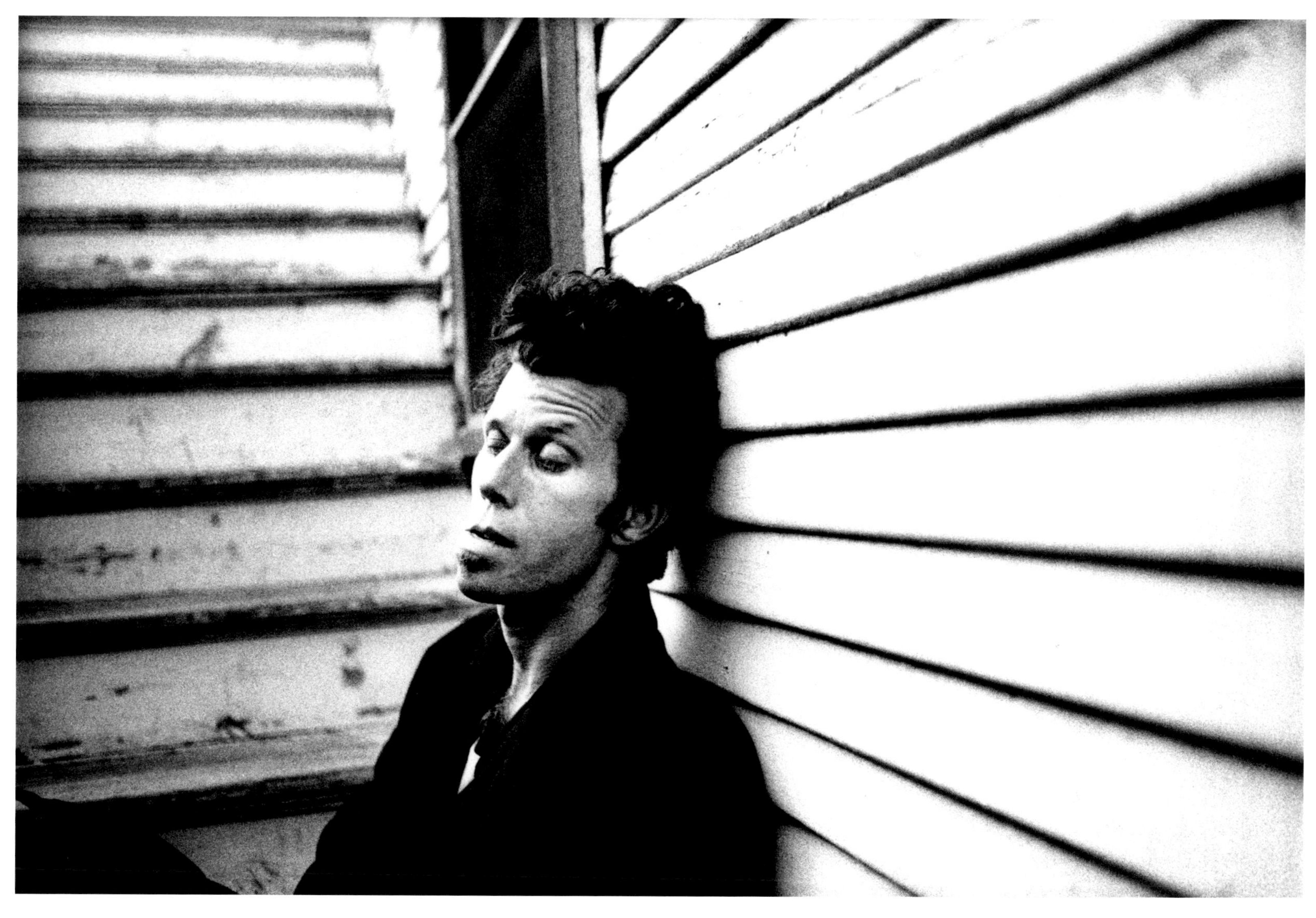

Tom Waits, Los Angeles, 1983

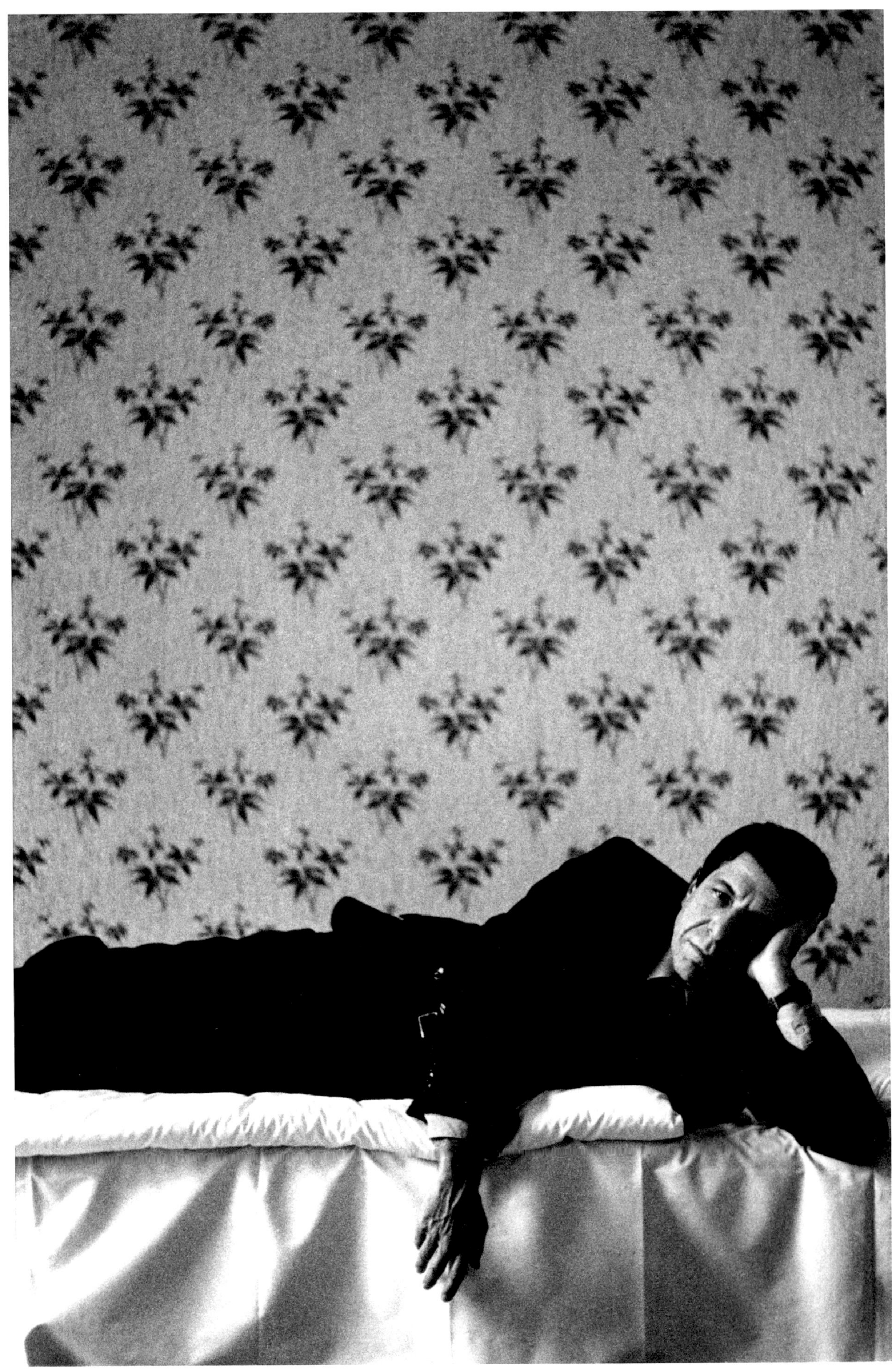

Leonard Cohen, Hamburg, 1985

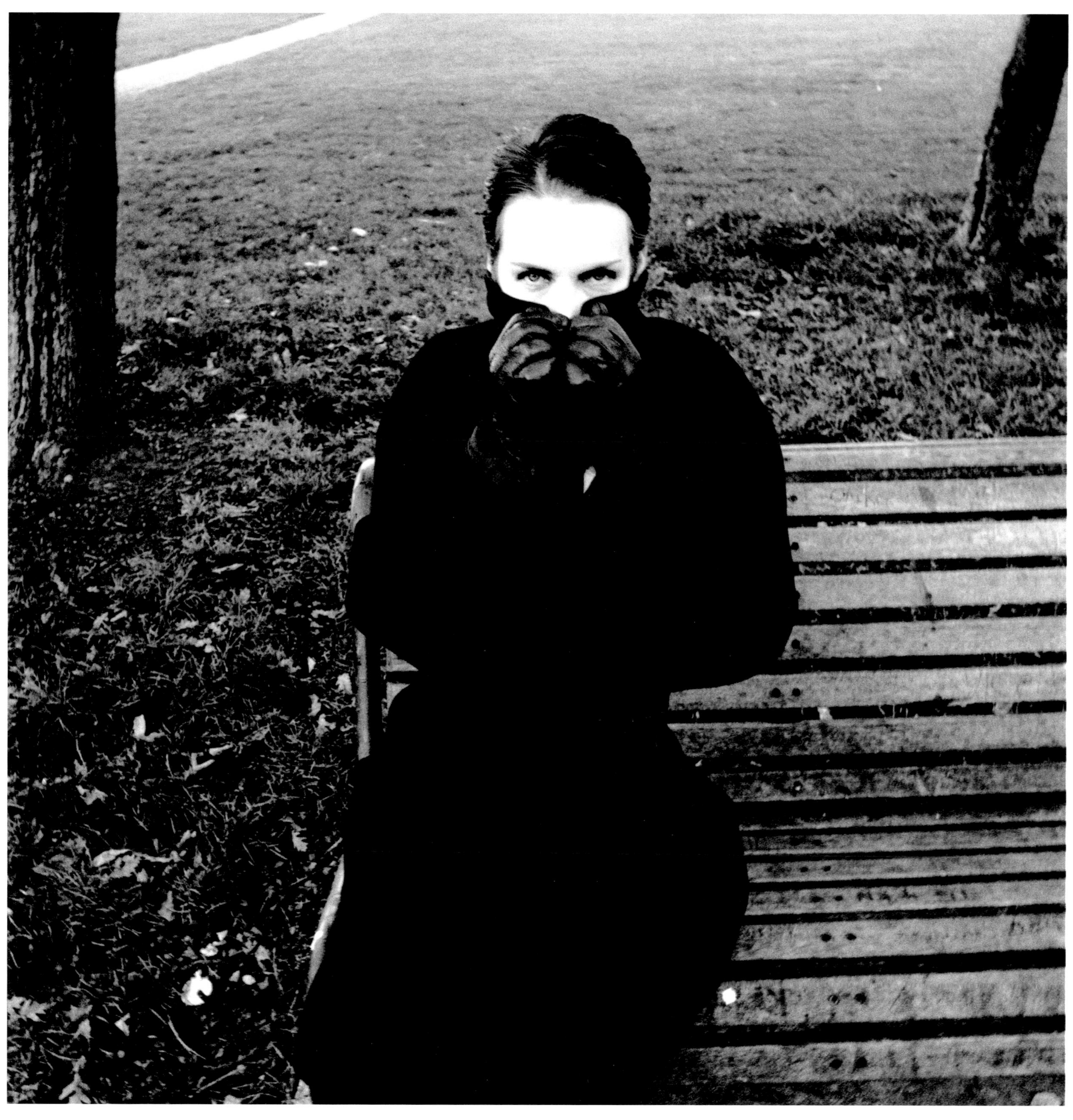

Annie Lennox, London, 1992

RINEKE DIJKSTRA

In meiner Arbeit geht es mir um bestimmte Charakteristika einzelner Personen in Gruppenzusammenhängen. Mich interessiert das paradoxe Verhältnis zwischen Identität und Uniformität, die Kraft und die Verletzlichkeit jedes Menschen und jeder Gruppe. Dieses Paradox bemühe ich mich darzustellen, indem ich mich auf Posen, Haltungen, Gesten und Blicke konzentriere.

In my work, I look for specific characteristics of individual people within group settings. I am interested in the paradox between identity and uniformity, in the power and vulnerability of each individual and each group. It is this paradox that I try to visualize by concentrating on poses, attitudes, gestures and gazes.

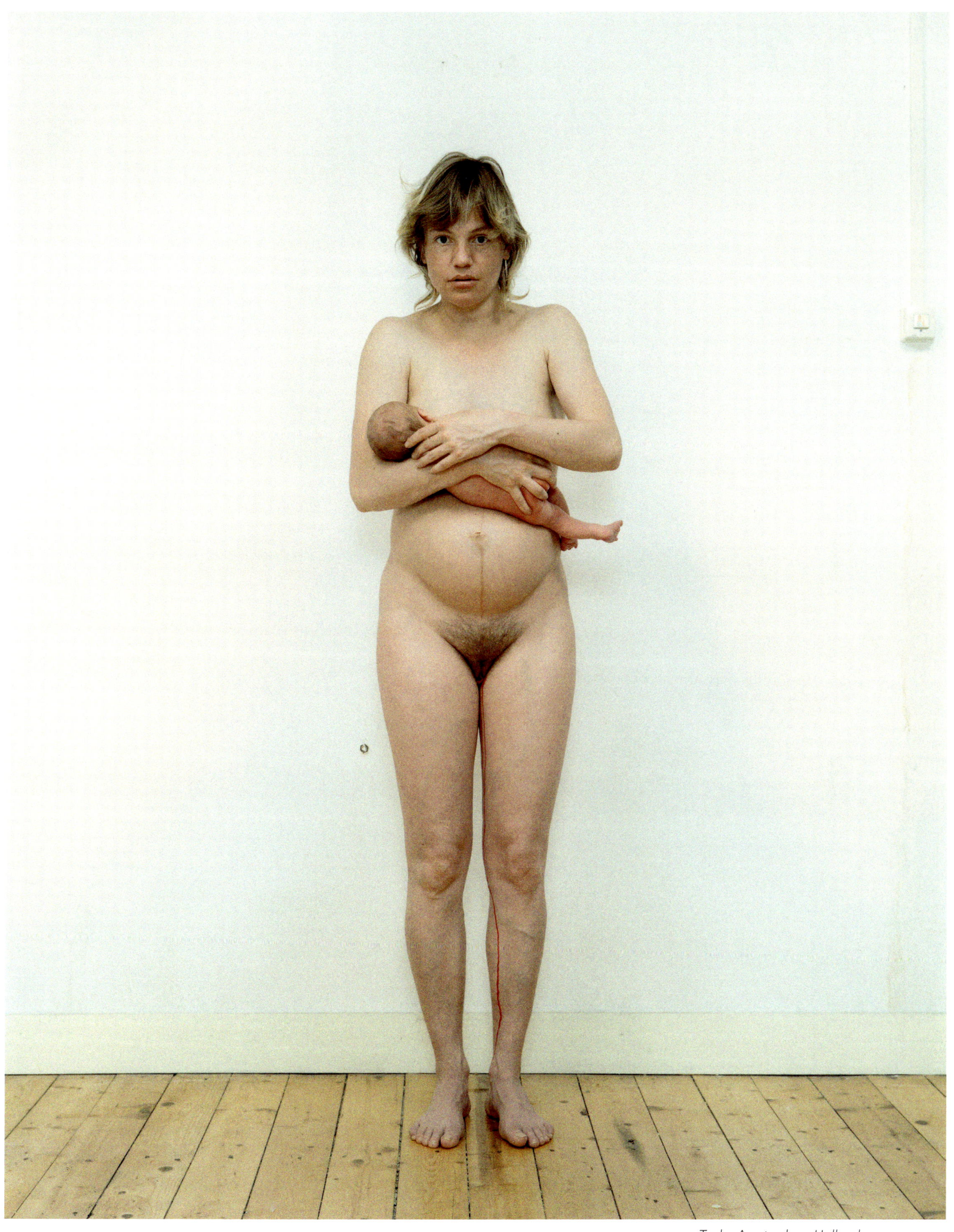

Tecla, Amsterdam, Holland,
May 16, 1994

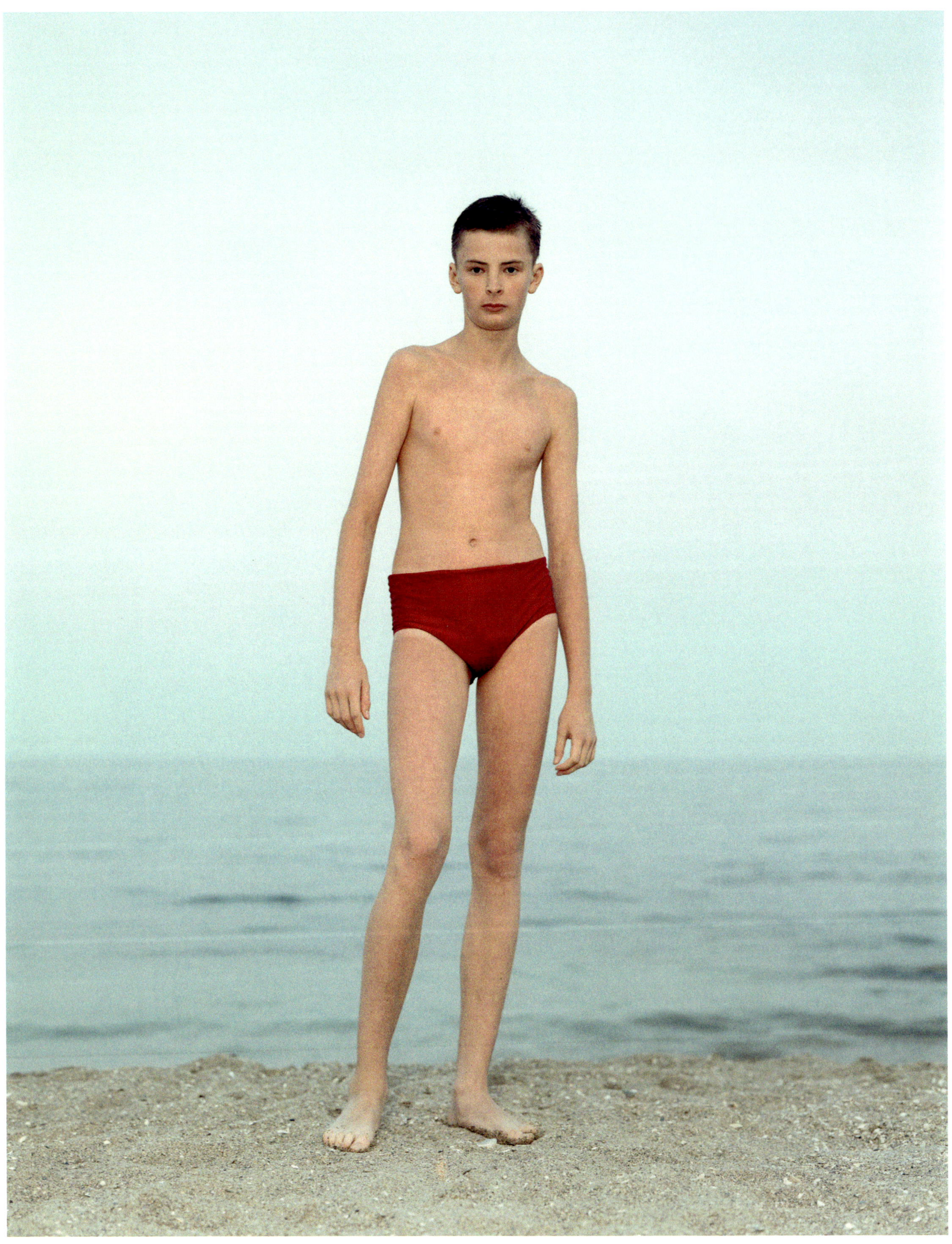

Odessa, Ukraine, August 27, 1992

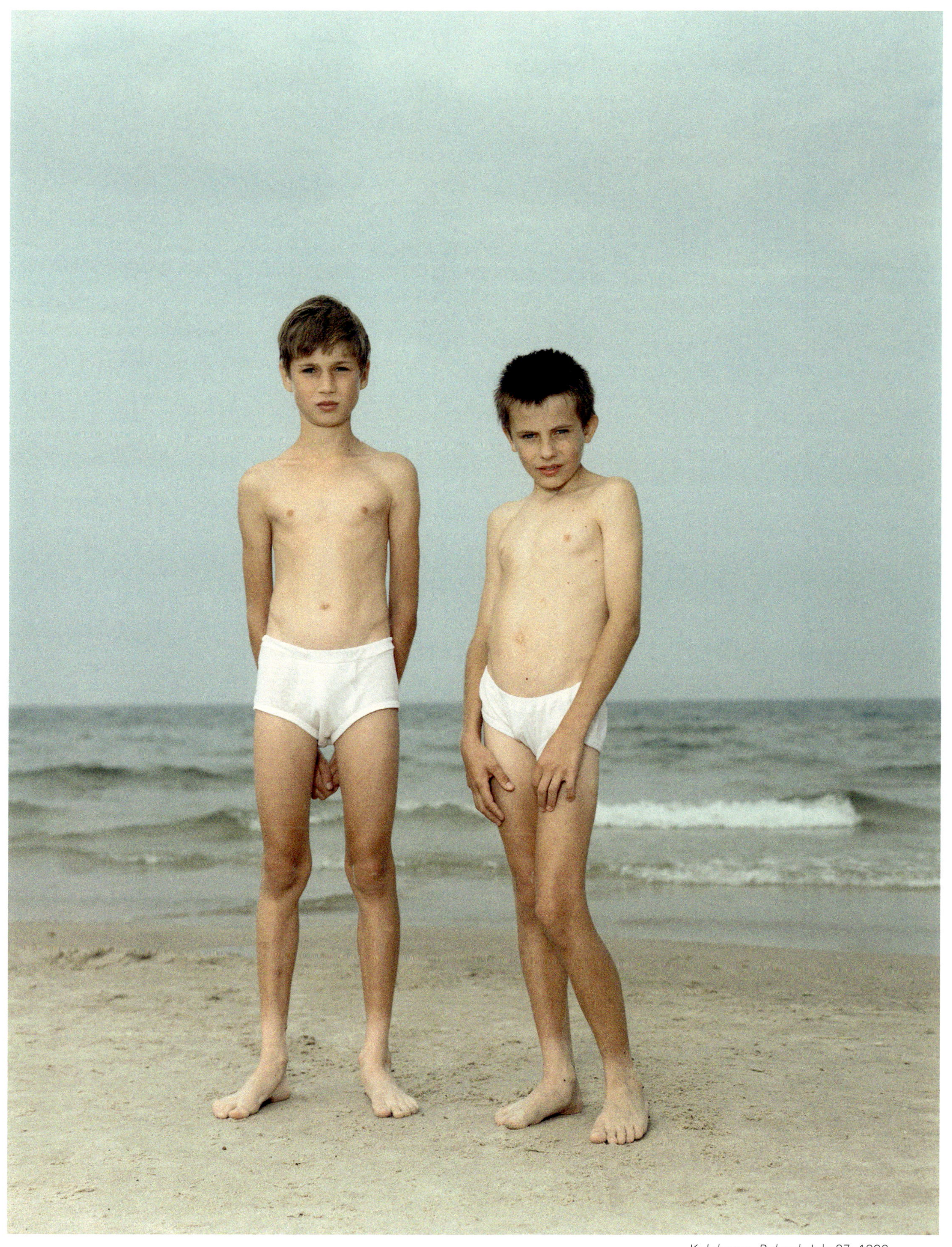

Kolobrzeg, Poland, July 27, 1992

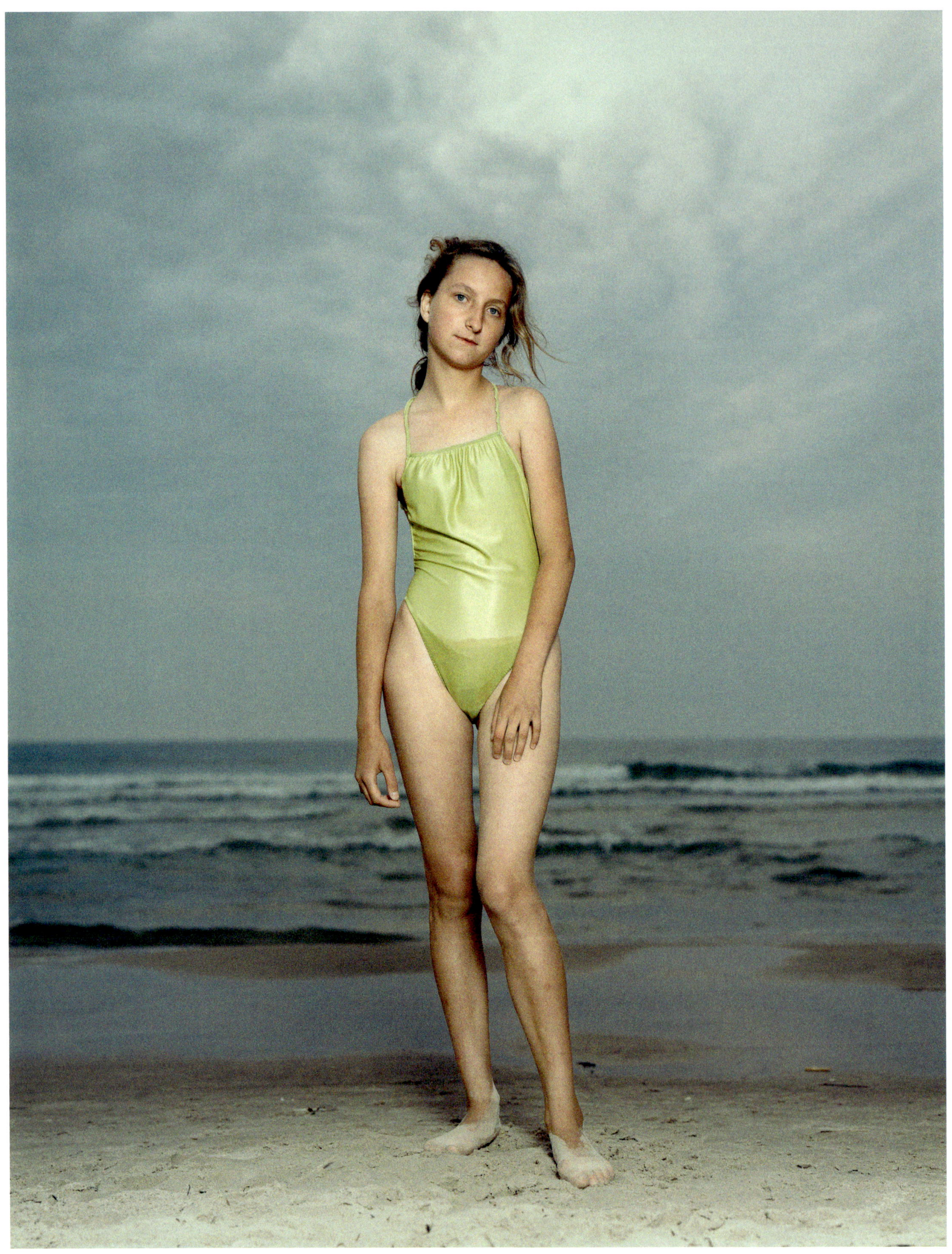

Kolobrzeg, Poland, July 26, 1992

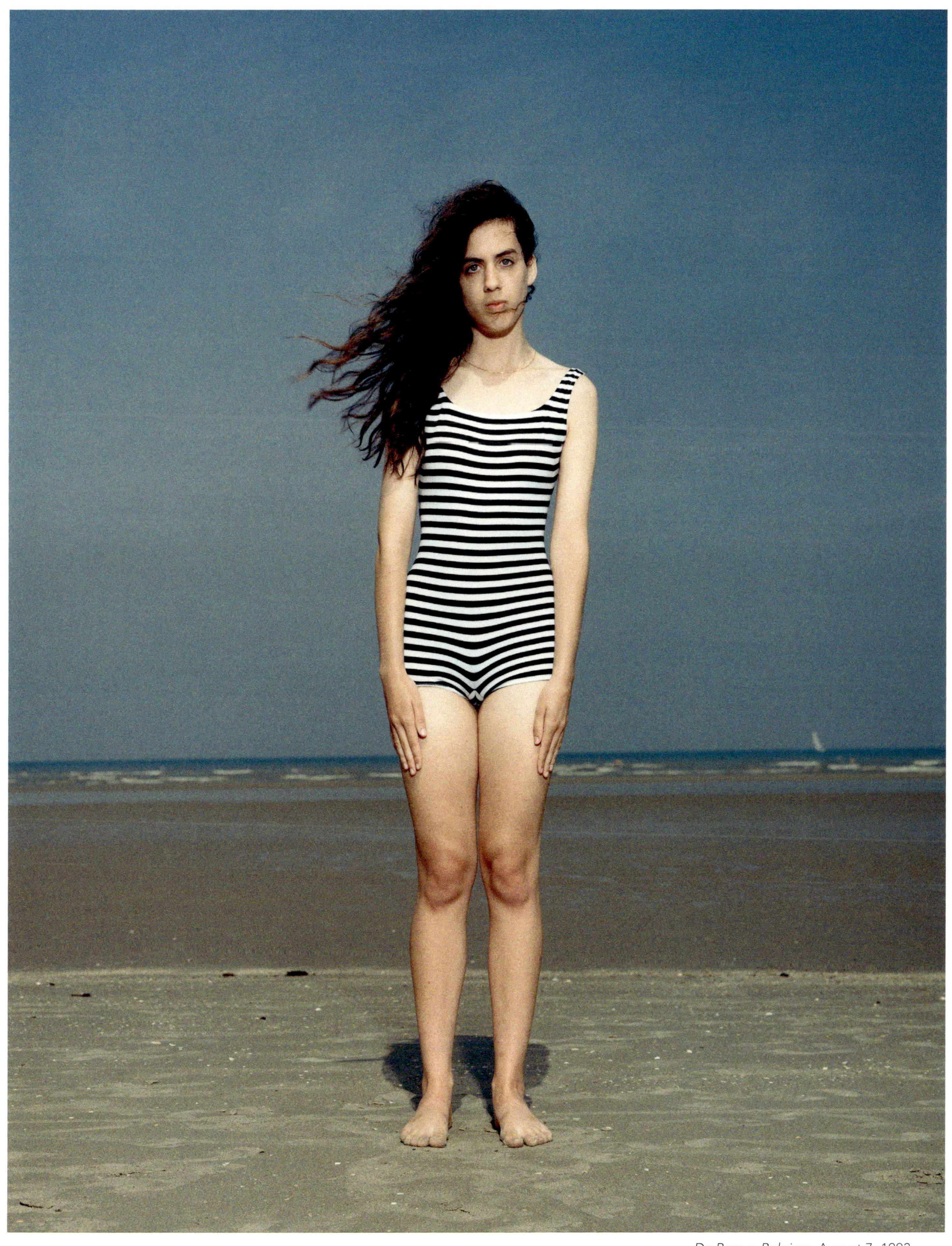

De Panne, Belgium, August 7, 1992

AMY ELKINS

In *Wallflower*, einer laufenden Serie von Männerporträts, werden Genderidentität und die männliche Psyche bis in kleinste Nuancen untersucht. 2005 begonnen, bildet das Projekt eine temporale Parallele zu der Zeit, die mein Vater in einem staatlichen Gefängnis in den USA verbrachte; sie entsprang der plötzlichen Faszination für maskuline Identität in einem Kontext ohne persönliche Freiheit, beziehungsweise im Angesicht einer erhöhten Verletzlichkeit. In einer Umkehr des traditionell männlichen Blickes hinterfragen die Fotografien bestimmte Teile der kulturellen Grundlagen von Gender, indem sie ihren Schwerpunkt auf die Schönheit, Empfindsamkeit und Verwundbarkeit richten, die in dem seit langer Zeit von maskulinen Erwartungen und Stereotypen geprägten Geschlecht zu finden sind.

Für jedes Porträt wurde ein abgeschlossener Raum geschaffen und mit Blumentapeten oder Stoffen ausgekleidet. Die jeweilige Person wurde gebeten, sich nackt davor zu setzen. Die entstehende Dynamik zwischen dem Modell, dem Blumenmuster und mir selbst schafft eine intensive Konfrontation, in der der Einsatz der Tapete einen deutlich femininen Kontrast zu der Maskulinität des Porträtierten bildet und beide Welten gezwungen werden, sich vor der Kamera zu vermischen.

Die anderen beiden hier gezeigten Arbeiten sind Teil des langfristig angelegten Projekts *Gray*, einer Serie, die vom unsicheren und sich oft verändernden Befinden eines bestimmten Freundes handelt, der seit vielen Jahren an Morbus Crohn leidet. Der Großteil seines Lebens ist von einer Fülle an gesundheitlichen Problemen bestimmt, darunter eine Leberzirrhose, unter der er als Jugendlicher viele Jahre litt. Das Projekt begann 2004 und wird so lange weitergeführt, wie es Zeit und Reisepläne zulassen.

Obwohl die Porträts aus zwei verschiedenen Arbeitsserien stammen, sind die Untertöne in beiden als Analogien zu verstehen. Natürliches Licht, ein Farb- und Gestenspektrum aus der frühen amerikanischen Malerei und die wundervollen Subtilitäten und Unvollkommenheiten des menschlichen Fleisches inspirieren mich. Die Verletzlichkeiten und Nuancen der Männer vor meiner Kamera kombiniert mit der Verlegenheit und Intimität des während der Aufnahmen so intensiv geteilten Raums machen für mich die inhärente Anziehungskraft des Porträts aus.

Wallflower, an ongoing series of male portraits, is an exploration into the nuances of gender identity and the male psyche. Starting in 2005, the project parallels the time my father spent in a federal state prison, and was spawned by a sudden intrigue regarding masculine identity when stripped of personal context or when facing heightened states of vulnerability. In a reversal of the traditional male gaze, the images confront some of the cultural grounds underlying gender, opting to focus on the beauty, sensitivity and vulnerabilities found in a sex that has long been held to masculine expectations and stereotypes.

For each portrait, a confined space is constructed and covered with floral wallpaper or fabric and each subject is asked to sit naked before it. The dynamic between the subject, the floral pattern and myself creates an intense confrontation, where the use of wallpaper serves to contrast the sitter's masculinity against something clearly more feminine, forcing both worlds to mix for the lens.

Other work shown here is from the longterm portrait project, *Gray*, a body of work surrounding the uncertain and often fluctuating state of one particular male friend who has suffered from Crohn's disease throughout most of his life, creating a myriad of health problems, and causing most of his youth to be spent with cirrhosis of the liver. The project began in 2004 and will continue as time and travel permits.

While these portraits are from two separate bodies of work, the undertones in each are analogous. Natural light, the palette and gesture of Early American paintings and the wonderful subtleties and imperfections of flesh inspire me. The vulnerabilities and nuances of the men before my camera, combined with the awkwardness and intimacy of sharing a space so intensely throughout a sitting, is what pulls me inherently towards portraiture.

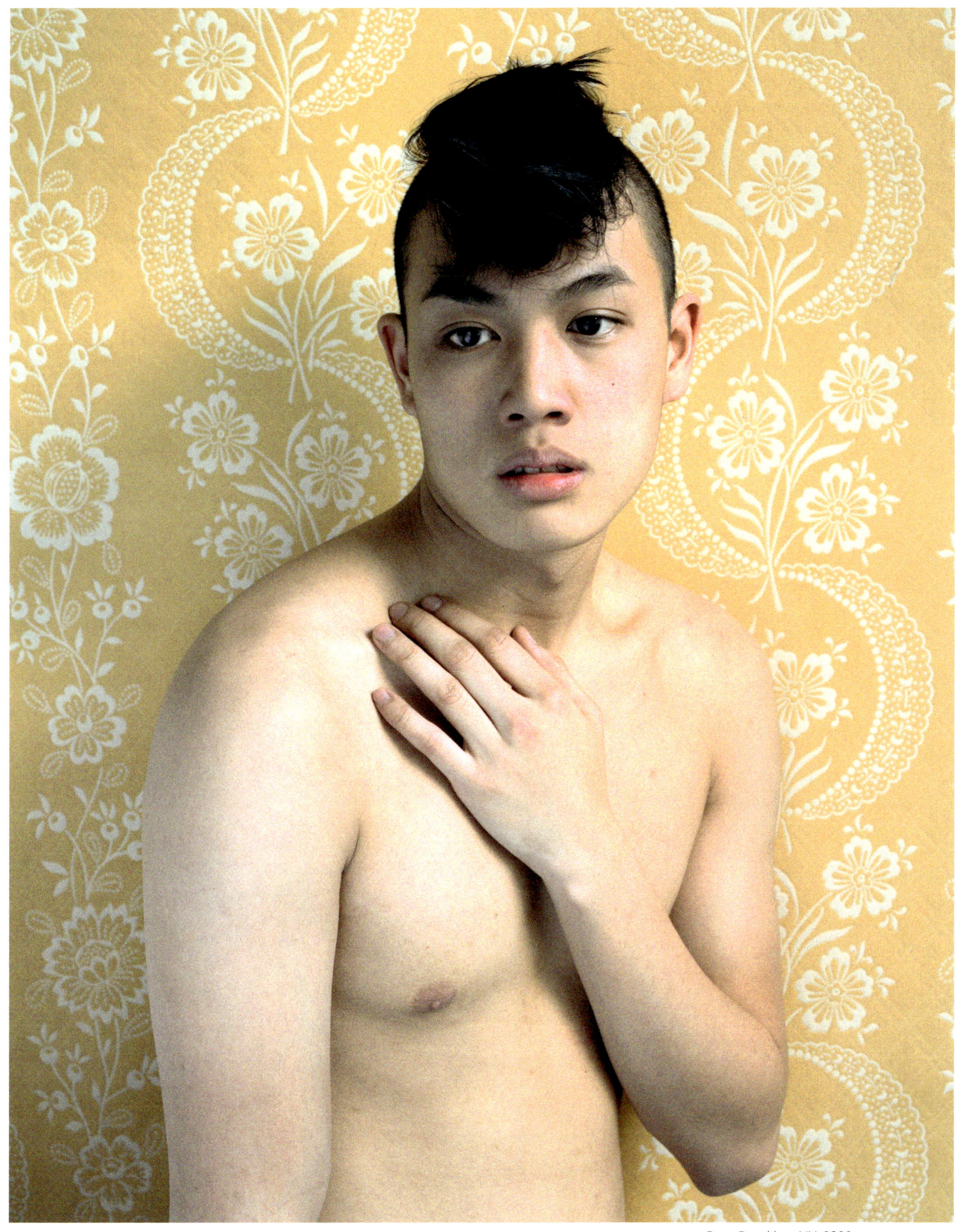

Bon, Brooklyn, NY, 2008
Aus der Serie *Wallflower*

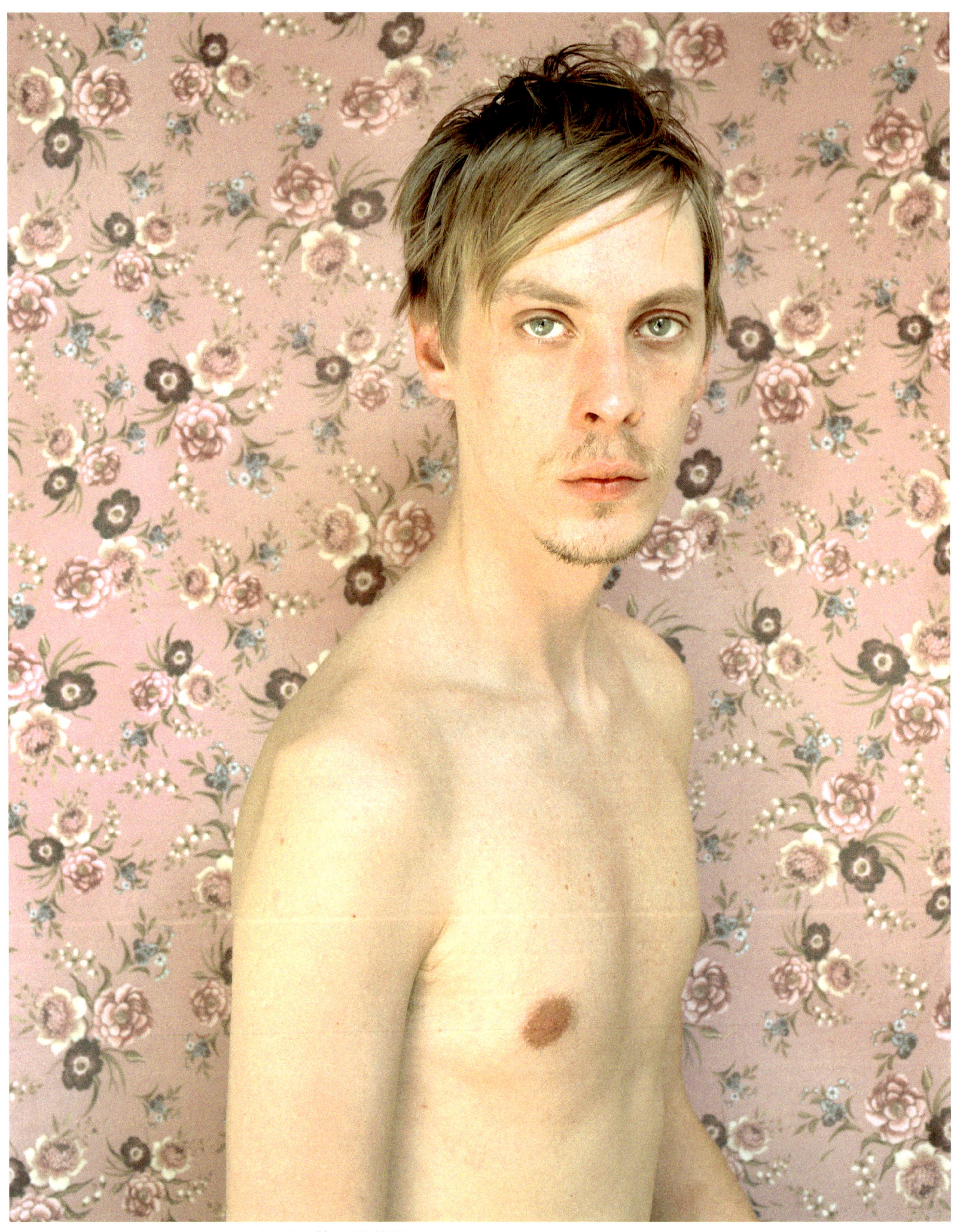

Jon, Brooklyn, NY, 2008
Aus der Serie from the series *Wallflower*

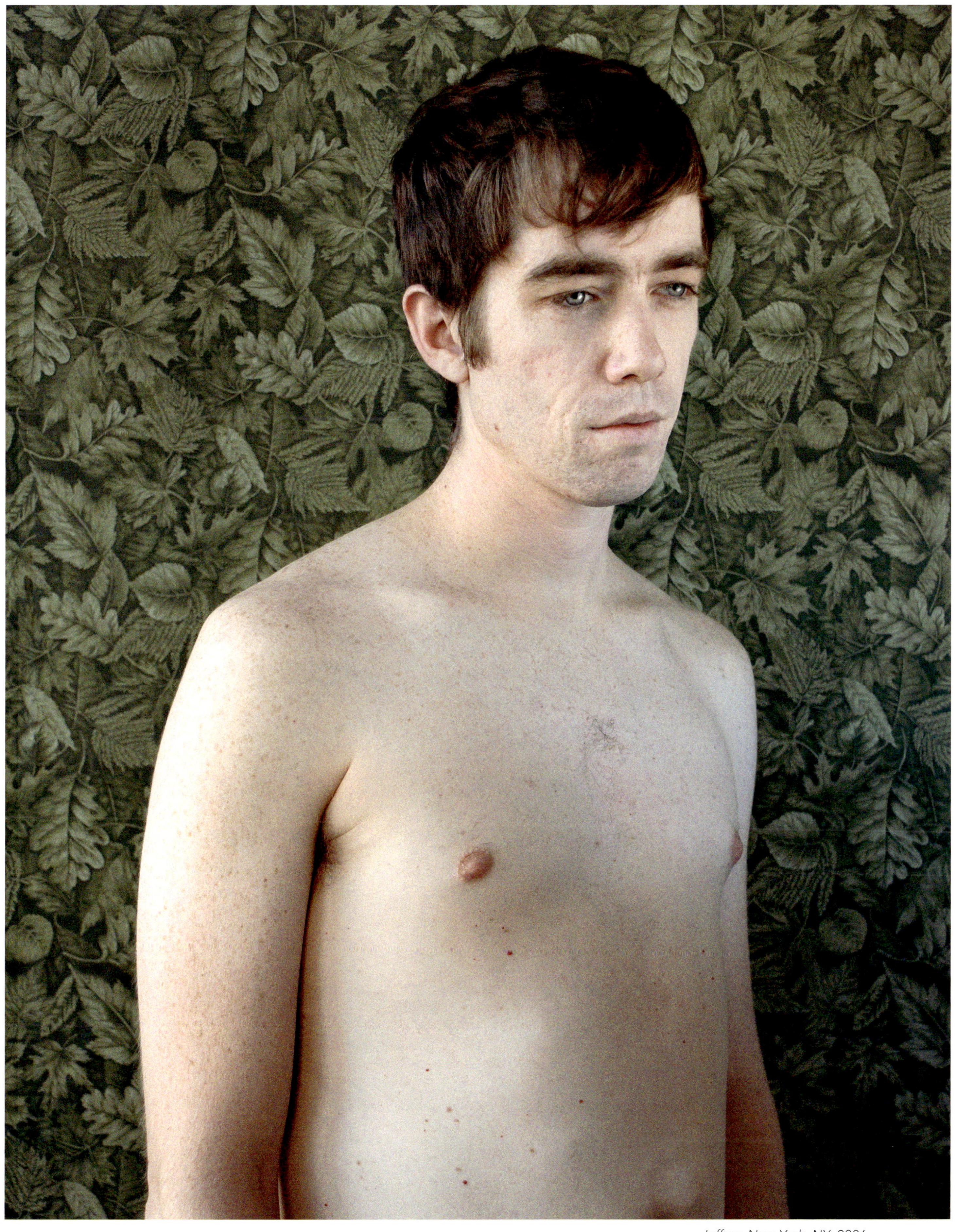

Jeffrey, New York, NY, 2006
Aus der Serie *Wallflower*

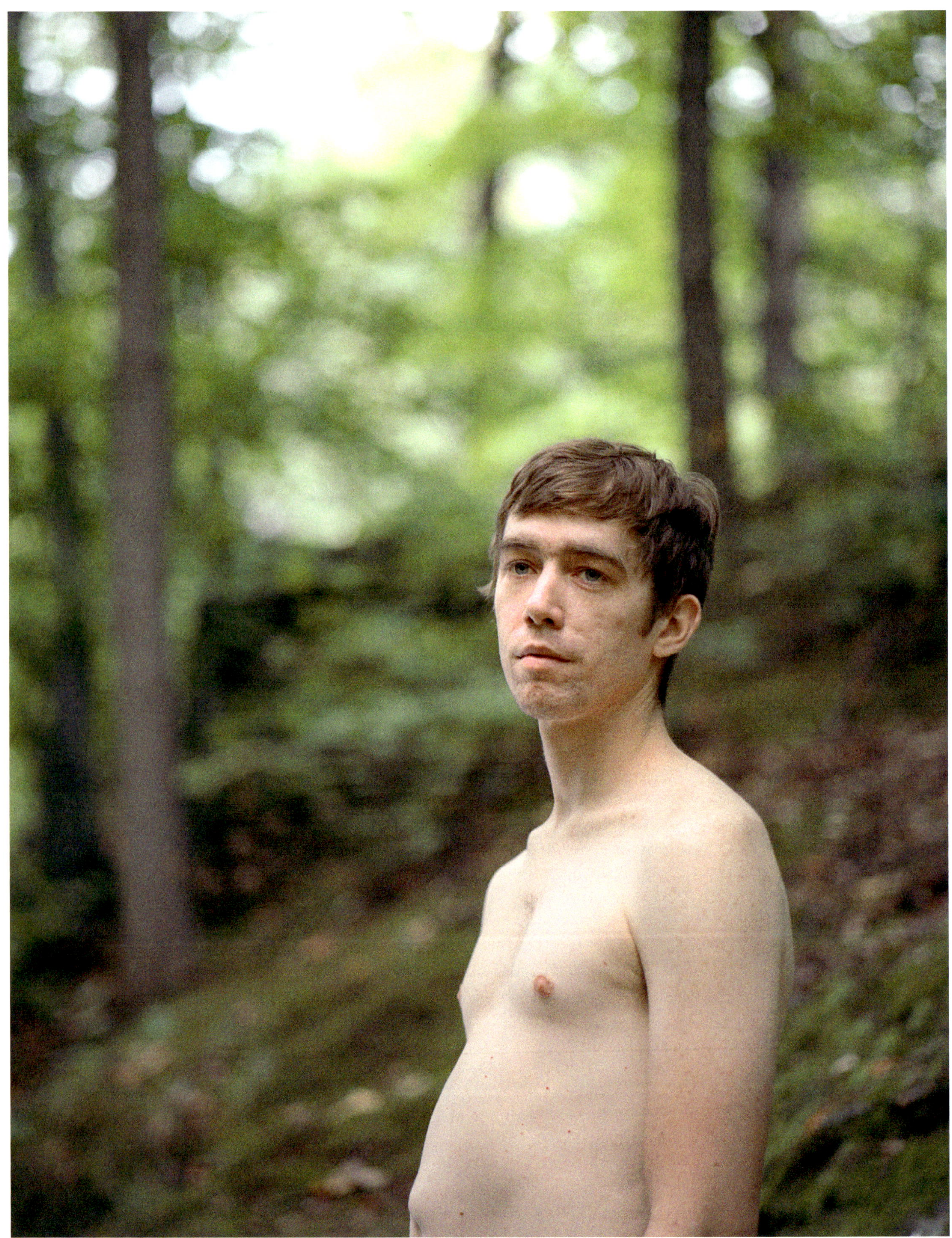

Extending, Bronx, NY, 2007
Aus der Serie from the series Gray

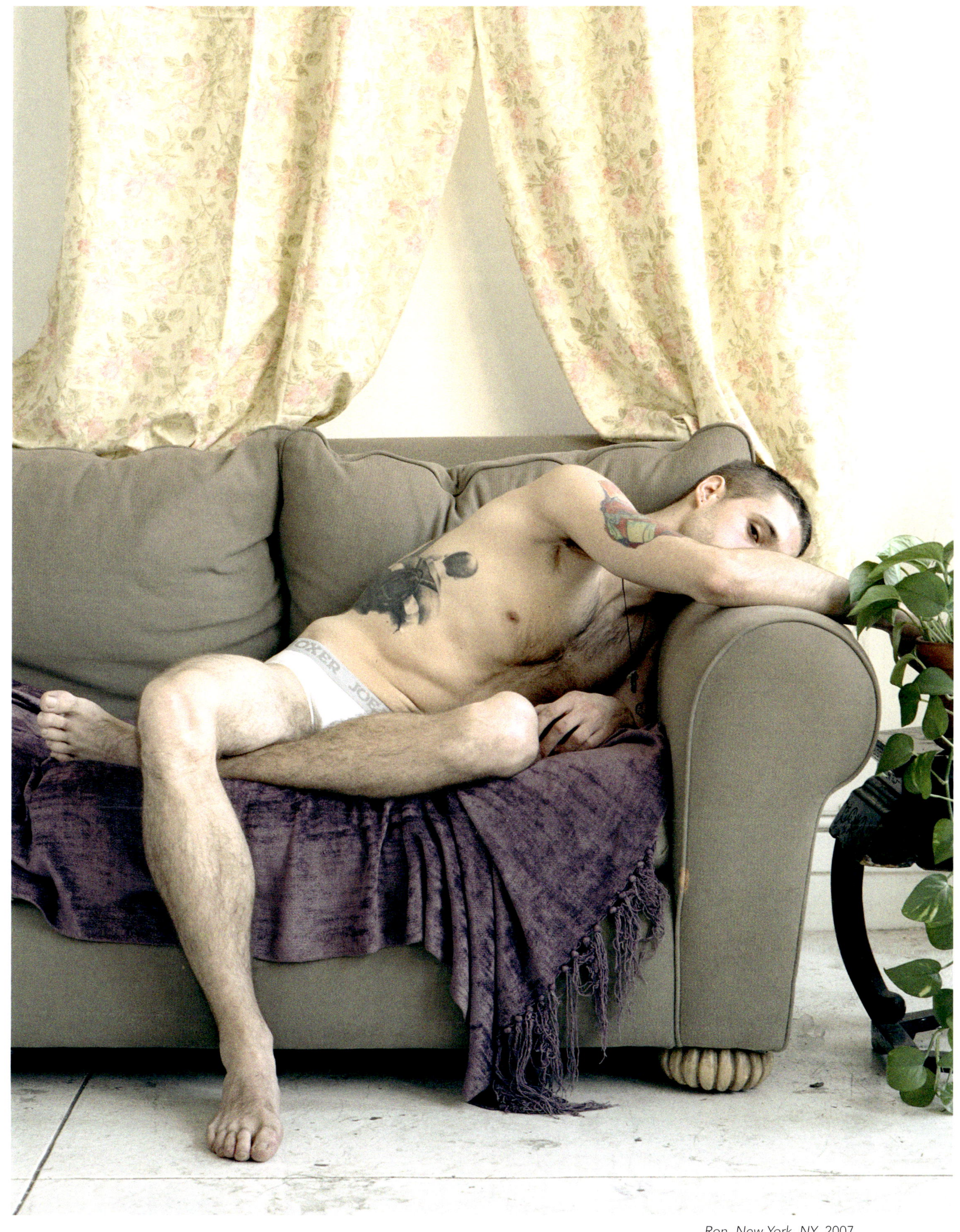

Ron, New York, NY, 2007

Ich suche stets nach einer Präsenz. Doch immer wenn ich es versuche, werden meine Zweifel sichtbar. Also ist es einfacher bei der Abwesenheit zu bleiben. Ich versuche nicht, etwas zu beweisen. Ich habe noch nicht so viele Erinnerungen.

Ich lebte in Brooklyn, New York. Ich fotografierte die Menschen in meiner Umgebung, die Menschen, mit denen ich auskommen musste. Man muss immer zu den Menschen und Landschaften, die einen umgeben, einen Bezug entwickeln. Da gibt es keine Wahl. Ich bat diese Menschen, die meist enge Freunde waren, in mein Loft und sagte, ich wolle Nacktaufnahmen von ihnen machen.

Ich bemühte mich, möglichst wenig zu sprechen, während ich diese Aufnahmen machte. Im Grunde genommen gab ich nur Anweisungen zu stehen oder zu sitzen und in die Kamera zu schauen. Ich benutzte eine 4x5" Kamera, um den Akt des Fotografierens offensichtlich zu machen. Damit meine ich eine Kamera auf einem Stativ einer Person gegenüber, die in die Linse blickt. Die Person, die fotografiert wurde, musste still sitzen oder stehen, während ich die Einstellscheibe scharf stellte. Sobald das geschehen war, sagte ich: „Jetzt mache ich das Foto." Diese Porträts sind mit einer sehr langen Belichtungszeit aufgenommen, um „die Situation" weniger bedeutsam zu machen. Ich wollte nicht, dass diese Porträts „Situationen" sind. Ich wollte, dass sie mehr sind.

Für mich ist es unerheblich, ob ich in New York oder mitten im Wald lebe. Ich habe immer das Bedürfnis, meine Umgebung zu fotografieren, dasjenige, zu dem ich einen Bezug habe. Die Menschen, die mich umgeben haben einen starken Einfluss auf mich. Ihre Gegenwart macht mich zu dem, was ich bin. Porträts sind für mich eine Möglichkeit menschliche Beziehungen festzuhalten. Nicht im Sinne von „Wir mögen uns" oder „Wir mögen uns nicht", sondern auf einer viel konkreteren Ebene: der starken Präsenz des Anderen. Anderseits hatte ich noch nie das Bedürfnis jemanden zu fotografieren, den ich nicht mag. Ich nehme nicht die Seele auf. Die Kamera, die Maschine, bildet den Menschen objektiv ab, aber ich kann die Menschen nur subjektiv fotografieren. Das ist einer der Gründe, warum ich weiterhin Porträts mache. Diese Lücke, dieses Paradox, verfolgt mich und wird es wahrscheinlich auch in Zukunft tun. Es gibt immer den Anderen, wer auch immer das sein mag.

I'm always looking for presence. Whenever I try, though, my doubts become unmasked. Easier, then, to stick with absence. I'm not trying to prove anything. I don't have that many memories yet.

I was living in Brooklyn, New York. I photographed the people around me, the people I had to relate to. You always have to relate to the people and the landscape surrounding you. That's not even a choice. I asked these people, who were most often close friends, to come to my loft and I said I wanted to make nudes of them.

I tried not to talk too much when I made these photographs. The only thing I said was basically whether I wanted the person to be sitting or standing up, and to look into the camera. I used a 4x5" camera to make the photographic act obvious. With this I mean a camera on a tripod and opposite to it a human being looking into the lens. The person being photographed had to sit or stand still while I set the focus on the ground glass. When that was done, I said: "Now I'll take the photograph." These portraits are made with a very long exposure time to make the 'the situation' less important. I didn't want these portraits to be 'situations.' I wanted them to be more than that.

To me it doesn't matter if I live in New York or in the middle of the forest. I always have to photograph what is around me, what I have to relate to. And the people that surround me have a very strong impact. Their strong presence makes me me. This is what portraits are for me: a way to record human relations. Not in the way that 'we like each other' or 'we don't like each other.' I mean more in a factual way: the strong presence of the other. On the other hand, I never had the urge to photograph someone I disliked. I don't photograph anyone's soul. The camera, the machine, records the human being objectively, but I can only photograph people subjectively. This is one of the reasons why I continue making portraits. This gap, this paradox, keeps on haunting me and I think it always will. There is always the other, whoever that is.

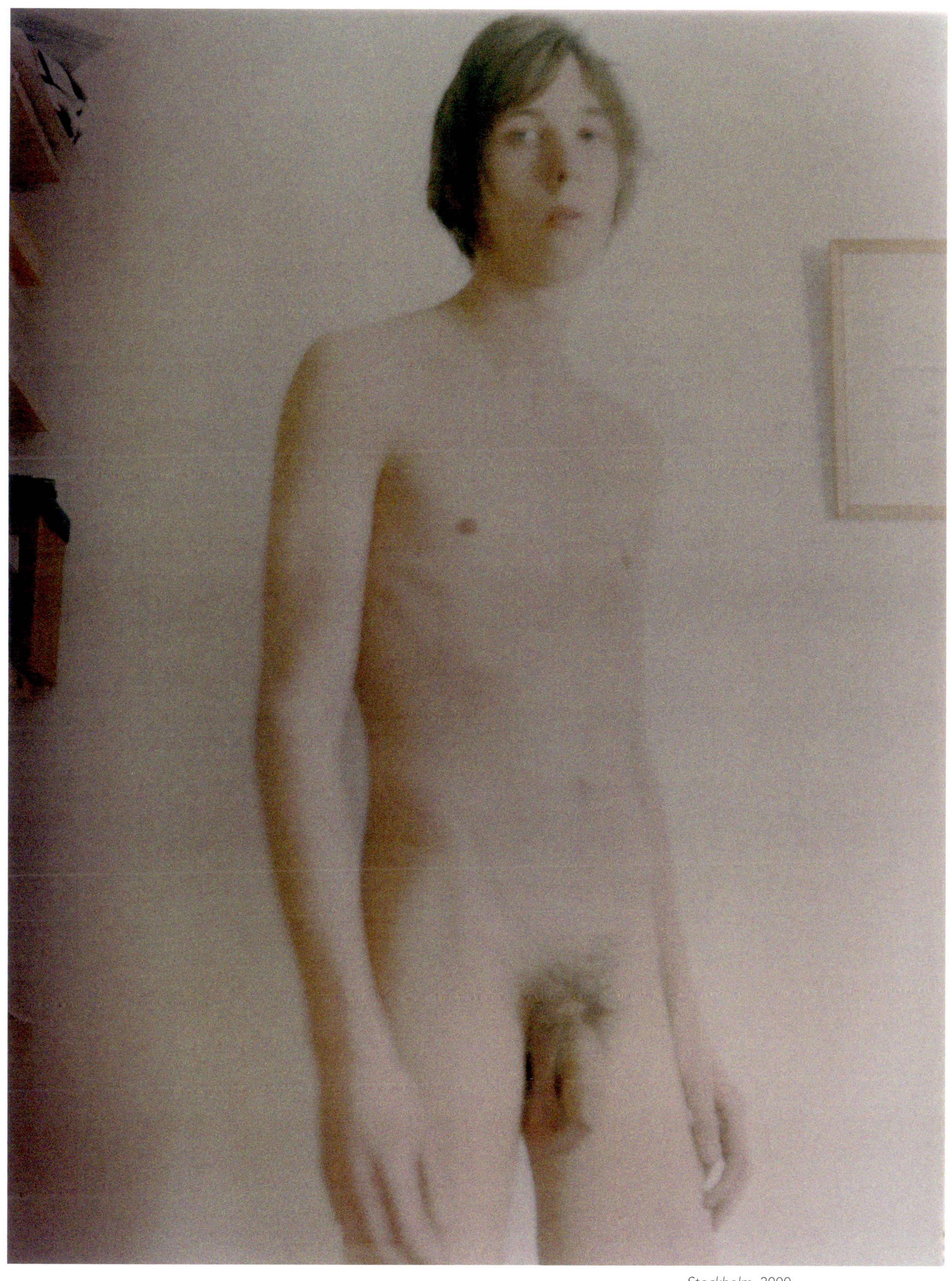

Stockholm, 2000
Aus der Serie from the series *Trying to Dance*

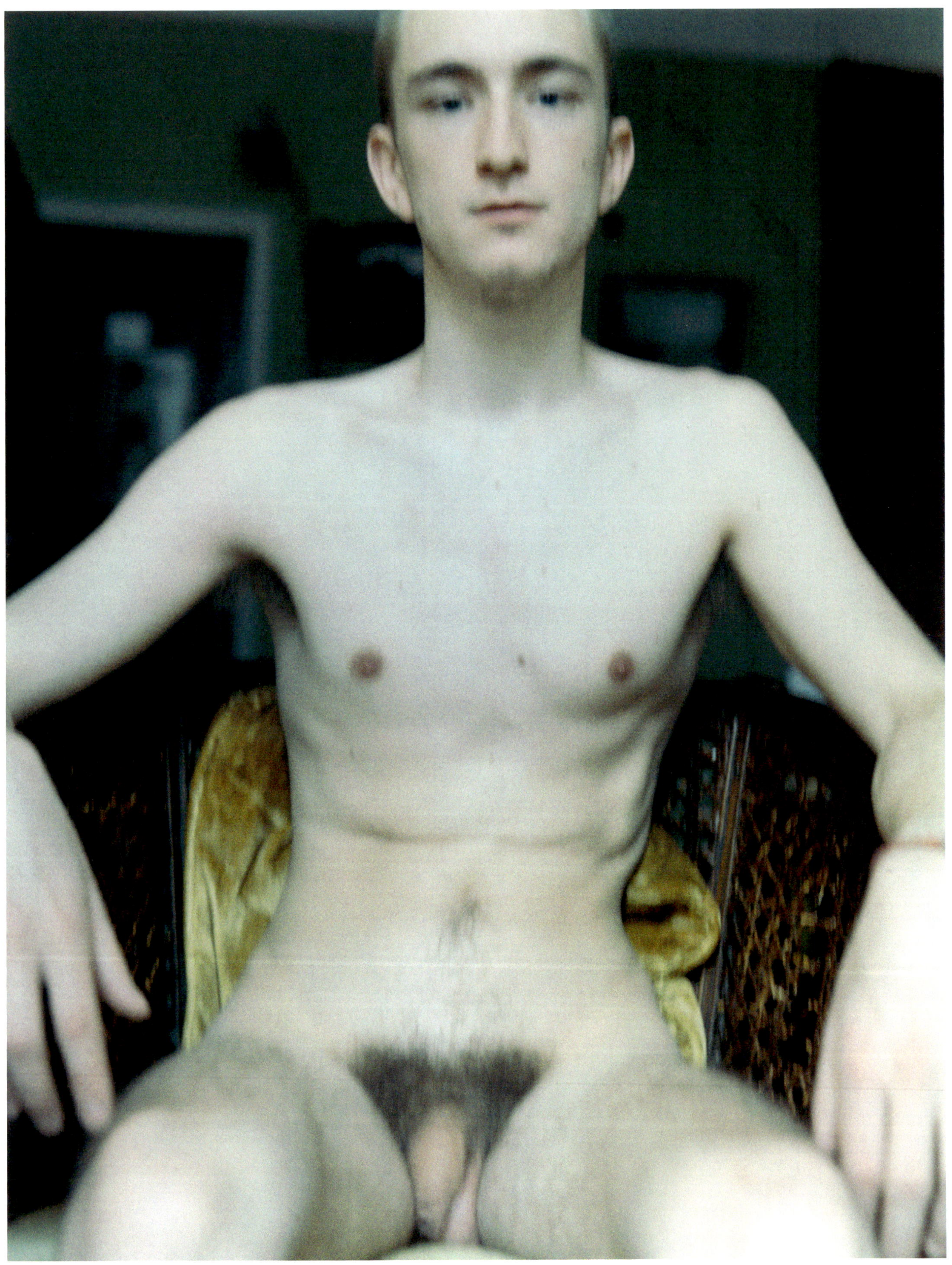

Brooklyn, 1999
Aus der Serie from the series *Trying to Dance*

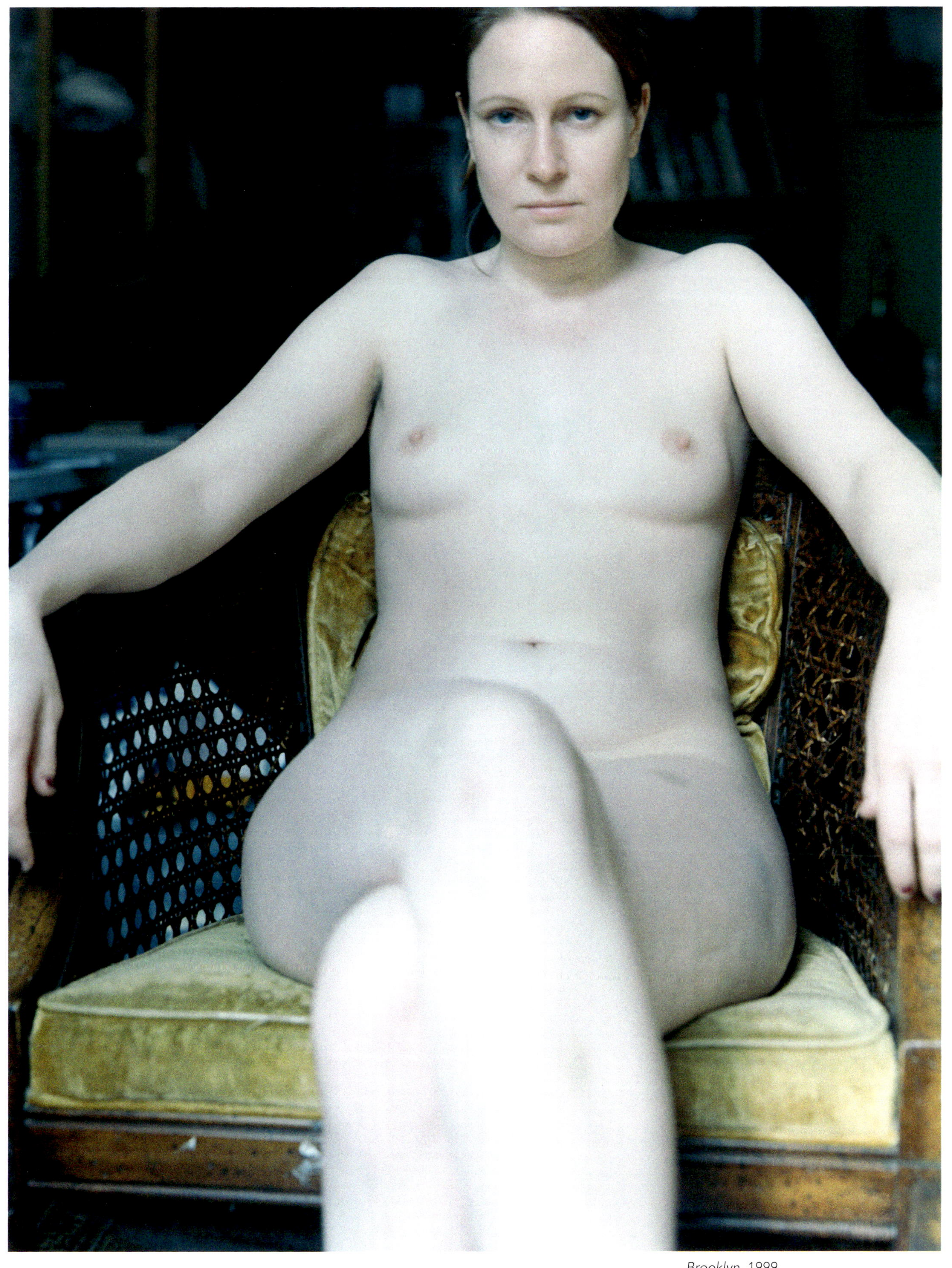

Brooklyn, 1999
Aus der Serie *Trying to Dance*

81

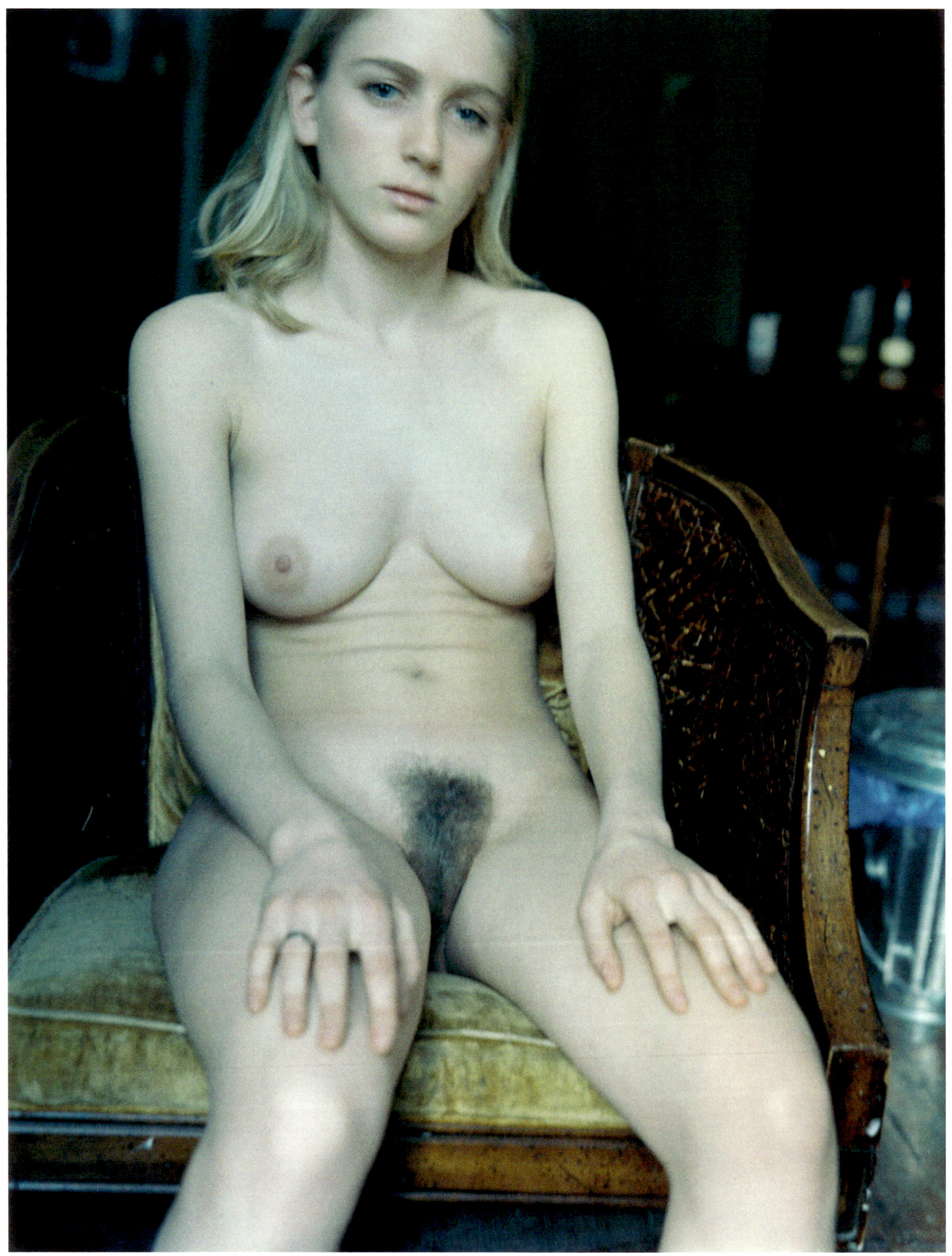

Brooklyn, 1999
Aus der Serie from the series *Trying to Dance*

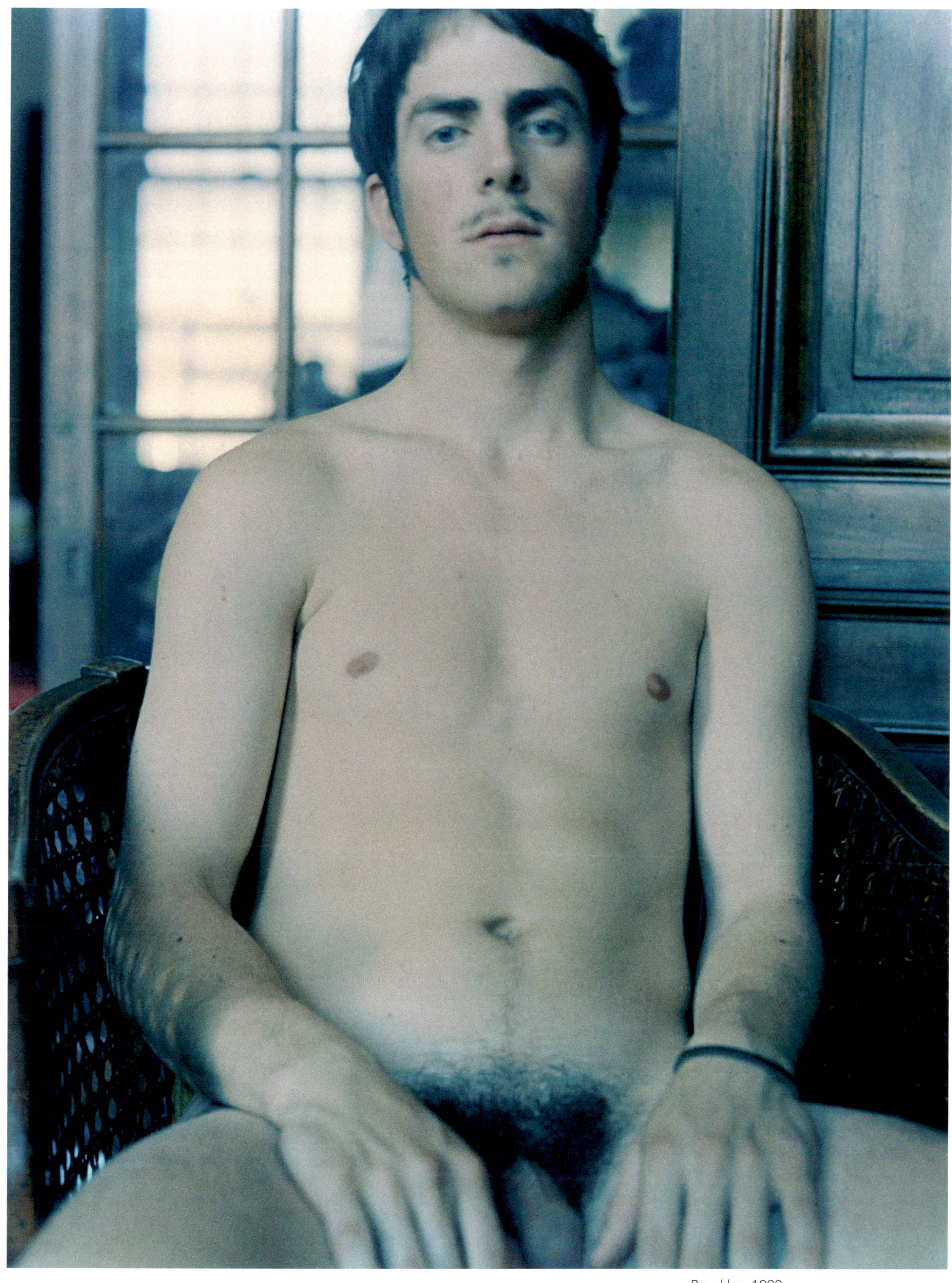

Brooklyn, 1999
Aus der Serie from the series Trying to Dance

BERNHARD FUCHS

Der Ausgangspunkt meiner Porträtarbeit war, Menschen in ihrer unmittelbaren Umgebung, in der ich sie antraf, zu fotografieren. Die ersten Jahre arbeitete ich fast ausschließlich in meiner Herkunftsgegend in Oberösterreich, später auch an den Orten meines Studiums in Leipzig und Düsseldorf. Ich entschied mich für das Fotografieren in Farbe, da dadurch eine besondere Verbindung von Hintergrund und Porträtierten entsteht. Mir ging es vor allem darum, ein formal ausgeglichenes Bild zu machen. Erst im Laufe des Fotografierens stellte sich eine Ruhe oder Stille ein, für die ich genauso offen werden musste, wie die Menschen, die ich fotografierte.

The starting point for my portrait work was to photograph people in their immediate surroundings, where I came across them. In the beginning, I worked almost exclusively in my place of origin, Upper Austria, but later also in the places where I studied, Leipzig and Düsseldorf. I decided to take photographs in color because that way a special relationship between the background and the person portrayed comes about. My aim was to make a formally balanced picture. Only during the photographic process did a kind of quiet or peace come about, for which I had to be sensitive, no less than the person being portrayed did.

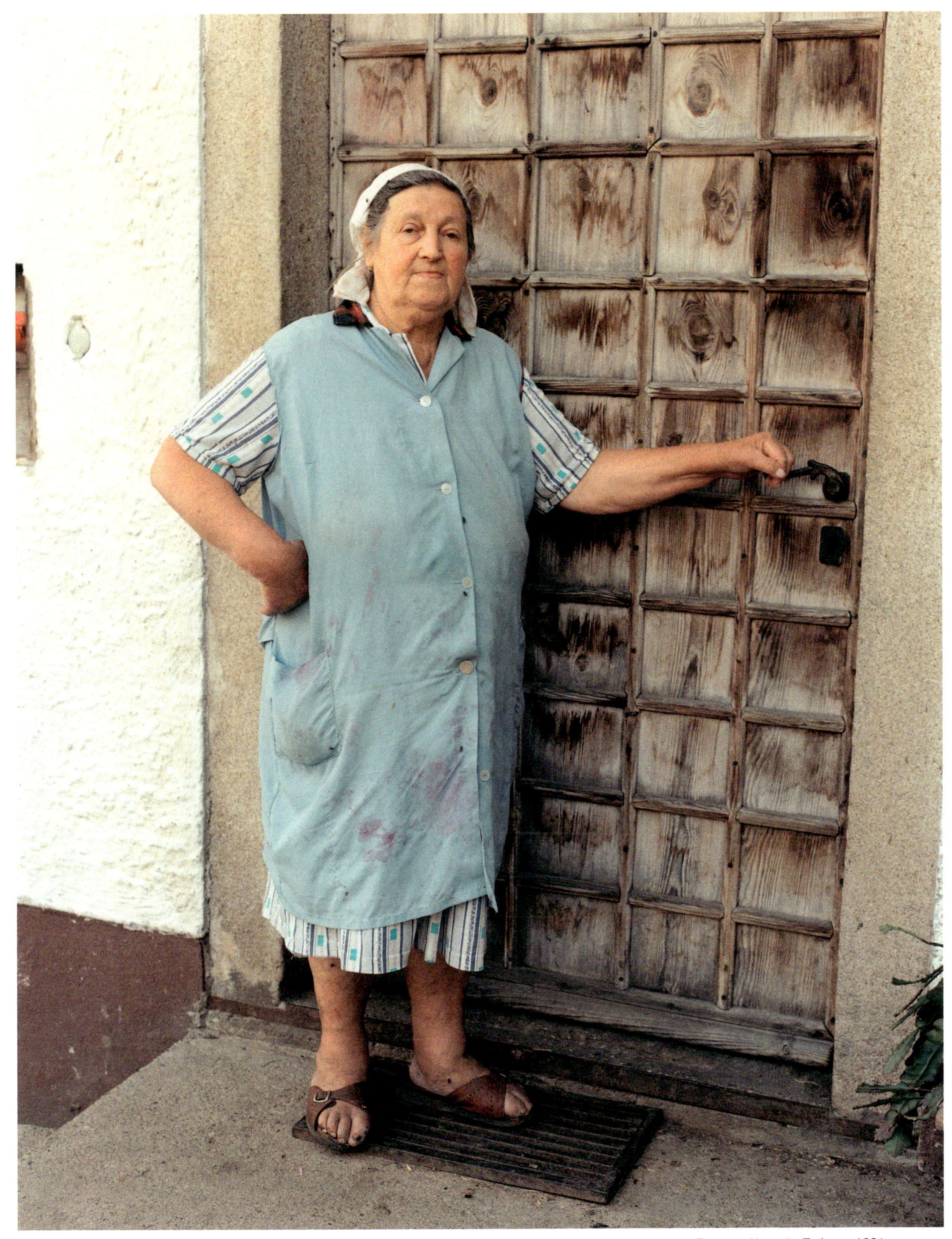

Frau vor Haustür, Traberg, 1996

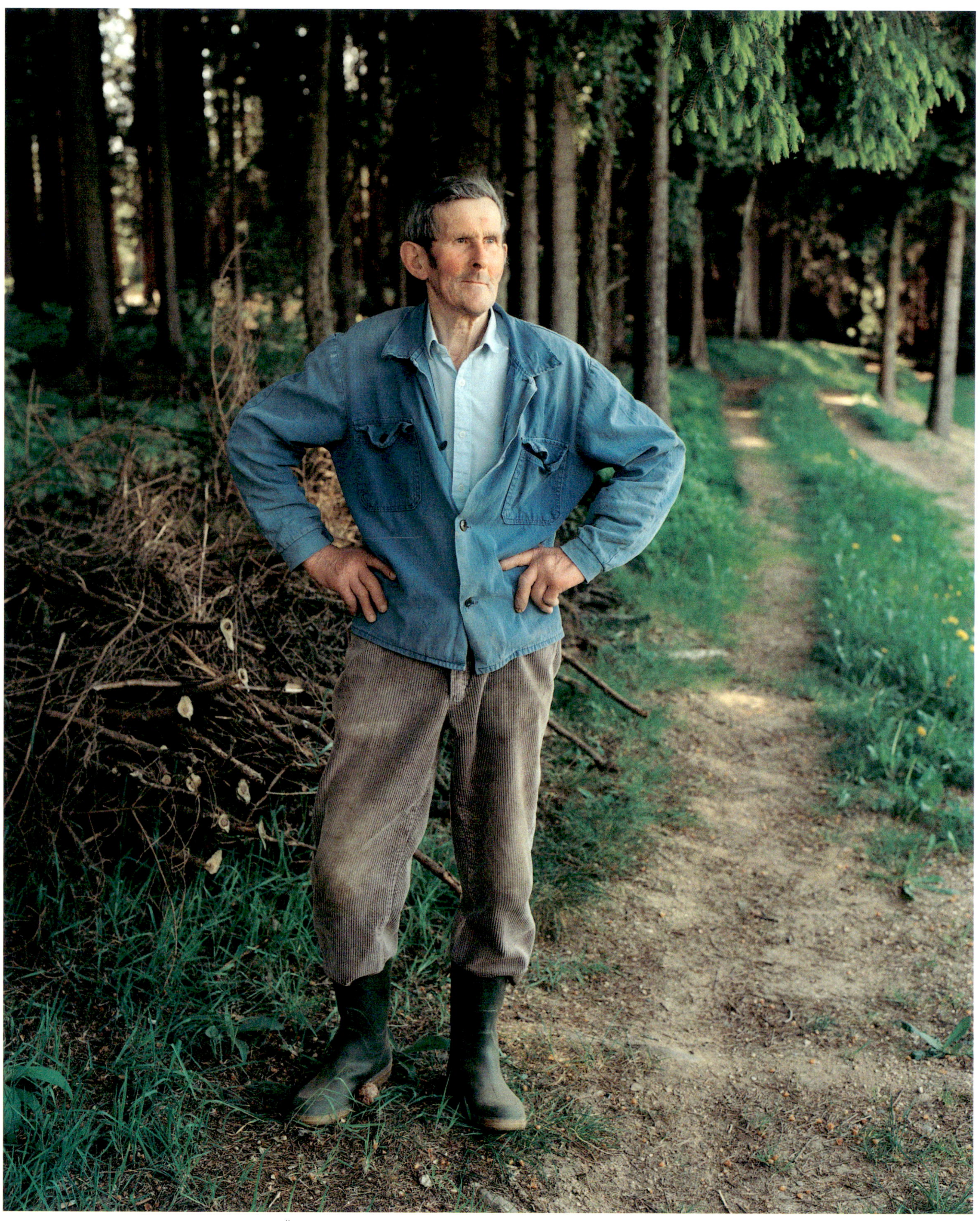

Herr Ö., St. Peter am Wimberg, 1994

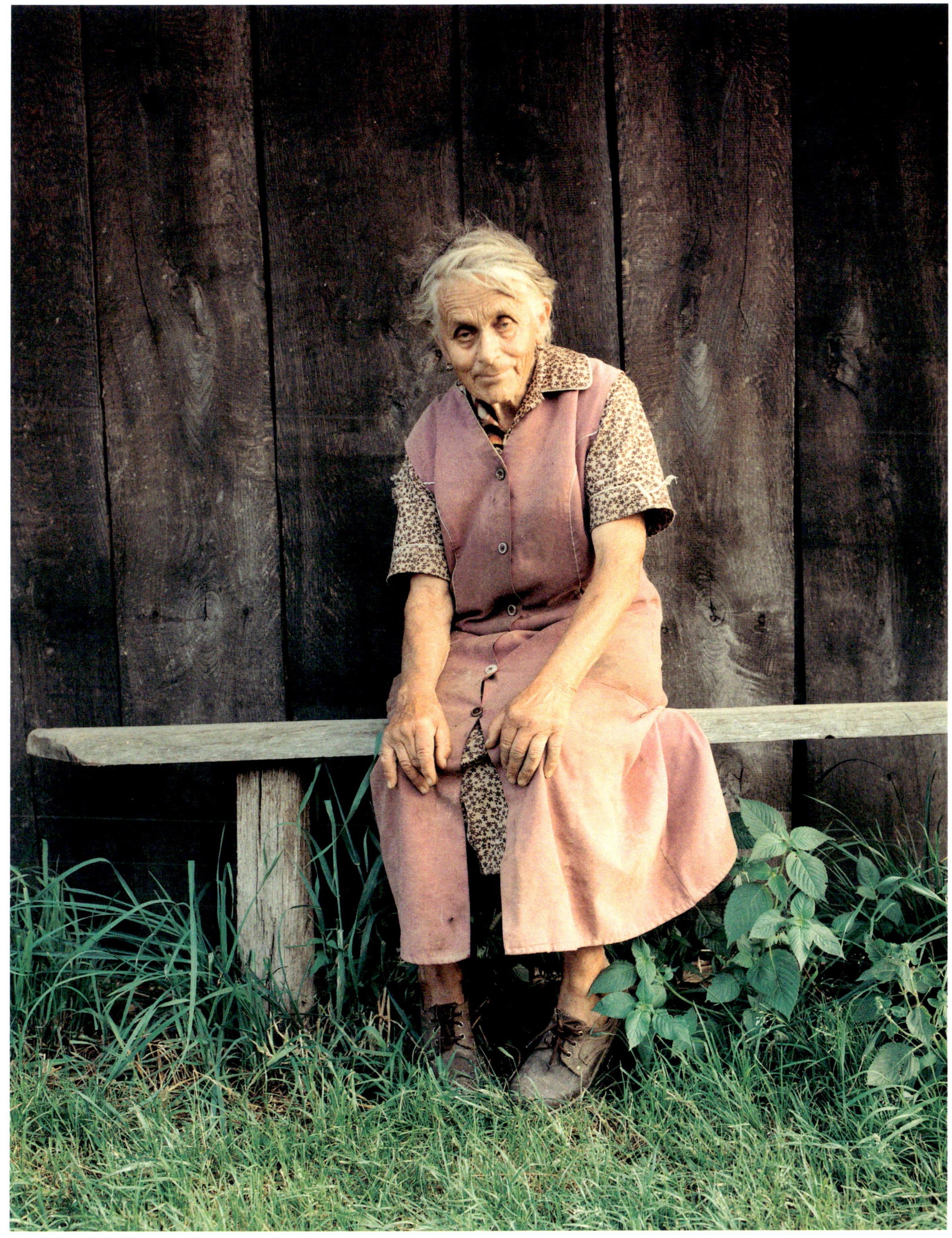

Frau K., St. Margareten, 1999

ALBERTO GARCÍA-ALIX

Ein Glasauge und eine Katze hat die süße tätowierte Francis. Mannfrau, Fraumann. Schließlich Frau. Das ist ihr Recht. In ihrem Mund pulst Feuer. Rebellion. Schweigen. Francis träumt. Wie der Zyklop die Schatten der Zeit beobachtet. Der Zeit, die uns alle einholt.

Cesar weiß, wie man es sagt. Der Rattenfänger von Hameln, in dessen Adern qualvolle Melodien fließen. Sommerwolken. Sein Hund wacht über Küsse, die sich nie einstellen.

Gestern hat Mister X sein Glied gezeigt. Die Wahrheit des Übermaßes mit Stolz gepaart, über sein Vergnügen und das Vergnügen anderer. Samen für Geld. Gesegneter Sex.

Es ist schon lange her, dass mich die Prinzessin zwischen ihren Schenkeln gefangen hielt. Mich überkam die süße Vorstellung, ihr Blut zu lecken. Schwindel. Karneval. Hohle Poesie. In der Gegenwart verborgen, irre ich umher, auf der Flucht.

Niemand soll erkennen, dass ich leide. Vor mir ein Nebellabyrinth. Hinter mir die im Wein meiner Jugend gefangene Welt. Ich habe meine Sünden befriedigt. Die Augen verdreht. Keinen Trost für mich.

Ich hatte einen Harem und drei Frauen. Drei, die mich bargen vor der schädlichen Eitelkeit durch andere Blicke. Ich habe meinen Schatten entweiht. Ich bin aus Bronze. Meine Hand hat die Hand Andromedas gehalten. Sie weint über das Schicksal. Worüber soll ich mich freuen?

A glass eye and a cat, has Francis, sweet and tattooed. Man woman, woman man. Woman, finally. It is her right. Fire pulsates in her mouth. Rebellion. Silence. Francis dreams. As the Cyclops gazes at the shadows of time. Time, which catches up to us all.

Cesar can tell. The Pied Piper of Hamelin: through his veins run tortured melodies. Summer clouds. His guard dog watches over never-to-arrive kisses.

Yesterday Mister X displayed his organ. The truth of excess coupled with his pride, for his own and others' pleasure. Sperm for money. Blessed sex.

Long ago, the princess captured me between her thighs. I felt the sweet illusion of licking her blood. Sham. Carnival. Tin poetry. Hidden in the present, I am a wandering fugitive.

None must discern my suffering. Ahead, a misty labyrinth. Dread. And behind, a world caught in the wine of my youth. I fed my sins. Warped my eyes. No solace for me.

I owned a harem and three females. Three, concealing harmful vanity from other gazes. I have profaned my shadow. I am of bronze. My hand held the head of Andromeda. She weeps for destiny. What have I to be joyful for?

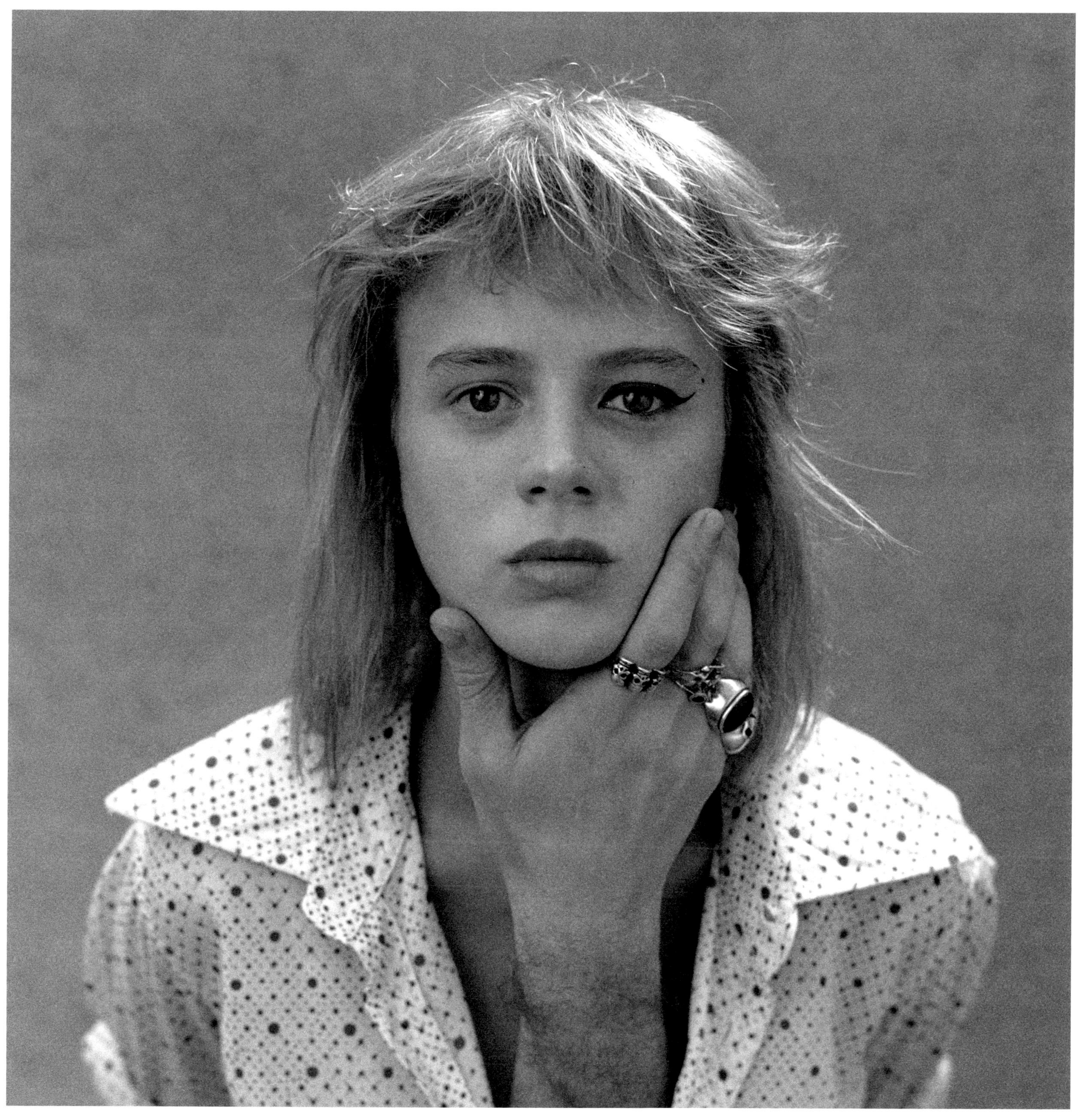

Emma Suárez, 1987

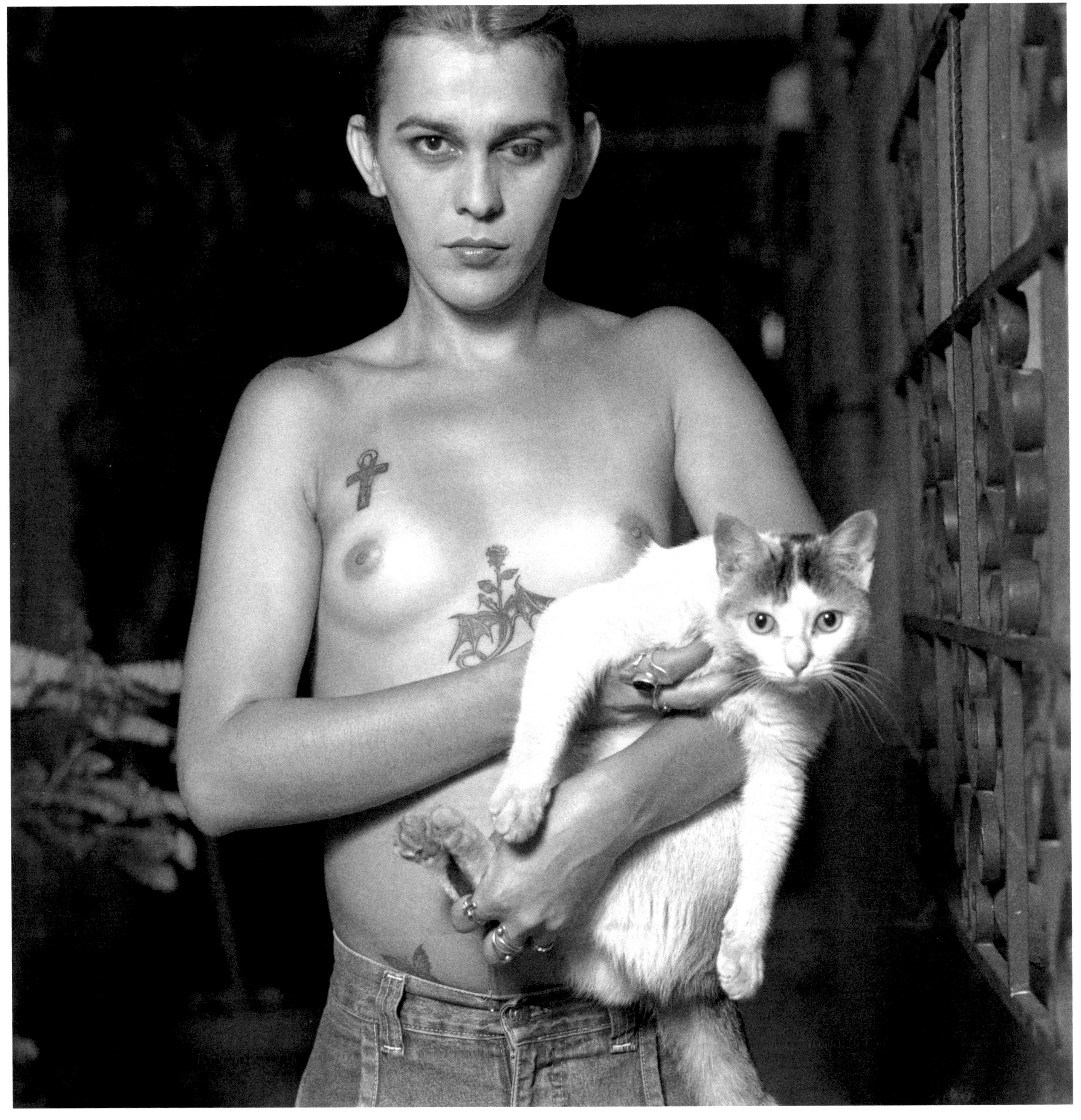

Francis, 2007

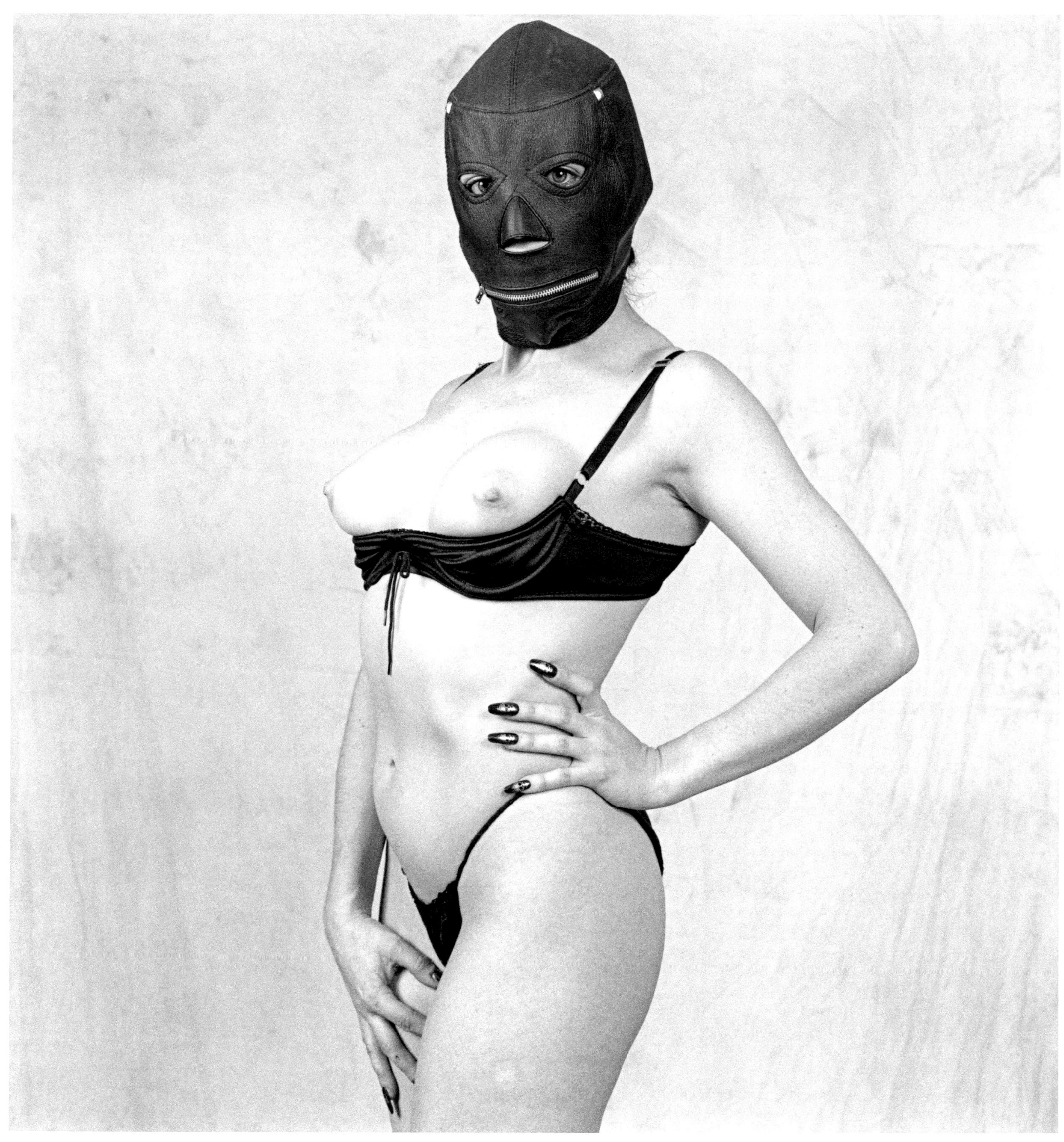

La Princesita, 1988

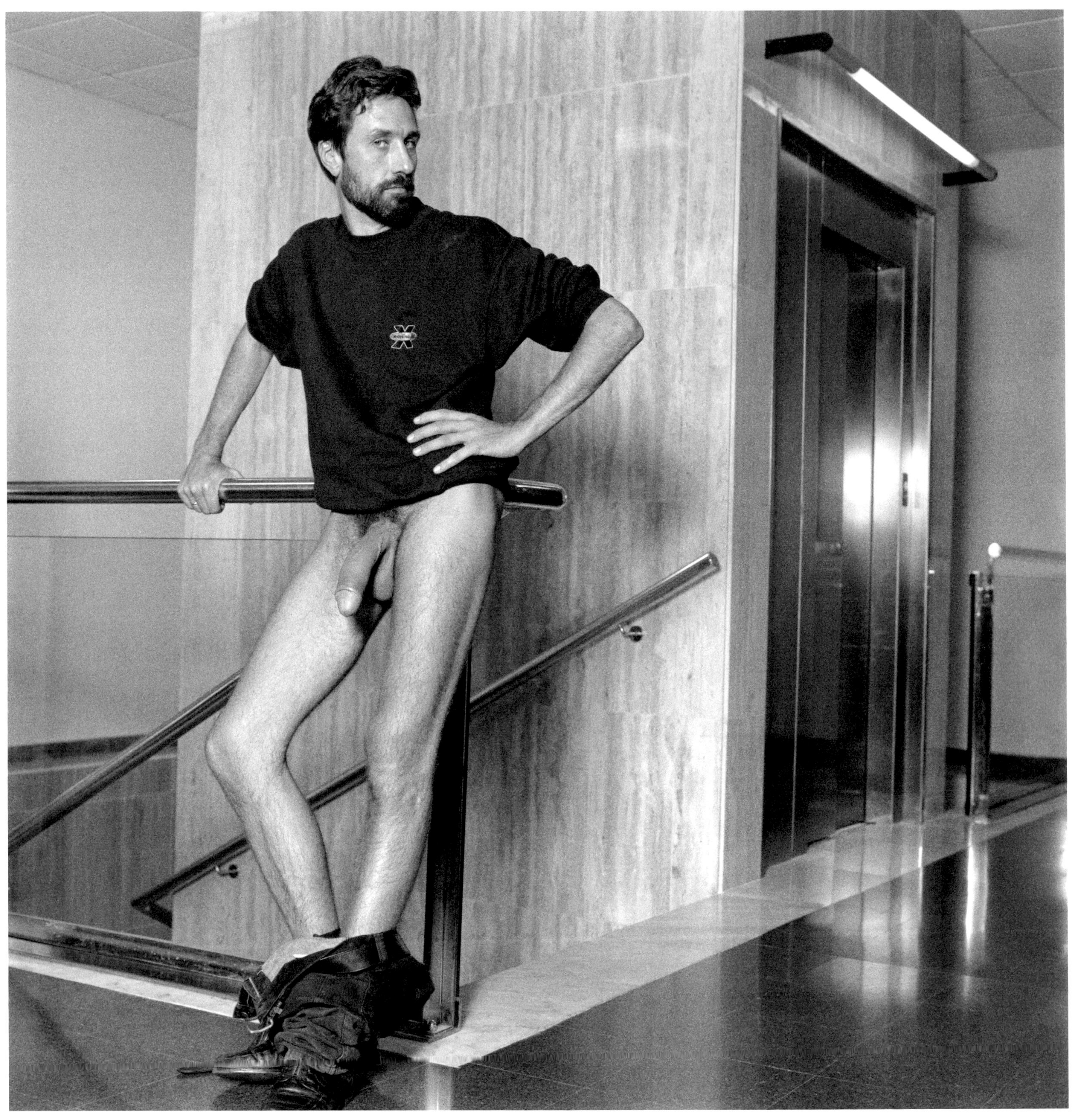

Mister X, 2001

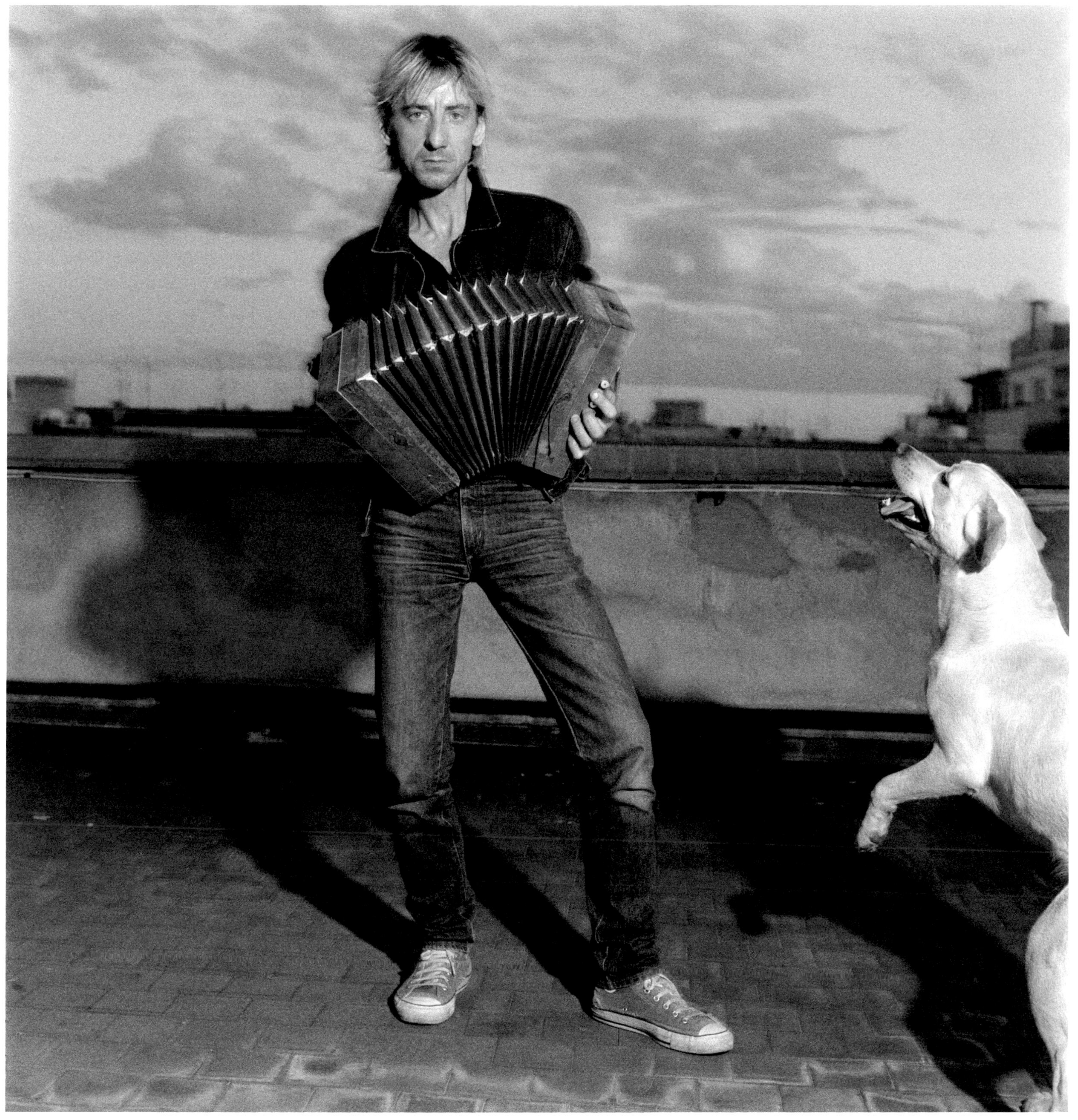

Cesar, 2002

LUIGI GARIGLIO

Die Arbeit an meinen Projekten ist für mich ein politischer Akt. Tatsächlich kann ich nicht umhin, mich in meiner Arbeit mit sozialen und politischen Fragen zu befassen. Diese Themen gehören nicht zwingend zu den offensichtlichsten oder bedeutendsten Teilen der fotografischen Serien, die ich produziere, aber als Rahmen wirken sie immer strukturierend und machen in den meisten Fällen Sinn. Ich konzentriere mich auf stereotype Repräsentationen verschiedener sozialer Gruppen oder spezifischer Situationen. Ich denke nicht, dass wir alle passive Produzenten für *La société du spectacle* sein müssen, wie Debord sie in den 1960er Jahren beschrieb, und ich glaube, dass es in dieser Richtung der Kritik noch einiges zu tun gibt. Meine Arbeitsphilosophie und -praxis basiert darauf, mit Menschen zu interagieren. Die Menschen, mit denen ich zusammenarbeite, sind mir sehr wichtig und ich nehme mir so viel Zeit wie möglich, um eine Beziehung zu ihnen aufzubauen. Gewissermaßen „benutze" ich die Menschen, die ich in jenen sozialen Welten finde, mit denen ich mich befasse; manchmal finde ich sie genau dort, wo ich sie erwartet habe, doch manchmal kommt es auch völlig unerwartet zu interessanten Begegnungen. Einerseits sind die Menschen Informanten, die mir viel über ihre Welt erzählen können, anderseits sind sie wie Schauspieler, die ich an- oder ausziehe wie es mir gefällt und die ich anweise, um genau die Bilder zu schaffen, die ich mir vorstelle.

In Bezug auf die Serie *Lap Dancer* war es mir besonders wichtig, den Frauen, die ich fotografierte, meine Vorstellungen genau zu erklären. Tatsächlich war für jede von ihnen – unabhängig von ihrer Nationalität oder dem Aufnahmeort – die Vorstellung in der Früh, kurz nach dem Aufwachen, ohne Make-up, ohne Spektakel, in einer völlig statischen Pose fotografiert zu werden, sehr schwer zu verstehen und akzeptieren. Ich musste ihnen erklären, dass ich daran interessiert war, sie nur als Menschen darzustellen und nicht als Objekte des männlichen Blicks und Begehrens. Ich erklärte ihnen, dass sie genau diejenigen waren, die ich gesucht hatte, da sie das Geschlechterverhältnis Mann versus Frau in ihrer Arbeit extrem auf die Spitze treiben und in ihren Auftritten instrumentalisieren. Deshalb habe ich die Frauen schließlich in einem klaren, direkten Licht porträtiert. Deshalb habe ich ihnen einen unentschlossenen Gesichtsausdruck gegeben. Und deshalb habe ich beschlossen, sie aus den Bildern direkt in unsere Augen blicken zu lassen.

Working on my projects is a political act to me. In fact, I cannot refrain from working on social and political issues. These political issues are not necessarily always the most visible or important parts of the series I produce, but the framework always structures and makes sense to most of them. I want to focus on the stereotypical representations of different social groups or on specific situations. I do not think we all have to be passive producers for *La société du spectacle* that Debord described in the 1960s, and I do think there is still much to do in this critical direction. My working philosophy and practice are based on interactions with people. The people I collaborate with are very important to me and I take as much time as possible to create relationships with them. I do 'use' the people I'm able to find in the social worlds I observe; sometimes I find them exactly where I am looking for them, on other occasions interesting encounters happen completely unexpectedly. On the one hand, people are informants who can tell me a lot about their worlds and, on the other hand, they are like actors that I dress or undress as I wish and that I direct to create the images I have in mind.

Regarding the *Lap Dancer* series, it has been very important for me to make the women I've photographed understand the idea I had in mind. In fact, for each of them – no matter their nationality or the shooting location – the idea to be photographed in the morning, after having just awoken, without any make-up on, without any spectacle, and in a completely static pose, was an extremely difficult concept for them to understand and accept. I had to explain that I was interested in representing them as people, and not only as objects of men's gazes and desires. I explained to each of them that they were exactly who I was looking for, since they made the gender relation of men *versus* women so extreme, using it as a working tool during their performances. That's why I ended up portraying the women in a clear and direct light. That's why I gave them an indecisive expression. And that's why I decided to let their eyes, in the images, look straight into ours.

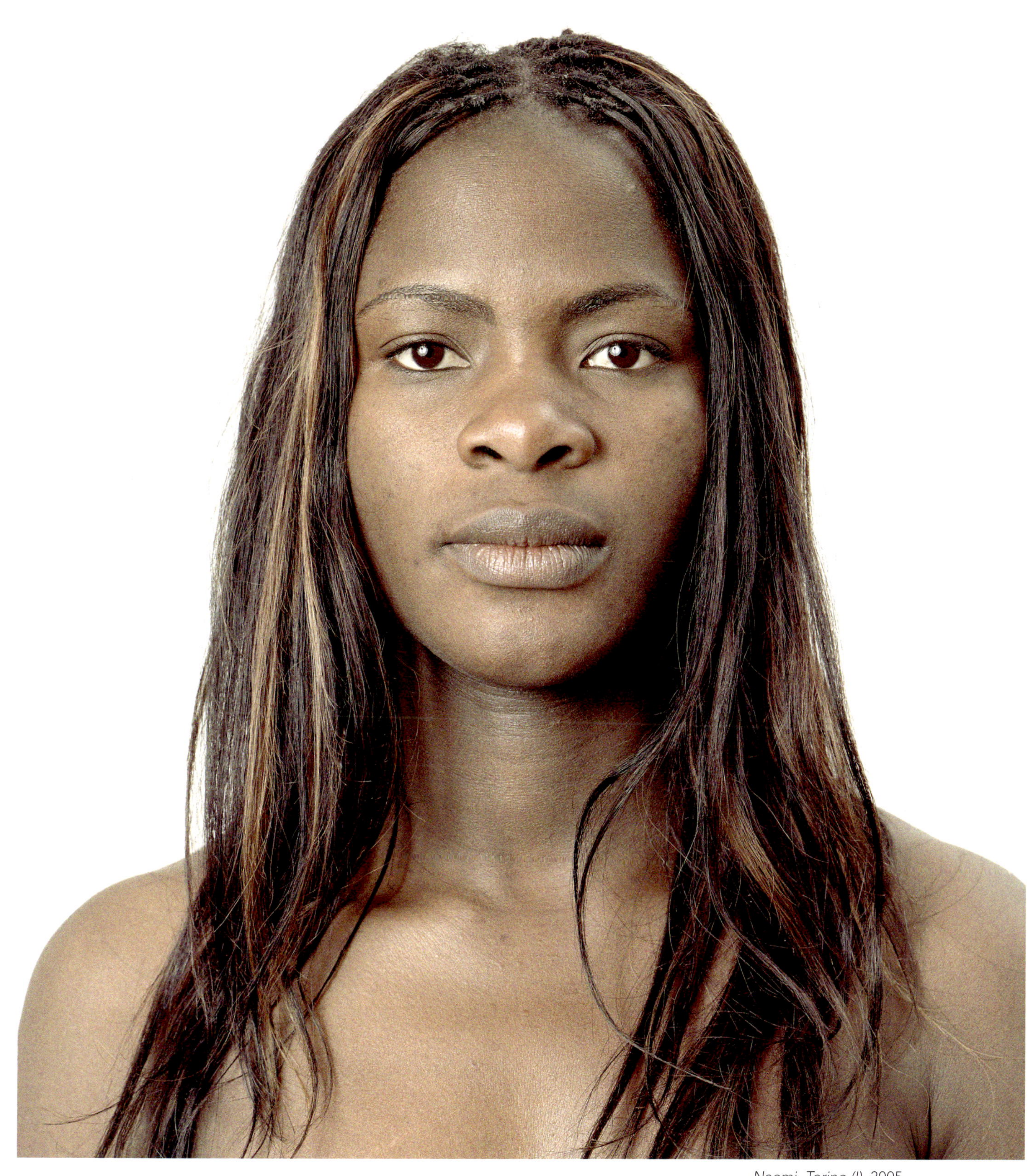

Naomi, Torino (I), 2005
Aus der Serie from the series *Lap Dancer*

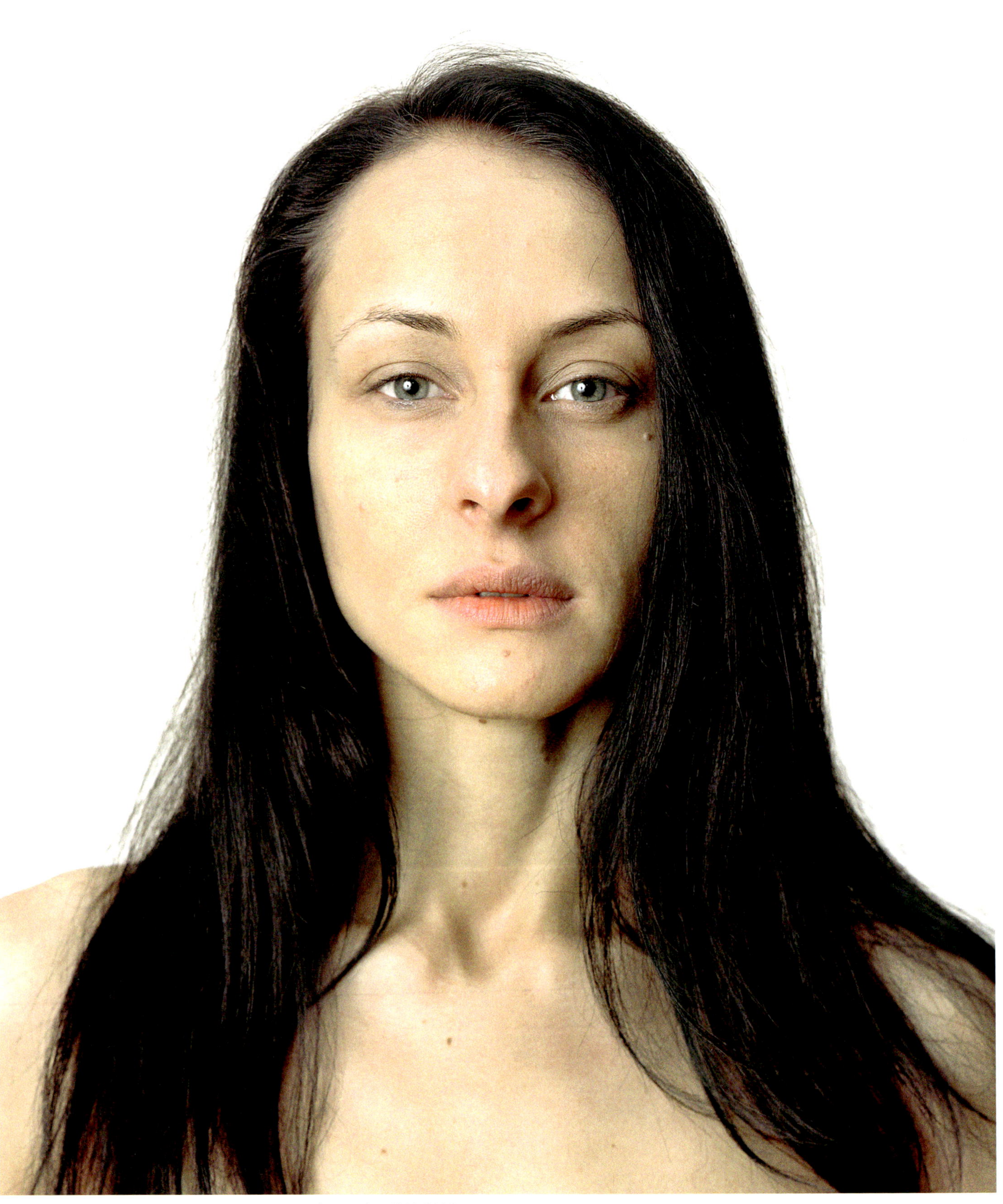

Mazynek, London (GB), 2005
Aus der Serie from the series *Lap Dancer*

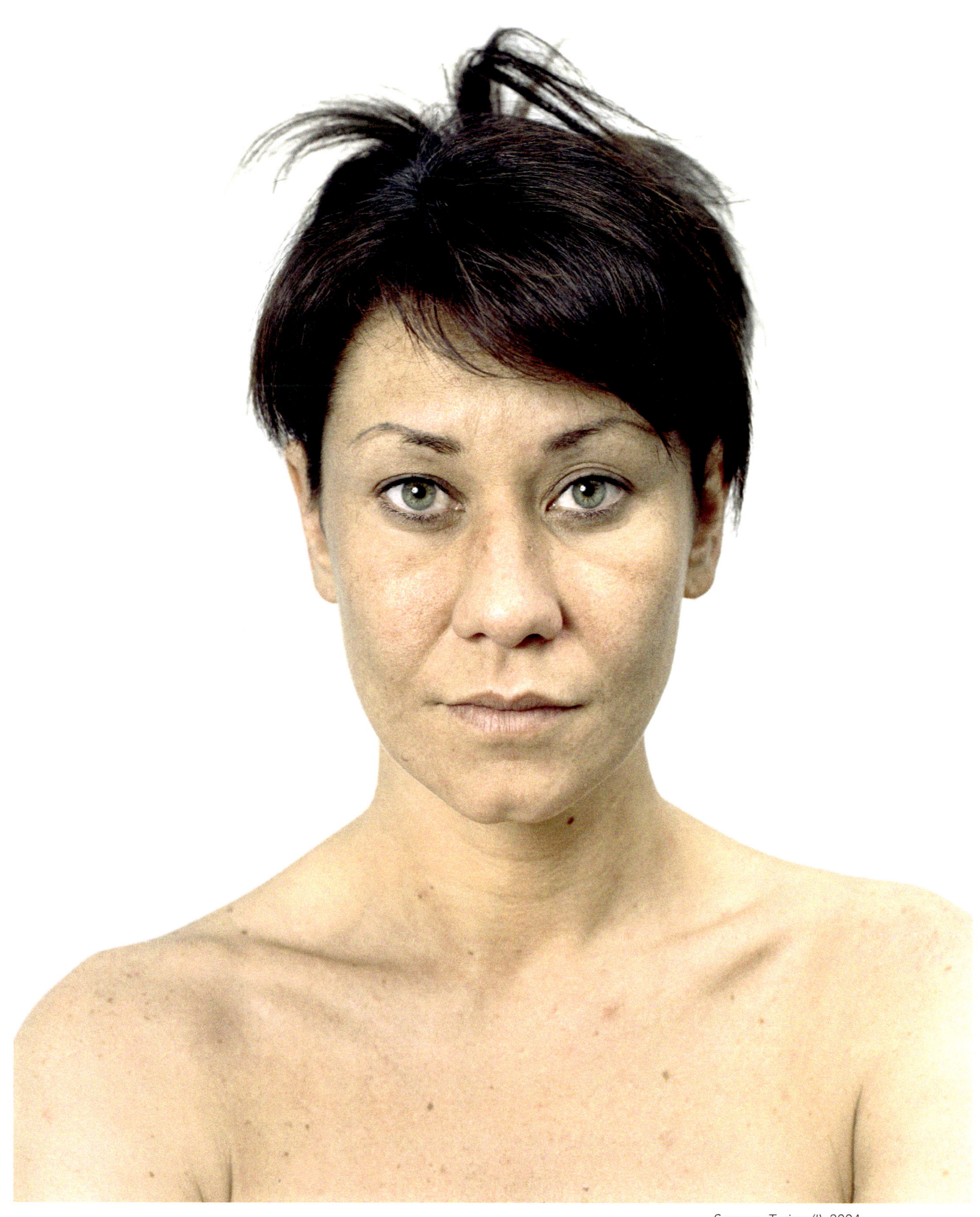

Samara, Torino (I), 2004
Aus der Serie from the series *Lap Dancer*

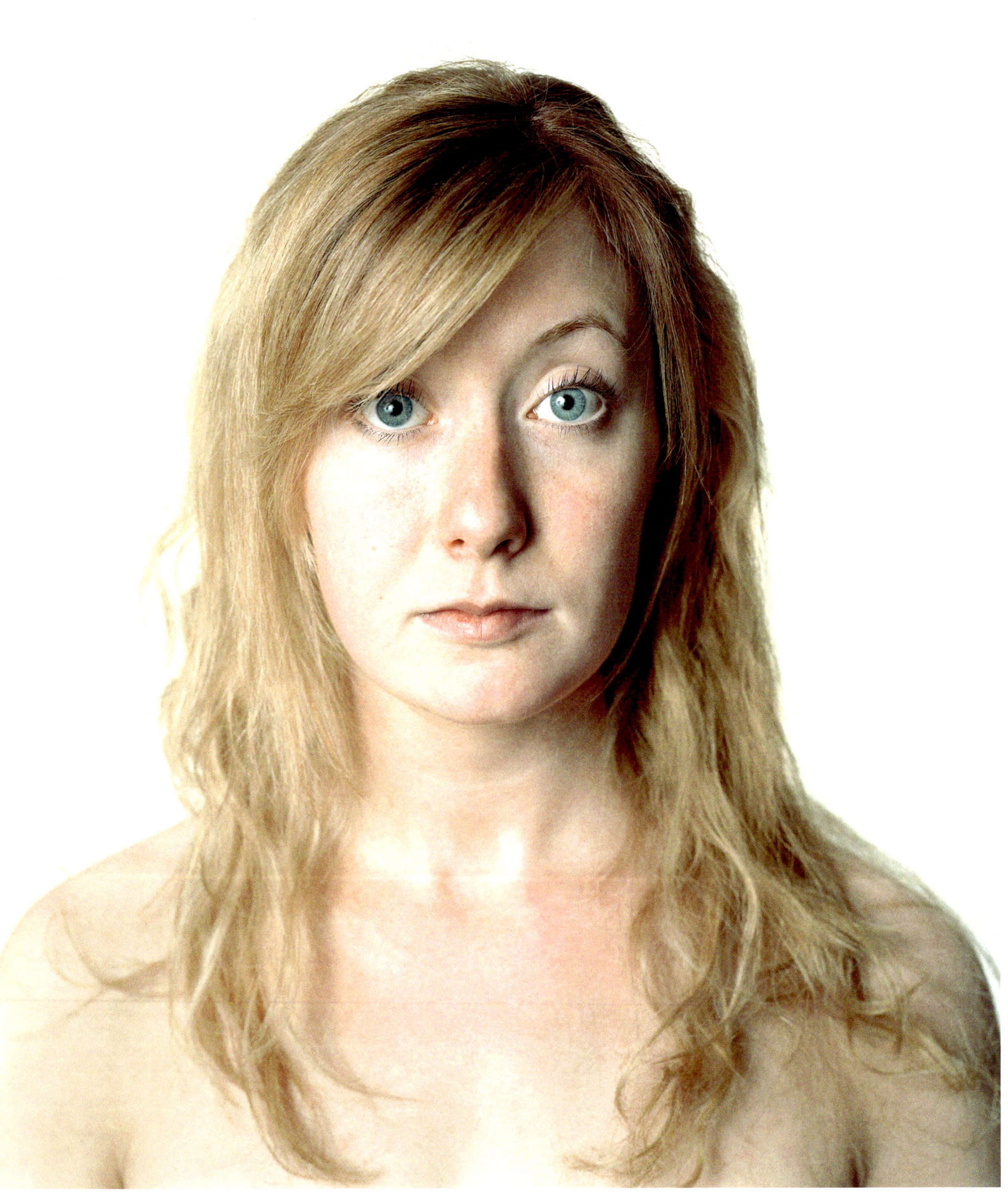

Marina, Glasgow (GB), 2005
Aus der Serie from the series *Lap Dancer*

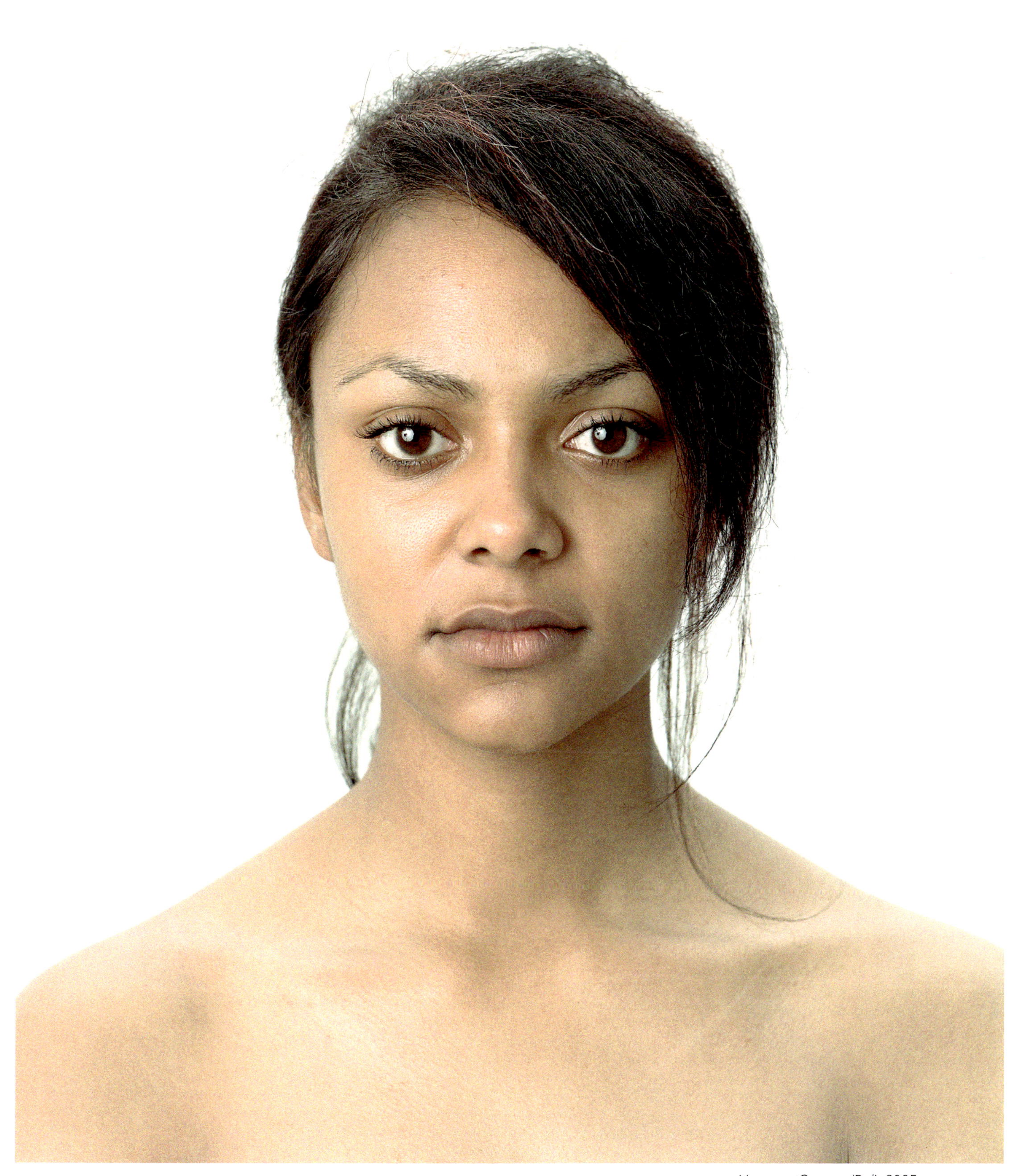

Vanessa, Cracow (Pol), 2005
Aus der Serie from the series Lap Dancer

ANTHONY GAYTON

Die Serie *Ladslove* beschäftigt sich mit dem Porträt als Trophäe. Die Bilder versuchen Lücken in der Schwulengeschichte zu schließen und sind in Form und Inhalt darauf zugeschnitten, seit Langem verlorene oder zerstörte Fotos aus der Privatsammlung des ledigen Lieblingsonkels, den jeder hat, darzustellen. Sie berichten auch von Liebe und Verlangen in einer Zeit, in der (für homosexuelle Männer) alles verboten, doch nichts unmöglich war.

Jedes Bild erzählt eine erfundene Geschichte, und jeder junge Mann ist offensichtlich eine sexuelle Eroberung des fiktiven Fotografen. Die Eroberung wird mit beinahe sportlicher Begeisterung für eine (wenn auch kurzlebige und äußerst persönliche) Nachwelt festgehalten. Die hinzugefügten Beschriftungen sollen nicht nur das Alter des Modells hervorstreichen, sondern den Bildern ein zusätzliches Moment von Persönlichkeit und letztlich Besitztum verleihen.

Gehorsam posieren die mehr oder weniger entkleideten jungen Männer in provisorischen Studios im Schlaf- oder Wohnzimmer für ihr Porträt. Wenn es sich auch scheinbar um bloße Aufnahmen von Körpern und Geliebten handelt, verrät – wie bei jedem Porträt – der Gesichtsausdruck der Modelle (die alle mit dem Fotografen bzw. Betrachter Blickkontakt halten) mehr über die Beziehung zum Fotografen als alle anderen visuellen Hinweise. Die Bandbreite des Ausdrucks reicht von der Unsicherheit und Verstörtheit des Blicks von „Henry", der mit gespreizten Beinen auf einem Nachtkästchen sitzt, bis zur lässigen Großspurigkeit von „Feliks", des jüngsten und nacktesten jungen Mannes.

Das Porträt wird zur Trophäe und dieses wiederum zu einem intimen Porträt.

The *Ladslove* series concerns itself with the portrait as trophy. They are attempts at filling in the gaps in gay history, and are designed both in form and content to represent long-lost or destroyed photos from the private collection of everybody's favorite bachelor uncle. They are also stories of love and desire in an age when everything (for homosexual men) was illegal, yet nothing impossible.

Each image tells a fictional tale, each boy an obvious sexual conquest of the fictional photographer. The conquest becomes recorded for (an albeit brief and extremely personal) posterity with almost sportsman-like enthusiasm. The added inscriptions are intended not only to emphasize the age of the model, but to endow the images with an extra element of personality, and ultimately possession.

In various states of undress, the boys pose obediently for their portraits in a make-shift studio in bedroom or living room. Ostensibly they appear to be simple recordings of bodies and lovers, yet as with any portrait, the expressions of the sitters (who all make eye-contact with the photographer/viewer) explain more concerning their relationship to the photographer than all the other visual clues, ranging from the insecure and bewildered look of 'Henry,' perched astride the bedside table, to the cocky and relaxed smile of 'Feliks,' the youngest and most naked of all.

The portrait becomes a trophy, which becomes again in turn an intimate portrait.

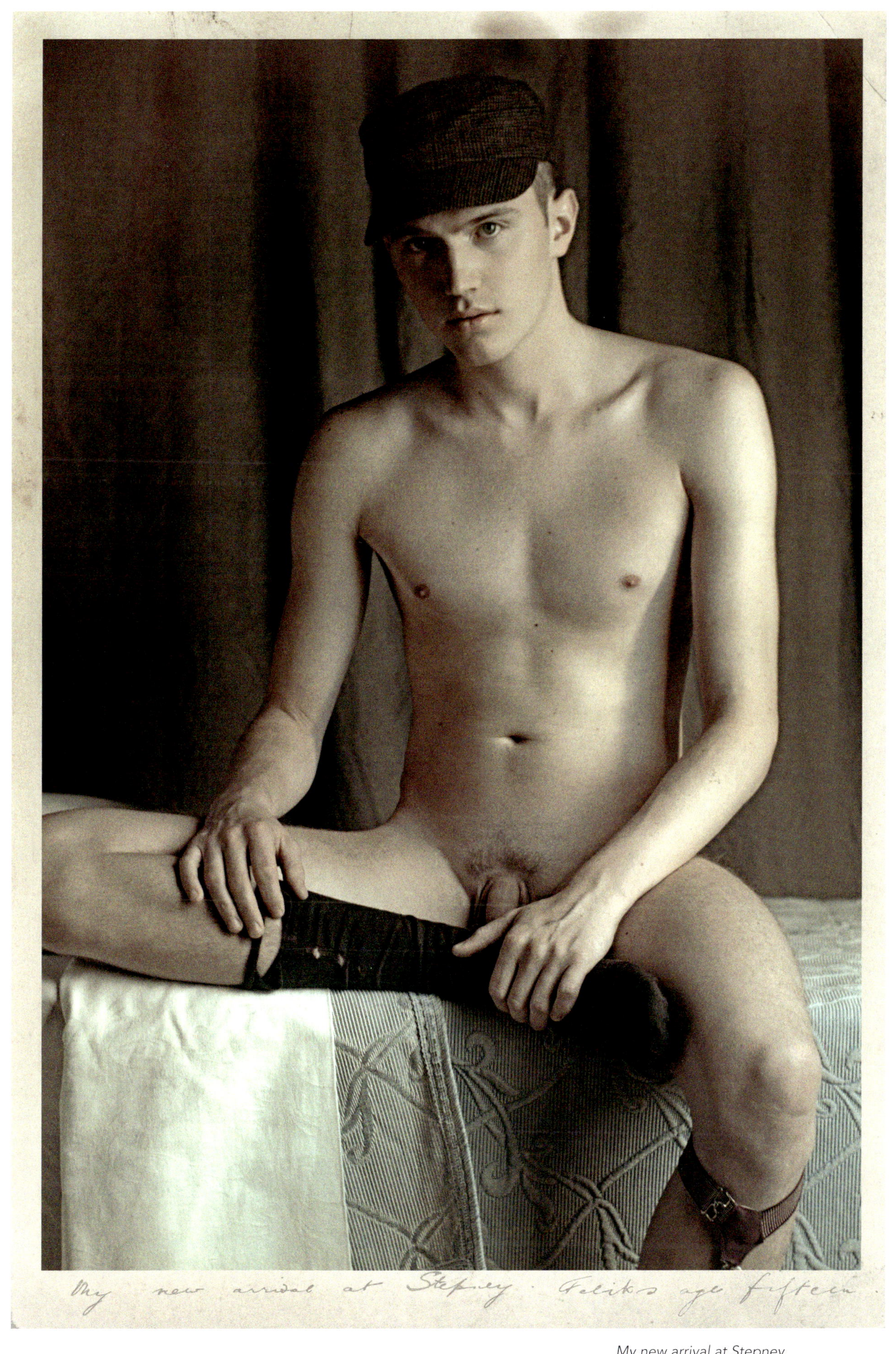

My new arrival at Stepney.
Feliks age fifteen, 2008
Aus der Serie from the series *Ladslove*

101

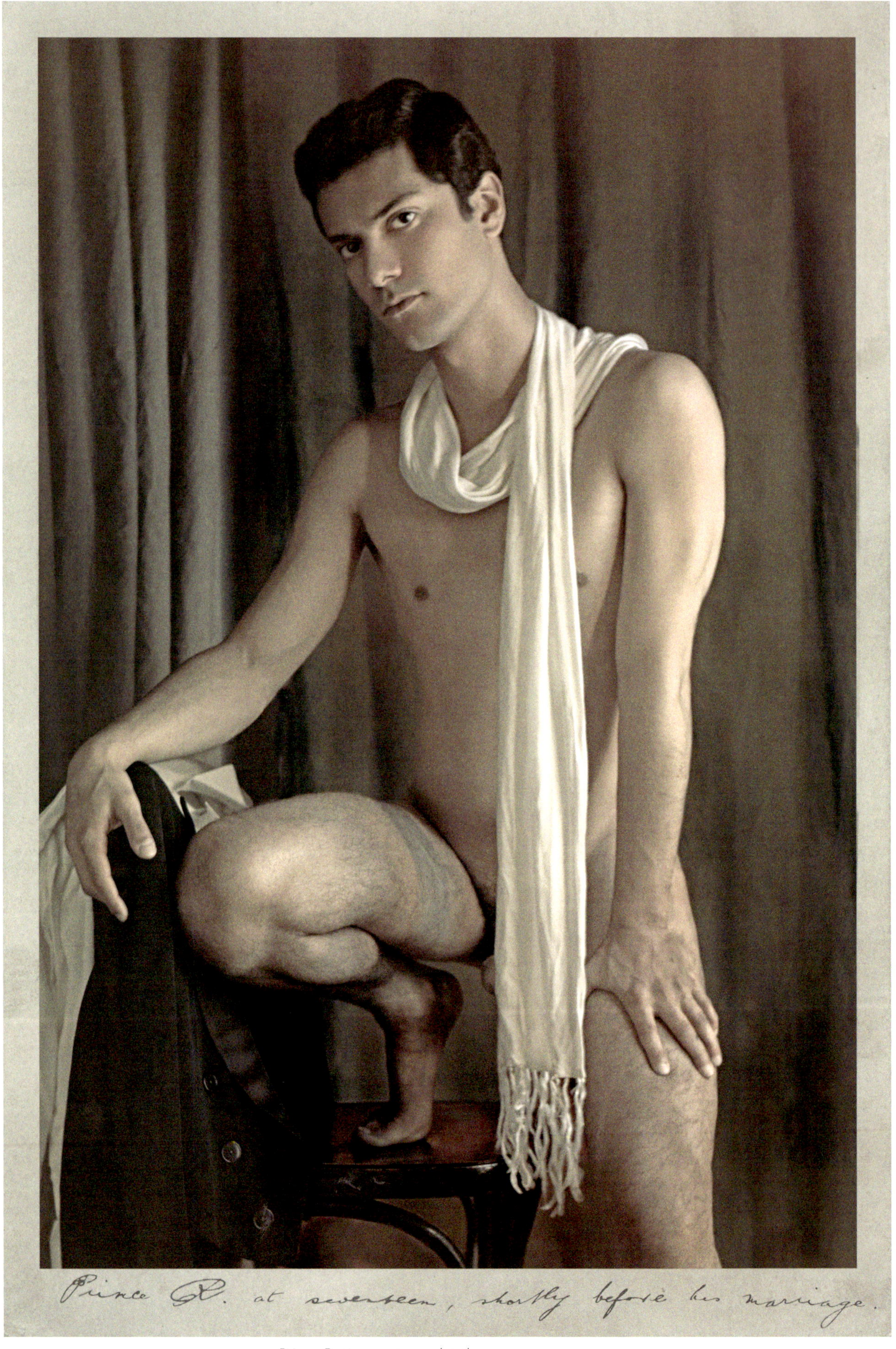

*Prince R. at seventeen, shortly
before his marriage*, 2008
Aus der Serie from the series *Ladslove*

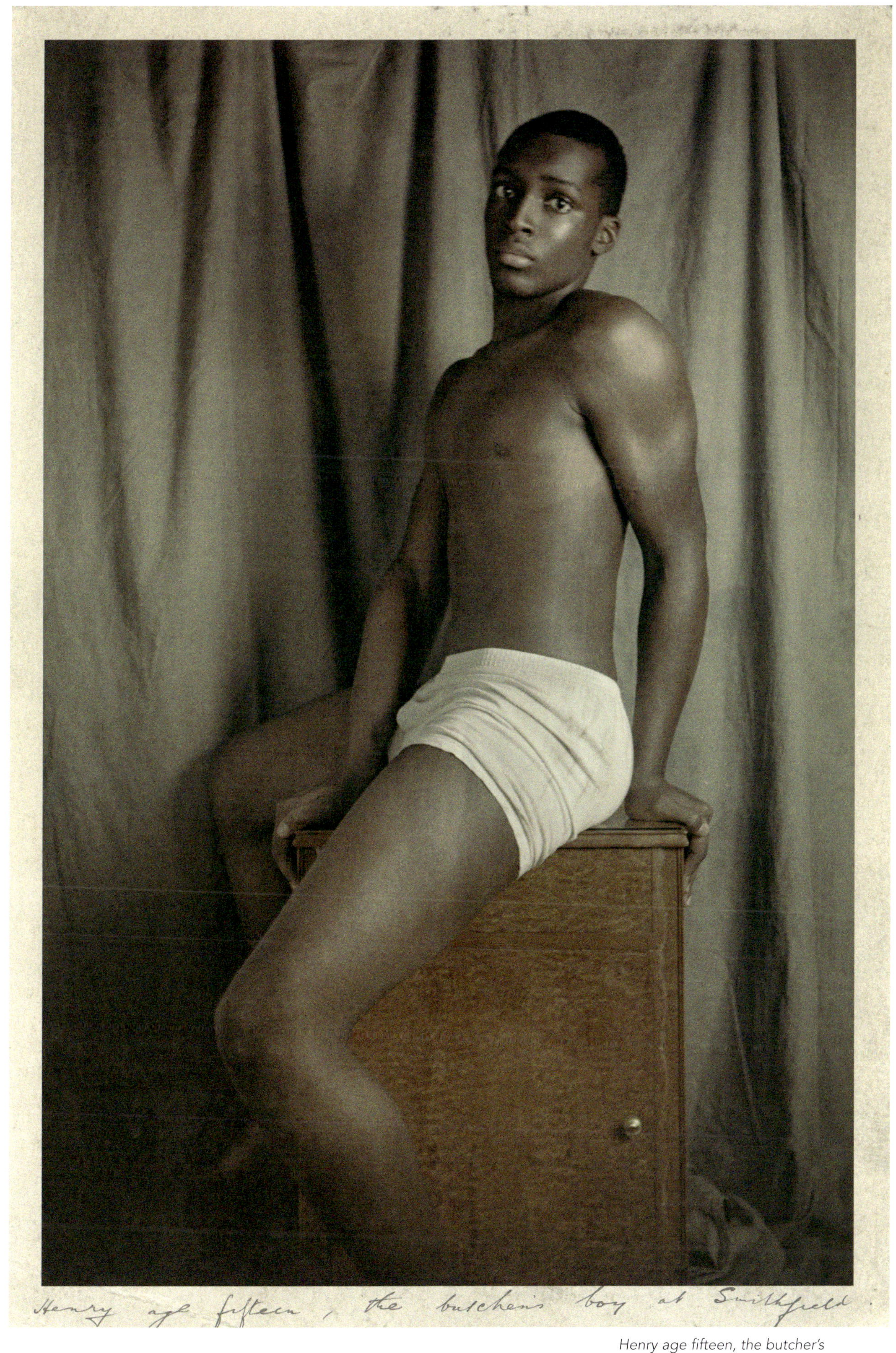

Henry age fifteen, the butcher's
boy at Smithfield, 2008
Aus der Serie from the series *Ladslove*

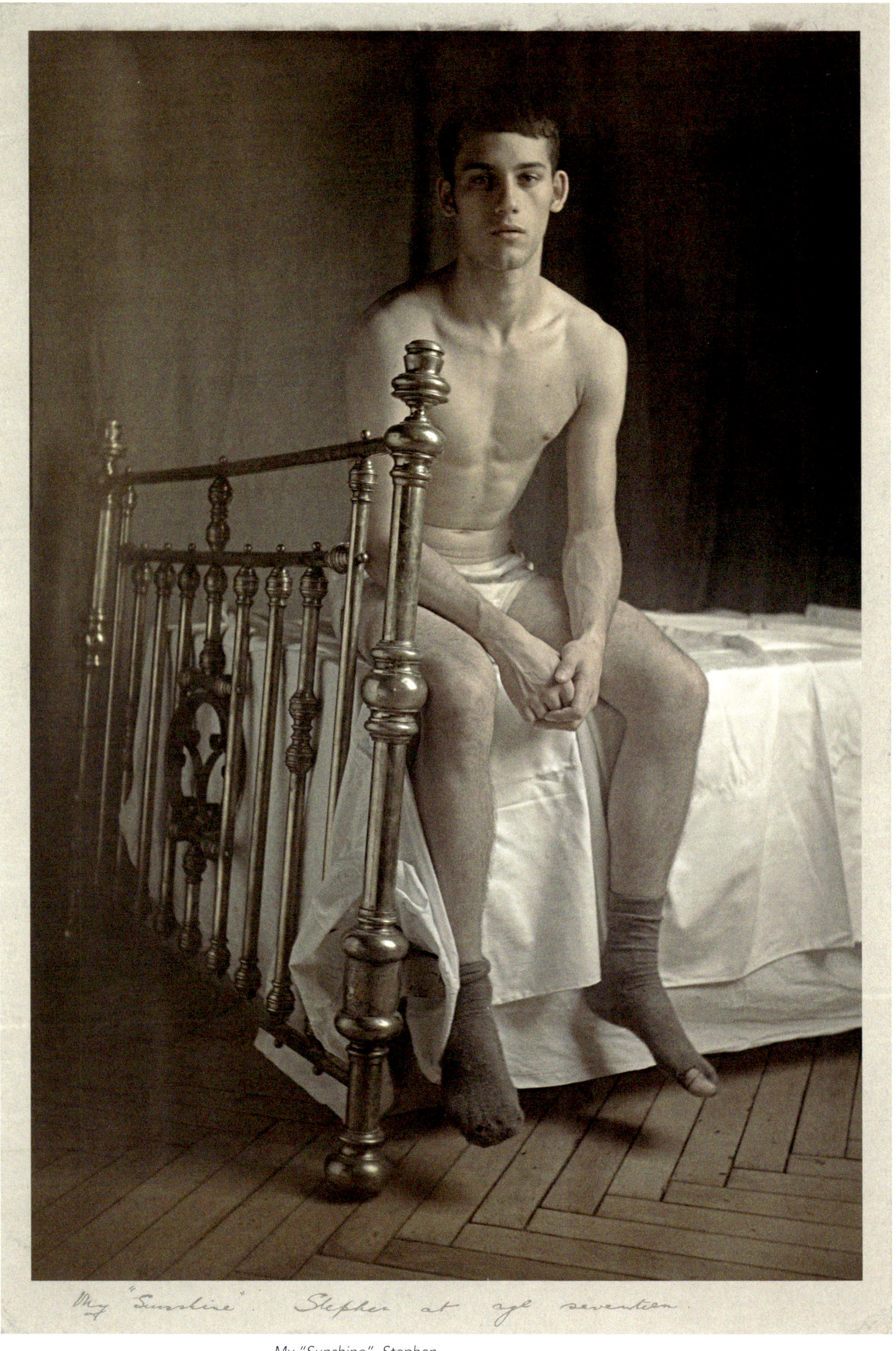

My *"Sunshine". Stephen*
at age seventeen, 2008
Aus der Serie from the series *Ladslove*

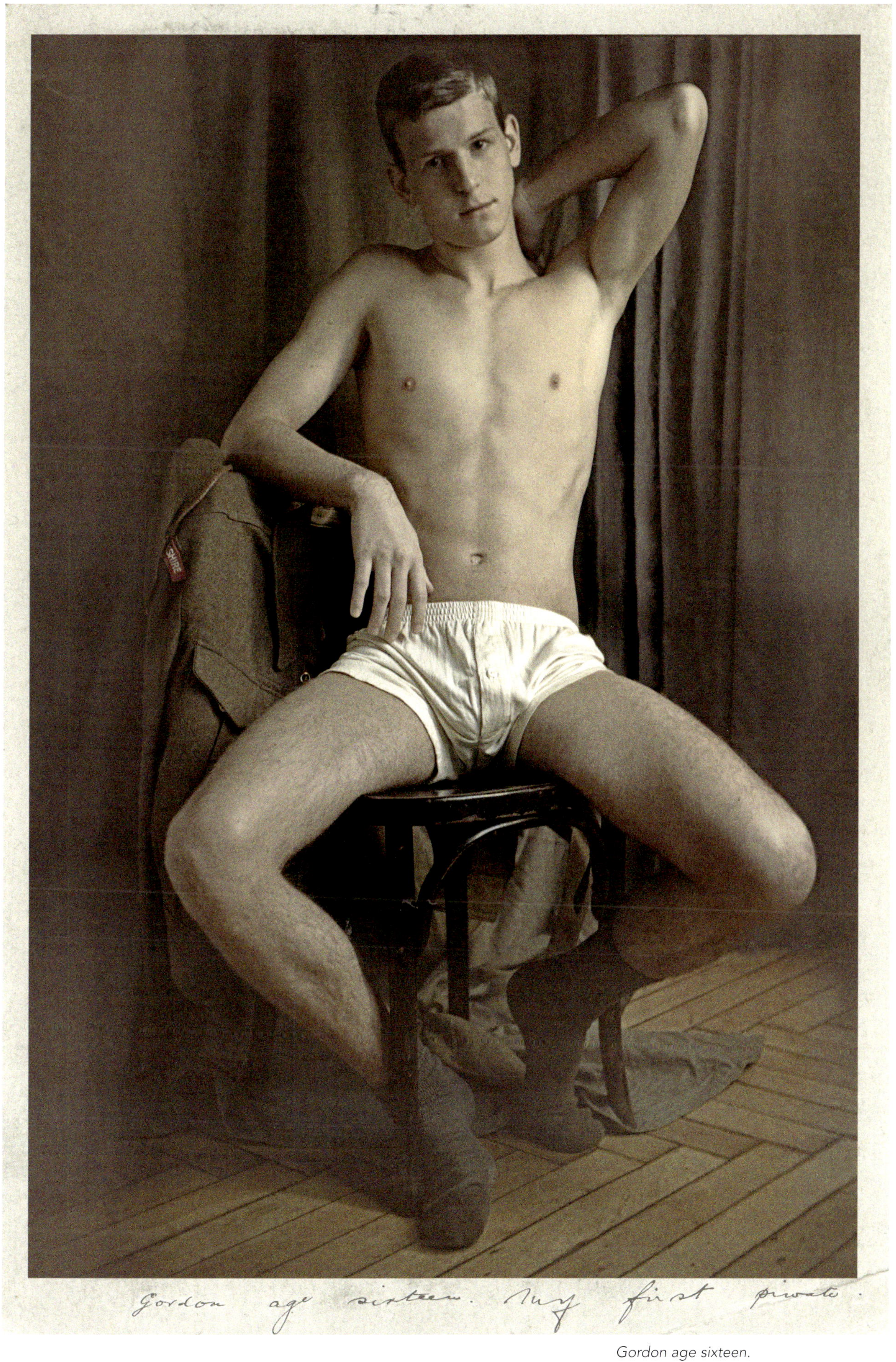

Gordon age sixteen.
My first private, 2008
Aus der Serie from the series *Ladslove*

NAN GOLDIN

Mein Bildtagebuch ist öffentlich; es wächst durch den Input anderer Menschen über seine subjektive Basis hinaus. Die Bilder mögen eine Einladung in meine Welt sein, sind aber aufgenommen worden, damit ich die Leute darauf sehen kann. Ich weiß manchmal nicht, welche Gefühle ich jemandem gegenüber habe, bis ich ihn oder sie fotografiere. Ich suche mir die Menschen nicht danach aus, ob ich sie fotografieren kann; die Aufnahmen entstehen unmittelbar aus dem Leben heraus. Sie entspringen Beziehungen, nicht der Beobachtung.

Die Leute auf den Bildern sagen, dass meine Kamera ebenso ein Teil des Zusammenseins mit mir ist wie alle anderen Aspekte des Michkennens. Es ist so, als ob meine Hand eine Kamera wäre. Am liebsten wäre mir, wenn es zwischen mir und dem Moment des Fotografierens keinen Mechanismus gäbe. Die Kamera ist genauso Bestandteil meines Alltags wie Sprechen, Essen oder Sex. Der Augenblick des Fotografierens stellt keine Distanz her, sondern ist für mich ein Augenblick der Klarheit und des emotionalen Bezugs. Landläufig meint man, dass ein Fotograf von Natur aus ein Voyeur ist, der Letzte, den man zu einer Party einlädt. Aber ich platze nirgendwo hinein, das ist meine Veranstaltung. Das ist meine Familie, meine Geschichte.

Ich will das Gefühl vom Leben der Menschen bewahren, will ihnen die Stärke und Schönheit geben, die ich in ihnen sehe. Ich will, dass die Leute auf meinen Bildern zurückstarren. Ich will genau zeigen, wie meine Welt aussieht, ohne Verherrlichung, ohne Verklärung. Es ist keine trostlose Welt, sondern eine Welt, in der es ein Bewusstsein des Leids gibt, eine Qualität der Selbstbeobachtung.

My visual diary is public; it expands from its subjective basis with the input of other people. The pictures may be an invitation to my world, but they were taken so that I could see the people in them. I sometimes don't know how I feel about someone until I take his or her picture. I don't select people in order to photograph them; I photograph directly from life. These pictures come out of relationships, not observation.

People in the pictures say my camera is as much a part of being with me as any other aspect of knowing me. It's as if my hand were a camera. If it were possible, I'd want no mechanism between me and the moment of photographing. The camera is as much a part of my everyday life as talking or eating or sex. The instant of photographing, instead of creating distance, is a moment of clarity and emotional connection for me. There is a popular notion that the photographer is by nature a voyeur, the last one invited to the party. But I'm not crashing; this is my party. This is my family, my history.

My desire is to preserve the sense of people's lives, to endow them with the strength and beauty I see in them. I want people in my pictures to stare back. I want to show exactly what my world looks like, without glamorization, without glorification. This is not a bleak world but one in which there is an awareness of pain, a quality of introspection.

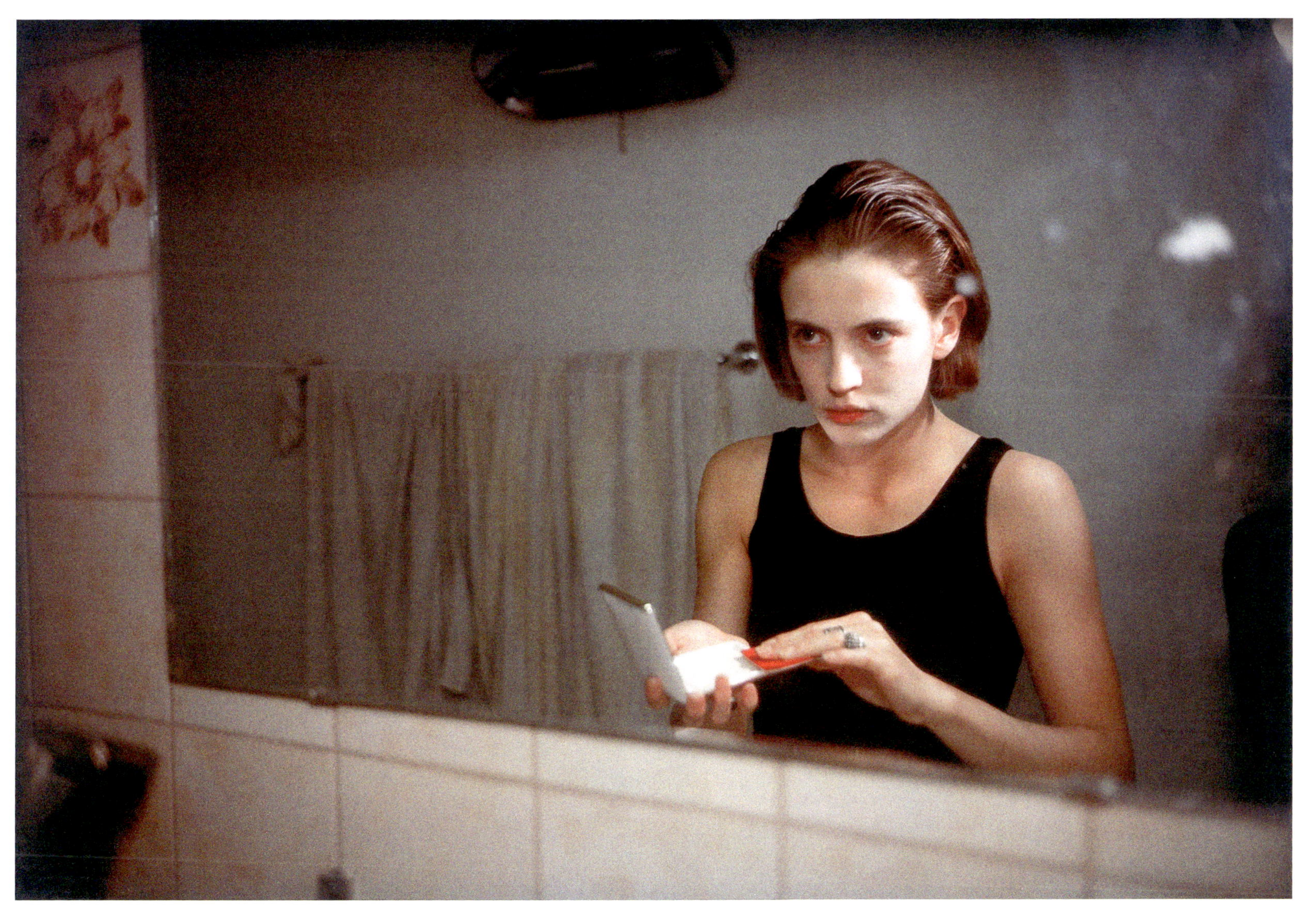

Amanda in the Mirror, Berlin, 1992

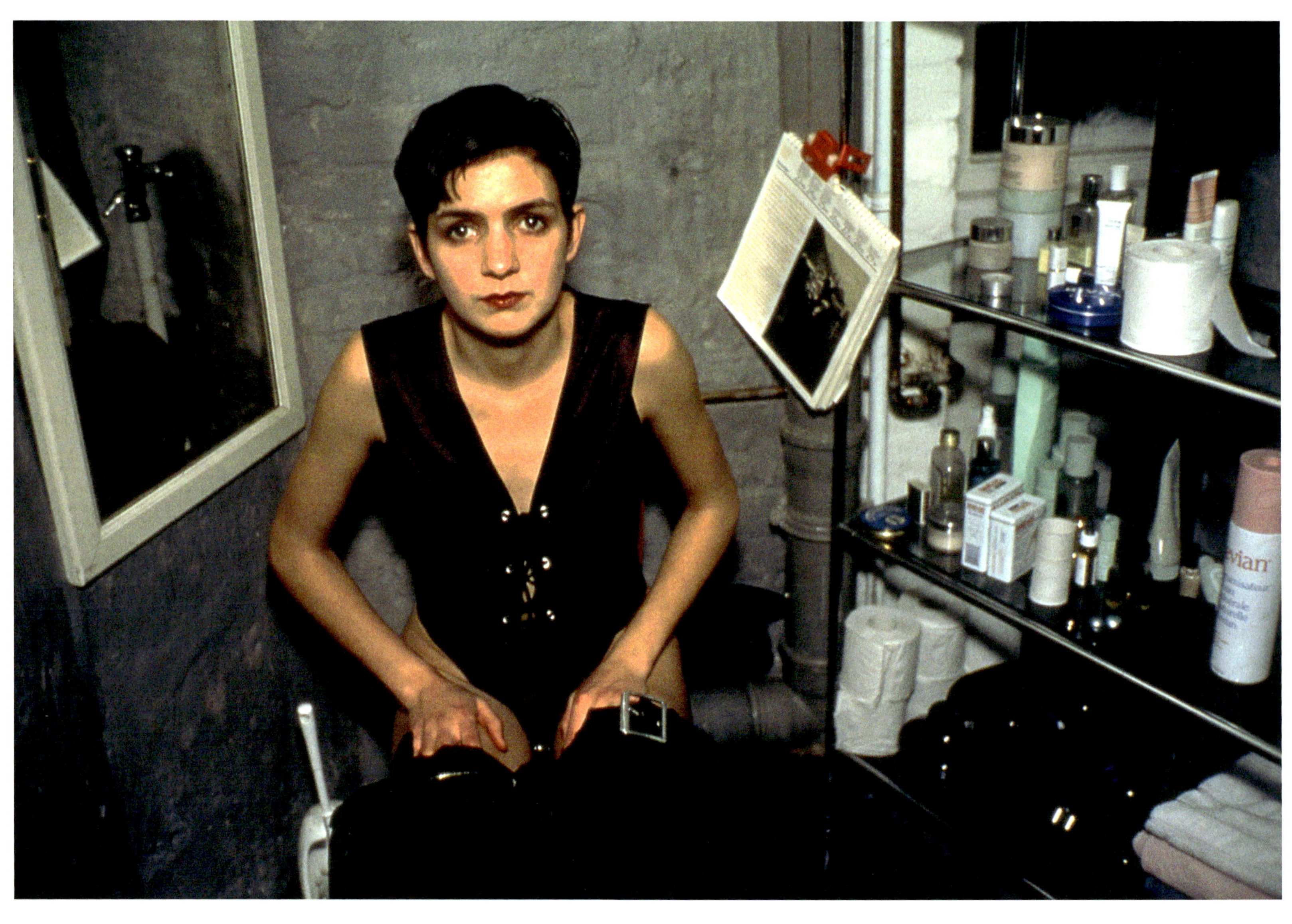

Siobhan on the toilet, Berlin,
New Year's Eve, Berlin, 1991/92

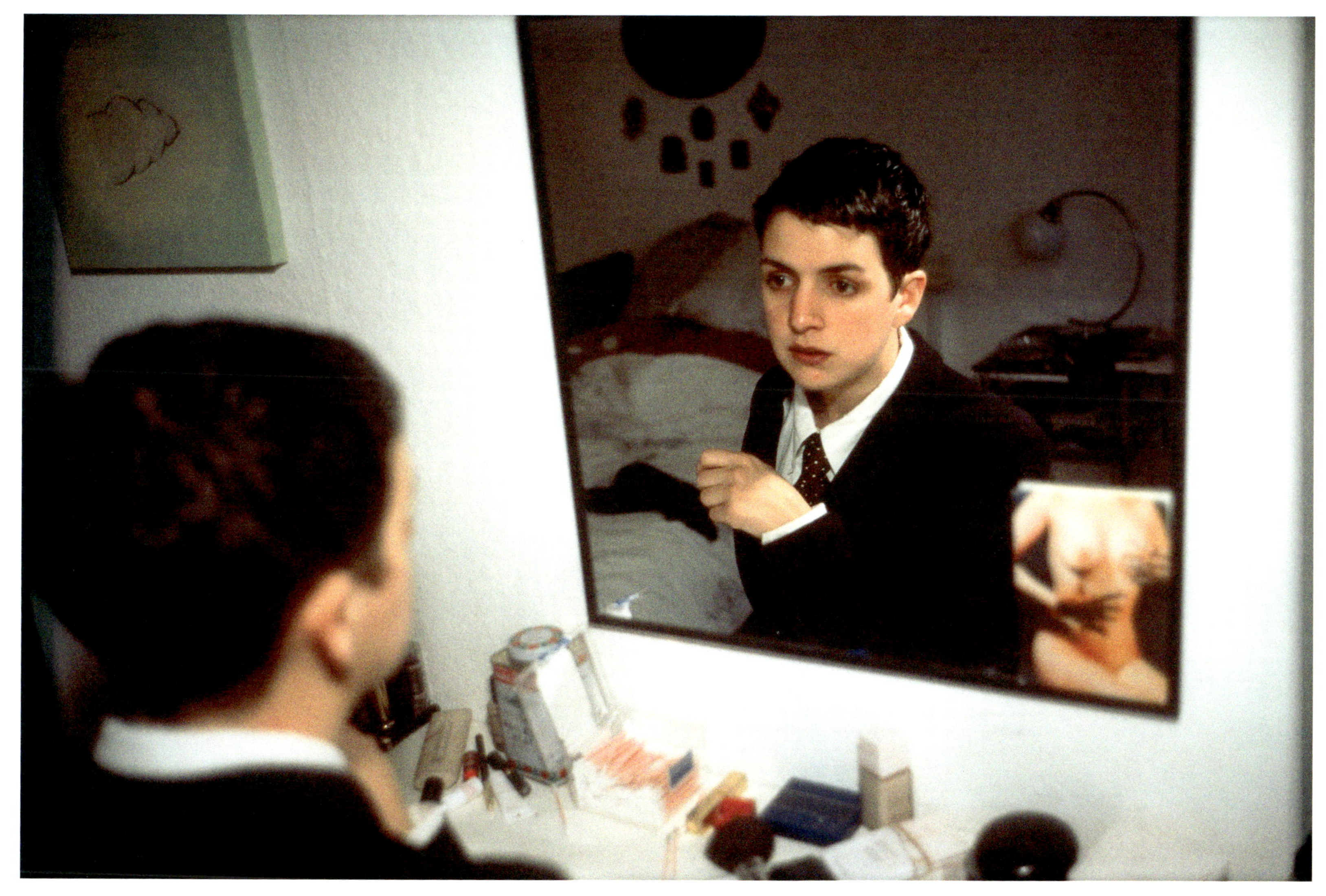

Siobhan in my Mirror, Berlin, 1992

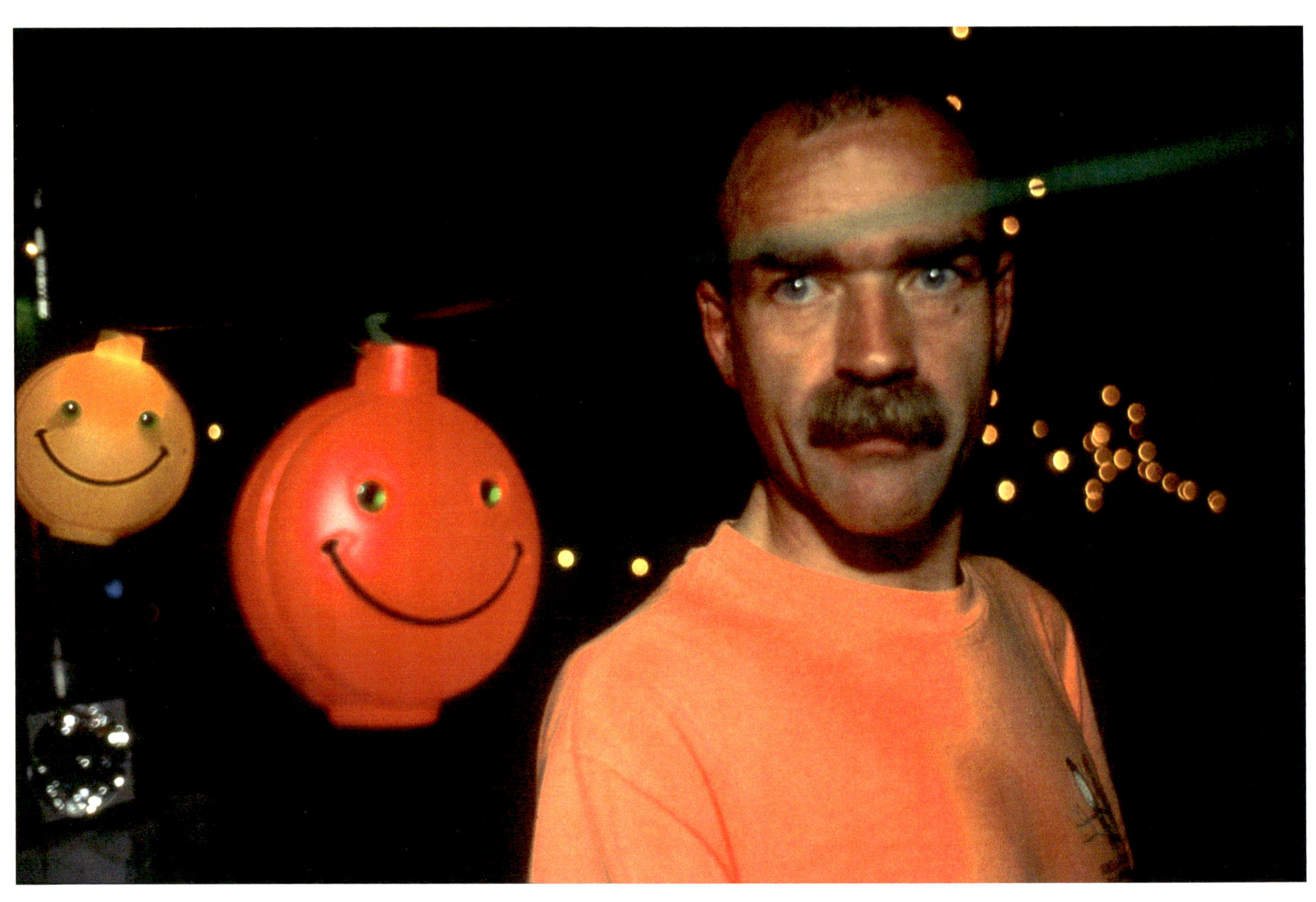

Alf at my Bon Voyage party, NYC, 1991

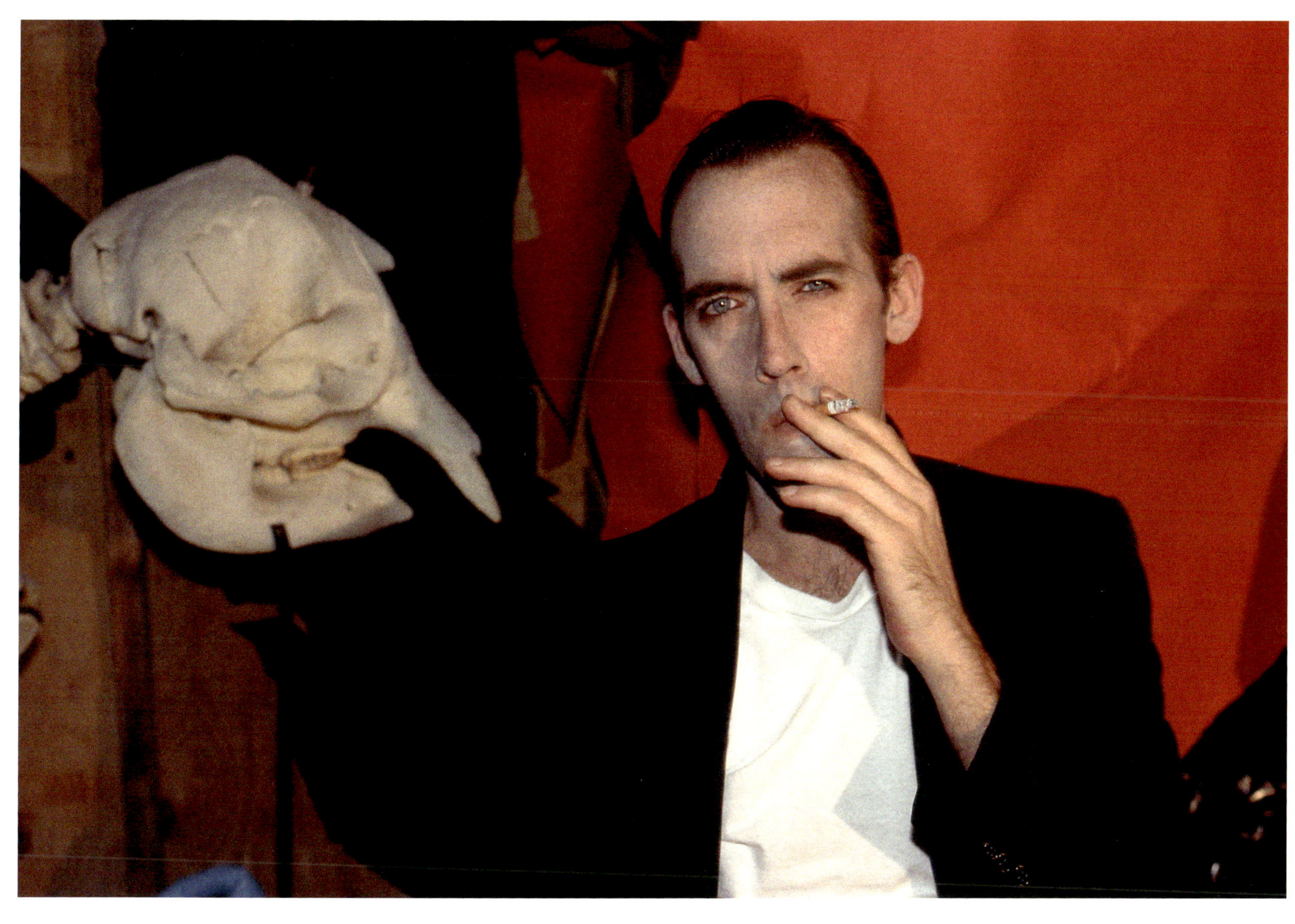

David Wojnarowicz at home, NYC, 1991

GREG GORMAN

Meine Fotografien fangen oft jene Sinnlichkeit ein, die mit einer gewissen Verwundbarkeit einhergeht. Wenn das Subjekt sich der Kamera nicht bewusst ist, offenbart es eine innere Wahrheit, von der es vielleicht gar nicht weiß, dass sie in den Bildern zum Ausdruck kommt. In diesen Fotografien ist nicht sehr viel Hintergrund zu sehen. Es geht mehr um die Person als um andere Elemente. Es geht eher um die grafische Qualität der Individuen als um die Grafik des Schauplatzes. Die körperliche Geste, der Ton, der Winkel, was durch die Beleuchtung hervorgehoben wird und was als Geheimnis im Schatten verborgen bleibt. Es geht darum, etwas der Fantasie zu überlassen. Wenn man eine Fotografie betrachtet und es im Bild eine dunkle Seite gibt, wird das Verlangen geweckt, ein wenig mehr zu erfahren, es zieht einen an.

Nachdem ich so viele Jahre meines Lebens damit verbracht habe, die Menschen durch die Linse der Kamera zu beobachten, kann ich Personen relativ schnell einschätzen und einen ziemlich ehrlichen Eindruck von ihnen vermitteln. Die Herausforderung, der ich mich im Laufe von vierzig Jahren der Porträtfotografie gestellt habe, liegt darin, die Grenzen und Fassaden zu durchbrechen, die die Menschen bisweilen um sich aufbauen. Die Augen verraten ob du es schaffst, in das Herz des Individuums vorzudringen, oder ob etwas zwischen euch liegt, das er oder sie nicht mit dir teilt. Ich denke, man muss die Vision teilen, die man über das, was man tut, hat und man muss die Menschen dazu bringen, diese mit dir zu teilen. Wenn das Vertrauen fehlt, kommen auch keine Bilder zustande. In der Naivität, die man in Porträts sehen kann, liegt eine Schönheit. Es gibt eine gewisse Unschuld, eine unverfälschte Ehrlichkeit, die man in den Augen sieht, und die meiner Meinung nach verloren gehen, wenn die Menschen älter, reifer und erfahrener werden. Das ist ein natürlicher Prozess. Aber es verändert und transformiert die Art wie meine Subjekte in die Kamera blicken. Eine bestimmte Freiheit geht, wie ich glaube, verloren, mit all den Erfahrungen. In diesen Porträts taucht eine feminine Seite auf, im Sinne einer Verwundbarkeit, einer Zugänglichkeit und Sensibilität, die man sehen kann.

My photographs have often captured the sensuality that goes hand in hand with vulnerability. When the subject has an unawareness of the camera, he reveals an inward truth that he maybe doesn't even realize is coming forth. There's not a lot of backgrounds in these pictures. It's really about the person, not the elements. It boils down to the graphics of the individual more than the graphics of the setting. Body gesture, tone, angle, what is being revealed in the highlights and what's being kept from you as a secret in the shadows. It's about leaving a little bit to the imagination. When you look at a photograph and there's a dark side to the picture, it makes you wish that you knew a little bit more, it draws you in.

After spending so many years of my life behind a lens looking at a person, I can clock a person pretty quickly and give you a pretty honest assessment. The challenge I've faced in the course of forty years of taking portraits is in breaking through the barriers and the facades that people sometimes try to put up. I think the eyes tell you if you're getting through to the heart of the individual, or if there's something in front of you that they're not sharing with you. I think you have to share your vision about what you're doing, and you have to make them trust you. If the trust isn't there, the pictures don't really come. There's a beauty in some of the naiveté that you see in the portraits. There's a certain innocence, an unjaded honesty that you see in the eyes, that I feel does get lost as men gain age, experience and knowledge. It's a natural progression that happens. But it's something that does change and alter the way my subjects look into the lens. There's a certain freedom that I think is lost as people gain a certain amount of knowledge. There's a feminine side to these portraits showing up in the vulnerability, accessibility and sensitivity that you're seeing.

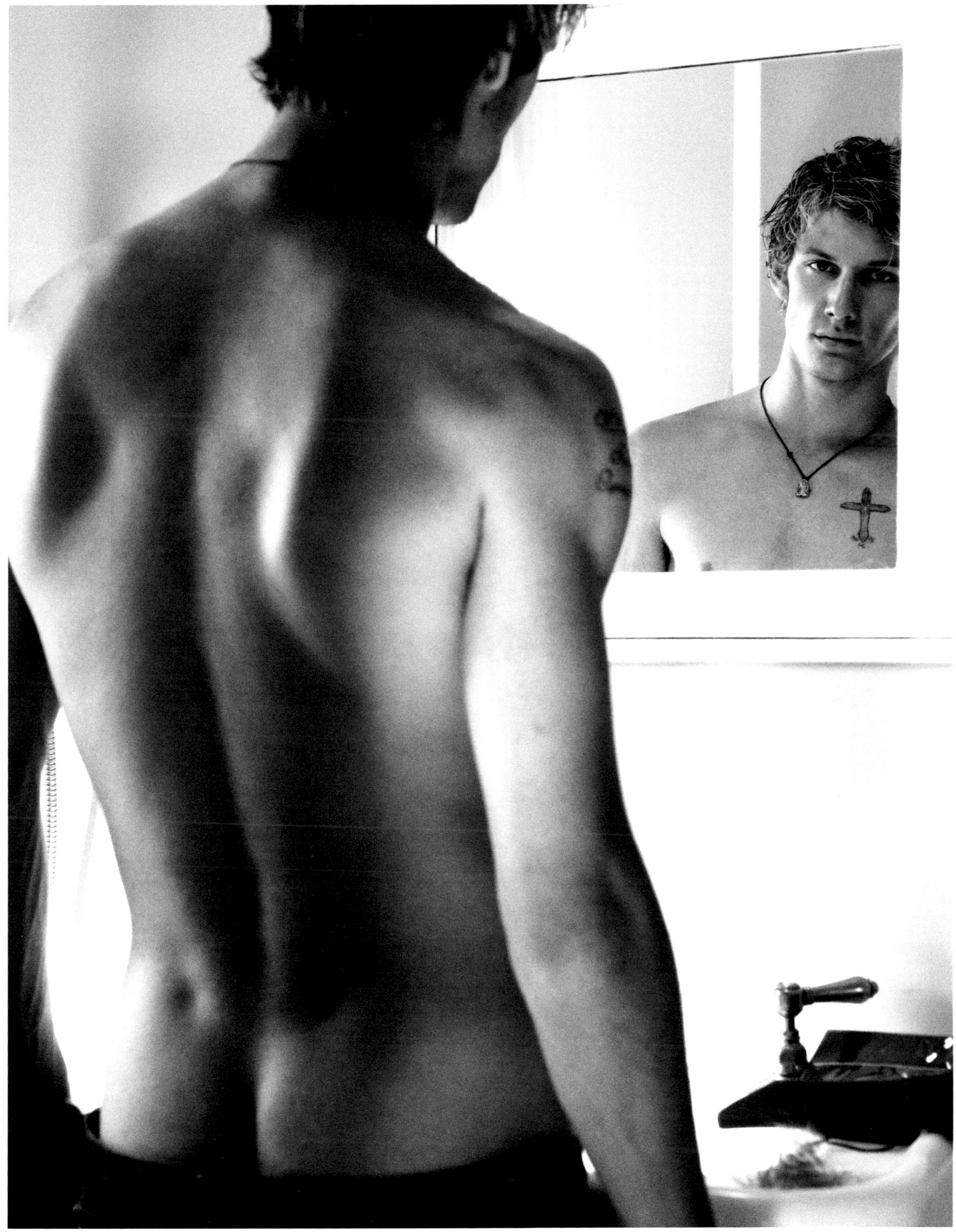

Alex Pettyfer, Los Angeles, 2008

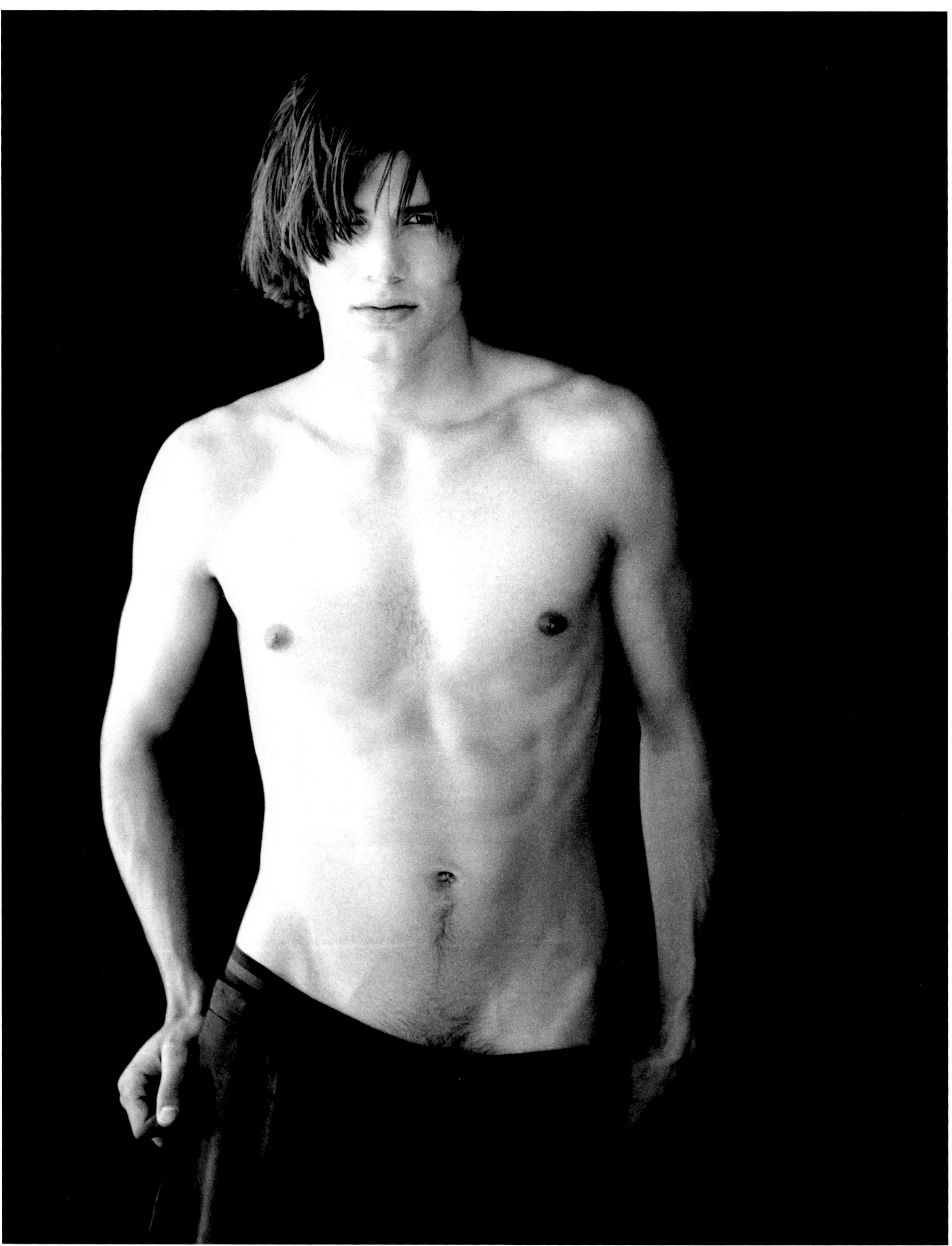

Ashton Kutcher, Los Angeles, 2000

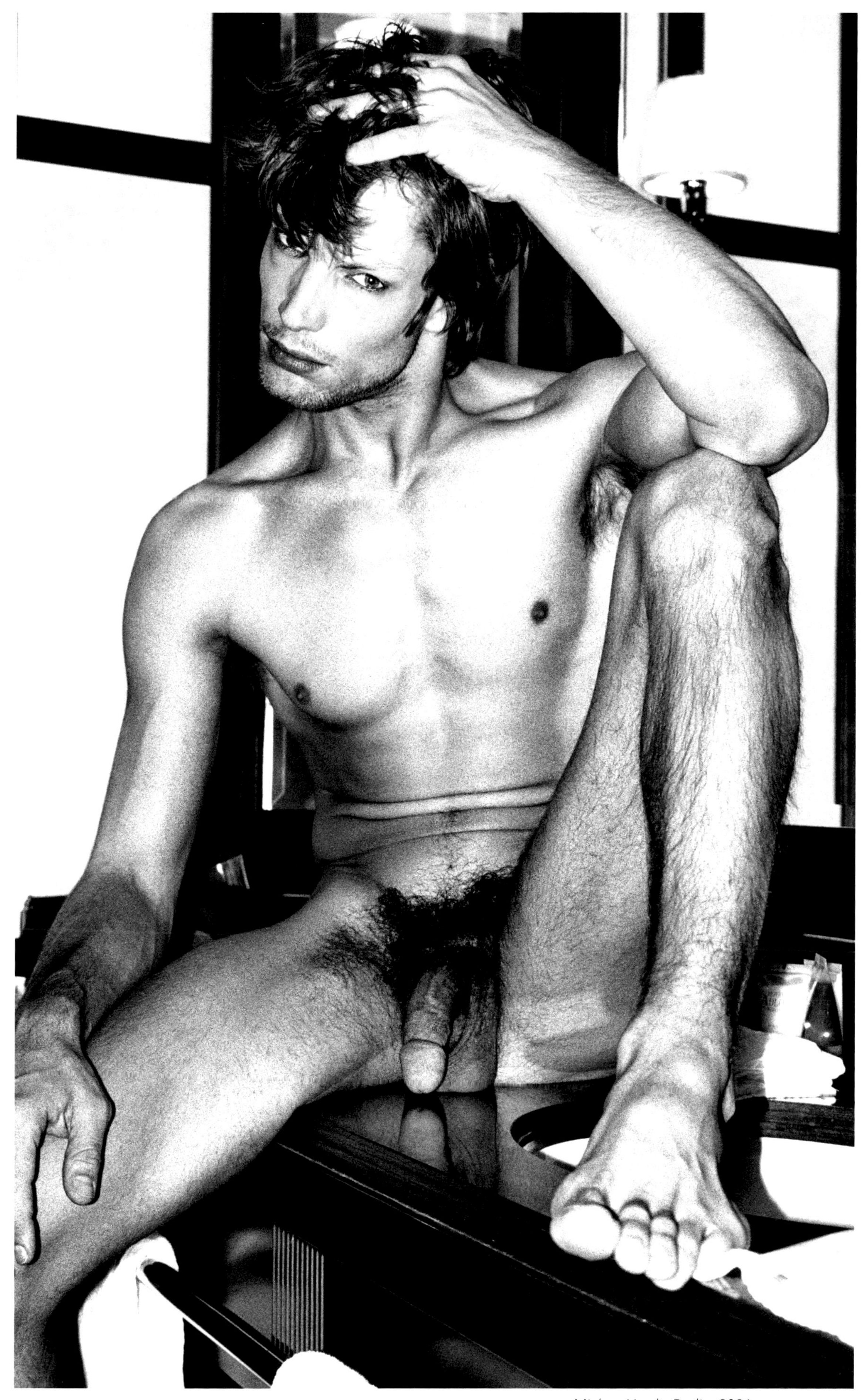

Mickey Hardt, Berlin, 2001

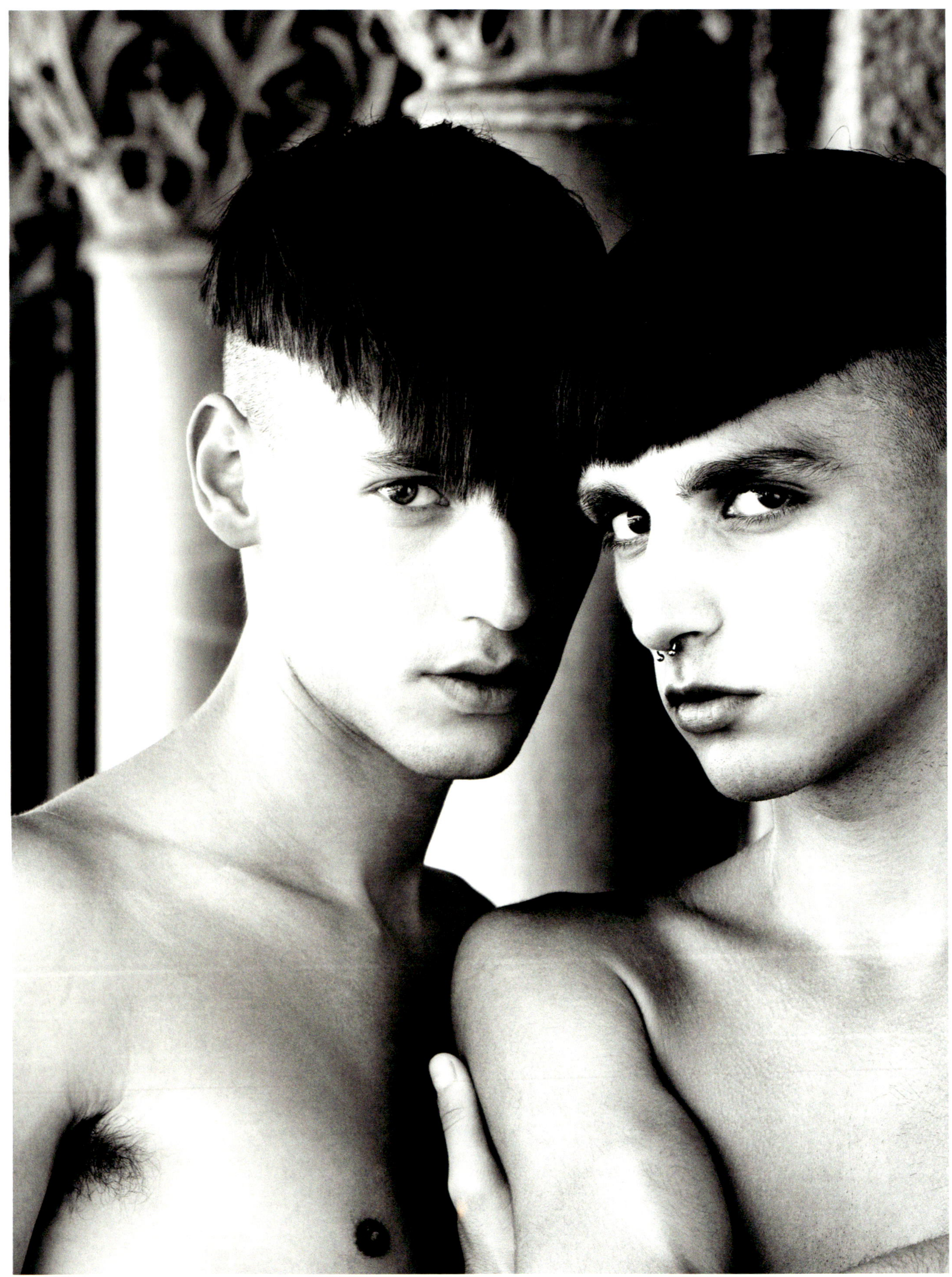

Luca and Luigi, Los Angeles, 2008

116

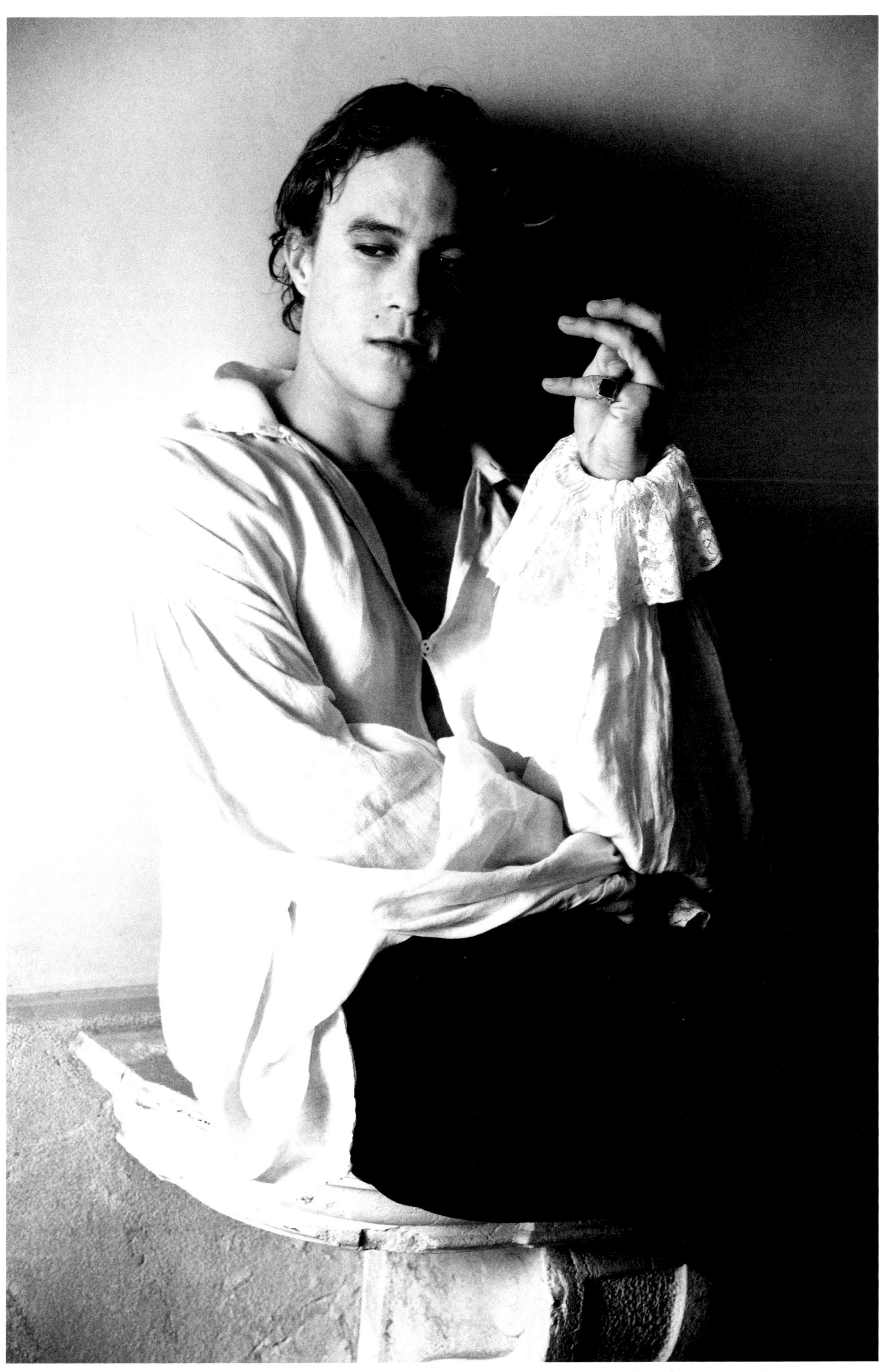

Heath Ledger, Venice, 2004

KATY GRANNAN

Ich war schon immer daran interessiert wie eine Fotografie ihr Subjekt verändern kann – etwas Gewöhnliches gewinnt an Bedeutung und die Dinge oder Menschen, die übersehen oder ignoriert werden oder auf andere Art unsichtbar bleiben, sind es auf einmal Wert beachtet zu werden.

Die meisten meiner Subjekte waren ursprünglich Fremde für mich, sie waren anonym, doch dann fanden wir zusammen, einzig und allein um ein Foto zu machen. Es scheint mir bemerkenswert, dass trotz der Vielfalt an Bildern in der Welt Fotografien noch immer so relevant sein können. Der Akt des Fotografierens ist sehr bedeutungsgeladen. Wir setzen uns ein Denkmal, projizieren uns – oder zumindest eine Darstellung von uns – in die Zukunft und gestehen dadurch ein, wie vergänglich und verletzlich wir eigentlich sind.

Eine statische Aufnahme ist jedoch nie dasselbe wie die Person oder der Moment, den ich dabei versucht habe zu beschreiben. Tatsächlich werden diese Subjekte, diese Augenblicke, zu neuen Geschichten. Der Prozess an sich ist Theater, und – unter anderem – hat die Fotografie ein Eigenleben. Es ist eigentlich das Dokument von nichts. (Außer vielleicht einer seltsamen Art Optimismus – der Glaube, dass wir die Zeit daran hindern können zu verstreichen und dass wir etwas oder jemanden präservieren können.)

Das Wahre und das Erfundene überschneiden sich stetig und sind ununterscheidbar.

I've always been interested in the way that a photograph can transform its subject – where something ordinary takes on added significance, and things or people that are overlooked, ignored or otherwise invisible become worthy of attention.

Most of my subjects have initially been strangers to me, anonymous, yet we find ourselves together for the sole purpose of producing a photograph. It seems remarkable that, despite the abundance of imagery in the world, photographs can still have enormous significance. The act of taking a photograph is laden with meaning. We're memorializing, imagining ourselves (or at least the image of ourselves) in the future – and in doing so we're acknowledging our transience and vulnerability.

A static image, however, is never the same as the person or the moment I've tried to describe. In fact, these subjects, and these moments, are new stories. The process itself is theater, and among other things, the photograph has a life of its own. It is a document of nothing, really. (Except, perhaps, a peculiar kind of optimism – a belief that we can prevent time from passing, and that we can preserve something or someone.)

What is true and what is invented are constantly overlapping and indiscernable.

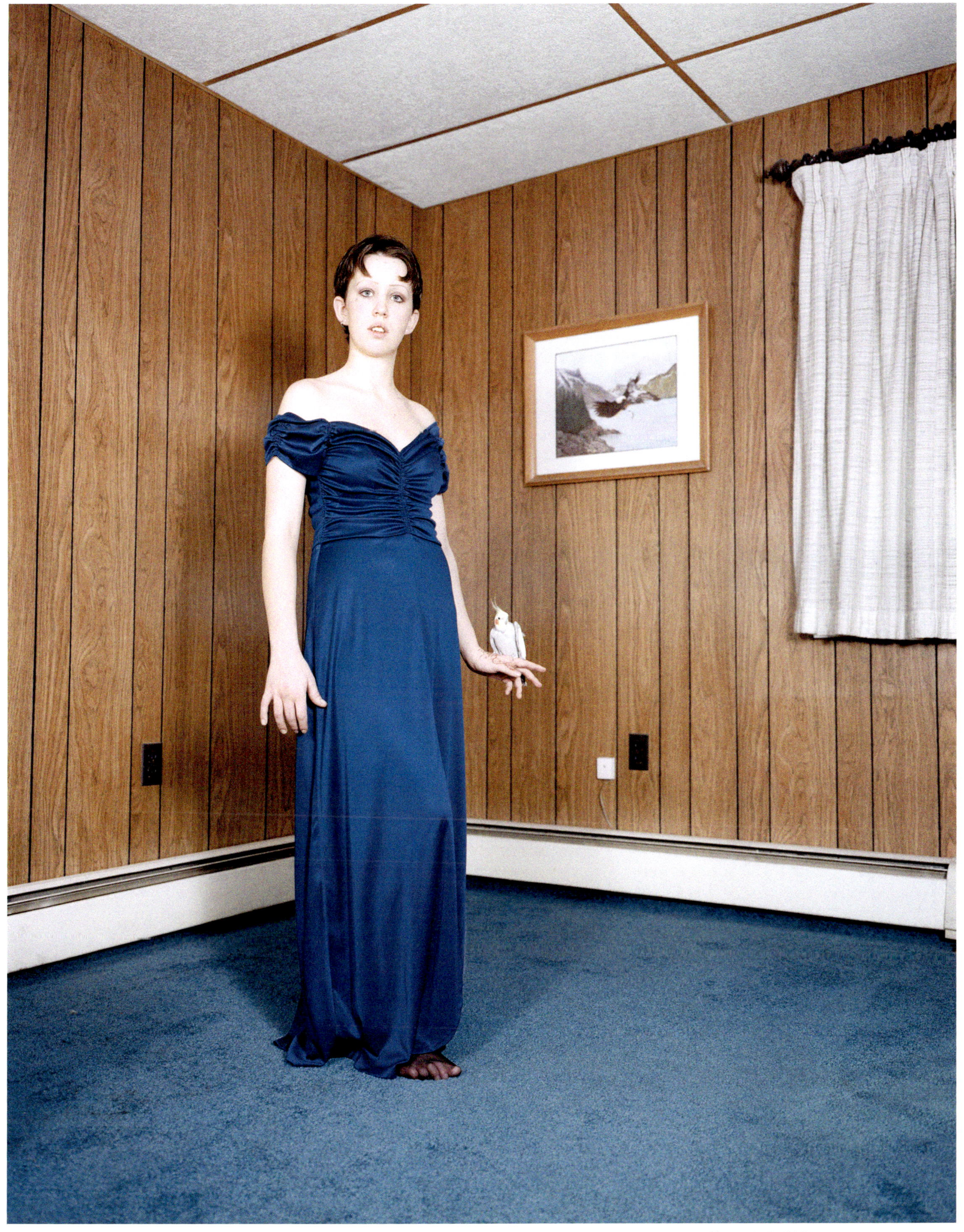

Ghent, NY, 1999

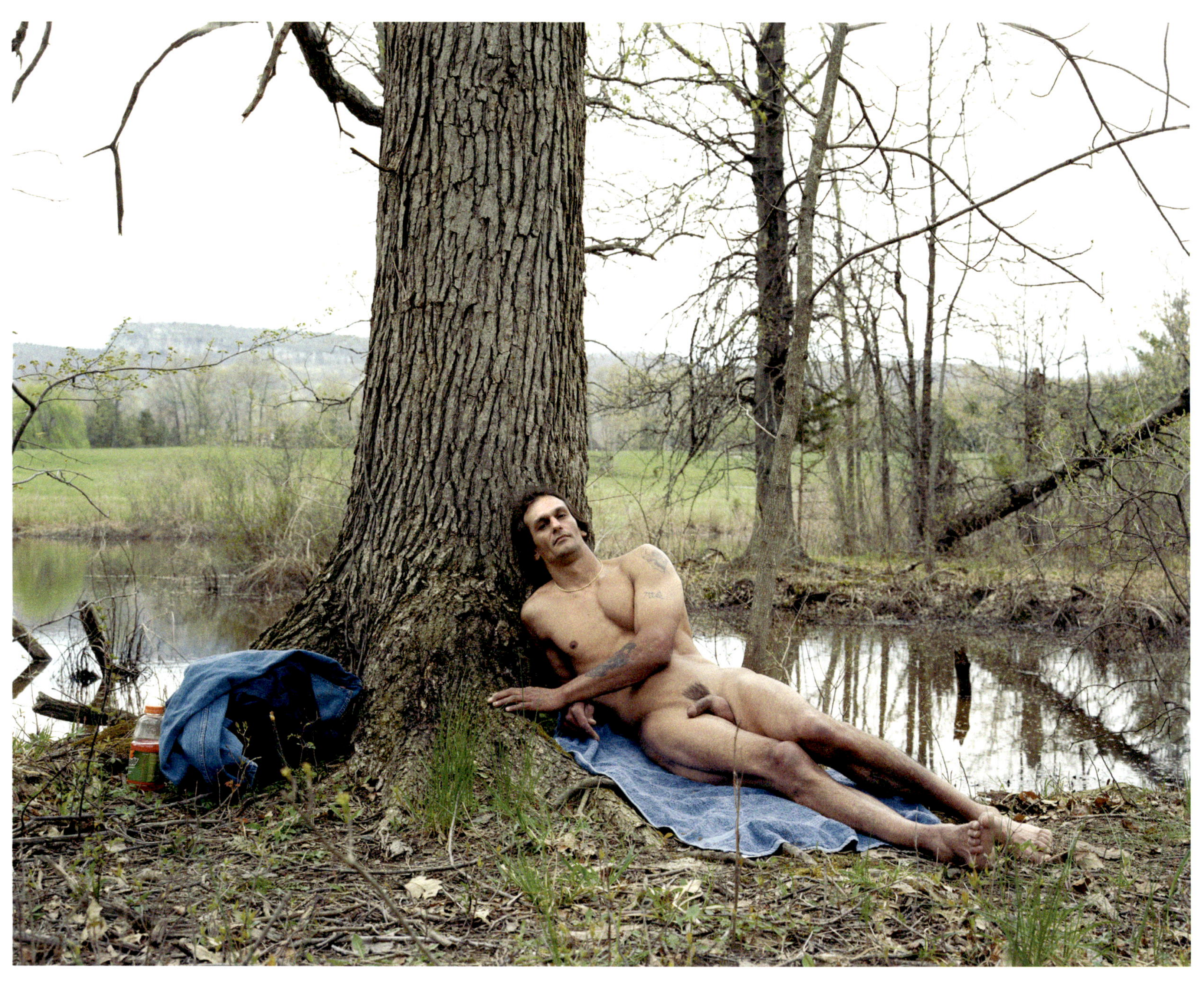

Mike, private property, New Paltz, NY, 2003

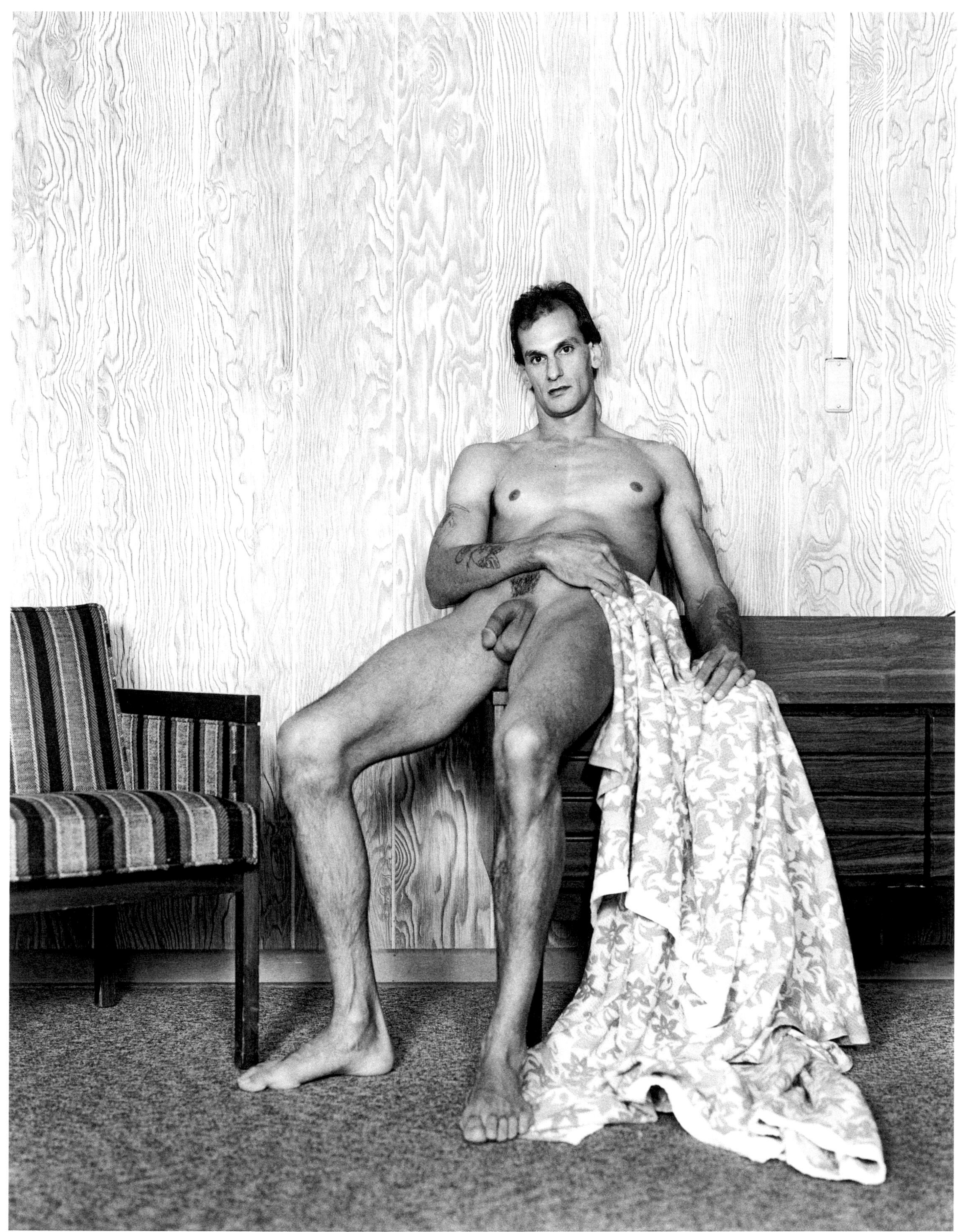

Mike, Hearthstone Motel, Upper Red Hook, New York, 2004

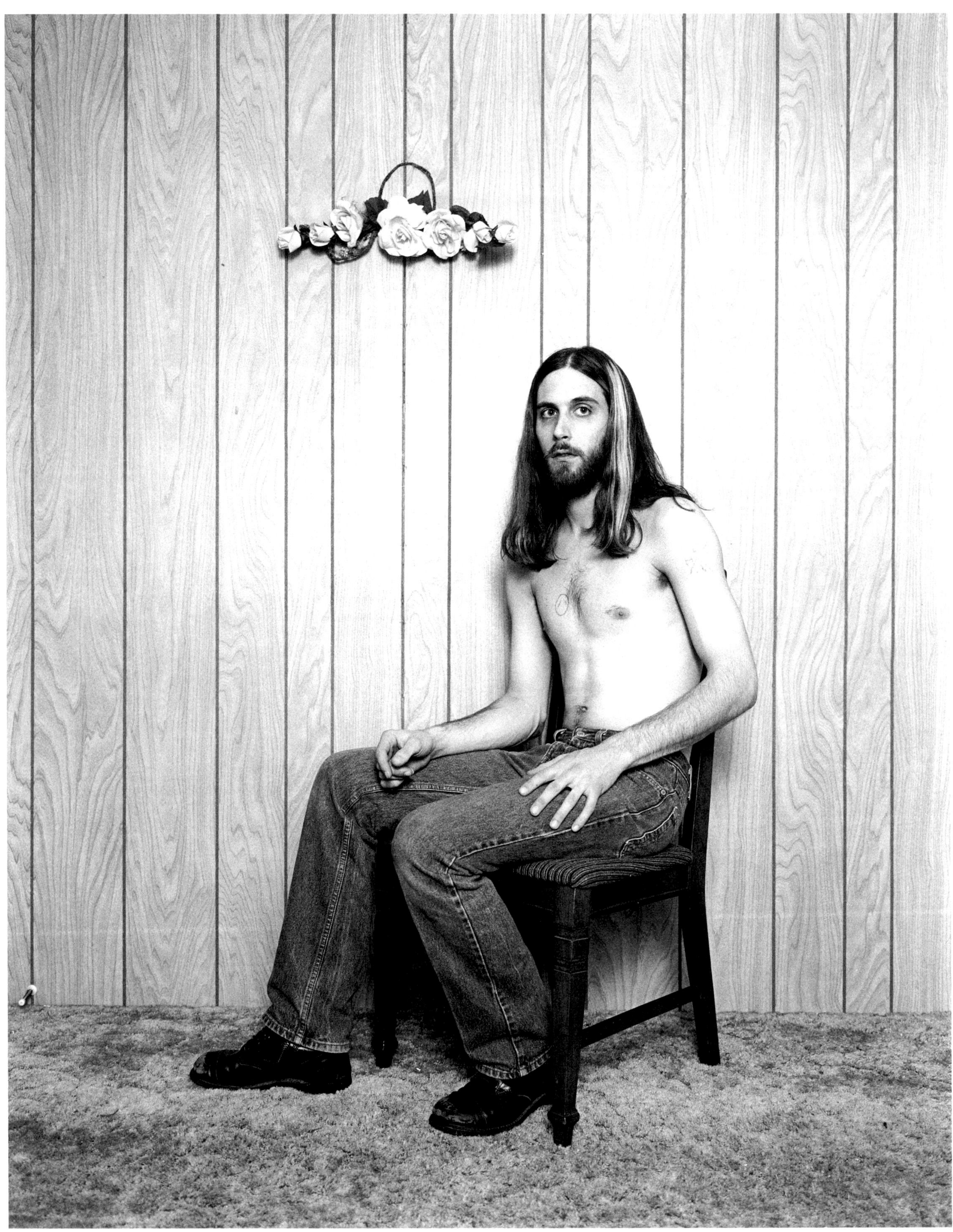

Barry, Bethlehem, PA, 2002

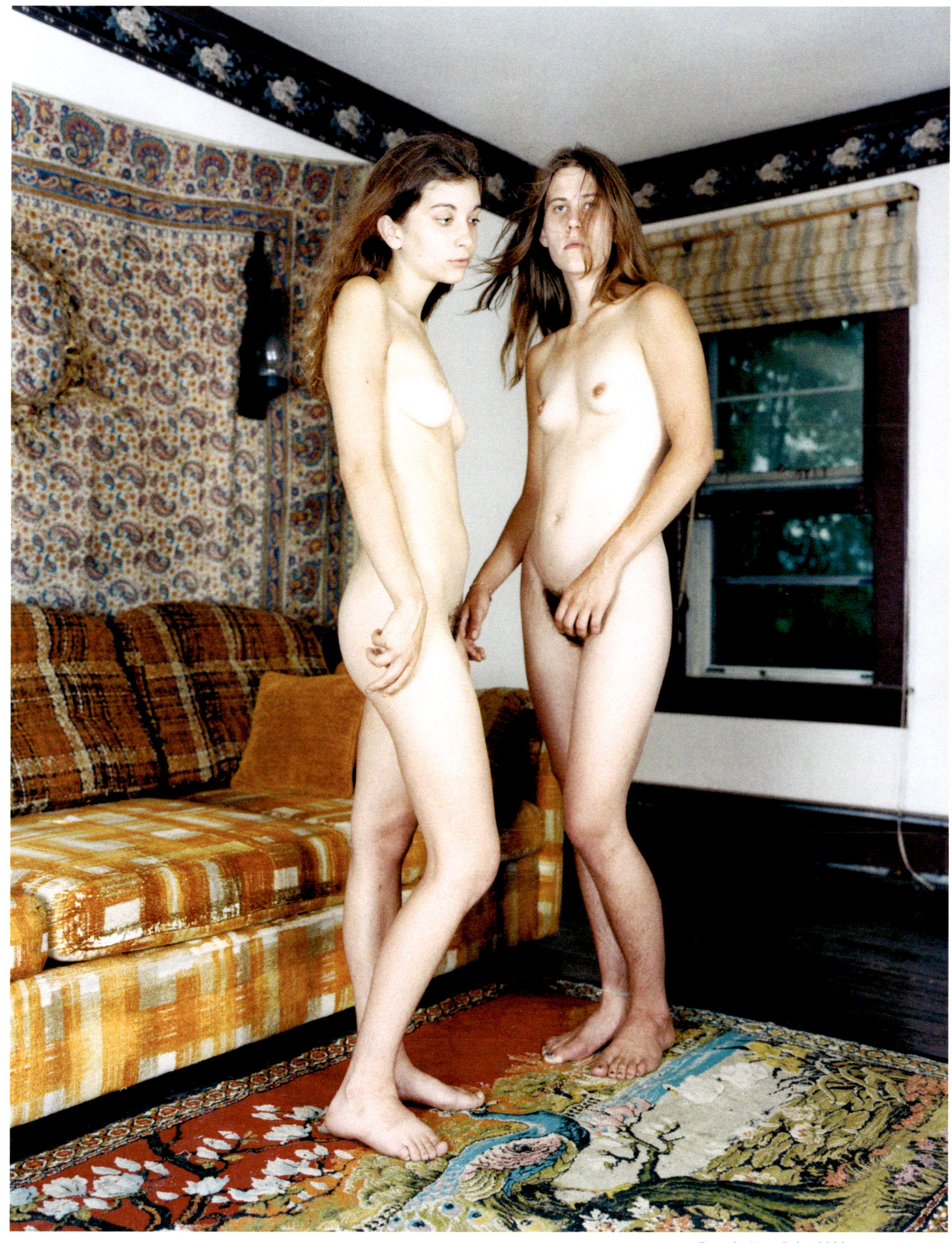

Friends, New Paltz, 2000

JITKA HANZLOVÁ

bewohner, 1994–1996: Die vorhergehende, intensive Annäherung an das ländlich gelegene Dorf Rokytník (*Rokytník*, 1990–1994) veränderte meinen Blick auf das Leben in der Stadt grundsätzlich. Es schien, als würde dieses Stadtleben nur aus bunten, schnellen Fragmenten bestehen: mit immer neuen Strukturen, Zielen und Hoffnungen, aber auch mit vielen Hindernissen, Grenzen, Abgrenzungen, Verboten und Angeboten, dicht nebeneinander. Es fehlten mir der Horizont, die Weite, die Wurzeln, der gewachsene Bezug, die Stille, das Anhalten. Ich suchte den Kontakt zum Boden, zu Menschen, zur Landschaft, doch je mehr ich mich annäherte, desto größer erschien die Kluft.
Es gab nicht mehr diesen direkten Kontakt zum Boden.
Als wäre dieser fremd.
Es gab nicht dieselbe Verbindlichkeit und denselben Bezug zu der Umgebung.
Als wäre sie fremd.
Es gab nicht diese tiefe innere Verbundenheit.
Als wäre ich fremd.
Die Zeit hatte eine andere Geschwindigkeit, einen anderen Raum und eine andere Bedeutung.

inhabitants, 1994–1996: my earlier intensive approach to the rural village of Rokytník (*Rokytník*, 1990–1994) brought about a fundamental change to my way of seeing life in the city. It was as if this city life was just made up of bright, rapid fragments: of constantly changing structures, goals and hopes, but also of many obstacles, boundaries, dissociations, forbidden things and opportunities, all held close together. I missed the horizon, the vastness, the roots, the established frame of reference, the silence, the act of stopping to look. I sought contact with the soil, the people, the landscape, but the closer I got the bigger the gap seemed to grow.
There was no longer that direct contact with the soil.
As if it were alien.
There was not that same bond and that same relationship to my surroundings.
As if they were alien.
There was not that deep inner affinity.
As if I were alien.
Time had a different tempo, a different space and a different meaning.

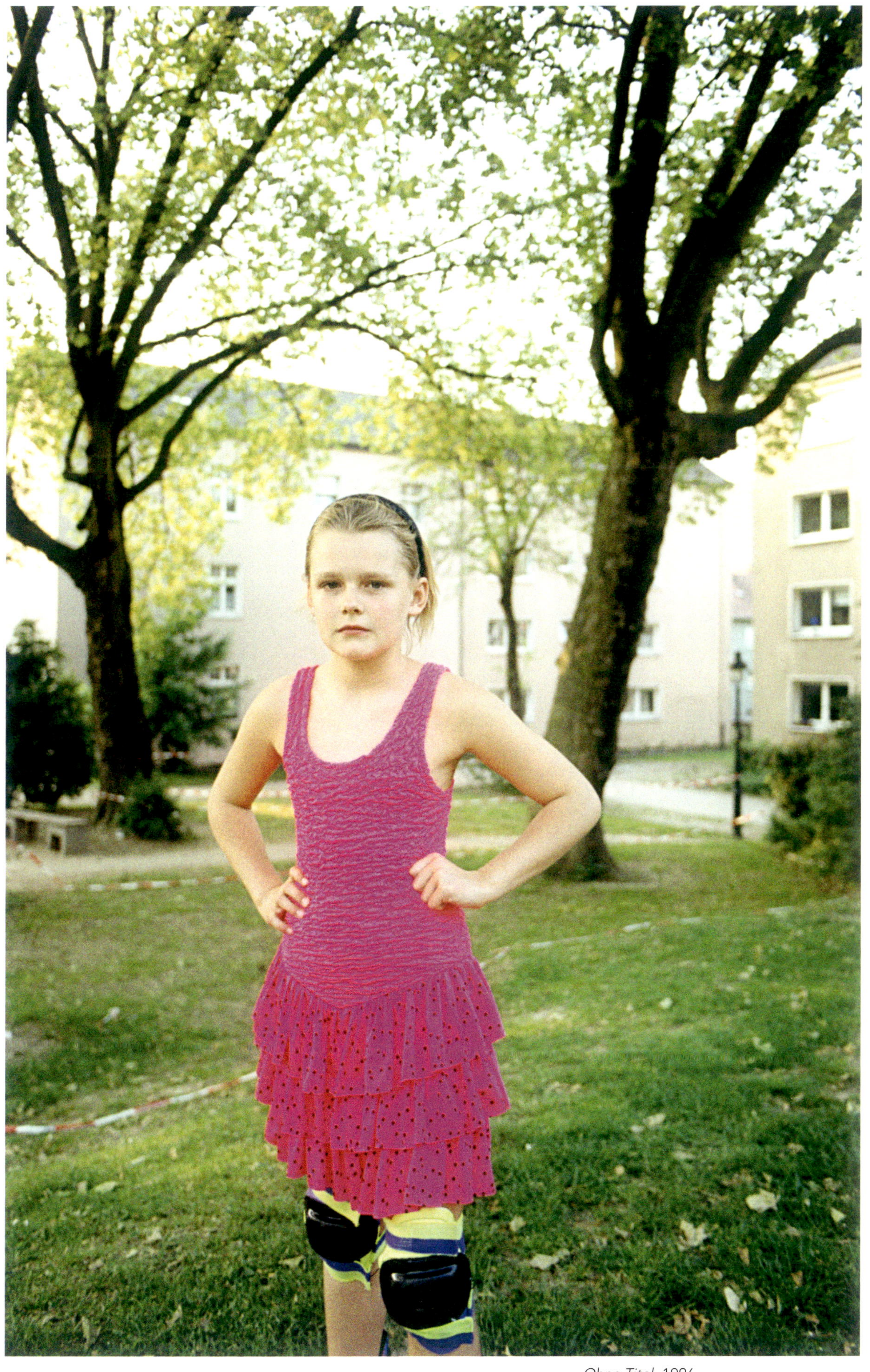

Ohne Titel, 1996
Aus der Serie from the series *bewohner*

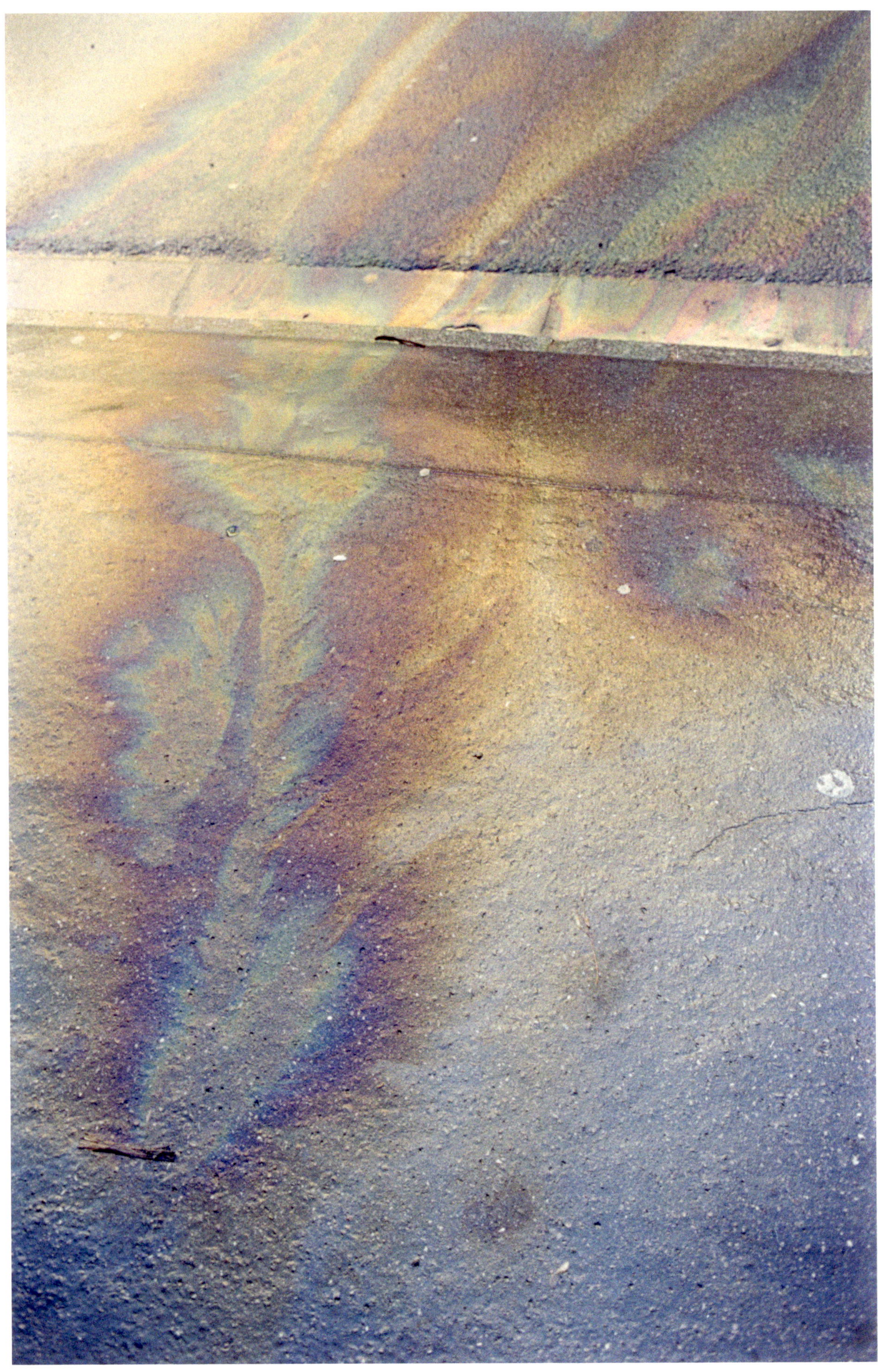

Ohne Titel, 1995
Aus der Serie from the series *bewohner*

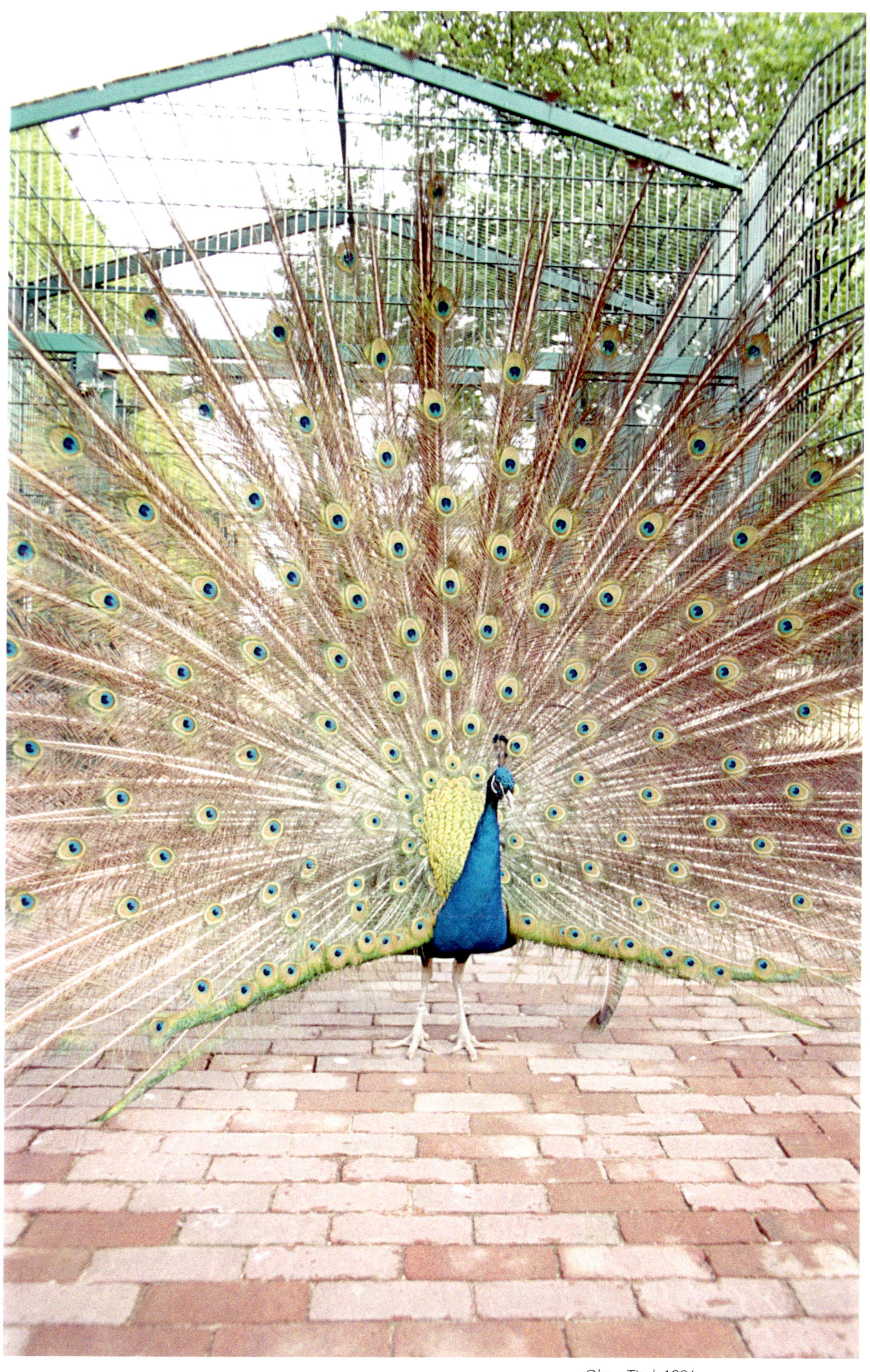

Ohne Titel, 1996
Aus der Serie from the series *bewohner*

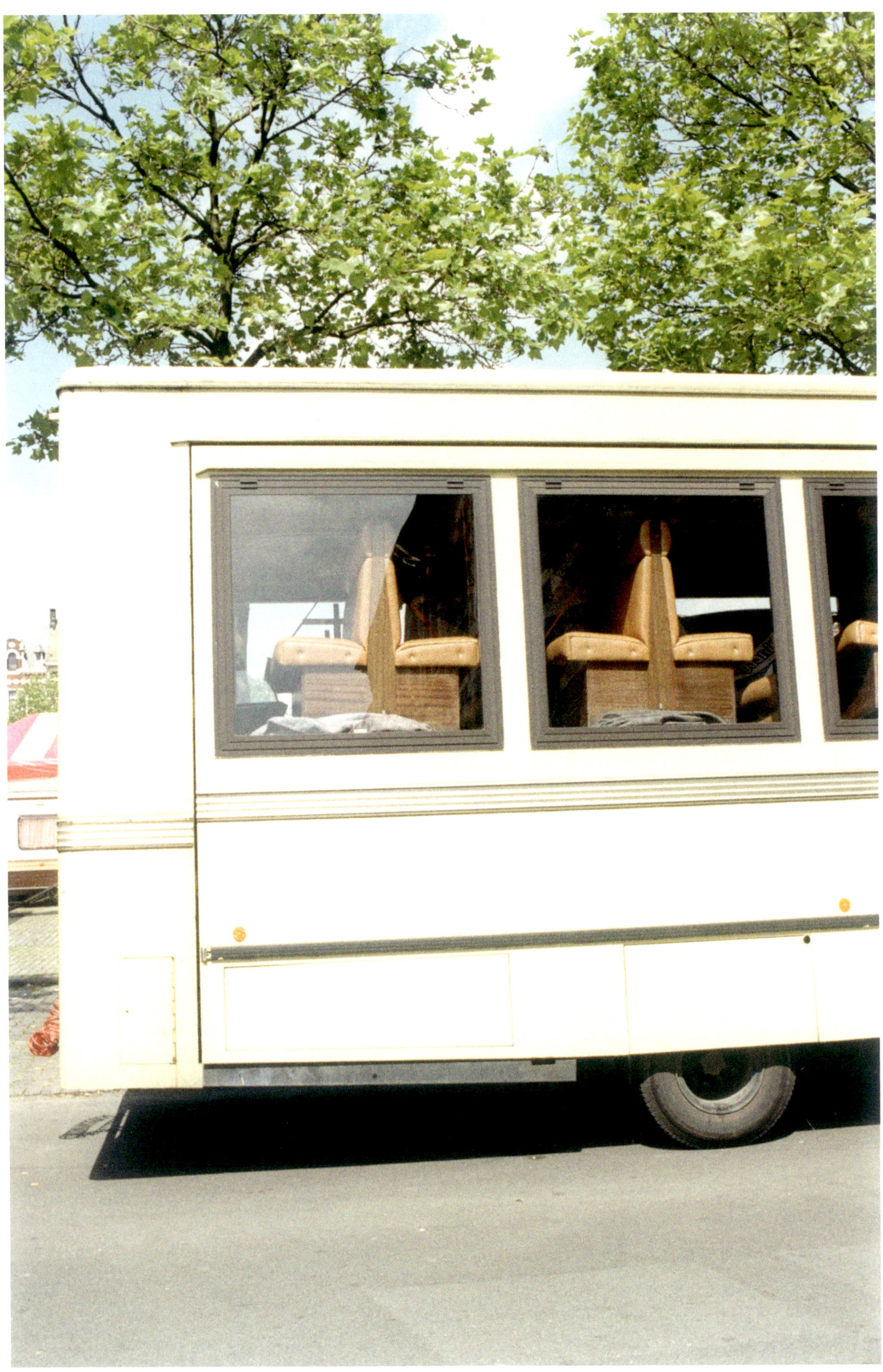

Ohne Titel, 1995
Aus der Serie from the series *bewohner*

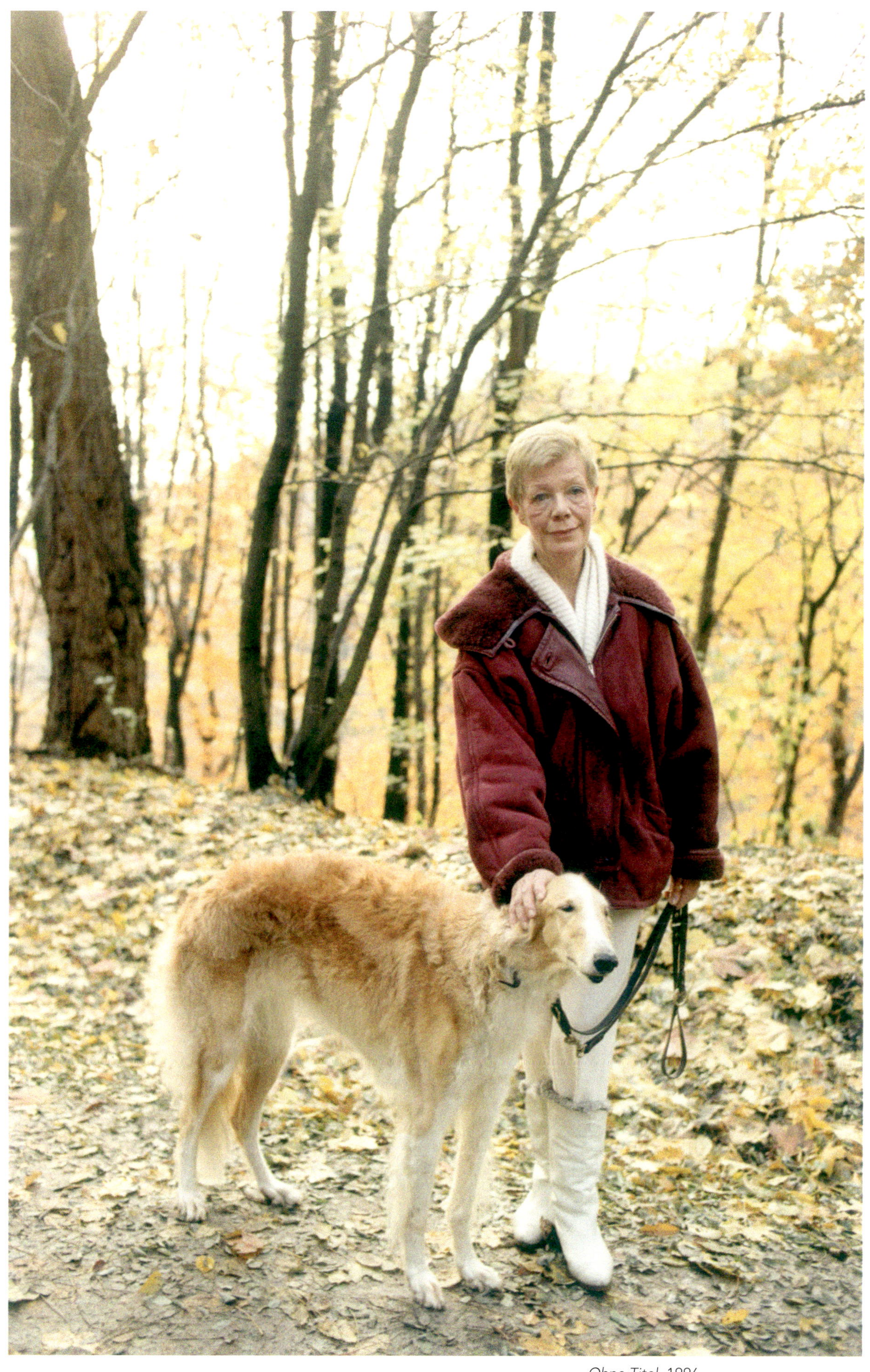

Ohne Titel, 1996
Aus der Serie from the series *bewohner*

PETER HUJAR

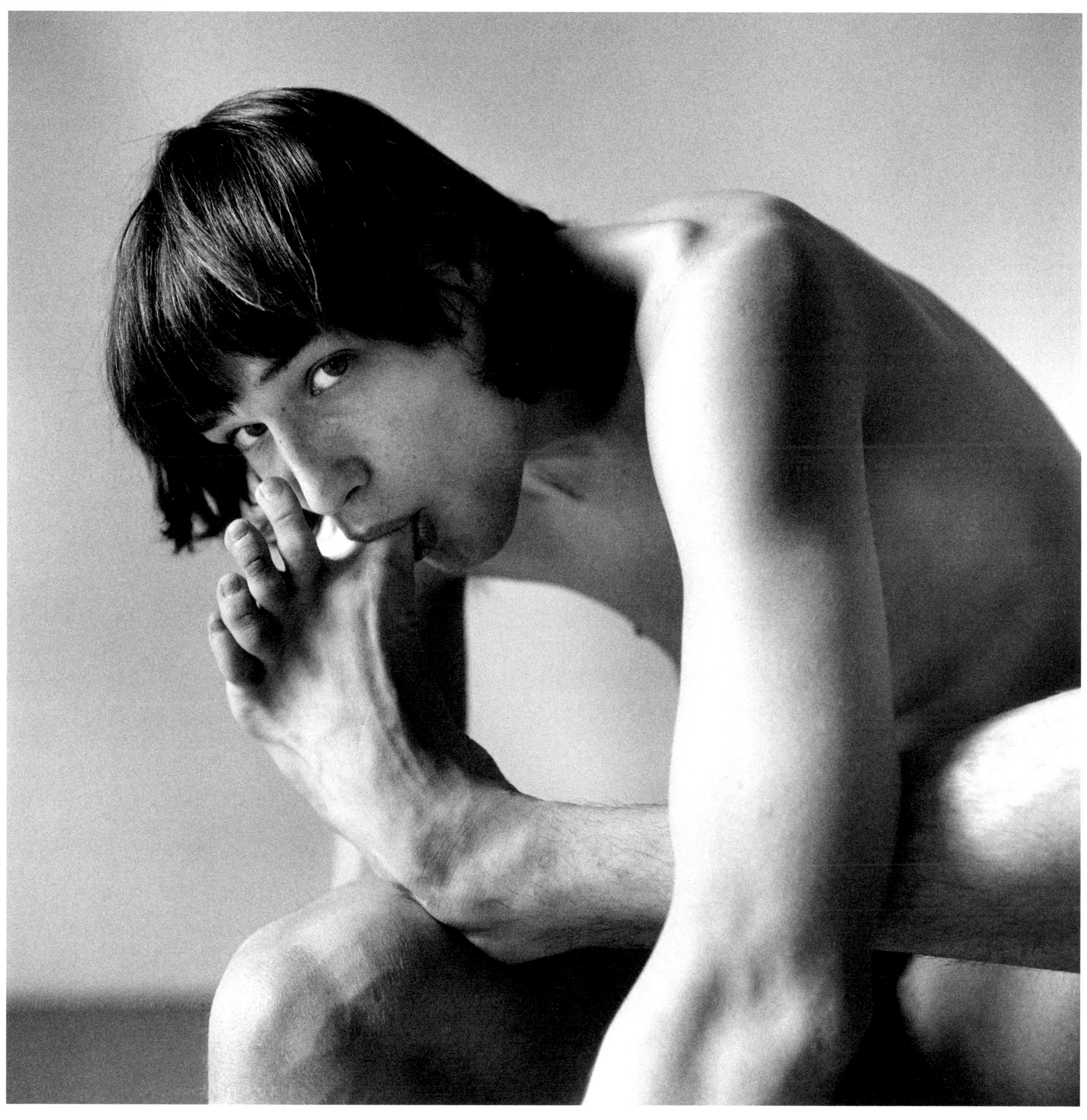

Daniel Shook, Sucking Toe, 1981

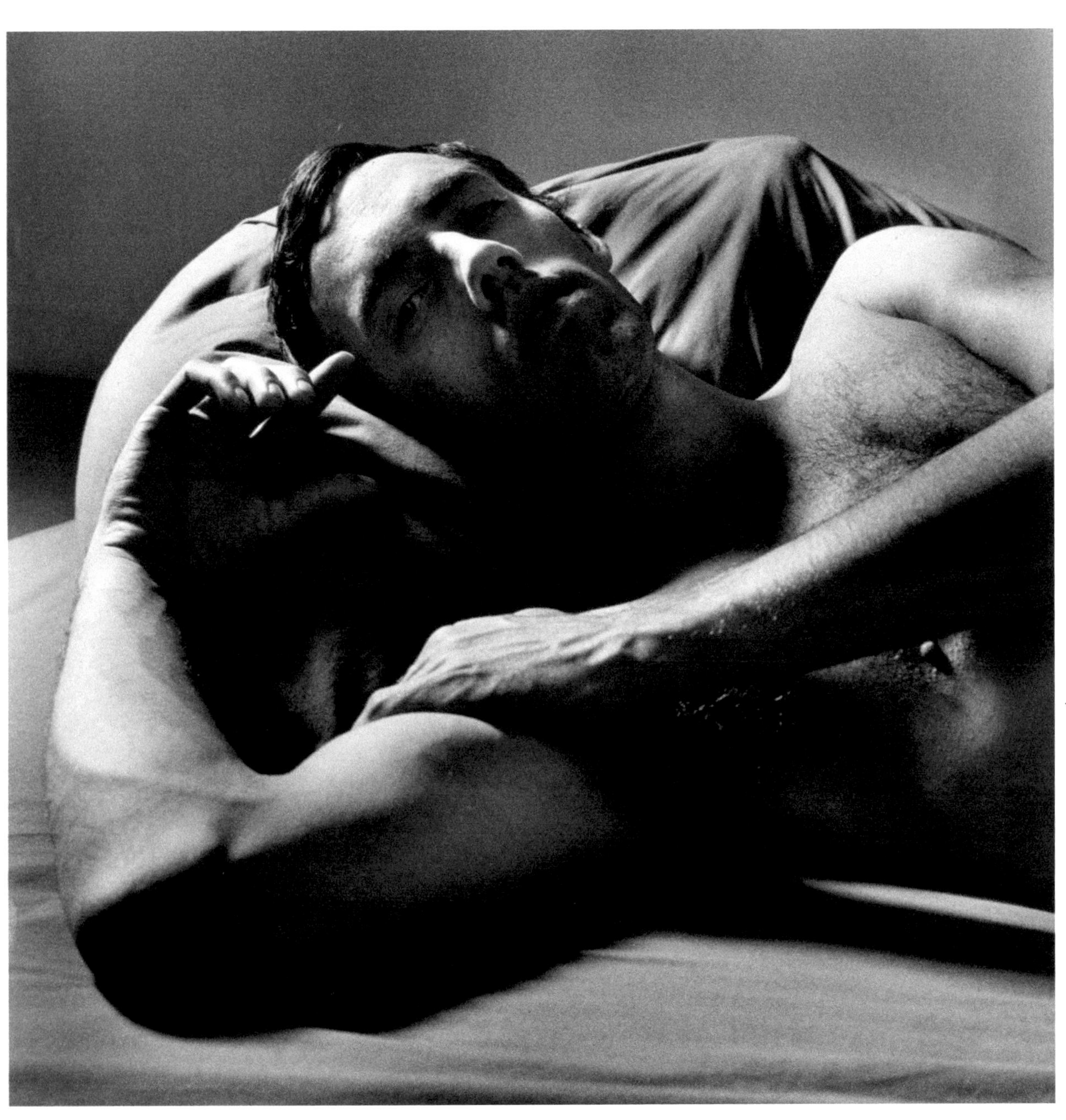

David Wojnarowicz Reclining, 1981

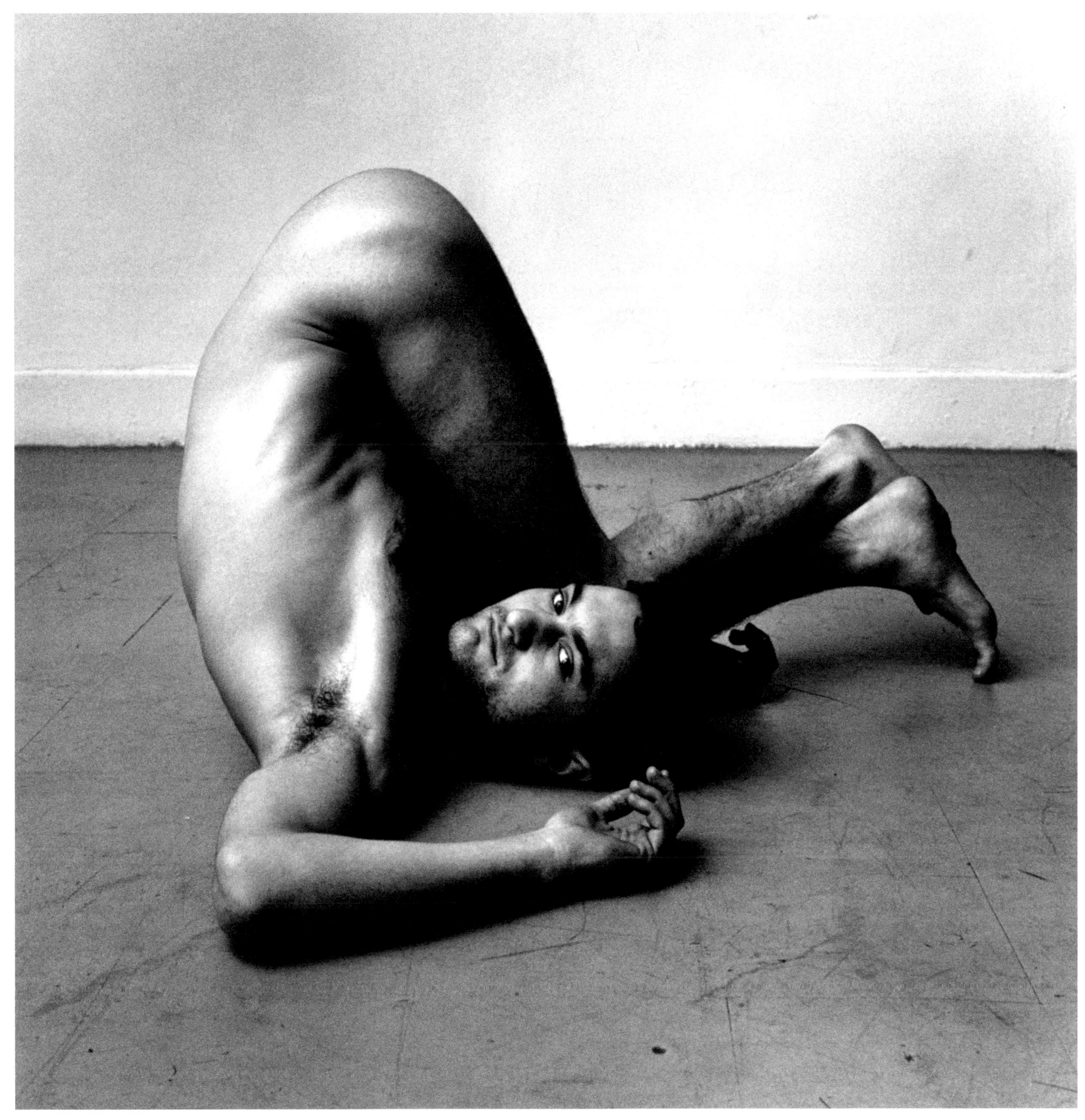

Gary in Contortion, 1979

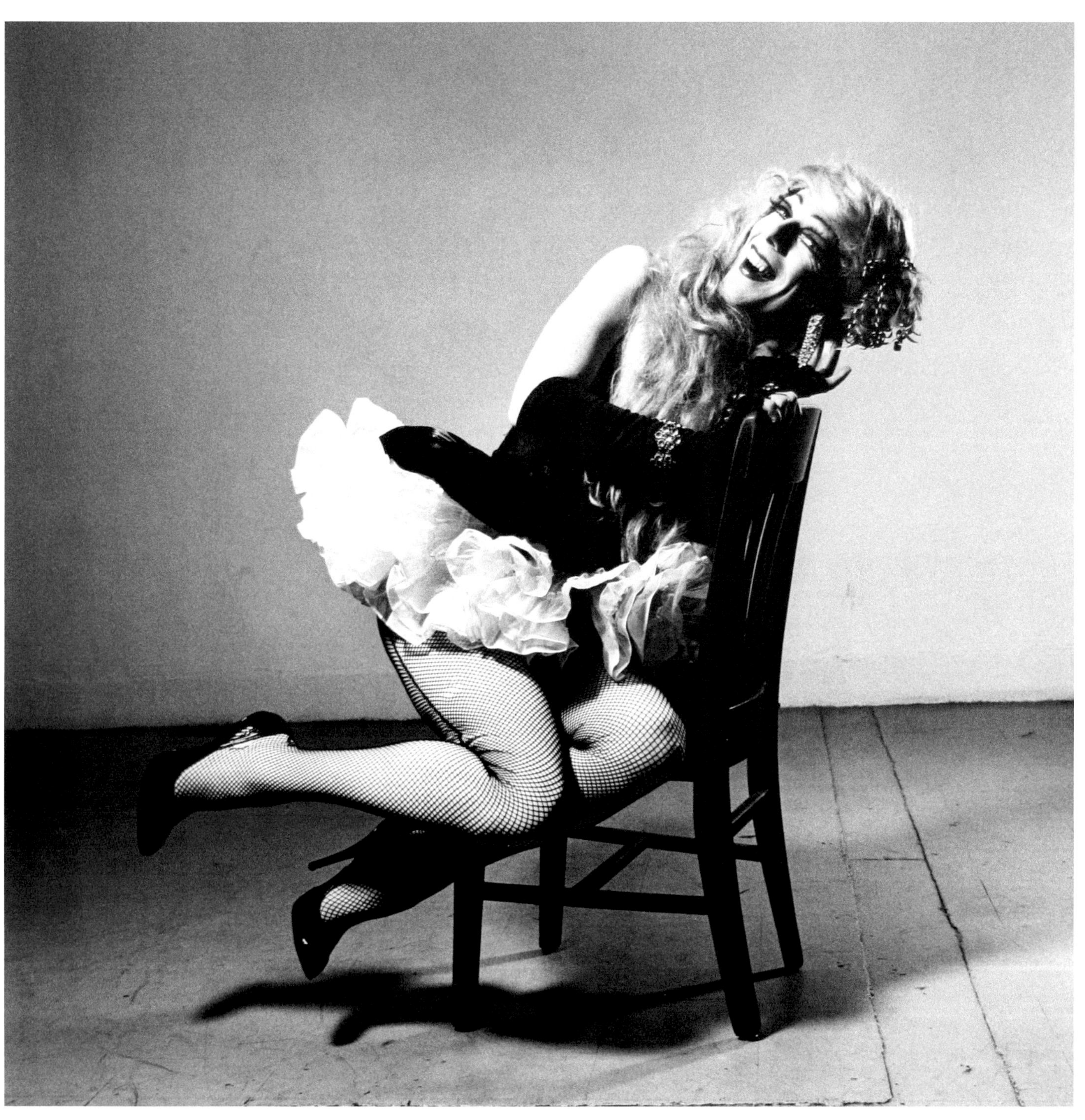

Ethyl Eichelberger as Minnie the Maid, 1983

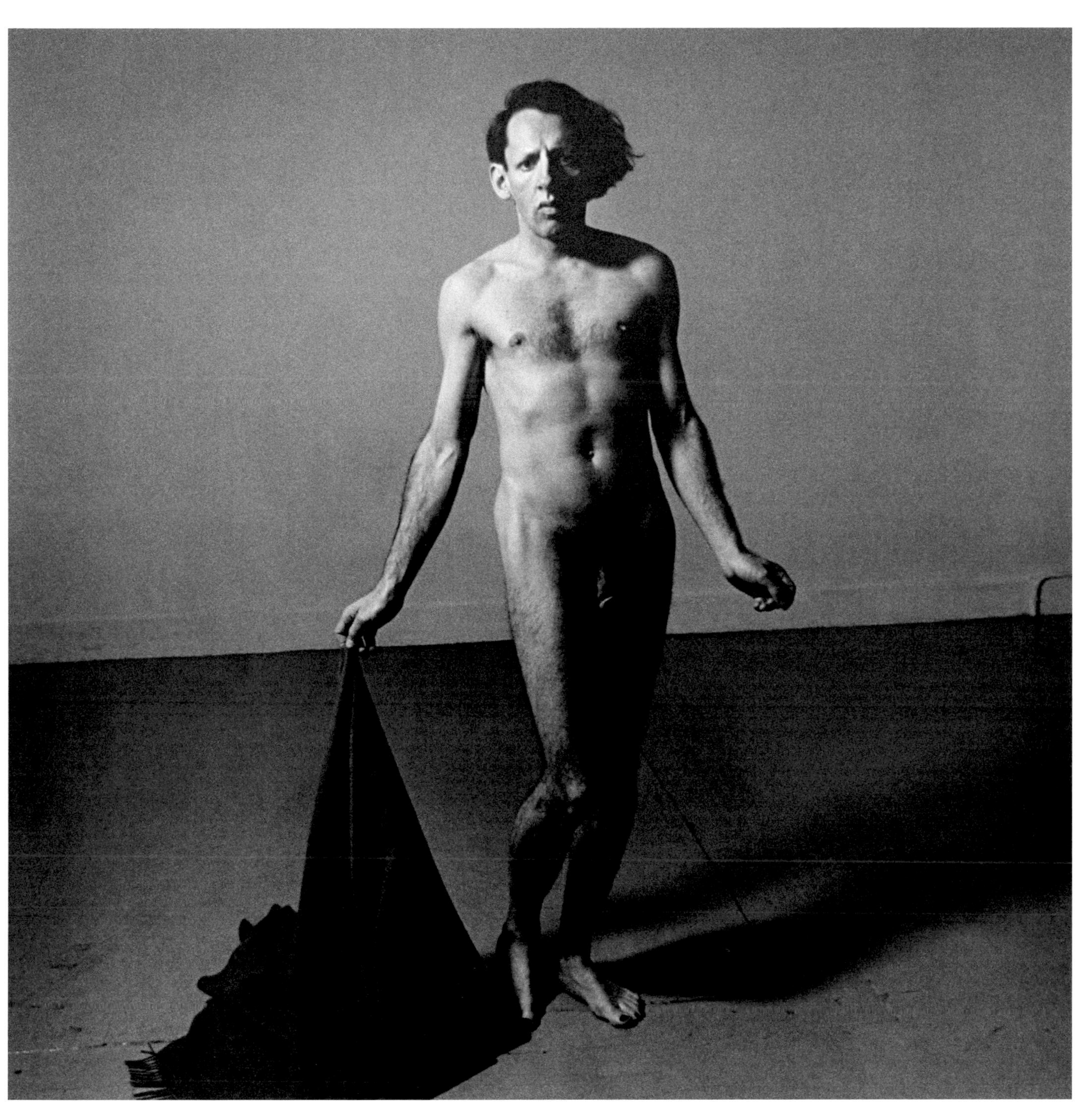

John Heys (Nude with Blanket), 1985

JEAN-BAPTISTE HUYNH

Die erste Minute der Begegnung ist dicht und reichhaltig. Ein sich Vorstellen und Beobachten. Der erste Augenblick besitzt eine Qualität, wie sie in Folge nicht mehr vorkommen wird. Momentaufnahme ohne Gedächtnis, die gleichsam wie ein Ariadne-Faden die gesamte Session durchziehen wird, eine Art Referenz. Innerhalb dieser Minute folgt dem Unbekannten eine Flut neuer Informationen: Größe, Form, Gebärden, Struktur der Haut, Intensität des Blicks, Präsenz, Einsatzbereitschaft, Abwesenheit … dies sind die realen und unmittelbaren Gegebenheiten, mit denen man das Bild konstruieren muss.

Die Porträts sind gemacht, um eine direkte und klare Vorstellung von der Person zu geben, die ich fotografiere. Damit nichts den Blick stören kann, schalte ich jegliche Referenz zu Beruf und Status aus, indem ich einen schwarzen Stoff als Hintergrund wähle. Das projizierte Licht ist abstrakt: ein kurzer Blitz. Das Gesicht, so wie es sich offenbaren wird, ist nicht jenes, das ich sehe. Ich muss es mir in einer anderen Beschaffenheit und mit einem anderen Glanz vorstellen. Meine Intention ist es, im Gesicht ein Leuchten festzuhalten, einen persönlichen Charakterzug mit einer unmittelbaren und zugleich definitiven Aussagekraft, um den Betrachter in dieselbe intime als auch konzentrierte Beziehung zur fotografierten Person zu versetzen, in der ich selber war.

Aufrecht stehend, in einer Entfernung, in der es nicht notwendig ist, die Stimme zu heben, geht mit der geteilten Konzentration ein eigenartiges Vertrauen einher. Wenn der Blick mir treffend erscheint, drücke ich ab – ich weiß, dass ich mich irren kann, aber in diesem Augenblick bin ich überzeugt. Wenn ich, zurück in der Dunkelkammer, die Arbeiten der Vergrößerung vornehme, wird diese instinktive Überzeugung wieder in Frage gestellt. Endgültig bestätigt oder vernichtet von der Auswahl einer anderen Einstellung, materialisiert sie sich jedoch unwiderruflich. Das ist das Porträt.

The first minute of meeting is dense and rich. Introducing oneself and observing. The first moment has a quality that the next ones will no longer have. Immediate absorption without memory, which, however, like the thread of Ariadne, will go through the entire session as a kind of reference point. Within this minute, a flood of new information follows the unknown: height, stature, gesture, skin structure, intensity of gaze, presence, readiness to act, absence … These are the real and immediate features one has to use to construct an image.

My portraits are made to provide a direct and clear impression of the person I am photographing. To avoid anything that might disturb that impression, I switch off any reference to profession and status by choosing a black material for the background. The projected light is abstract: a short flash. The face that will reveal itself is not the face I see. I have to imagine it with a different texture and a different shine. My intention is to fix a glow inside the face, a personal characteristic with an immediate and yet definitive strength of utterance, in order to put the viewer into the same intimate and concentrated relationship with the photographed person as the one I was in myself.

Standing upright, at such a distance that it is unnecessary to raise one's voice, a peculiar trust goes hand-in-hand with a shared concentration. When the gaze seems right to me, I press the shutter – I know that I can be mistaken, but at this moment I am sure of myself. When I start on the work of enlargement back in the darkroom, this instinctive certainty is questioned again. Finally confirmed, or destroyed by the choice of a different take, it is nevertheless irrevocably materialized. That is the portrait.

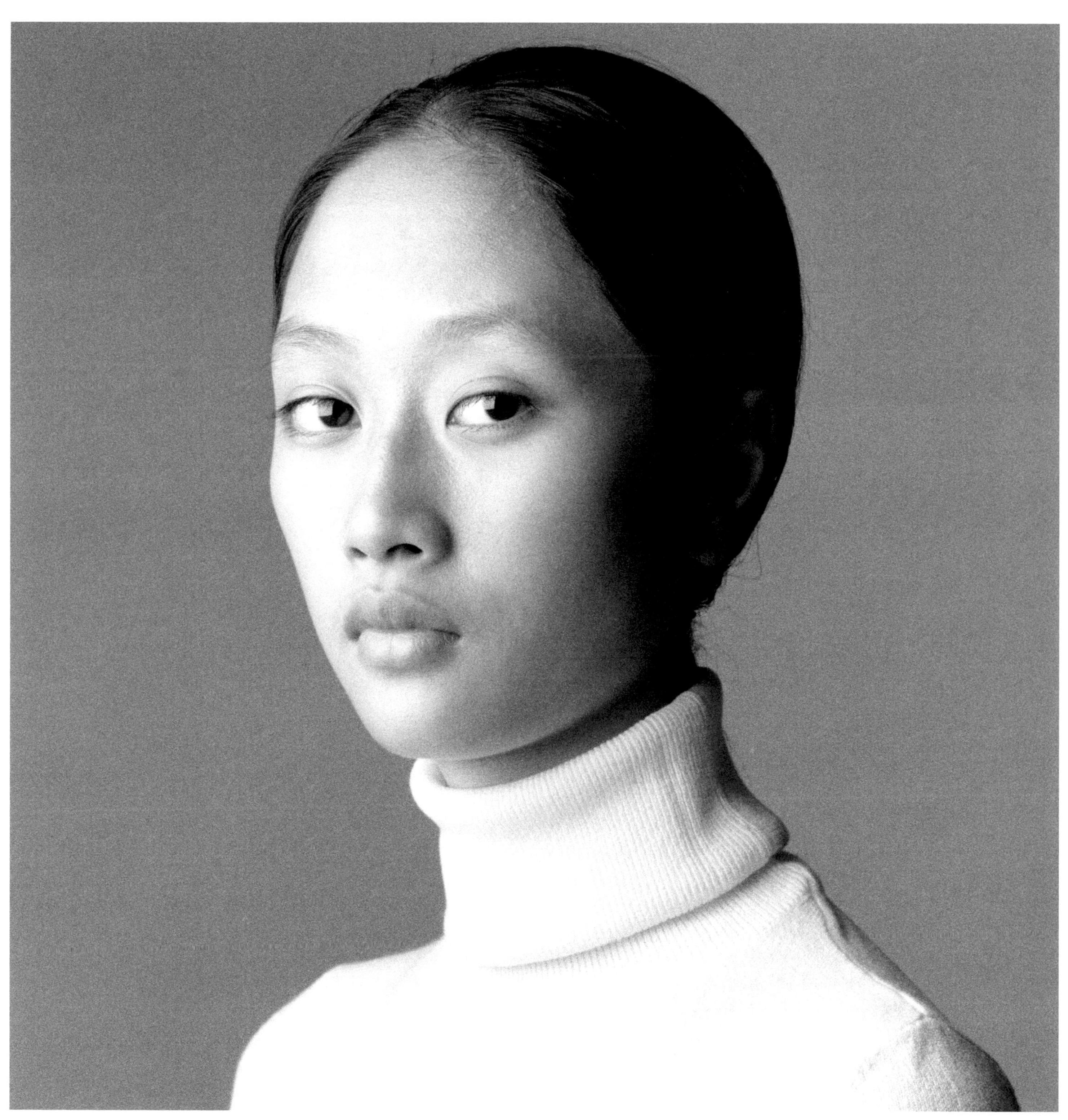

Huyen VII, 2002

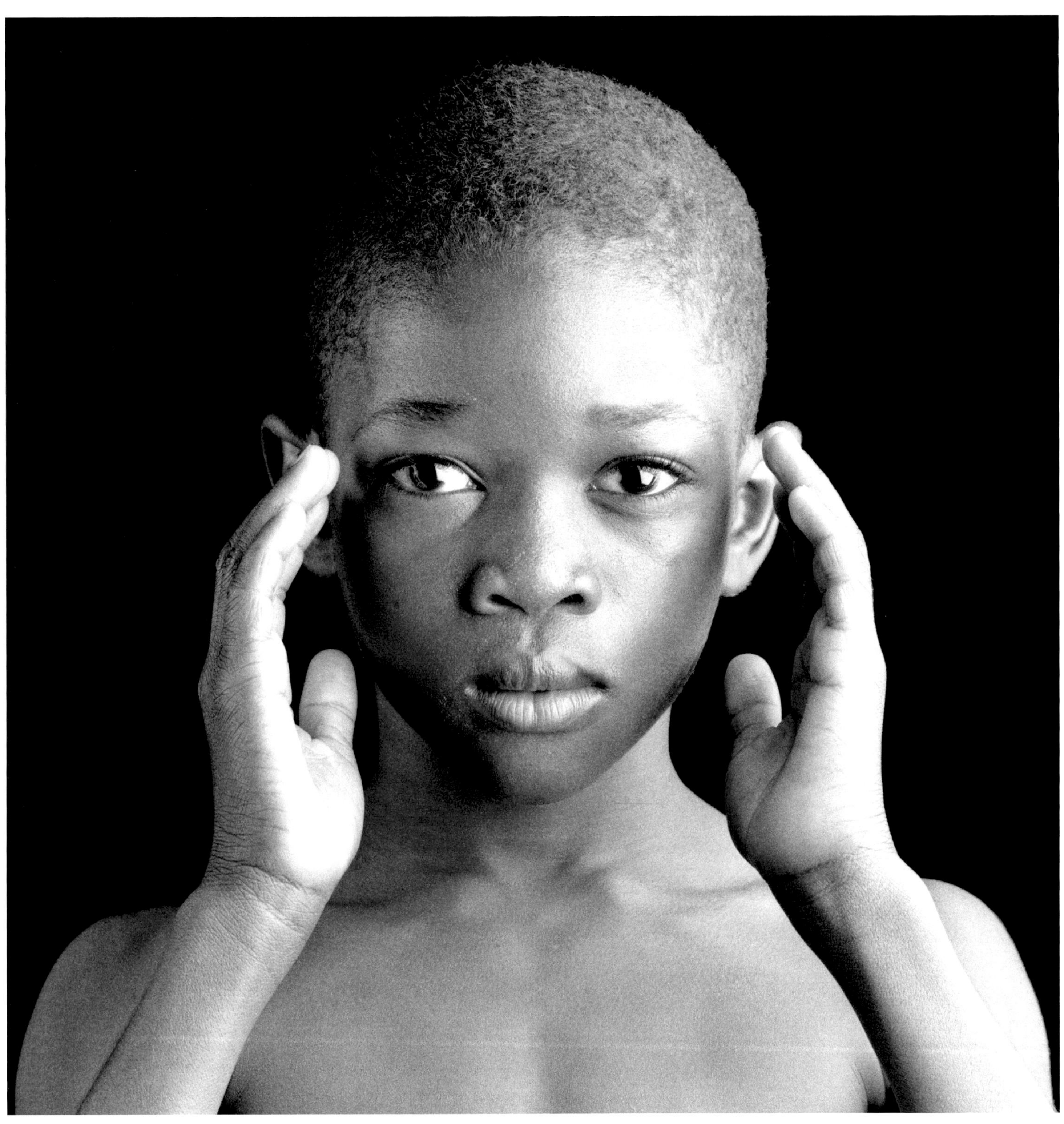

Mali Portrait IV, 2003

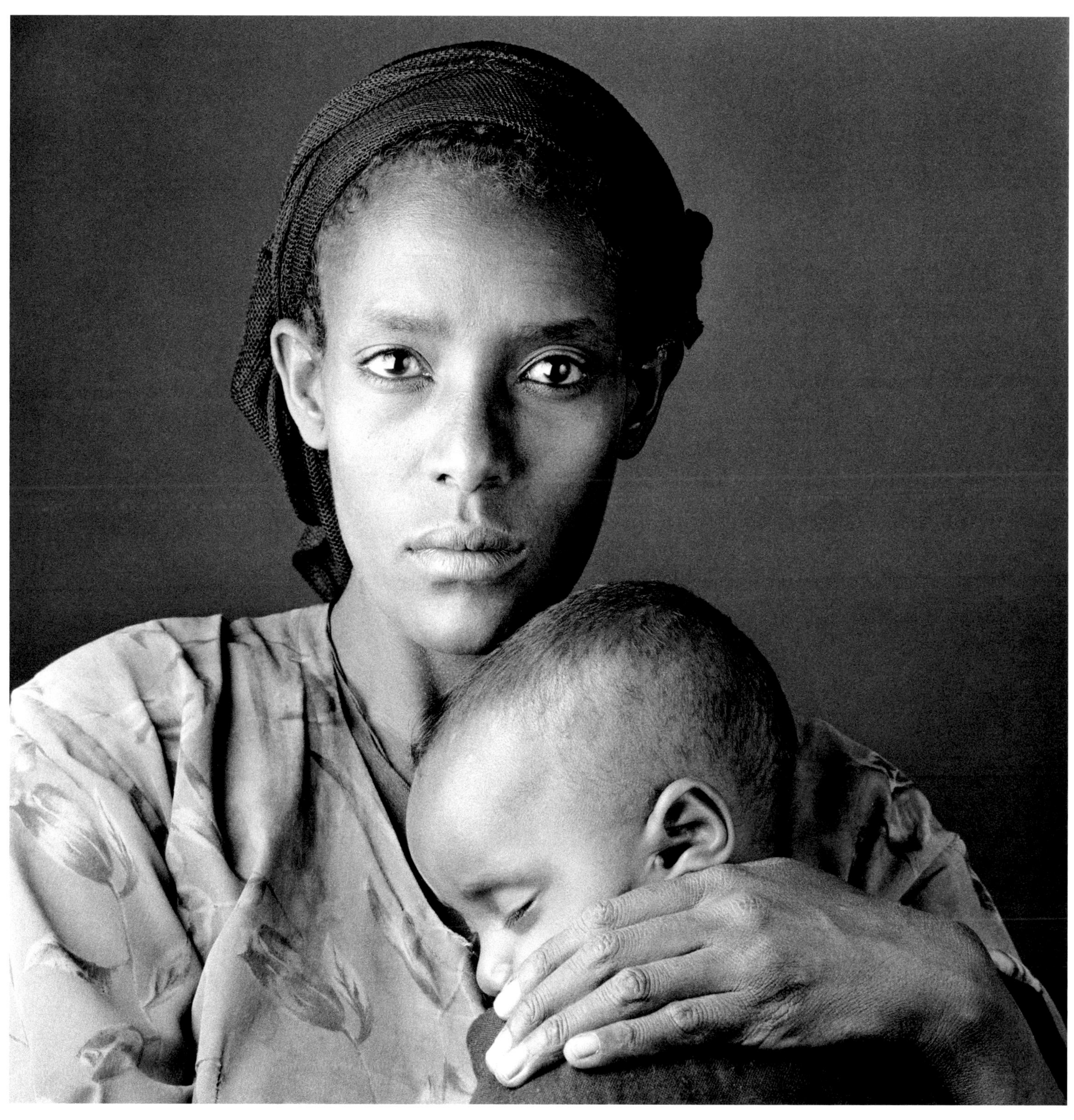

Ethiopie Portrait XVI, 2005

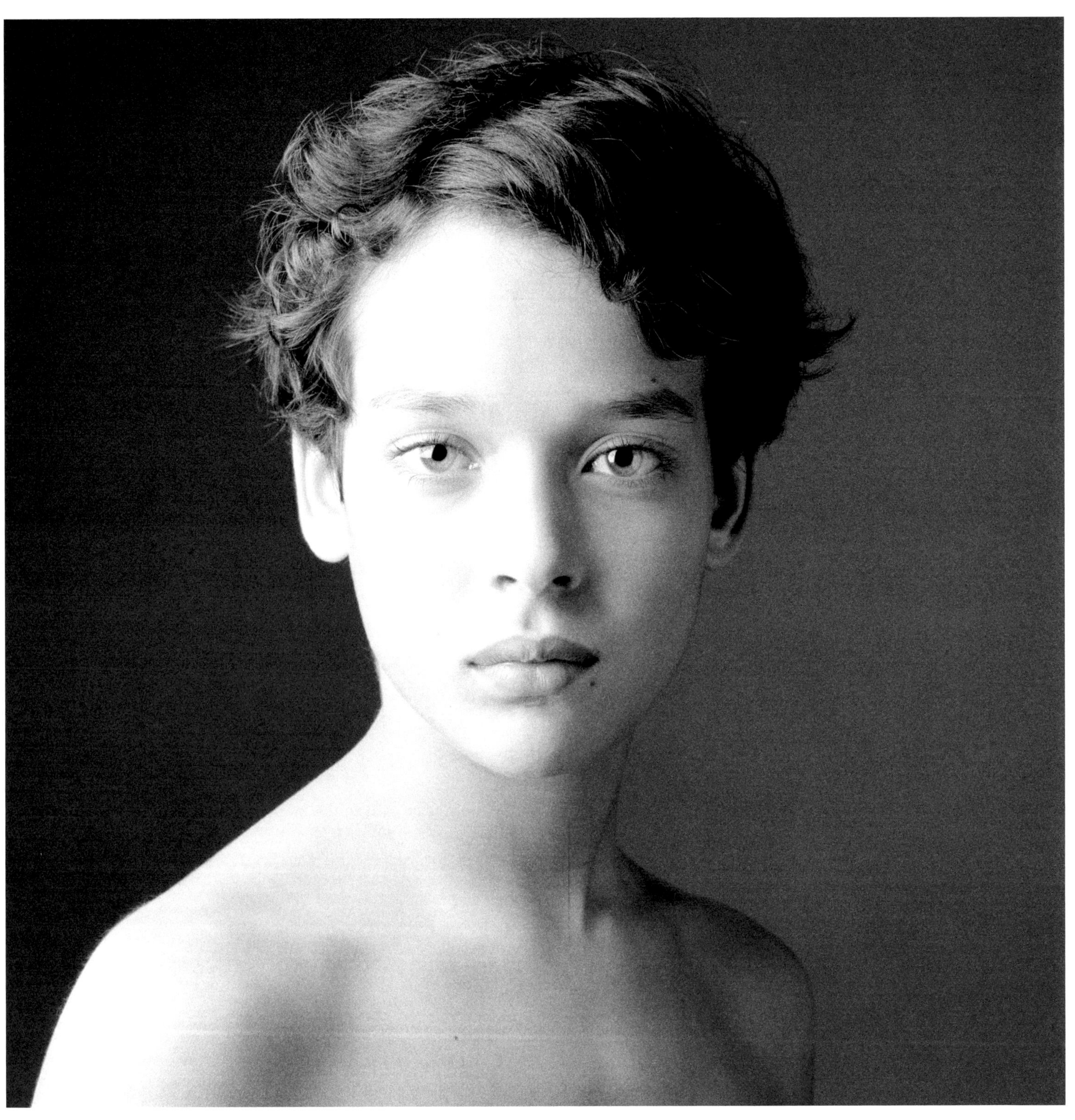

Christian Portrait III, 2004

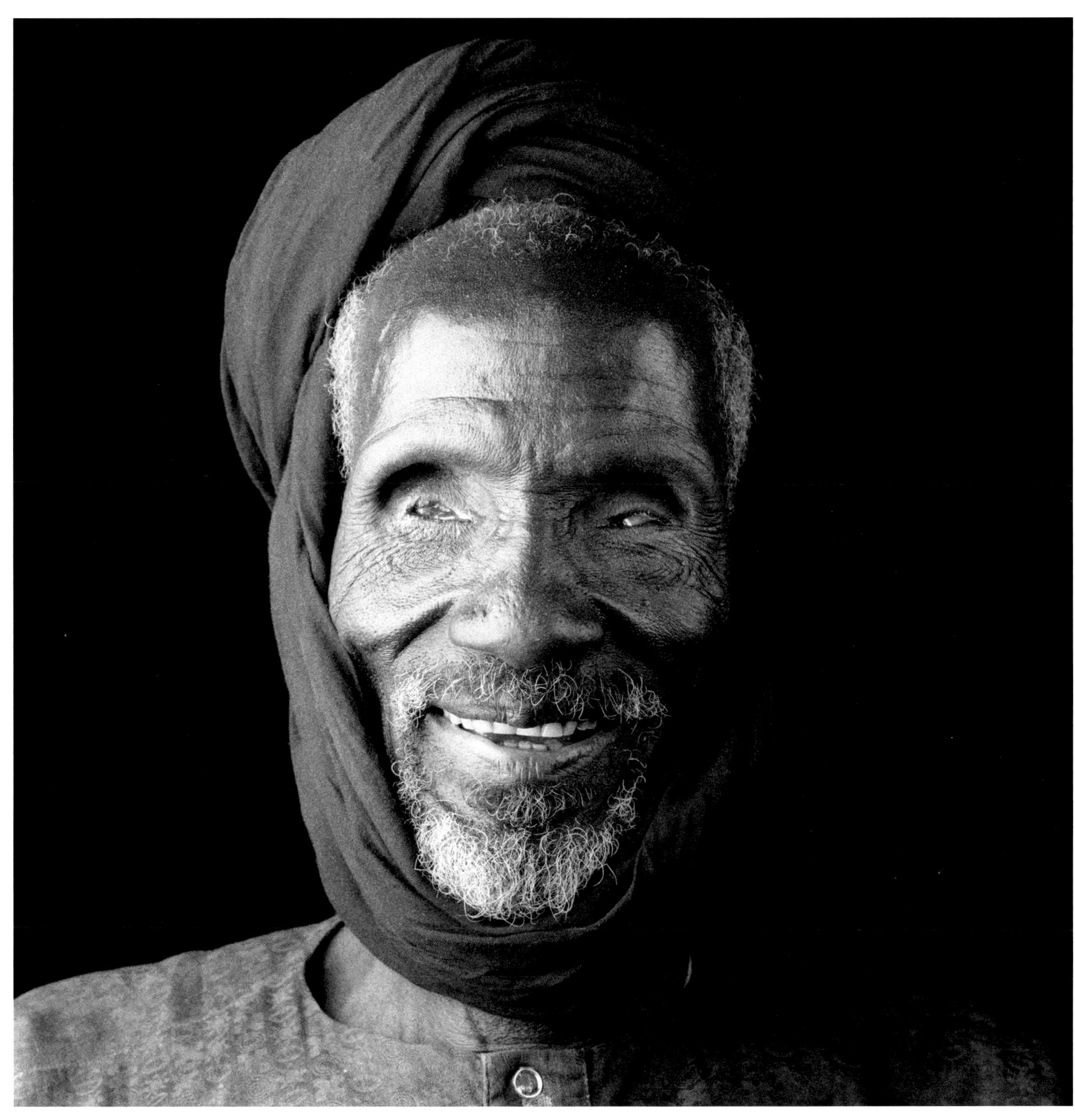

Mali Portrait XXVI, 2003

LEO KANDL

Portraits For Free
Wien, NYC, London, Lwiw, Kiew, Moskau, Teheran
Annoncen erscheinen in Tageszeitungen. Dort biete ich meine Dienste als Fotograf an – im Gegenzug bekommen die Modelle ihre Bilder. Ich warte – dann werde ich angerufen und mit dem Stadtplan in der Tasche steige ich in die Untergrundbahn. Am ausgemachten Treffpunkt finde ich den Anderen.

Auszüge von Nachrichten auf dem Anrufbeantworter, New York, 7. Februar bis 28. Februar 2000.

Portraits For Free
Vienna, NYC, London, Lwiw, Kiev, Moscow, Teheran
Advertisements appear in daily newspapers where I offer my services as a photographer. As a reward, the models get their pictures. I wait – then I am called, and with a city map in my pocket I get onto the subway. At the arranged meeting place I find the other.

Excerpts from messages left on my answering machine, New York, 7 February to 28 February, 2000.

Hi this is Elena McCarthy, I'm calling in response to your ad in *Village Voice*. My telephone number is 212 …

Hi this is Ruby calling, maybe you can call me back and give me some information …
I saw your ad in the paper – Free Portraits seeking people for an art photo book, and you can call me back at …

Hello this is Treshane, I saw in the magazine that you're looking for models to pose for portrait. My number is 718 78 … Thank you, have a good day.

Hello this is a massage for Leo. My name is Amir, I saw your ad in *Backstage*, I am interested in hearing some more information about what you are looking for and I was wondering if it is OK to send a picture to your address? My number is 212 … Thank you so much and have a great weekend.

Your ad in the *Loot* paper … you're looking for people for colorports? My name is Michelle G.

Hello this is a message for Leo Kandl, Leo this is Katharina, regarding the sessions last week – portraits on the streets, I promised to bring you to the Russian district but unfortunately next week I'm busy every night, so maybe we can arrange something else? I am also wondering how many free portraits I'm getting so I'll give you my address … 212 …

Hello Leo Kandl, this is Hank U. calling. I saw your ad in *Backstage*. I already sent you my headshot. I came back to my house and the post office said that the zip code was no good. You can get back to me, my number is … Perhaps we can make an appointment, ok, this is Hank.

Hello Leo, this is Irin, we had arranged for five o'clock this afternoon but I have to reschedule for Tuesday.

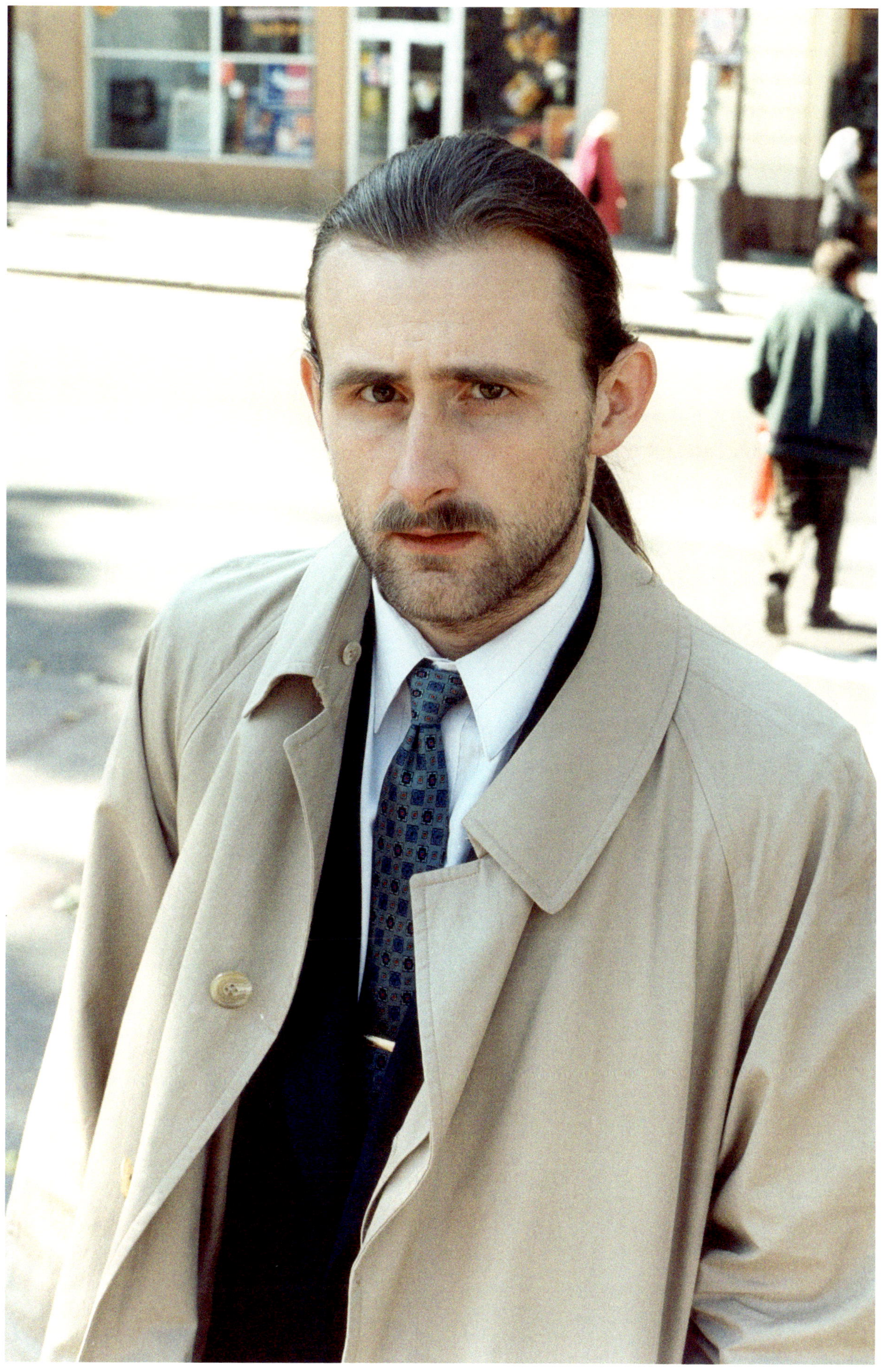

Nestor, Lwiw, 1. Oktober 2002

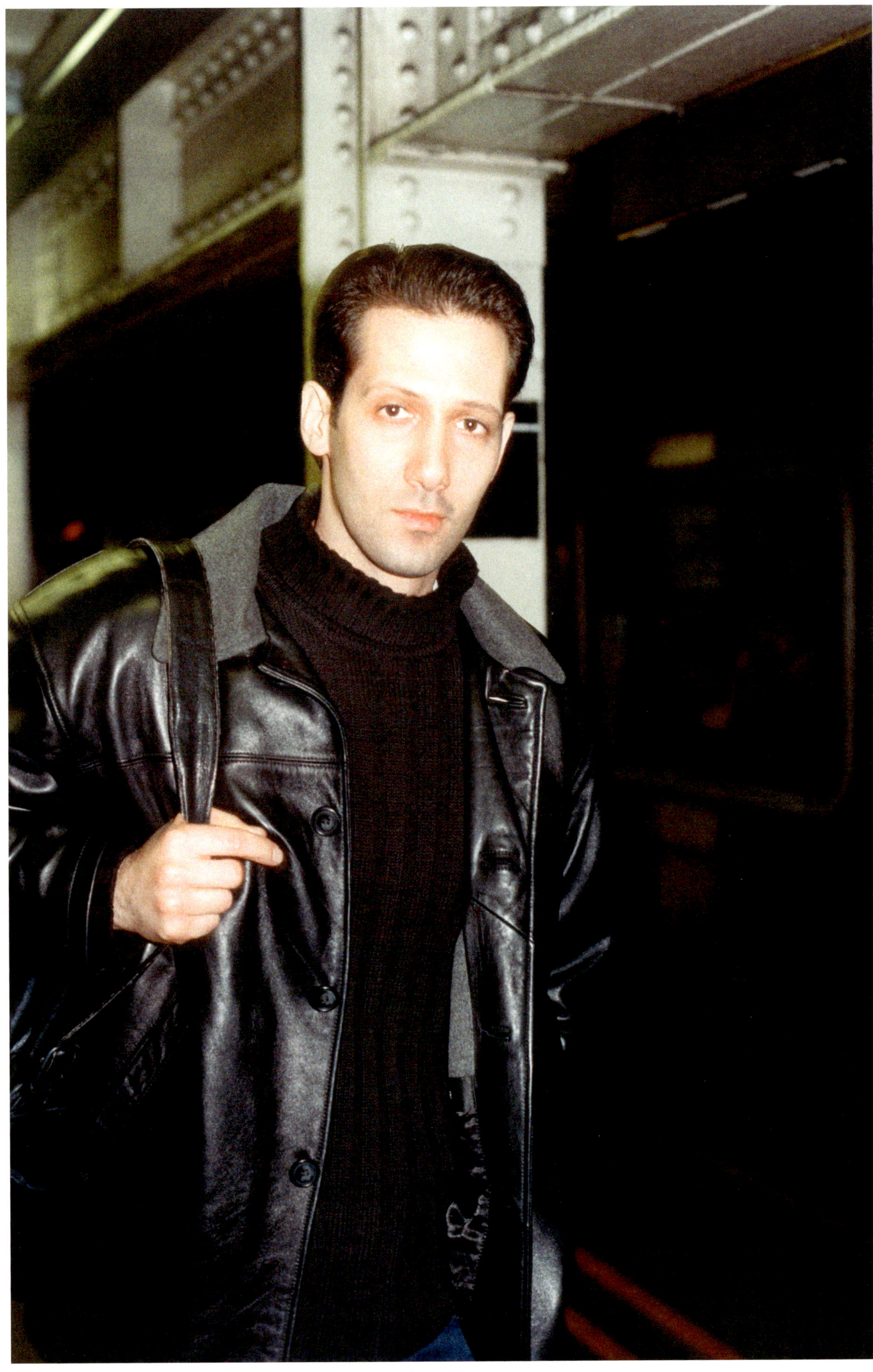

Amir, NYC, 23. Februar 2000

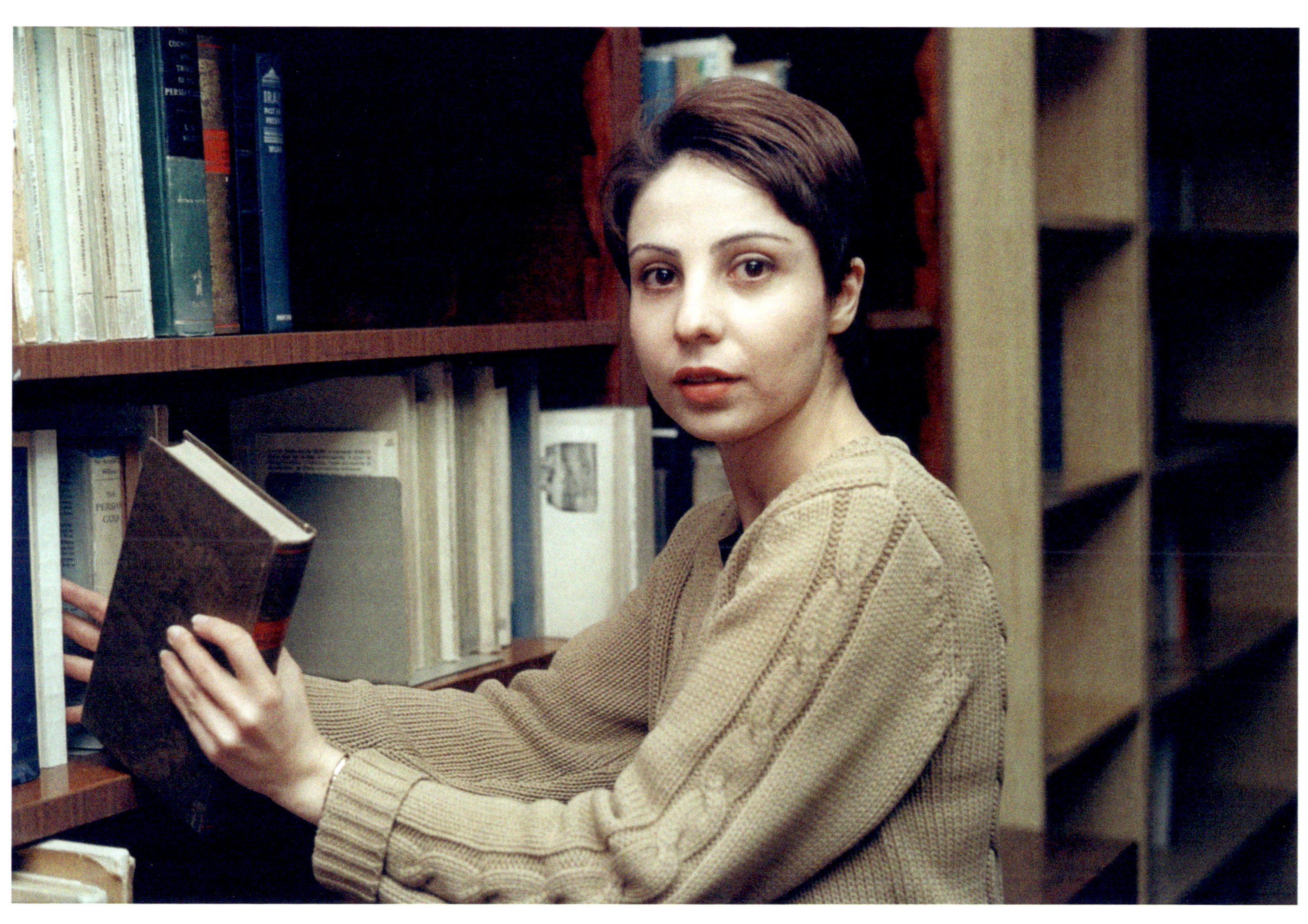

Roxana, Teheran, 12. Dezember 2003

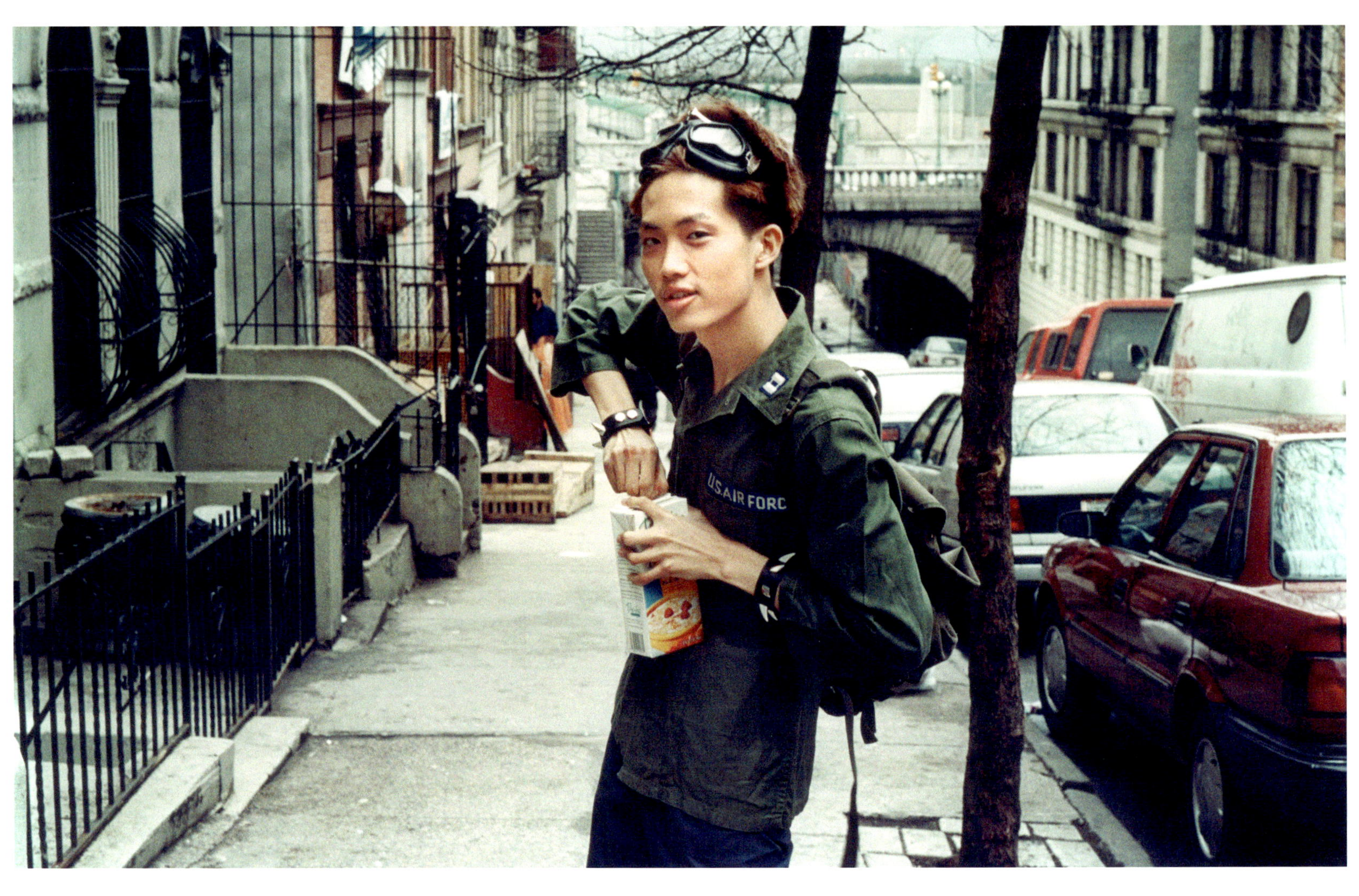

Georges, NYC, 25. Februar 2000

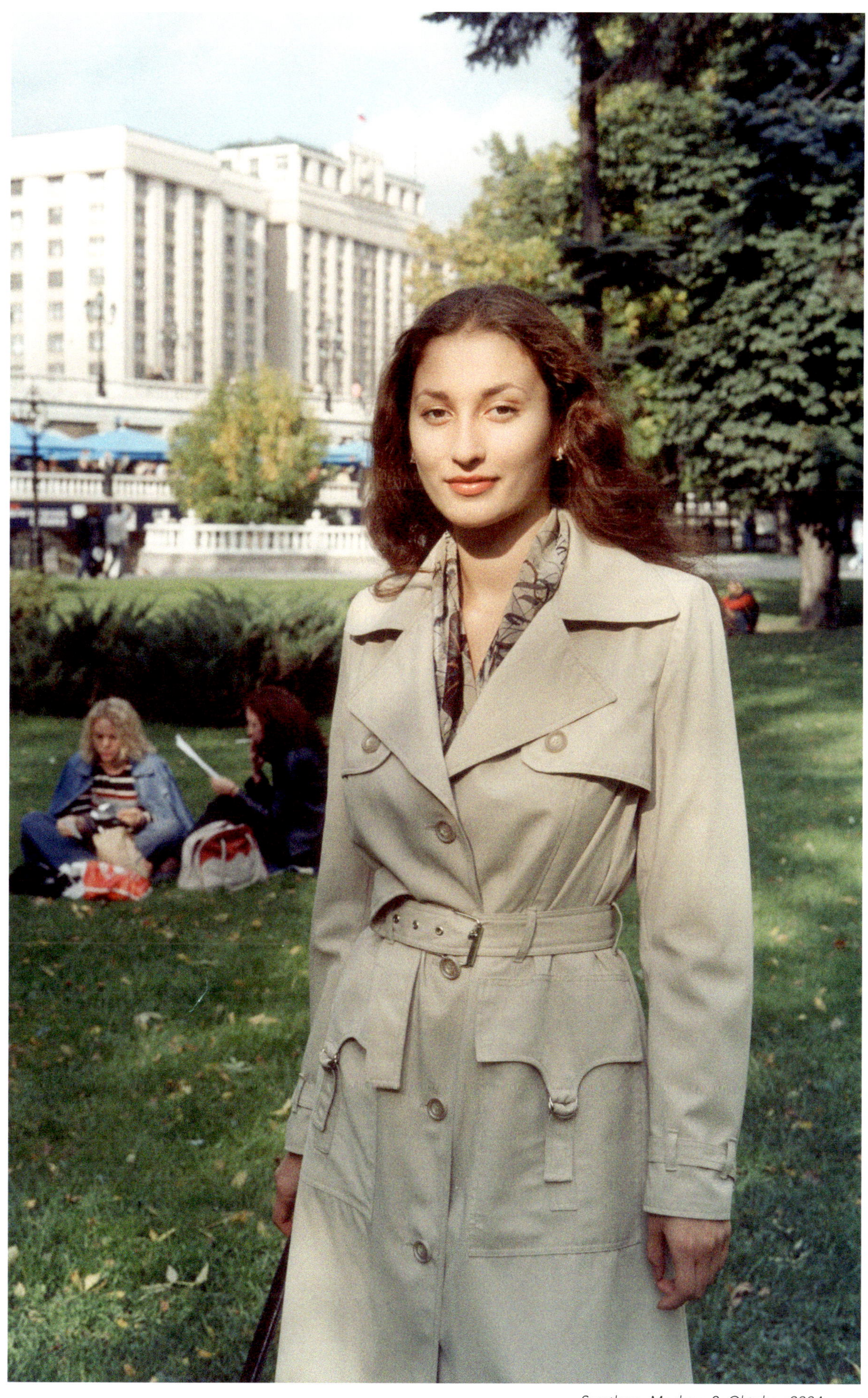

Swetlana, Moskau, 2. Oktober 2004

BARBARA KLEMM

Zur Kunst des Porträtierens fand ich vieles bei Cartier-Bresson. Er schreibt in seinem 1952 veröffentlichtem Essay *Der entscheidende Augenblick:* „Psychologisches Gespür, der entscheidende Moment und der richtige Kamerastandort, das sind die wichtigsten Voraussetzungen für ein gutes Porträt." Dem kann ich mich nur anschließen.

I found a lot of things on the art of portraiture in Cartier-Bresson. In his essay *The Decisive Moment* published in 1952, he writes: "Psychological feeling, the decisive moment, and the right camera position: these are the most important requirements for a good portrait." I can only agree.

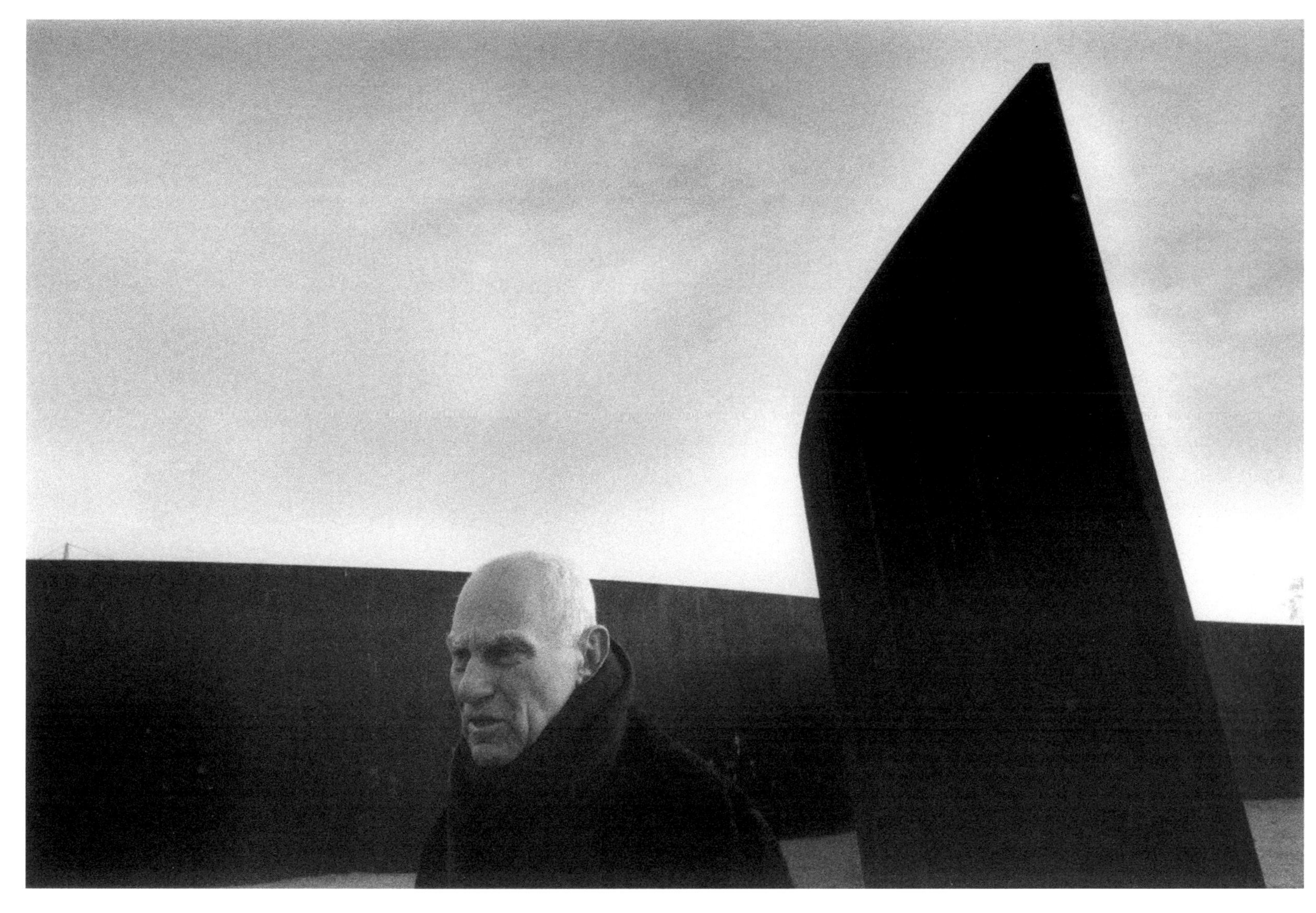

Richard Serra, Paris 2008

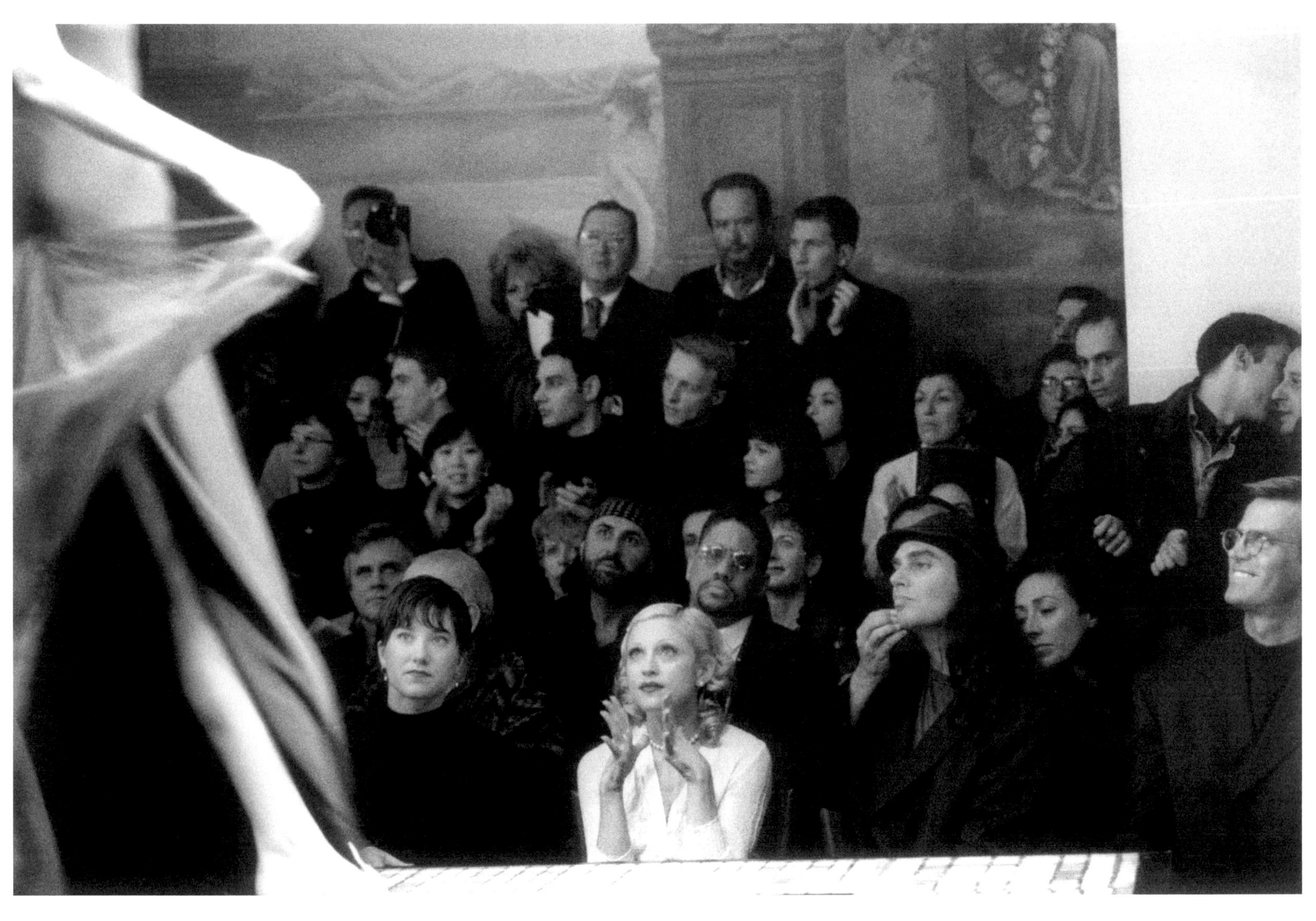

Madonna, Paris 1993

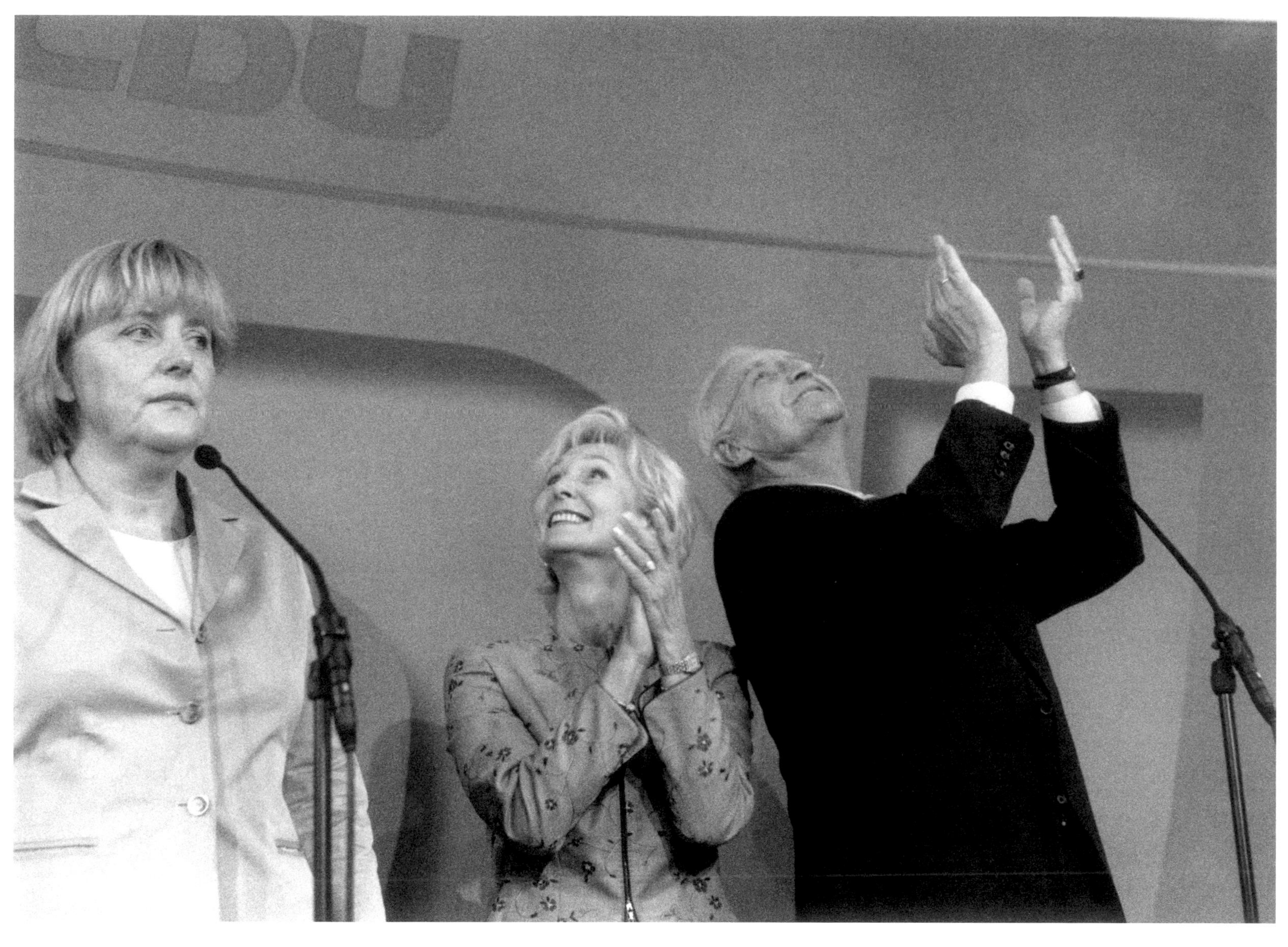

Merkel, Stoiber mit Frau, Wahlnacht bei der CDU, Berlin 2002

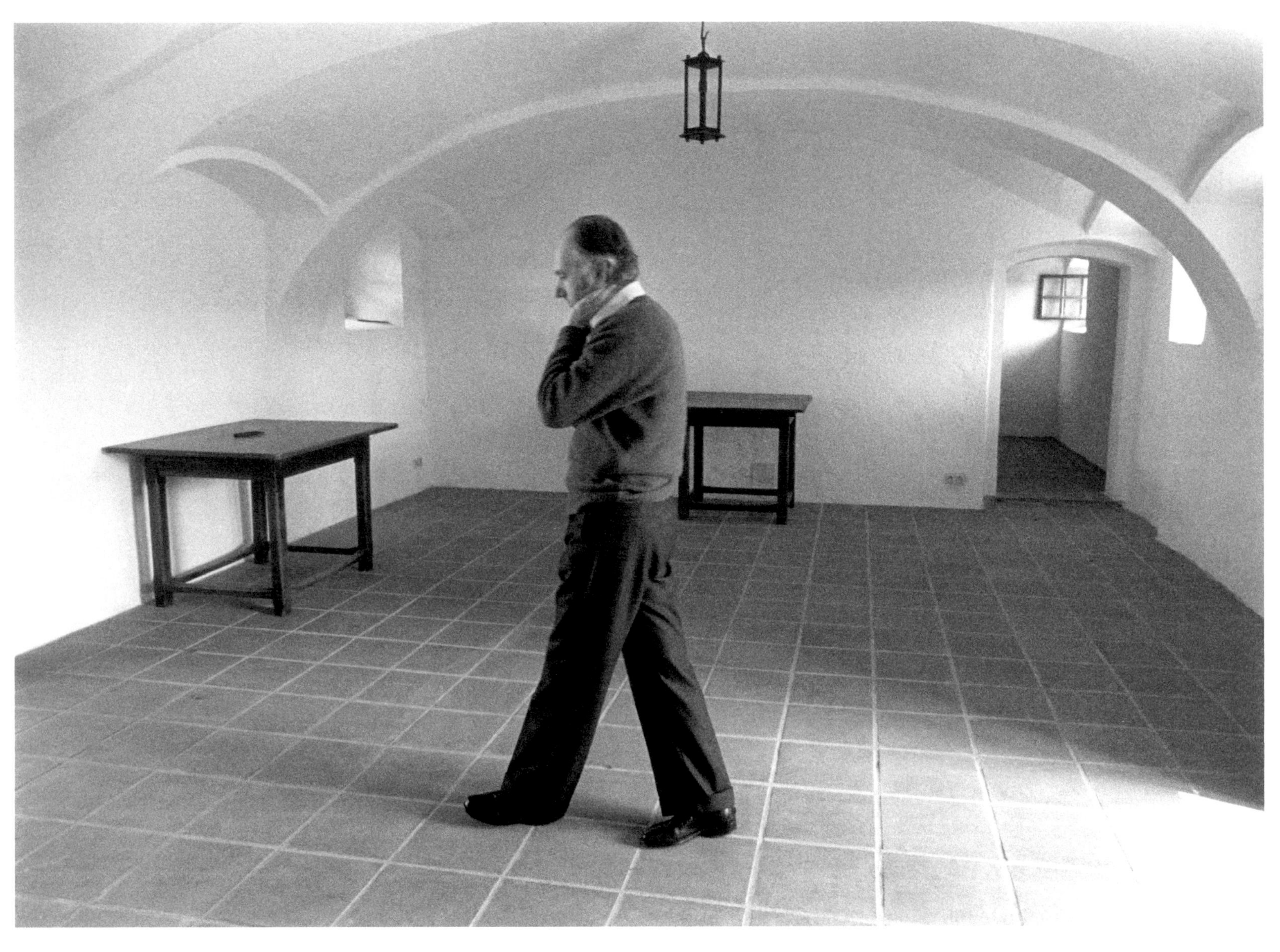

Thomas Bernhard, Ohlsdorf 1981

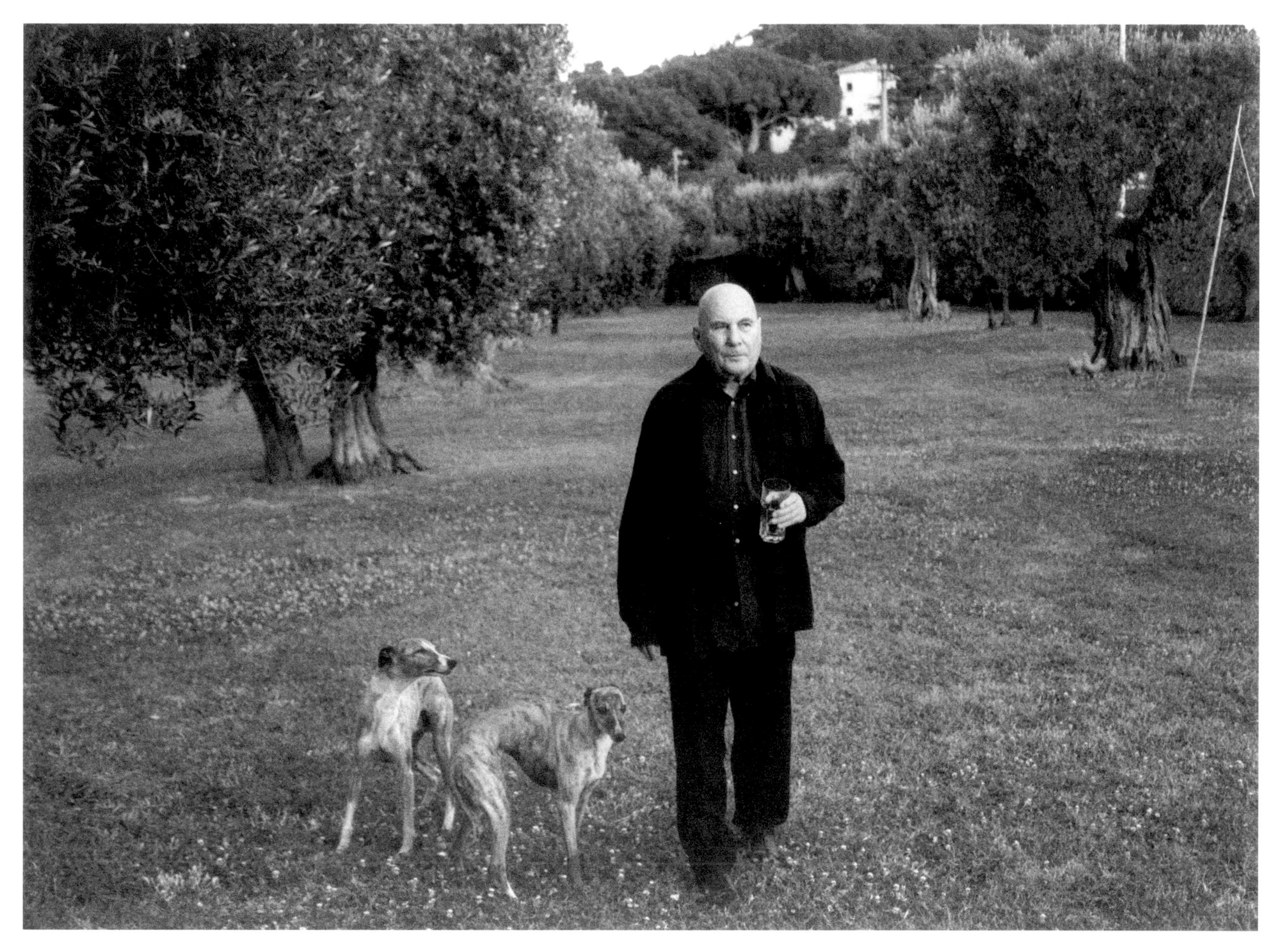

Hans Werner Henze, Marino 2001

GERHARD KLOCKER

Es ist meine Aufgabe als Fotograf, aus den tausend Facetten, Schichten und Erscheinungsformen, die die Menschen und Dinge ausmachen, bestimmte Aspekte herauszukitzeln oder mehrere davon zu kombinieren. Aus meiner Sicht entsteht der magische Moment erst dann, wenn alle äußeren Umstände, die zu einem Bild führen, sich auch wieder auflösen – wenn plötzlich alles klar und logisch ist, sich alle Fragen erübrigen und alle scheinbaren Gegensätze wie selbstverständlich verschmelzen. Die Qualität der Inszenierung liegt darin, dass sie verschwindet. Damit entsteht eine Realitätsebene, die über das Festhalten einer inszenierten Momentaufnahme hinausgeht, weil sie Raum schafft für Interpretation.

It is my job as a photographer to tickle out or combine certain aspects of the thousands of facets, layers and outward appearances that go into making up people and things. From my point of view, the magic moment occurs only when all the outward circumstances that lead to making a picture start to break up again – when everything is suddenly clear and logical, all questions have become unnecessary and all apparent oppositions are blended together as if it were a matter of course. The quality of this staging lies in the fact that it vanishes. In that way, a level of reality comes about that goes beyond fixing a staged moment of time, because it creates room for interpretation.

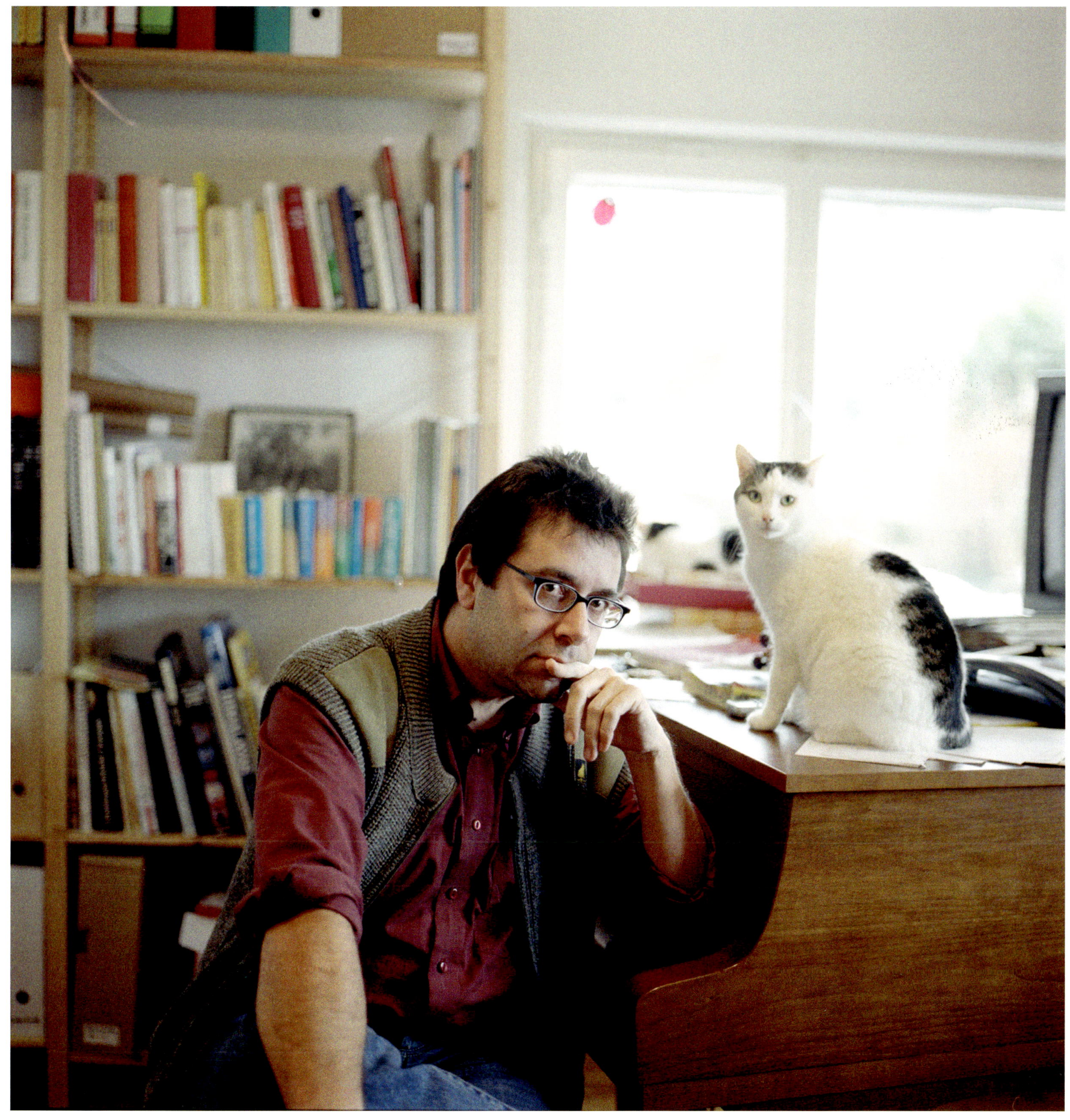

Andreas Ticozzi, Bregenz, 2003

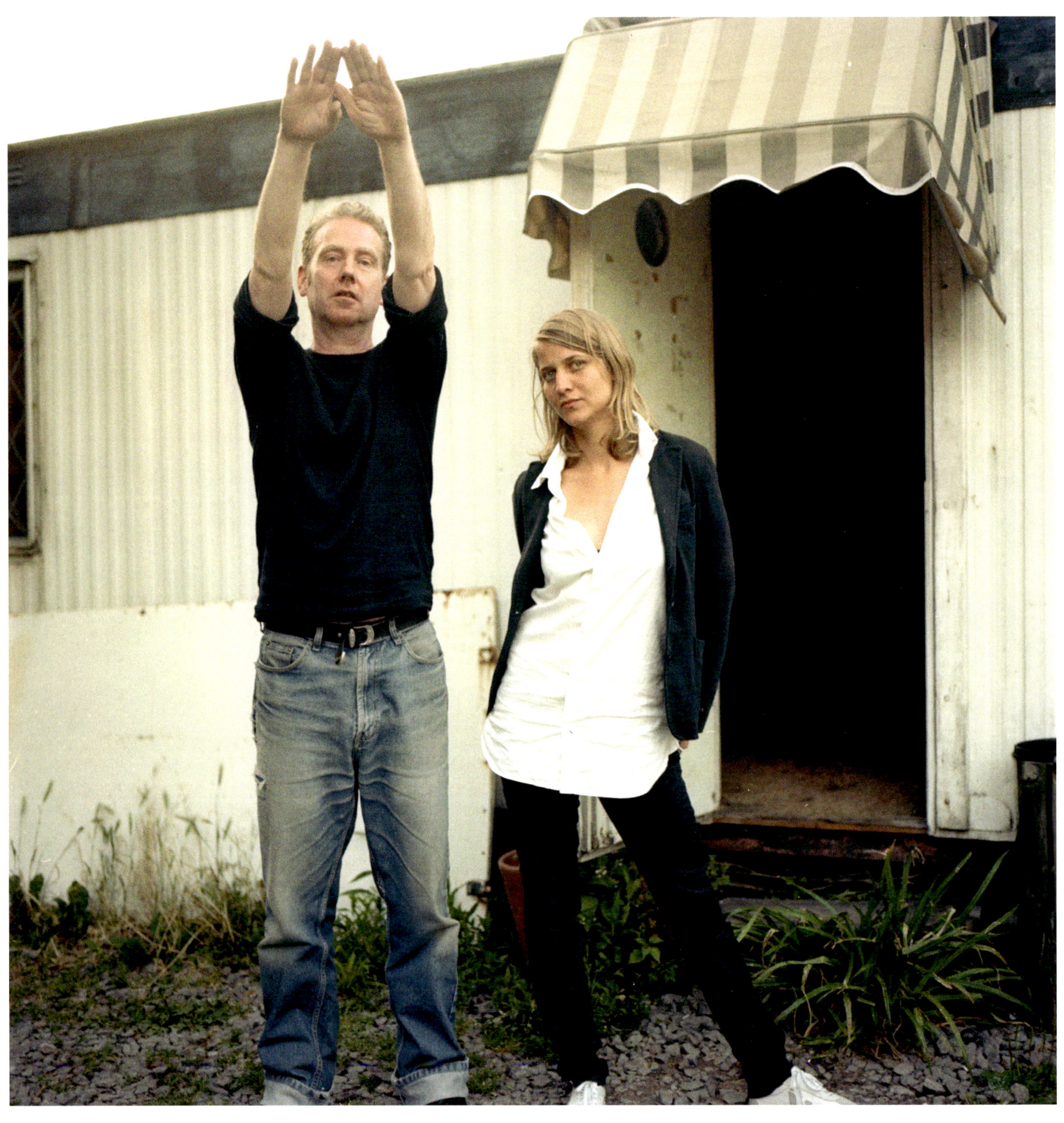

King of Camden, London, 2006

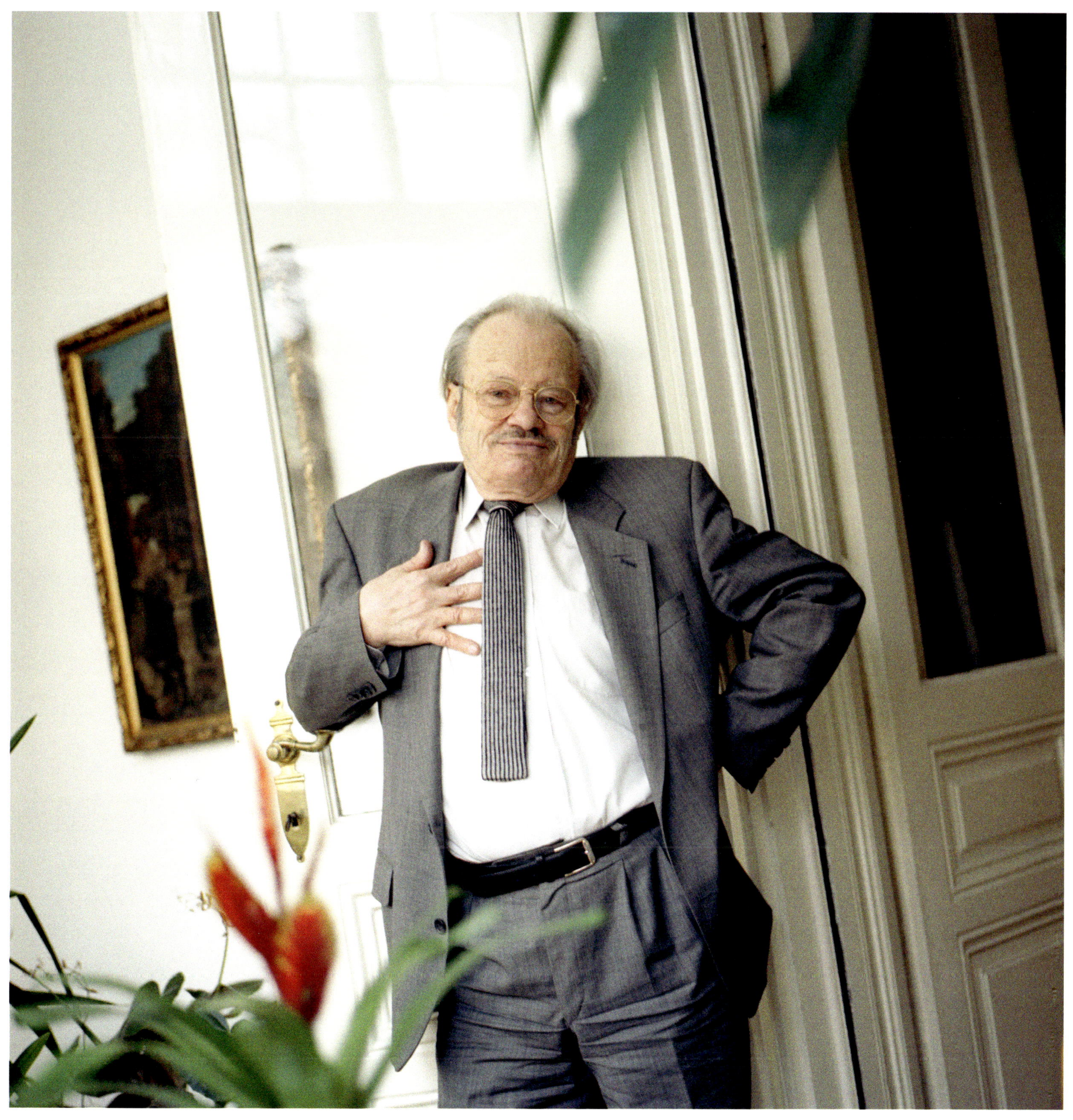

Friedrich Cerha, Wien, 2003

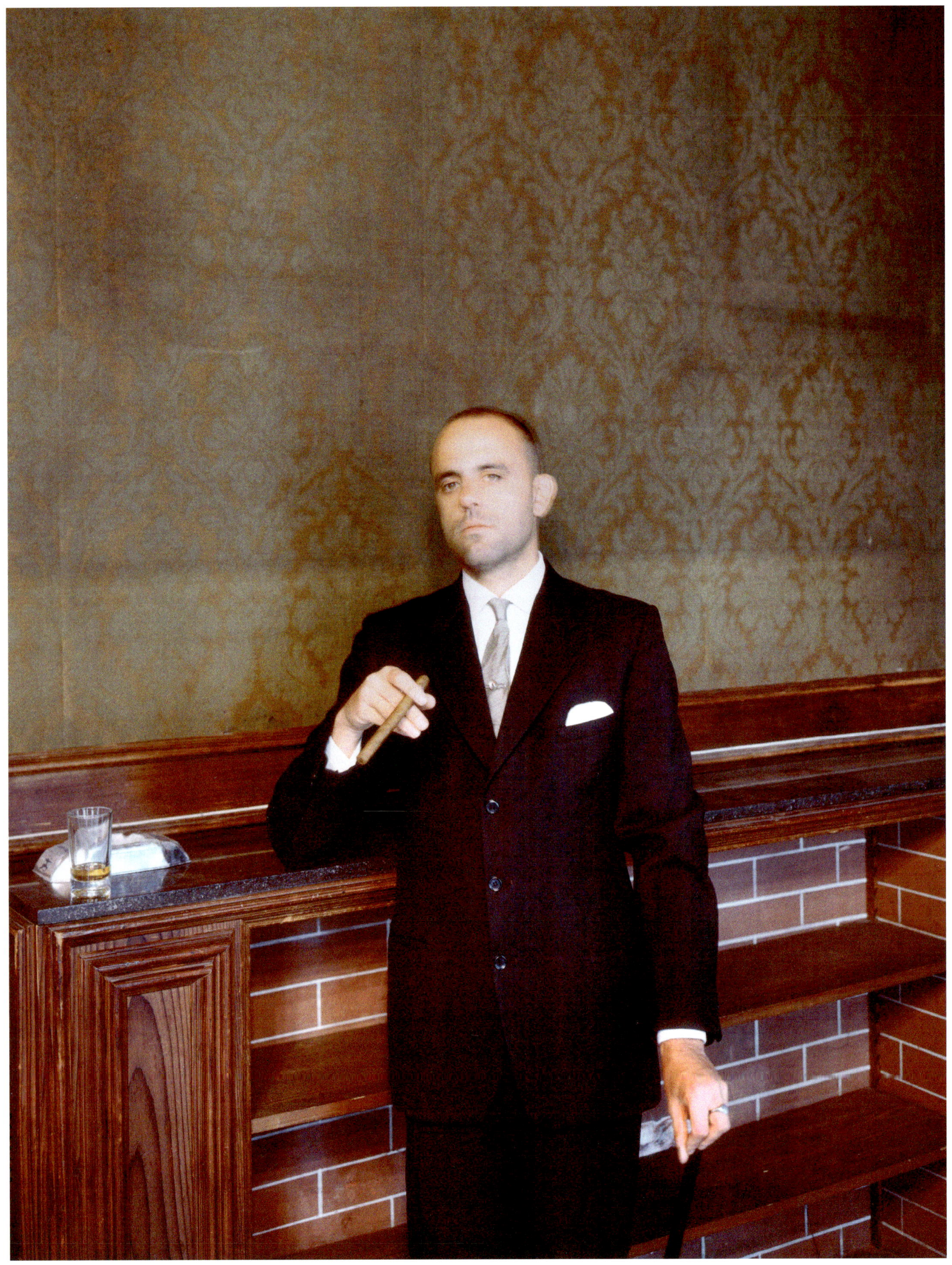

Gerald Matt, 2000

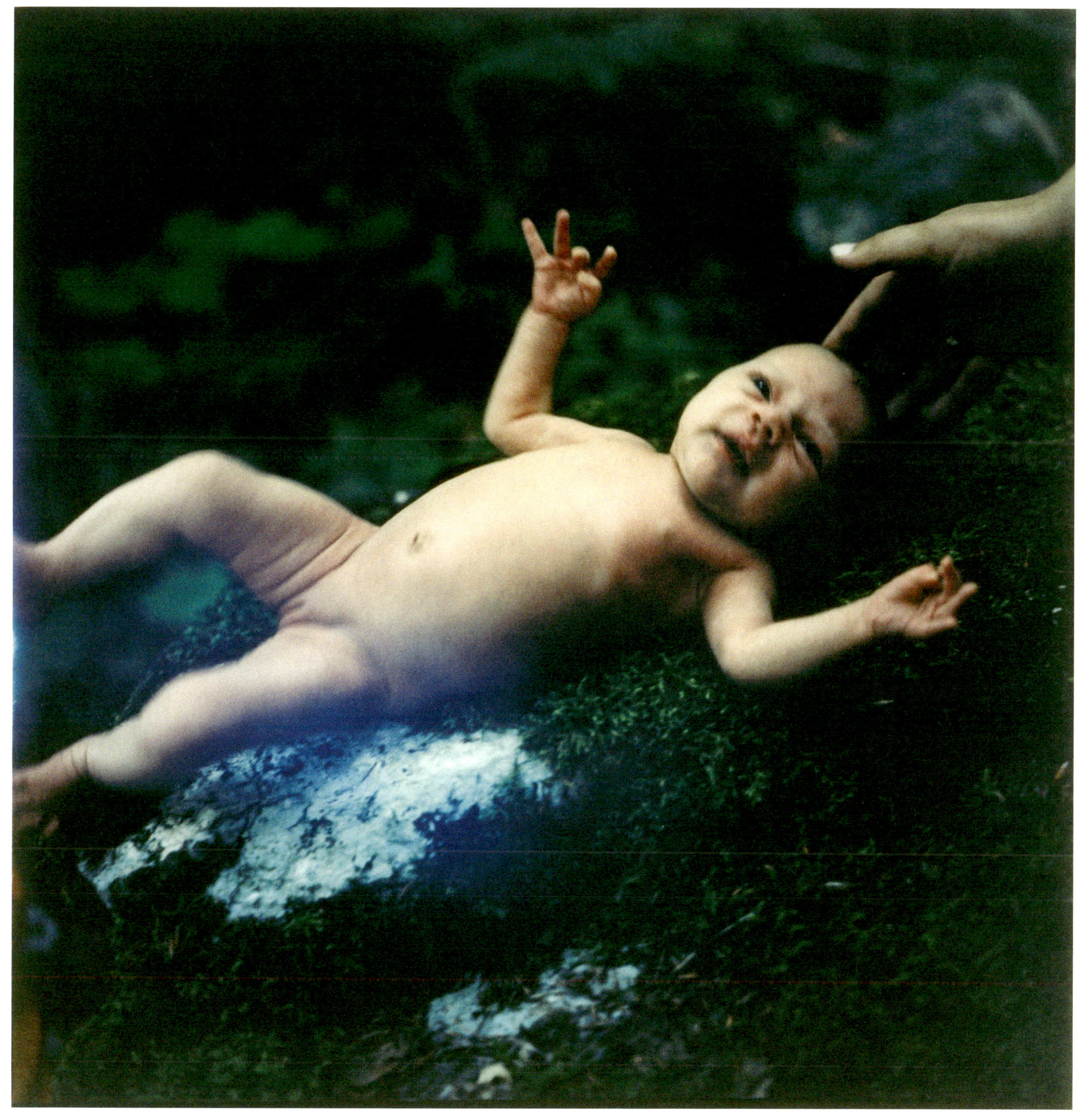

Baby, 2003

ANDREAS MADER

Die Fotografie hat die Illusion mit sich gebracht, den Moment festhalten zu können. Doch die Zeit ist ein Kontinuum, in welches das, was geschieht, eingebettet ist. Alle Dinge. Die namenlosen, die merkwürdigen, die bedeutenden. Die Zeit läuft nur in eine Richtung, auch wenn unsere Erinnerung einen Teil der Strecke in die entgegengesetzte laufen kann. In *Der Mann ohne Vergangenheit* von Aki Kaurismäki heißt es: „Das Leben geht vorwärts, nicht zurück. Sonst wärst du in Schwierigkeiten." Stimmt. Und dann dämmert einem, dass man auch so in Schwierigkeiten ist: gerade weil das Leben vorwärts geht. Das Leben ist schön. Und es ist unwägbar. Und es geht vorbei. Die Zeit vertreibt einen am Ende daraus.

Ich fotografiere meine Freunde wieder und wieder. Ich sehe ihnen dabei zu, wie sie sich finden und trennen, Kinder bekommen, wie sie alleine und wie sie mit anderen sind. Wie sie älter werden und sich bei der Hand nehmen, um nicht unterwegs verloren zu gehen. Ich denke voller Zärtlichkeit an sie.

Ich mag die Umständlichkeit der Großbildkamera; man braucht ein Stativ, schleppt eine Menge Zeug mit sich herum. Jede Änderung des Standpunktes ist eine Prozedur. Man muss sehr entschieden sein, macht nicht viele Belichtungen. Wenn es gelingt, dann ist es, als seien in einem guten Bild die vielen enthalten, die man nicht machen konnte. Die Umständlichkeit ist jetzt genau das Richtige: das Ritual des Aufbauens, Wartens, Innehaltens verlangt Geduld und Konzentration von denen, die ich fotografiere. Ich bringe sie dazu, die Sache ernst zu nehmen. Ist alles eingestellt, bin ich nicht mehr der hinter der Kamera, sondern stehe ihnen gegenüber: Sie und ich, darum geht es jetzt. Sie zeigen mir dabei etwas, das nicht jeder zu sehen bekäme. Vielleicht weil wir einander vertraut sind. Und weil ich der bin, der ich bin. Derjenige, der es sehen will. Es entsteht etwas, das mehr als nur momentan ist. Etwas, das ich in ihnen anstoße. Eine Bewegung, die sich in ihrem Inneren einpendelt, vom Unsichtbaren ablöst und in der Haltung und den Gesichtern nach außen tritt.

Ich habe eine Vorstellung davon, was ich machen will, doch wenn es soweit ist, gewinnen intuitive Entscheidungen an Gewicht. Zu glauben, ich könne alles kontrollieren ist eine Illusion. Die Bilder sind Teil des Lebens und als solche ebenso unkontrollierbar wie dieses. Aus dem Zusammenspiel aller Dinge entsteht immer etwas Unerwartetes. Was da war, erkenne ich wieder, doch es ist etwas Neues geworden.

Photography carries the illusion that it can preserve the moment. But time is a continuum and whatever happens is embedded in it. All things, whether nameless, notable or significant. Time runs in only one direction, even if our memories can run opposite, along part of its track. In *The Man without a Past* by Aki Kaurismäki it is said: "Life moves forward, not backwards. Otherwise you would be in trouble." True. And then you come to realize that you are in trouble in any case: precisely because life moves forward. Life is beautiful. And it is unfathomable. And it passes. Time drives you out in the end.

I photograph my friends again and again. I watch them finding themselves and each other and separating and having children; how they are alone and with others; how they get older and take each other's hands so they don't get lost along the way. I think of them full of tenderness.

I like the clumsiness of the large-format camera: you need a tripod and you carry lots of stuff around with you. Every time you change position, it's a major process. You have to be very decisive and not try out many kinds of lighting. When it works, it is as if the one good picture contains all the ones you couldn't take. Now clumsiness is just the right thing: the ritual of setting up, waiting and pausing demands patience and concentration from the people I am photographing. I persuade them to take the matter seriously. Once everything is set up, I am no longer the one behind the camera but someone standing facing them: them and me, that's what it's about now. And now they show me something that not everyone gets to see. Perhaps because we are familiar with each other. And because I am who I am. The one who wants to see it. Something happens that is more than of the moment. Something I touch in them. A movement that levels off inside them, frees itself from invisibility and comes out through their postures and faces.

I have an idea of what I want to do, but when the time comes, intuitive decisions increase in substance. To think I can control everything is an illusion. The pictures are a part of life and as such just as uncontrollable as it. From the interaction of all things comes something unexpected. I recognize again what was there, but it has become something new.

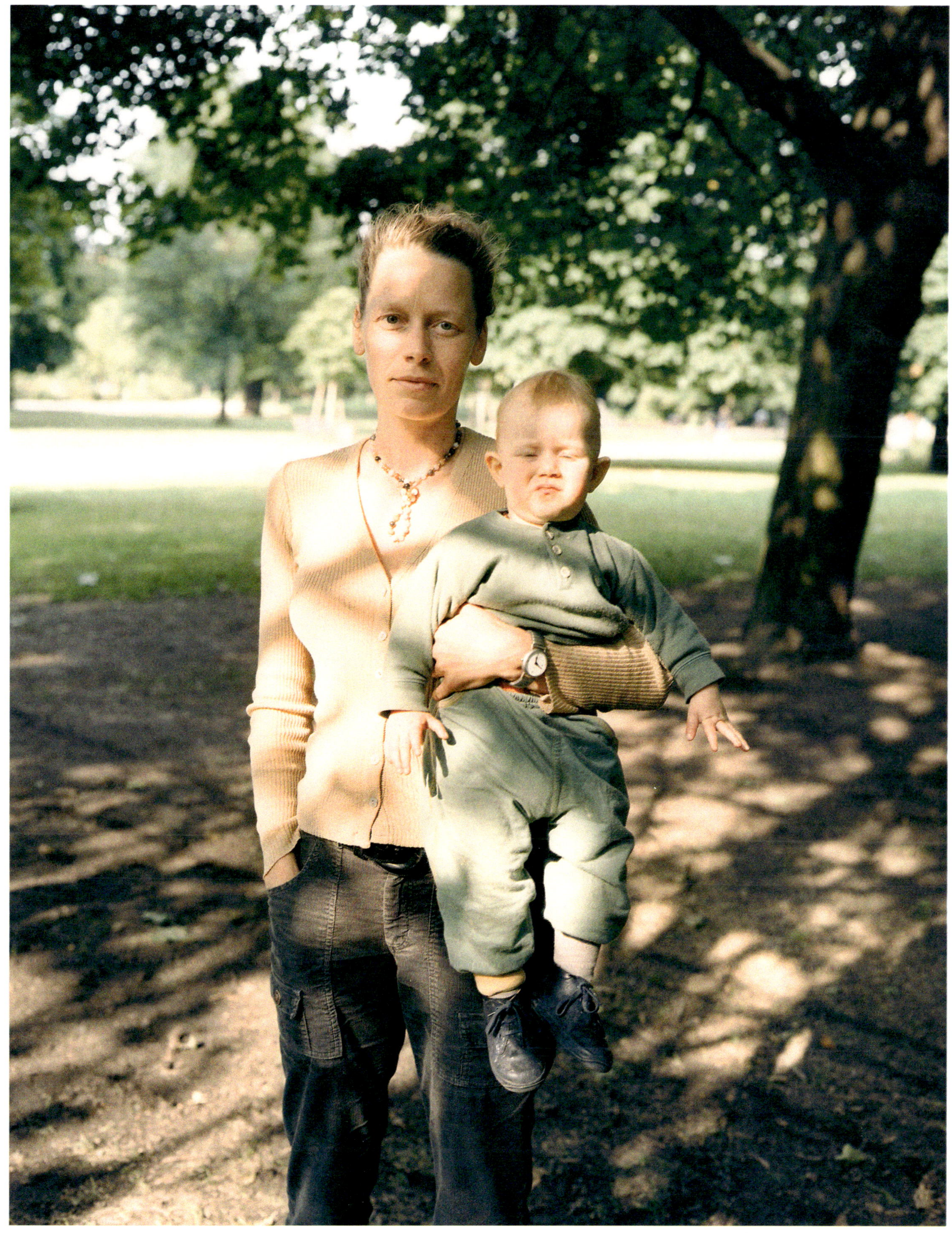

Eva und Herveva, 1999

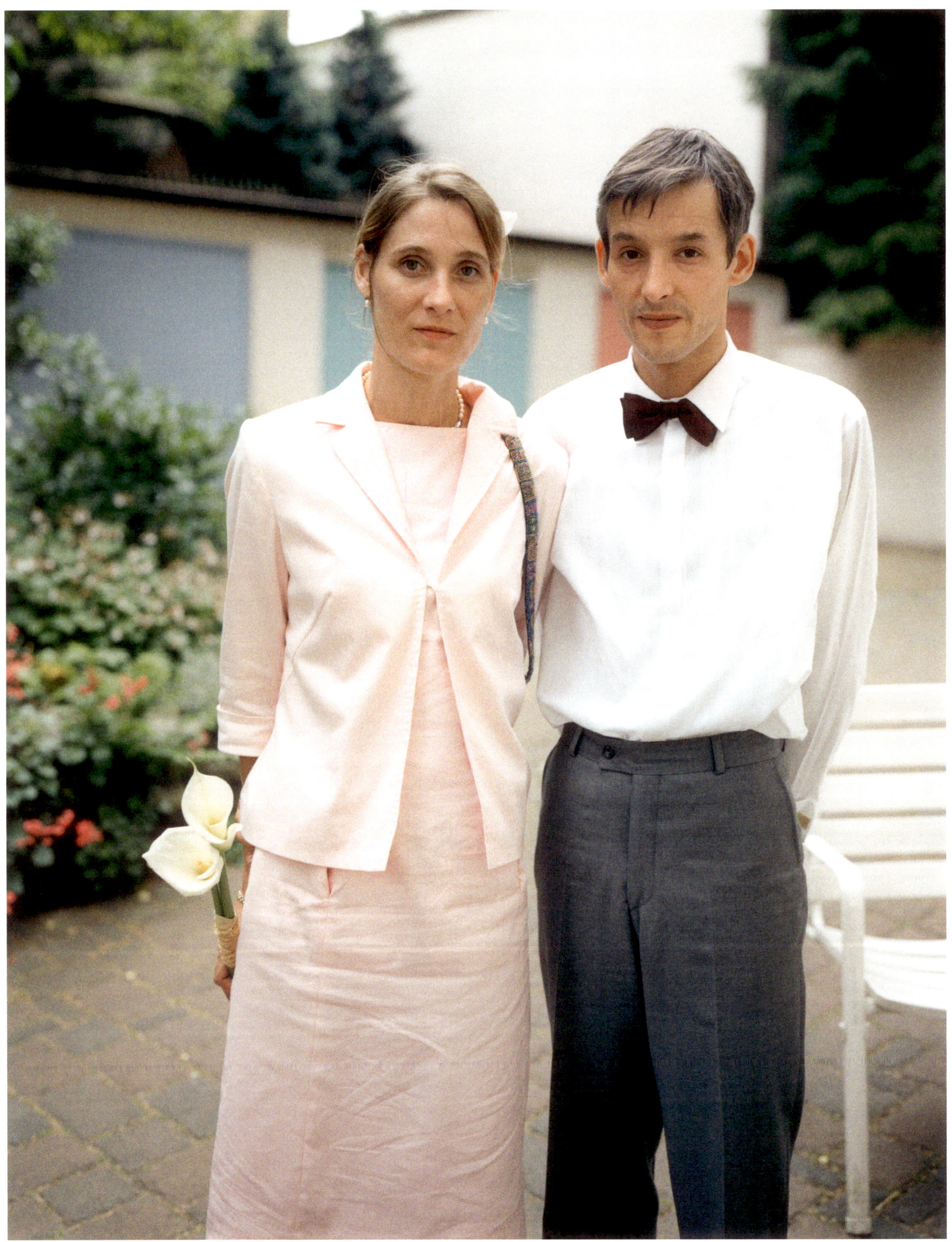

Gitte und Benno, 2001

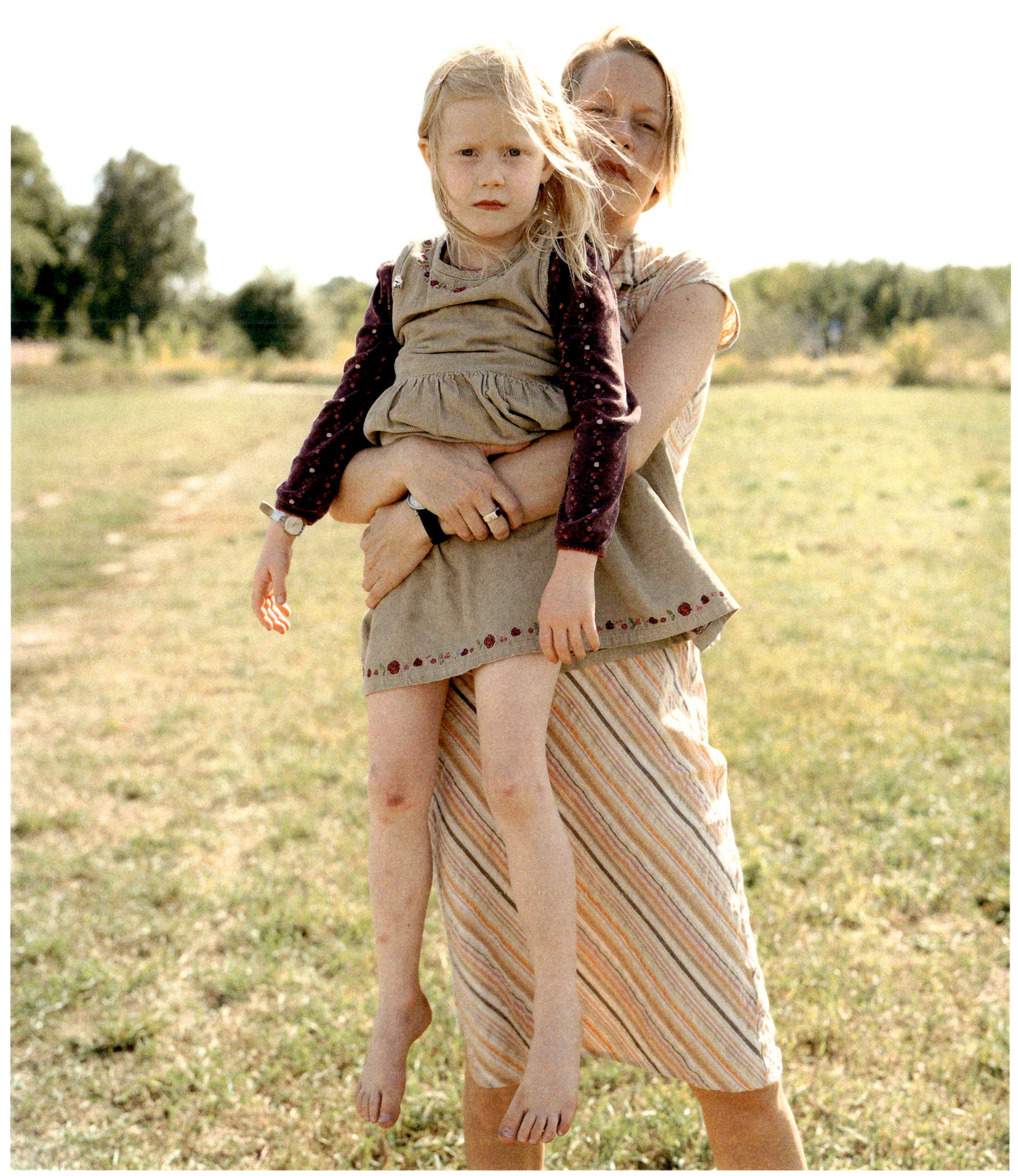

Herveva und Eva, 2003

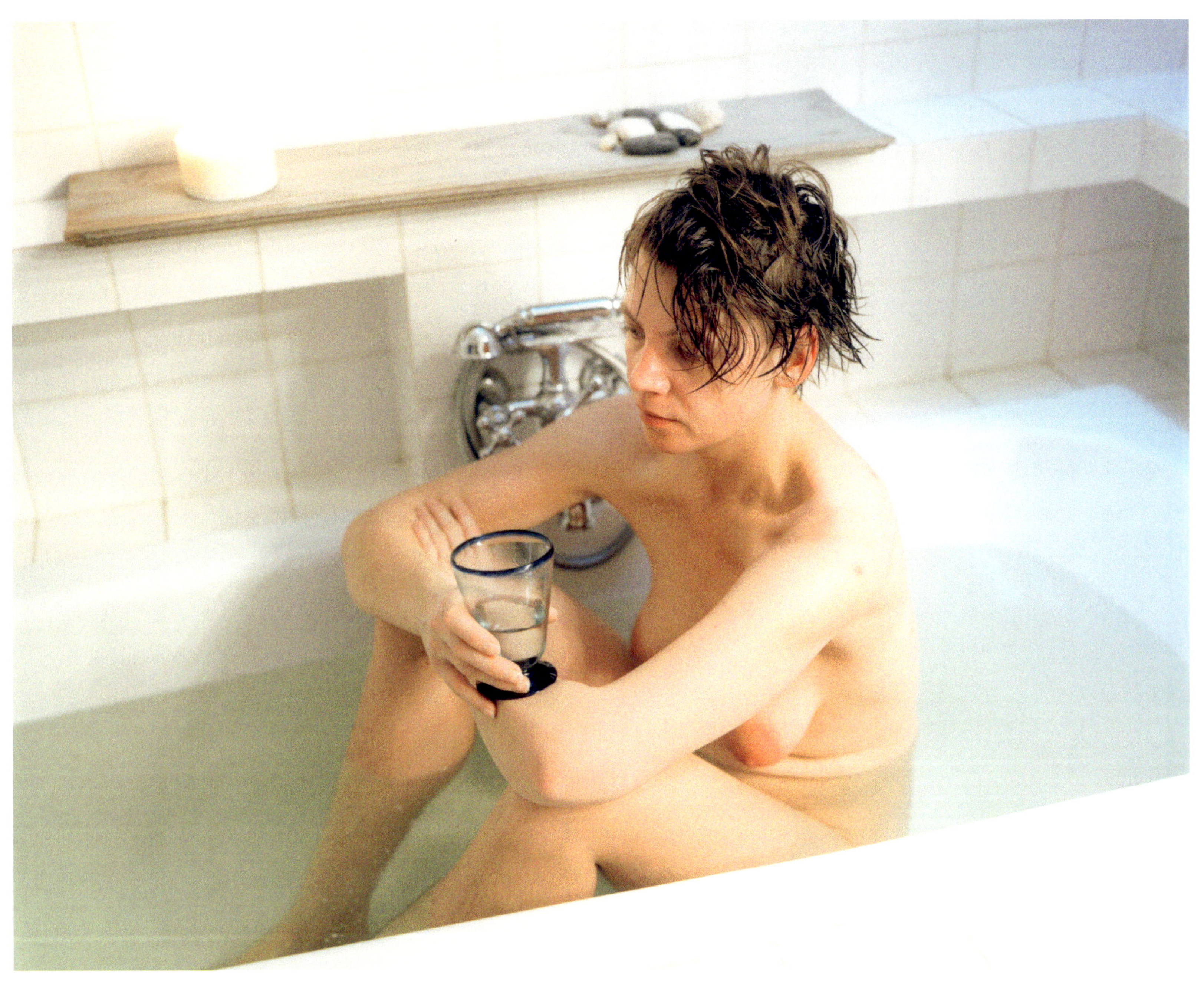

Heike, 2004

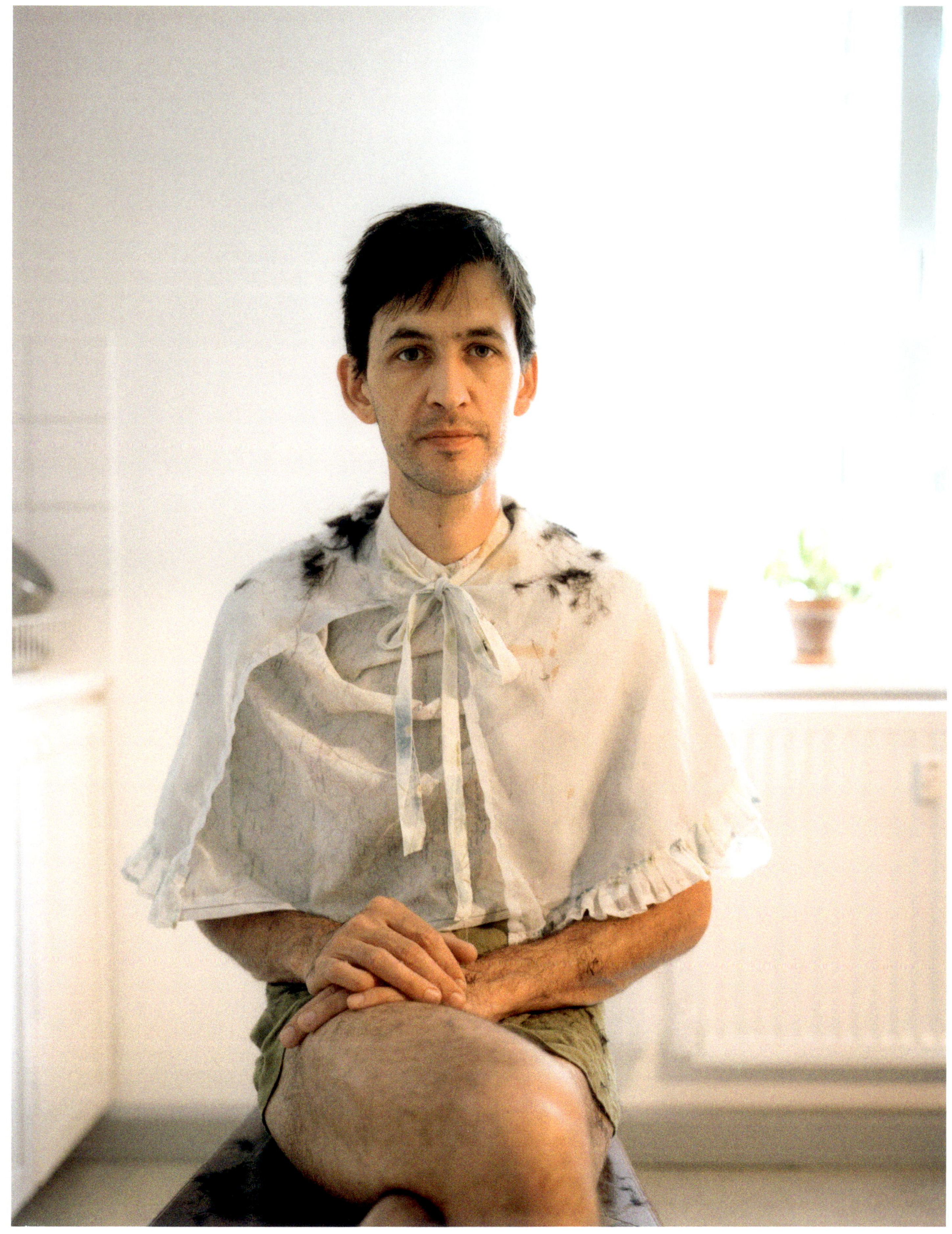

Udo, 2003

SALLY MANN

Man hat mich einmal gefragt, worum es in meiner Arbeit geht, und bevor mir noch etwas Kunstjargonmäßiges und Schlaues einfiel, befahl mein Eidechsengehirn meiner Zunge, „die Familie und das Land" zu sagen. Sobald das heraußen war, versuchte ich es mit Tiefgründigkeiten aufzumotzen, ließ es dann aber bleiben, weil mir bewusst wurde, dass es zumindest für mich nichts Wichtigeres gab. Das ist es also. Das A und O, der Anfang und das Ende.

Bevor man mich in ein Internat im kalten New England schickte, waren die Farm im Süden und das sie umschließende Land für mich beinahe so wesentlich wie die Luft, die ich atmete. In den sechs Jahren meiner guten Erziehung im Norden davon getrennt zu sein ließ mich so manche Qualen von Faulkners Quentin Compson leiden. Dass mir meine Heimat fehlte, bereitete mir fast physische Schmerzen.

1972 bin ich nach Virginia zurückgekehrt, und fast jedes Bild, das ich seit damals gemacht habe, hat mit der komplizierten Landschaft des Südens und dem Leben der drei Kinder zu tun, die wir dort großgezogen haben.

I was once asked what my work was about and before I could think about something art-speaky and smart, my lizard brain instructed my tongue to say, "the family and the land." Once it was out, I tried to tart it up with profundities but stopped, realizing that there was, at least for me, nothing of greater significance. That's it. That's the alpha and the omega, the beginning and the end.

Until I was sent to boarding school in chilly New England, the farm where I lived and the greater South that embraces it were as elemental to me as the air I breathed. Separated from them for the six years of my good Northern education, I suffered some of the pain of Faulkner's anguished Quentin Compson, missing my homeland with an almost physical pain.

I returned to my native Virginia in 1972 and almost every picture I have taken since then has involved the complicated Southern landscape and the lives of the three children that we raised within it.

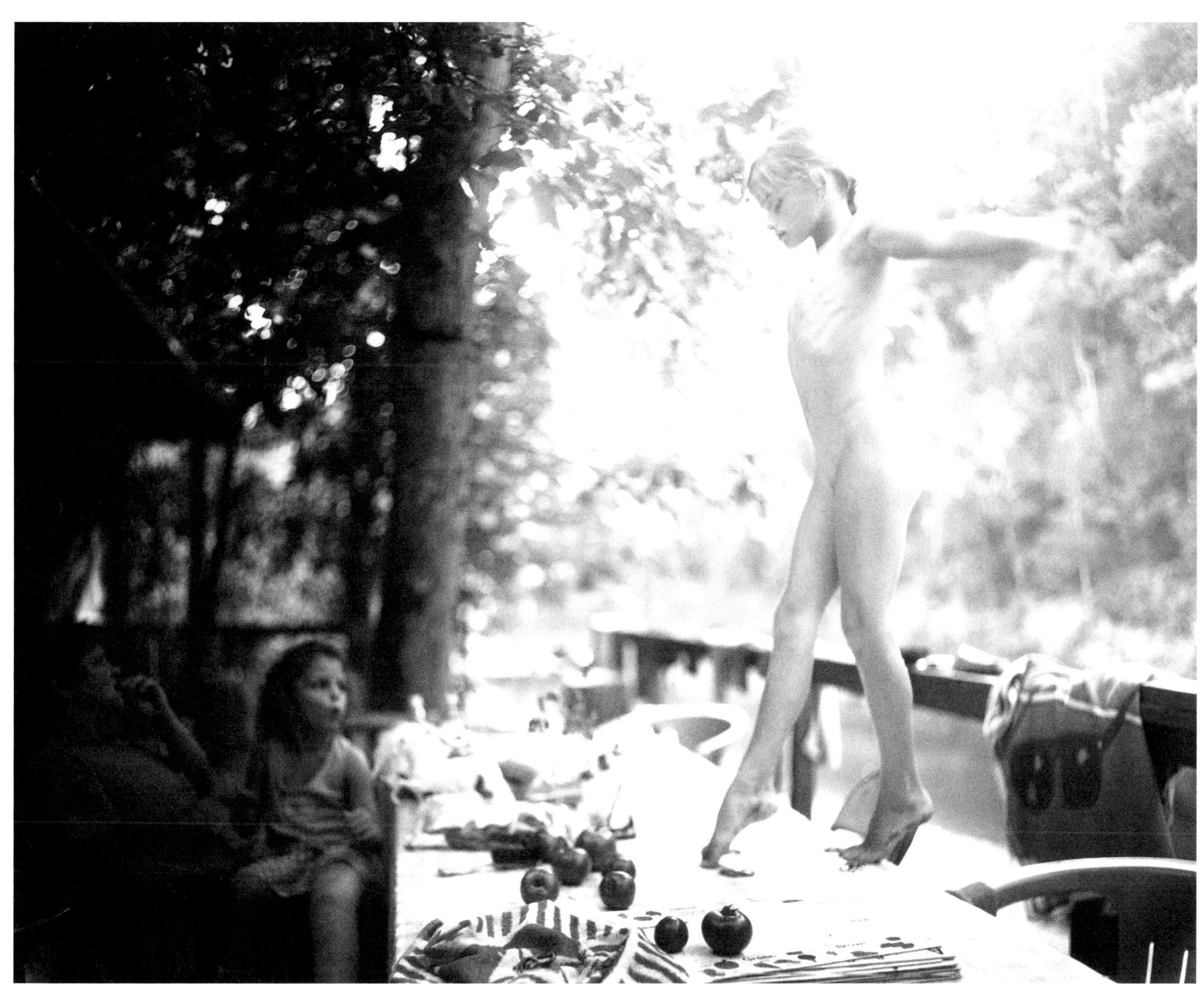

The Perfect Tomato, 1990

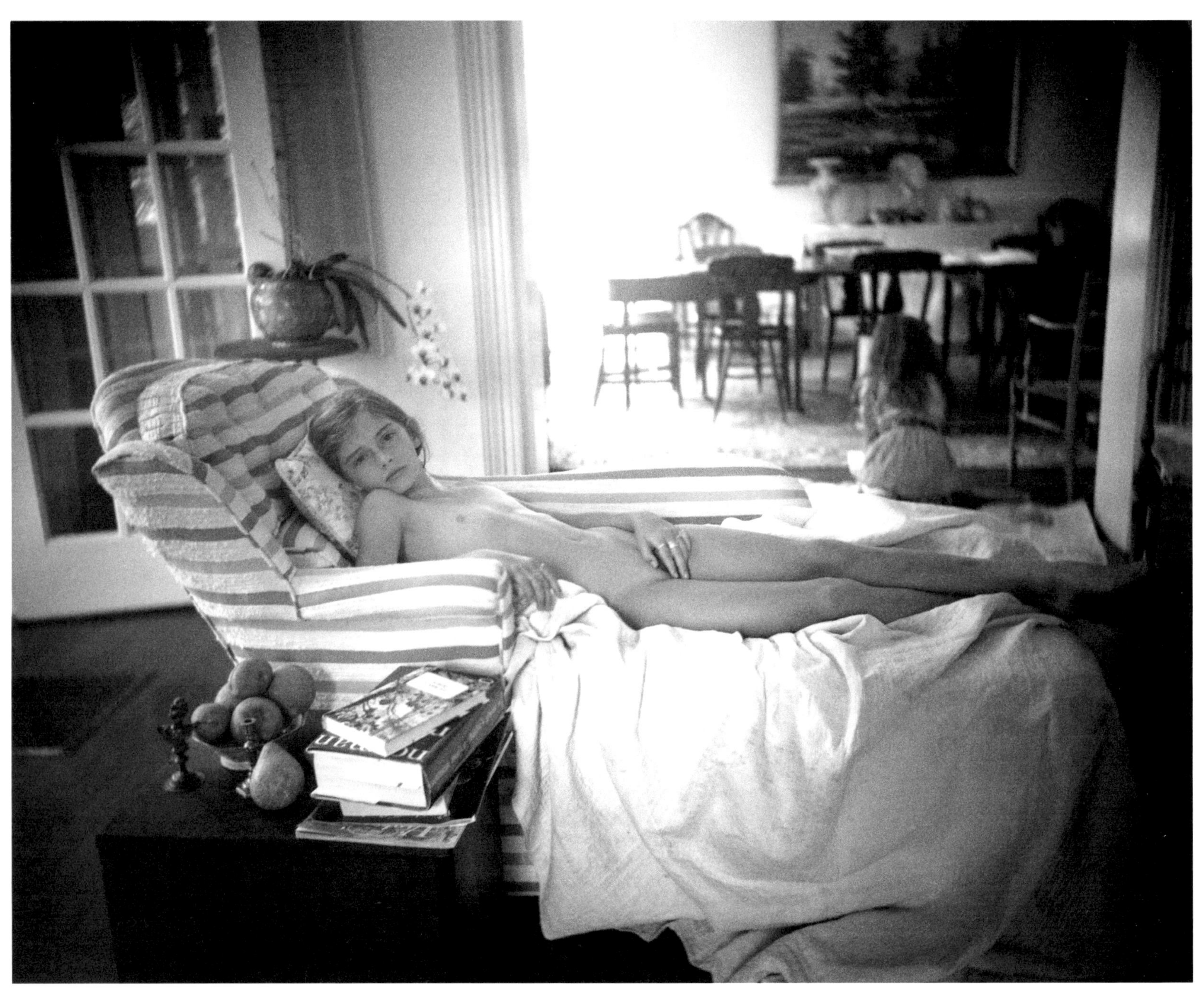

Venus after School, 1992

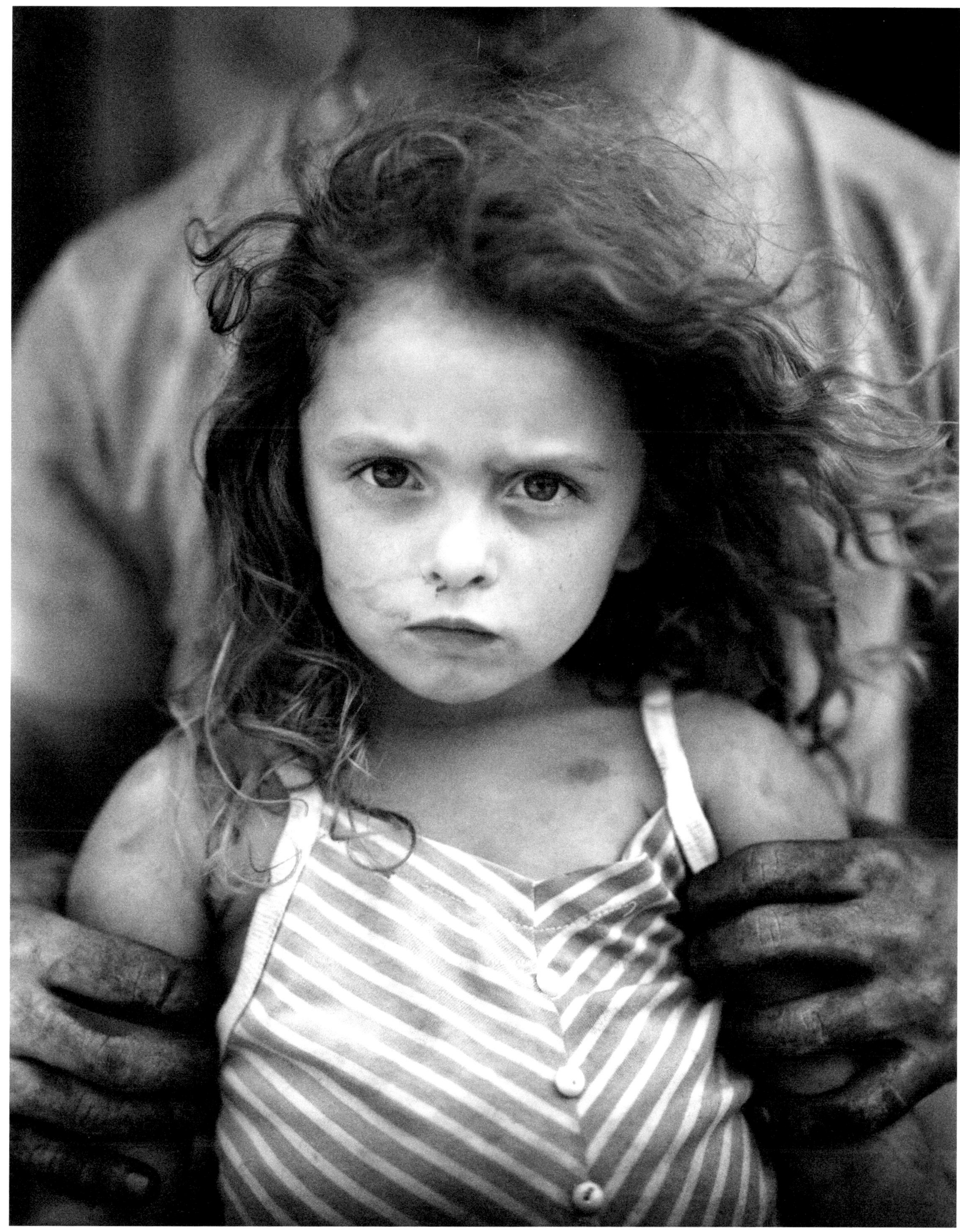

Holding Virginia, 1989

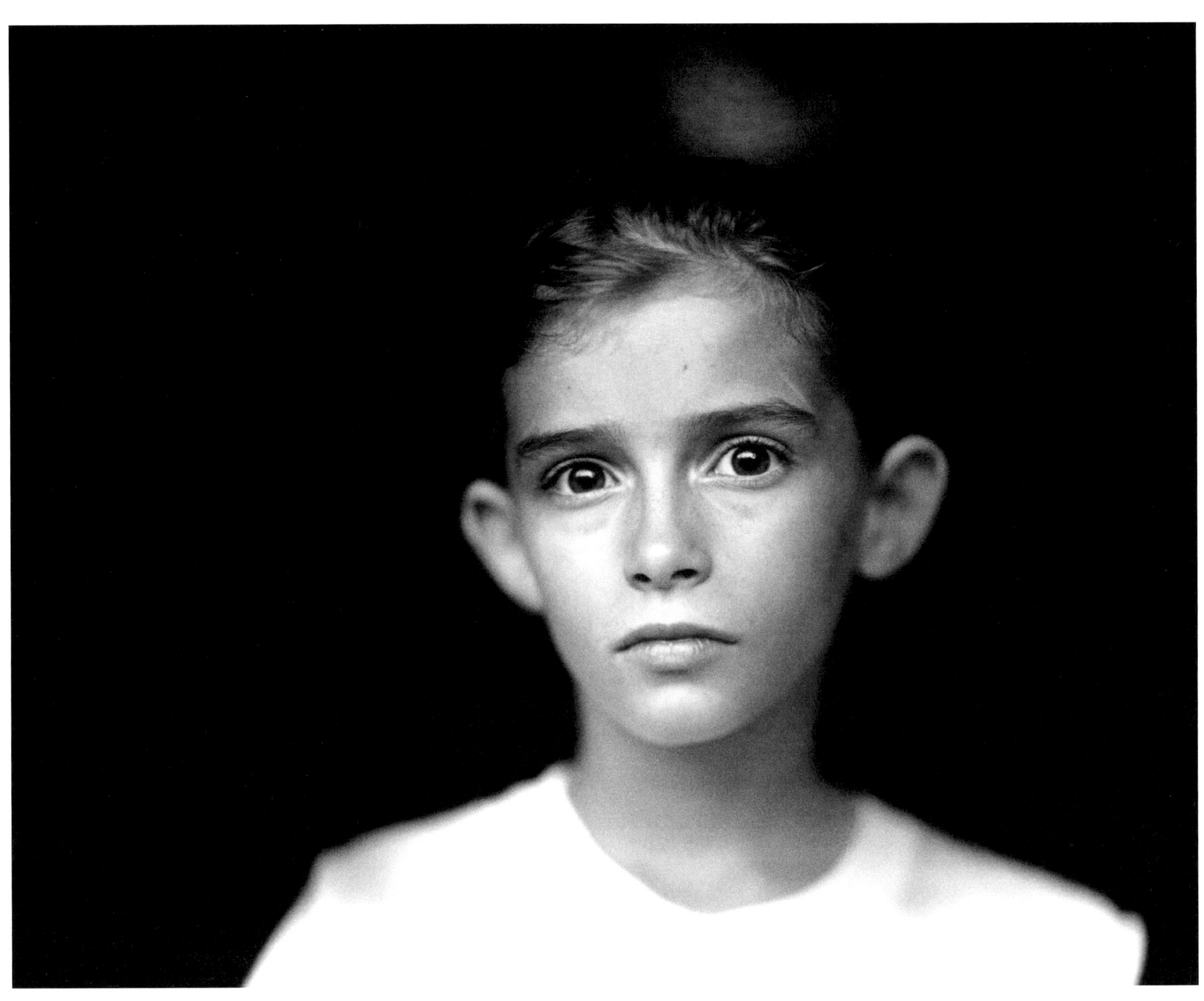

Jessie as Jessie, 1990

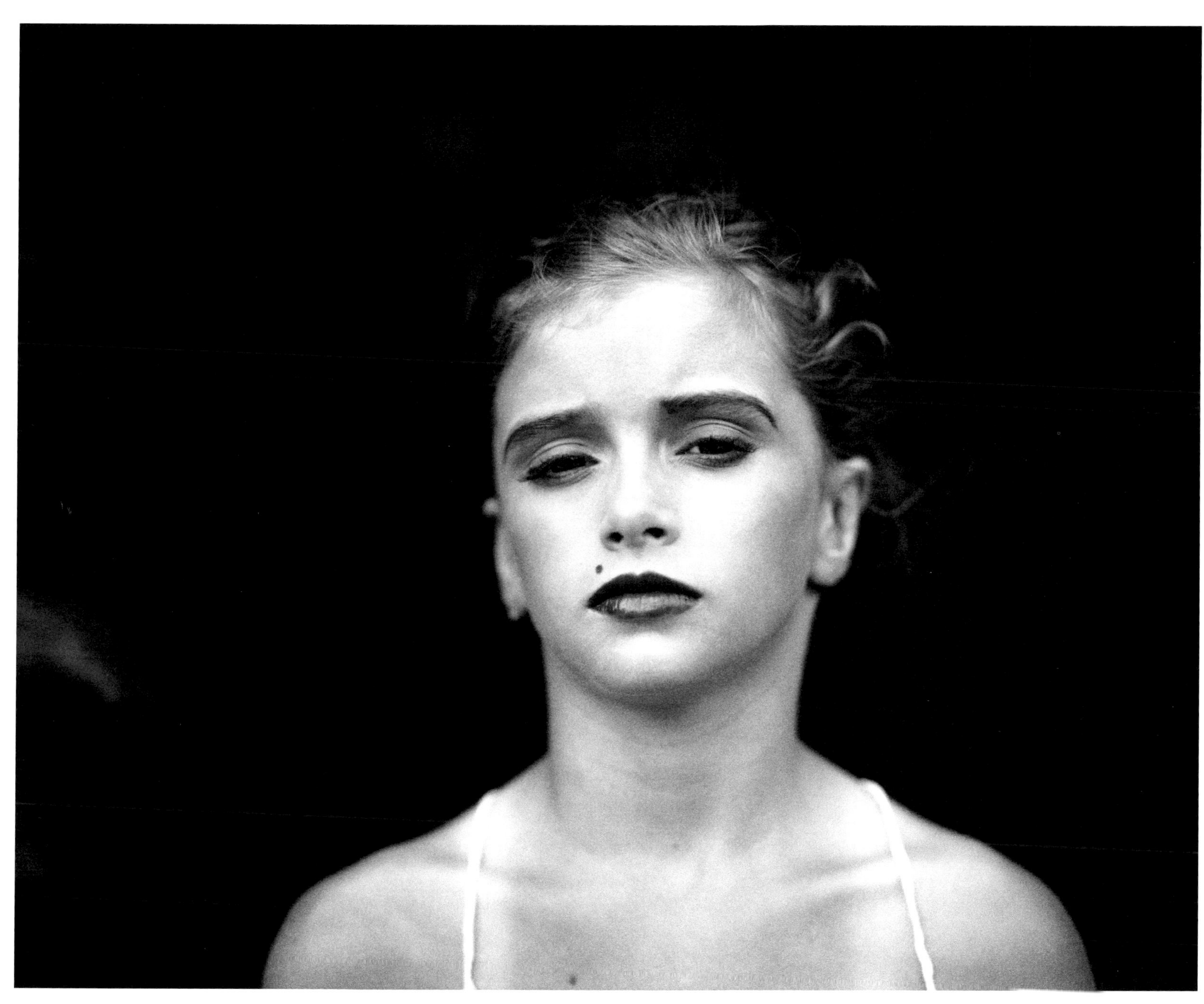

Jessie as Madonna, 1990

ROBERT MAPPLETHORPE

Ich weiß nicht, warum meine Bilder so sind, wie sie sind. Alles dreht sich um die Beziehung, die ich zu der dargestellten Person habe, die für mich einzigartig ist. Fotografieren und Sex laufen in die gleiche Richtung. Beide sind Unbekannte. Das fasziniert mich am meisten.

Wirklich gern fotografiere ich Köpfe von Menschen. Ich gehe so vor wie bei einem Torso und betrachte den Kopf als Skulptur. Ich versuche Skulpturen zu machen, ohne zu bildhauern … Ich suche nach Vollkommenheit in der Form. Das mache ich bei Porträts, bei Schwänzen, bei Blumen … Ich versuche das festzuhalten, was Skulptur sein könnte. Heute zu bildhauern kommt einem archaisch vor. Das ergibt in der jetzigen Gesellschaft keinen Sinn. Da mache ich das lieber mit einer Kamera.

I don't understand the way my pictures are. It's all about the relationship I have with the subject that's unique to me. Taking pictures and sexuality are parallels. They're both unknowns. And that's what excites me most.

One thing I really like to do is heads of people. I think in the same way I do a torso and I see it as real sculpture. I'm trying to make sculpture without having to sculpt … I am looking for perfection in form. I do that with portraits, I do it with cocks, I do it with flowers … I am trying to capture what could be sculpture. It seems archaic to make sculpture today. It doesn't make sense in contemporary society. I'd rather do it with a camera.

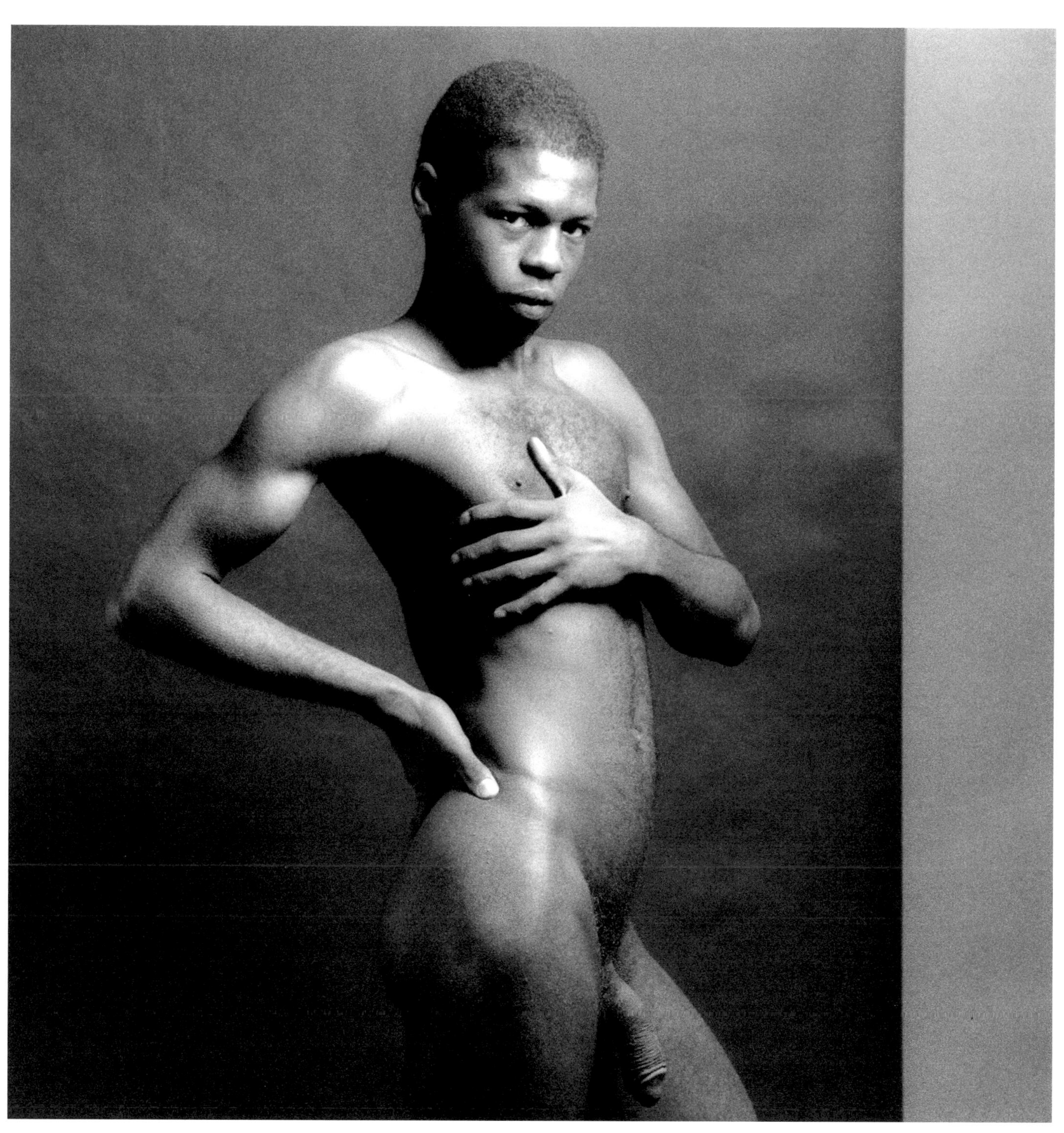

Greg Cauley, 1980

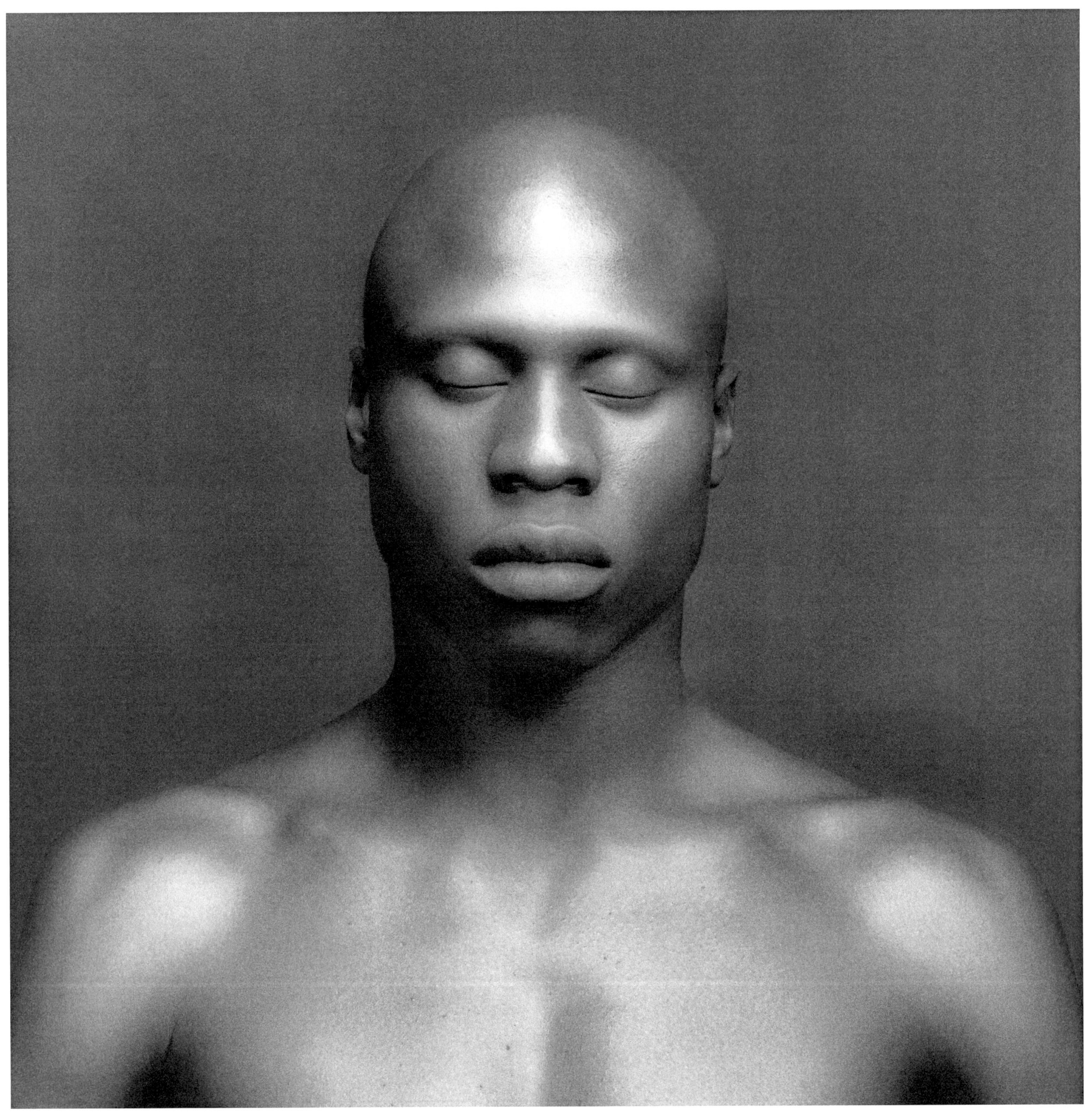

Ken Moody, 1983

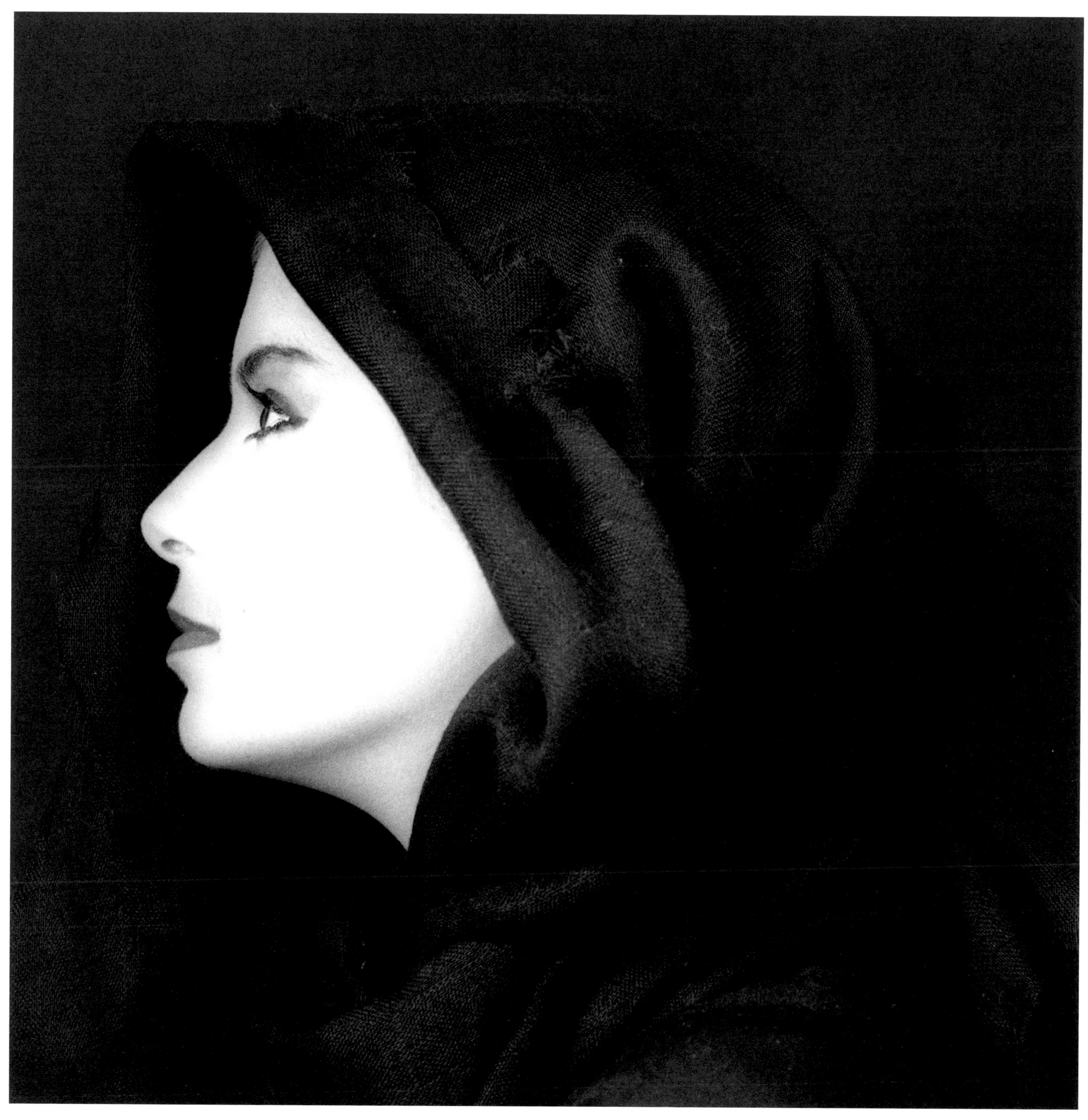

Jill Chapman, 1983

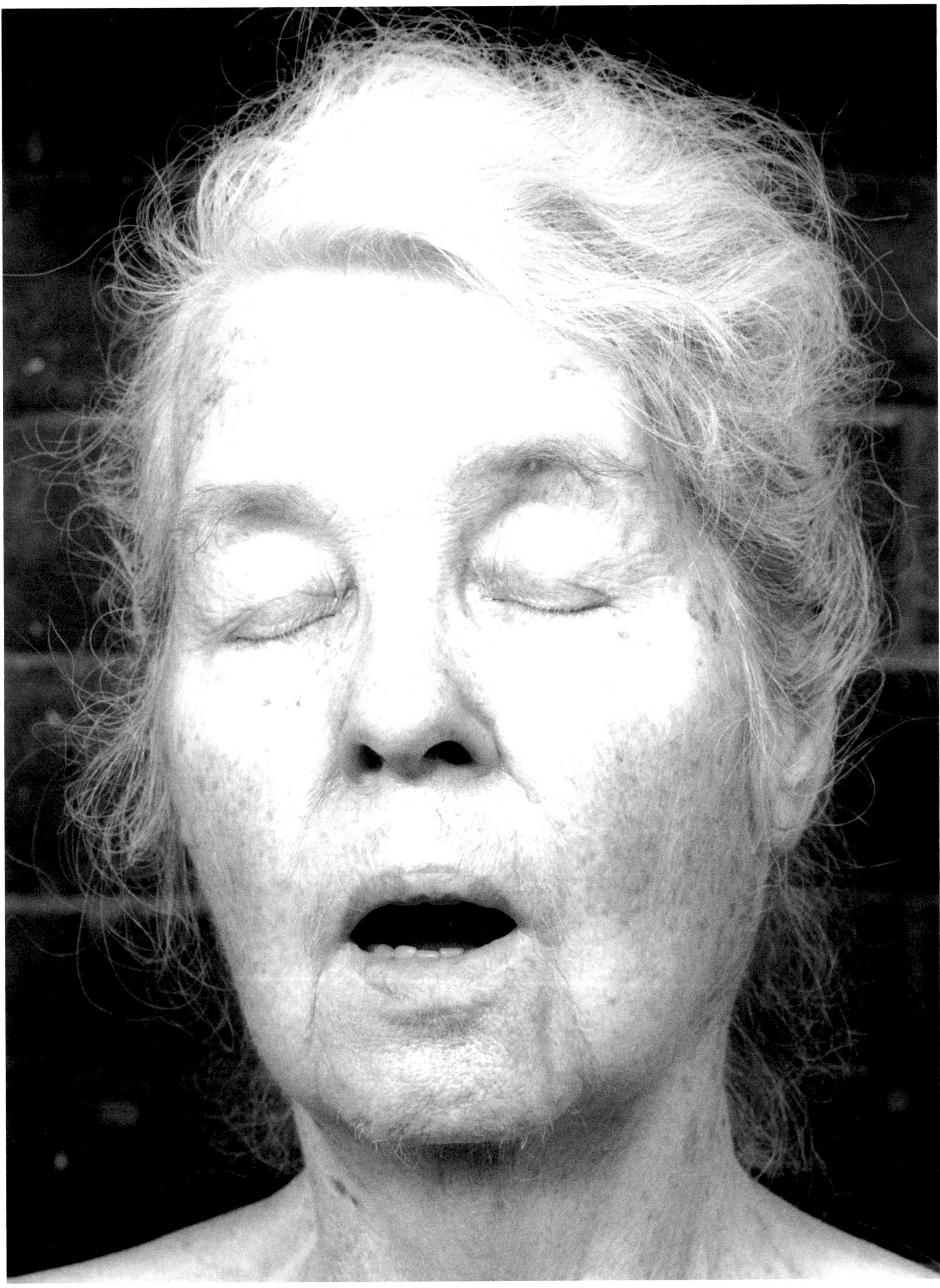

Alice Neel, 1984

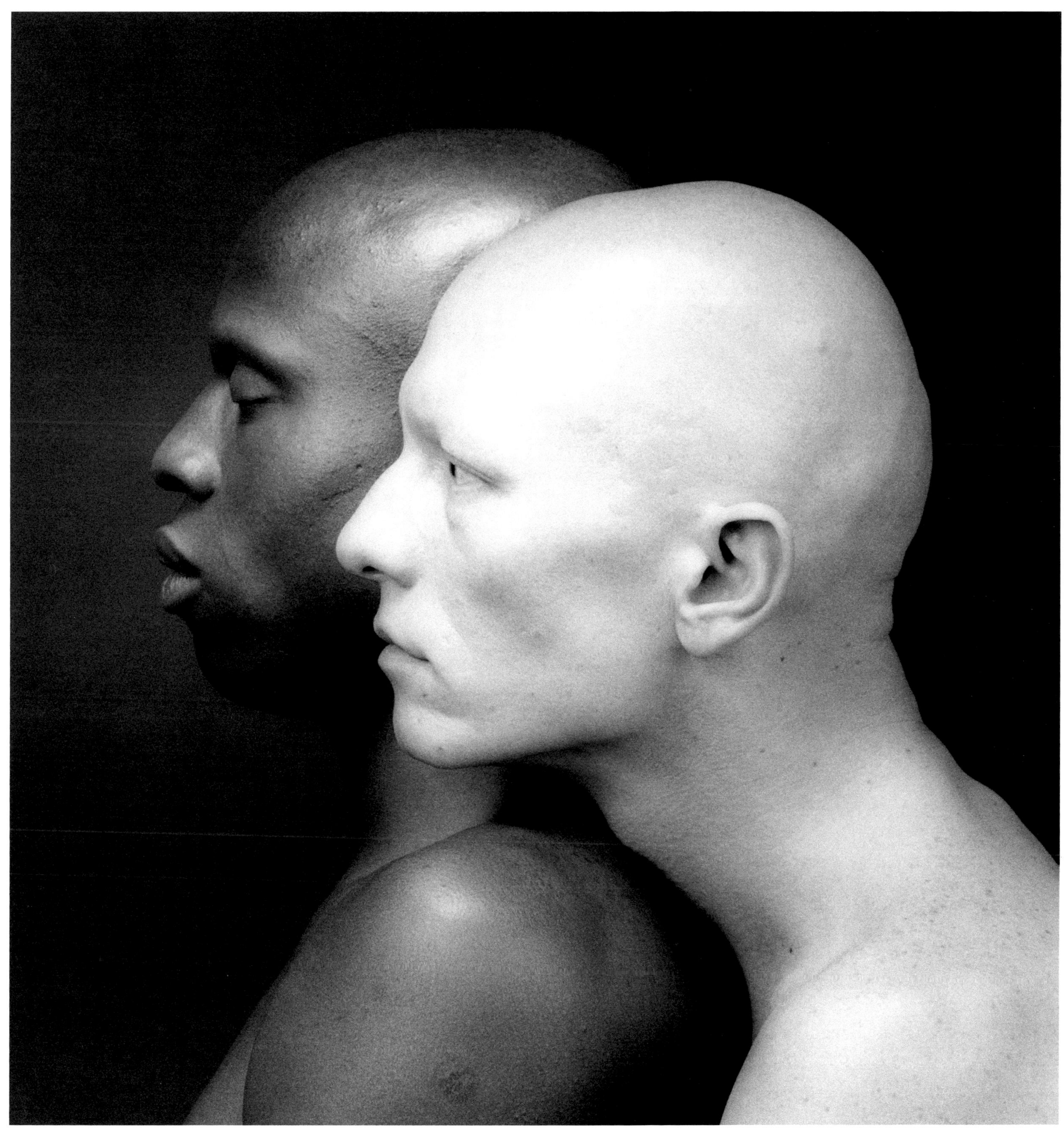

Ken Moody and Robert Sherman, 1984

HELLEN VAN MEENE

Meist bitte ich Personen, mir Modell zu sitzen, die keine Erfahrung damit haben. Es sind einfach Mädchen und Jungs von der Straße. Wenn man sie vor der Kamera hat, ist es gut, ihnen zu helfen, indem man ihnen sagt, wohin sie schauen und welche Haltung sie einnehmen sollen. Wichtig ist, dass das Modell das Gefühl hat, mir vertrauen zu können: Es muss sich mit mir wohlfühlen. Die Modelle müssen mir zutrauen, dass ich ein gutes Foto von ihnen machen kann. Manchmal macht das Modell etwas, woran ich vorher nicht gedacht habe, und dann reagiere ich natürlich. Es gibt also immer eine Interaktion zwischen dem Modell und mir.

Arbeitet man mit jungen Menschen, merkt man, wie offen und flexibel sie sind. Mir gefällt, wie ihnen noch nichts verschlossen ist, dass sie noch alles werden können. Junge Leute sind sehr anregend, und ich lasse das gern zu. Junge Menschen zu fotografieren gibt mir mehr Spielraum. Eine Vierzigjährige kann man nicht in verschiedene Arten von Kleidern stecken, weil das dann gestellt wirkt, etwas Unechtes bekommt. Zieht man einer jungen Frau verschiedene Kleider an – die Kleidung ist bei meinen Fotos manchmal sehr wichtig, nicht wie in der Modefotografie, sondern als Moment, das die Aufnahme ausmacht –, ergeben sich dadurch ein viel interessanterer Raum und zusätzliche Details.

Ich arbeite ausschließlich mit Tageslicht, weil es für mich am wichtigsten ist, meinen Modellen all die Aufmerksamkeit zu widmen, die sie brauchen. Wenn ich draußen in natürlichem Licht fotografiere, kann ich sofort reagieren, wenn ich etwa sehe, dass das Licht am nächsten Baum viel besser ist. Dann kann ich das Modell bitten, einen Schritt zur Seite zu machen. In einem Studio würde ich mich viel zu beschränkt fühlen. Da sind die Lampen schon aufgestellt, und wenn man das Licht ändern will, konzentriert man sich weniger auf das Modell als auf das Light-Equipment im Studio. Ich konzentriere mich lieber auf das Modell.

I guide my subjects a lot. I always get models that have no experience as models. They're just girls and boys off the street. Once you have a model posing in front of you it is good to help them by telling them in what direction to look or what pose to choose. It's important that the model feels they can trust me because they have to feel comfortable with me. They have to trust that I am able to take a good photo of them. Sometimes, the model will do something that I haven't thought of before, and then of course I react. So it is always about the interaction between the model and myself.

When you work with young people, you notice how they're so open and flexible. I like how for them everything is still open: all avenues of life. Young people are so inspiring, and I love to be inspired by them. Taking photos of them gives me more space for my photographs. You cannot dress a forty-year old in different kinds of clothes, because it would look like you're setting something up, and that would look fake. If you put a younger woman in different kinds of clothes – which is sometimes very important in my photos not like in fashion photography, but it's a detail that makes the photos – it gives the pictures a much more interesting space, and adds more detail.

I work only with daylight, because I think it is most important to give my model all the attention they need. When I work outside in natural light I can interact straight away when I see that the light is much better on the tree next to me, for example. So I can ask the model to step this way or that. In a studio, I would feel too limited. There, the light has already been set up, and if you want to change it you become less focused on the model and more on the lighting equipment in the studio. I like to be more focused on the model.

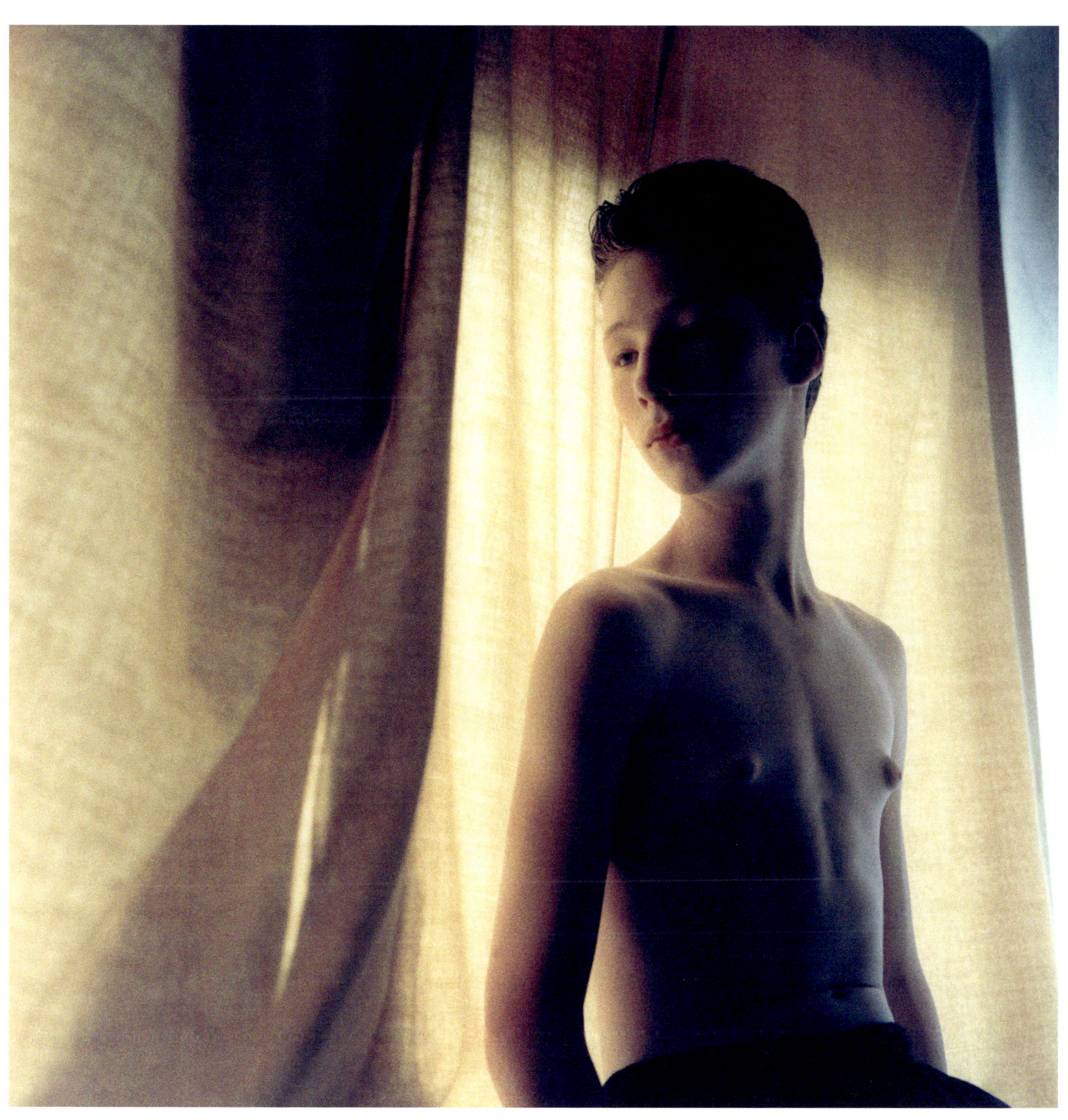

Untitled #125, Bergen, Netherlands, 2000

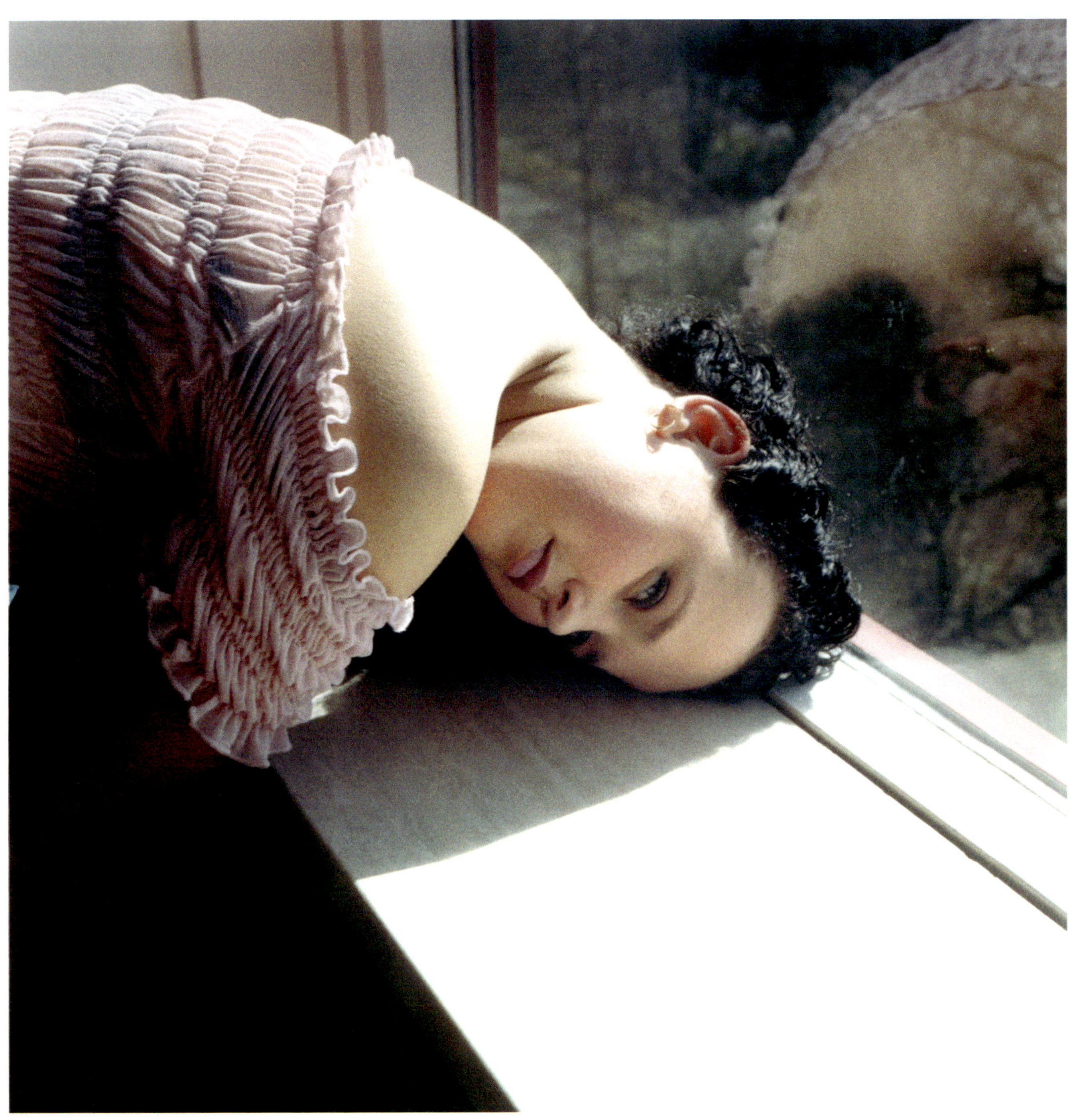

Untitled #63, 1999

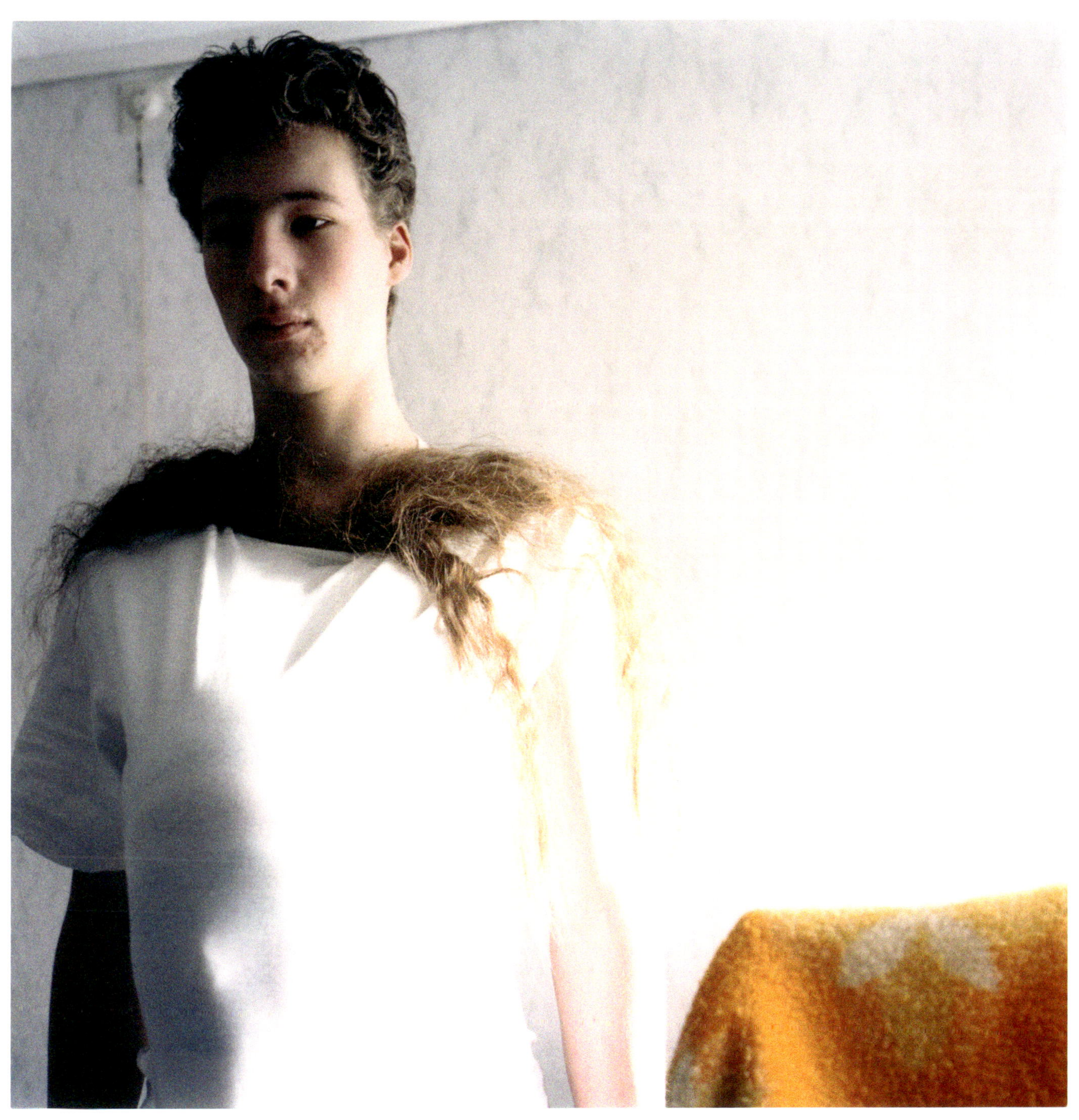

Untitled #154, 2003

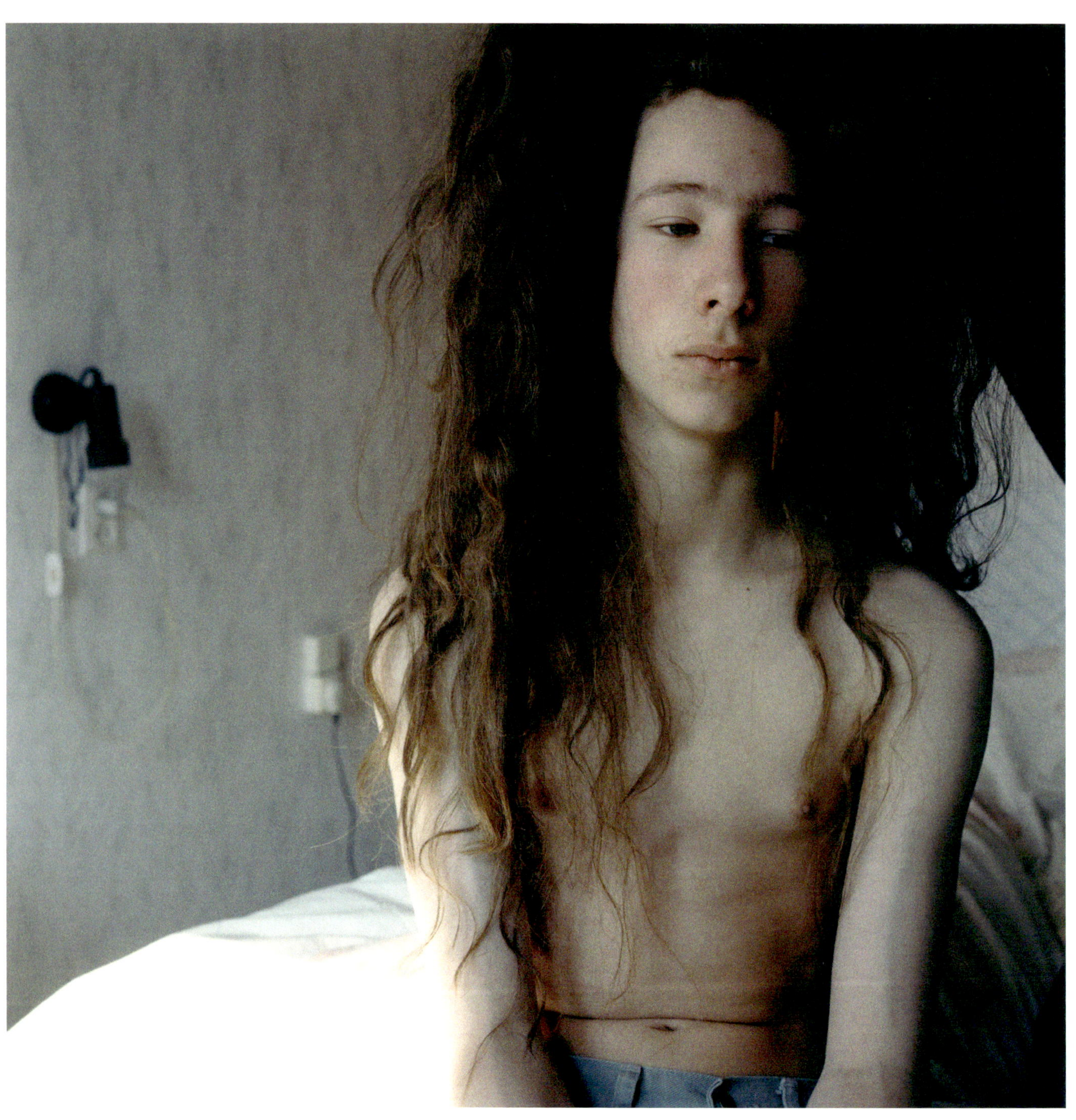

Untitled #132, 2003

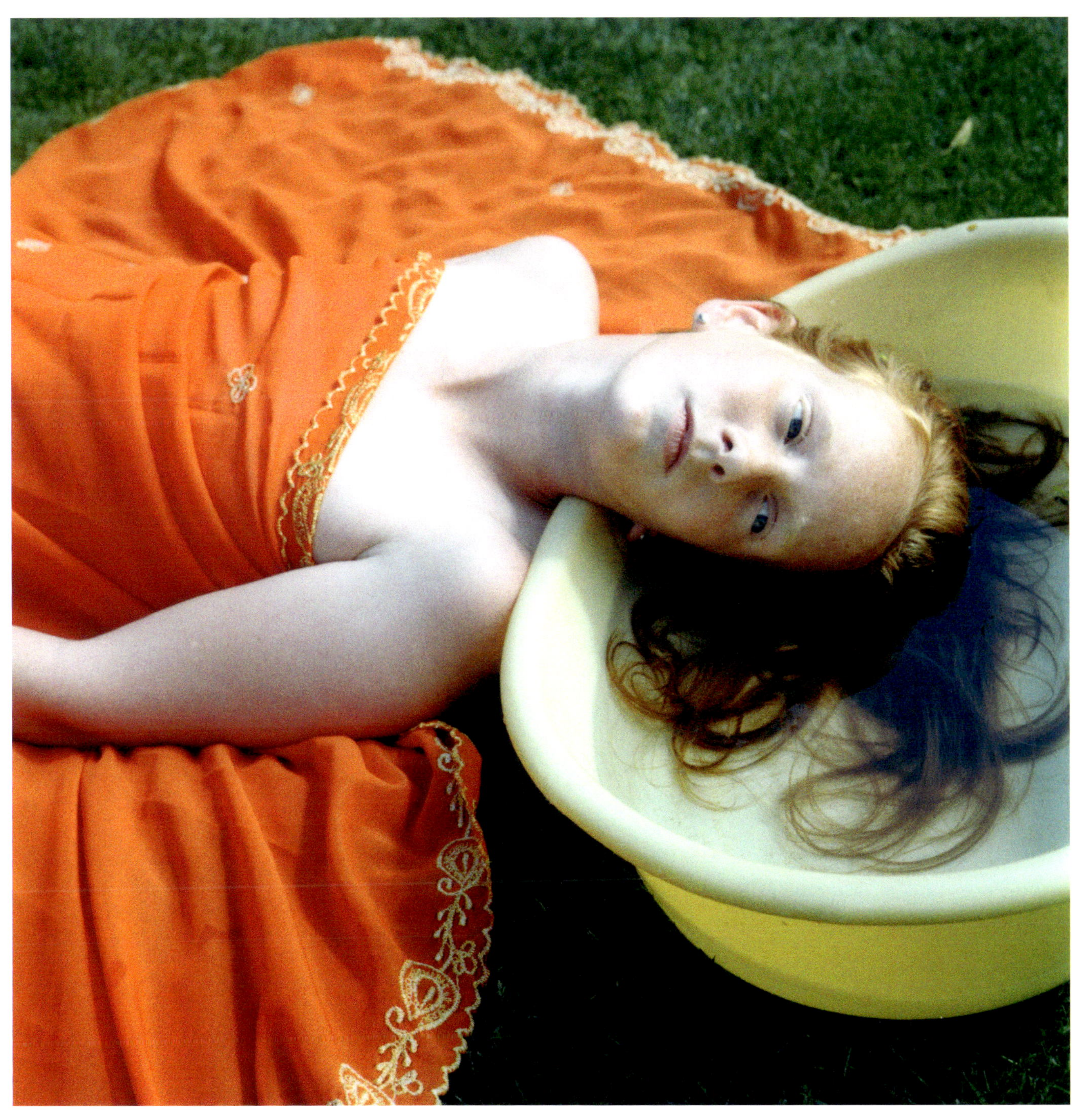

Untitled #72, 1999

JUDITH JOY ROSS

Im Grunde denke ich, dass die Menschen nach Anerkennung und Wertschätzung suchen, und wenn man eine große Kamera vor sie hält, denken sie: „Ich muss wohl interessant sein." Währendessen mühe ich mich ab, stolpere über das Stativ und binde ein albernes schwarzes Tuch um meinen Kopf. Da wir beide verletzlich sind, gibt die Person mehr von sich her. So arbeite ich. Ich bin sehr intensiv in dich verliebt, muss dich aber nie wieder sehen.

Intimität ist nicht meine Sache, außer auf einer visuellen Ebene. Wenn ich eine Person ansehe, denke ich über ihre Vergangenheit nach, darüber wie ihre Zukunft aussehen könnte und darüber was ich in dem Moment sehe. Ein Bild, das eine gute Geschichte erzählt, ist viel besser als das echte Leben. Das echte Leben ist schwierig und kompliziert, aber ein gutes Bild – darin kann ich mich verlieren.

I basically think people want to be recognized and appreciated, and when you put a big camera in front of them, they think, "I must be interesting." Meanwhile, I'm struggling, tripping over the tripod and putting a goofy black cloth over my head. Because we're both vulnerable, that person gives me more of themselves. This is the way I work. I'm in love with you intensely, and I don't ever have to see you again.

I'm not big on intimacy, except in a visual way. When I look at somebody, I think about their past and what their future could be, as well as what I'm seeing in the moment. A good story in a picture is much better than being alive. Being alive is complicated and hard, but a good picture – I can get lost in it.

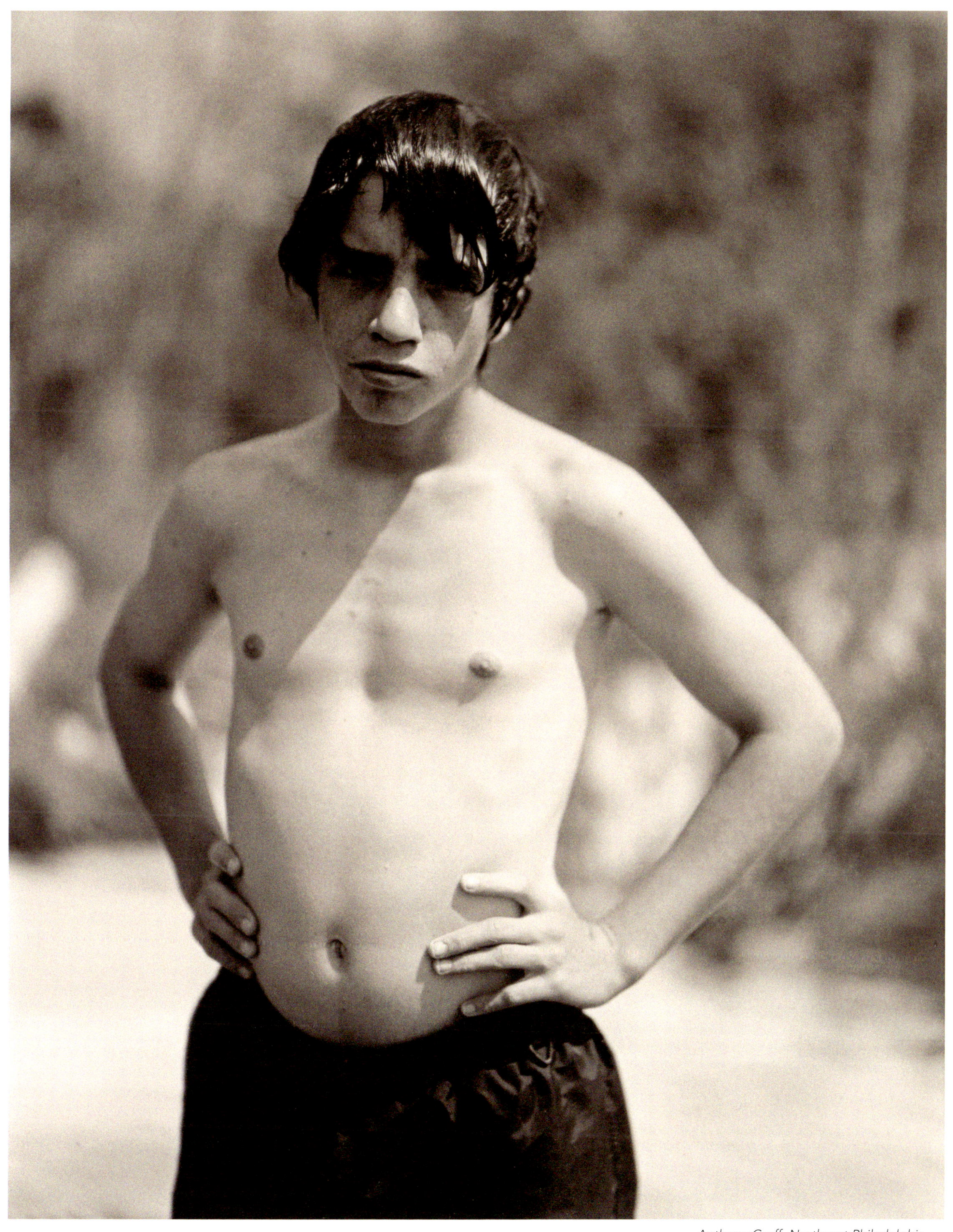

Anthony Graff, Northeast Philadelphia, 1998

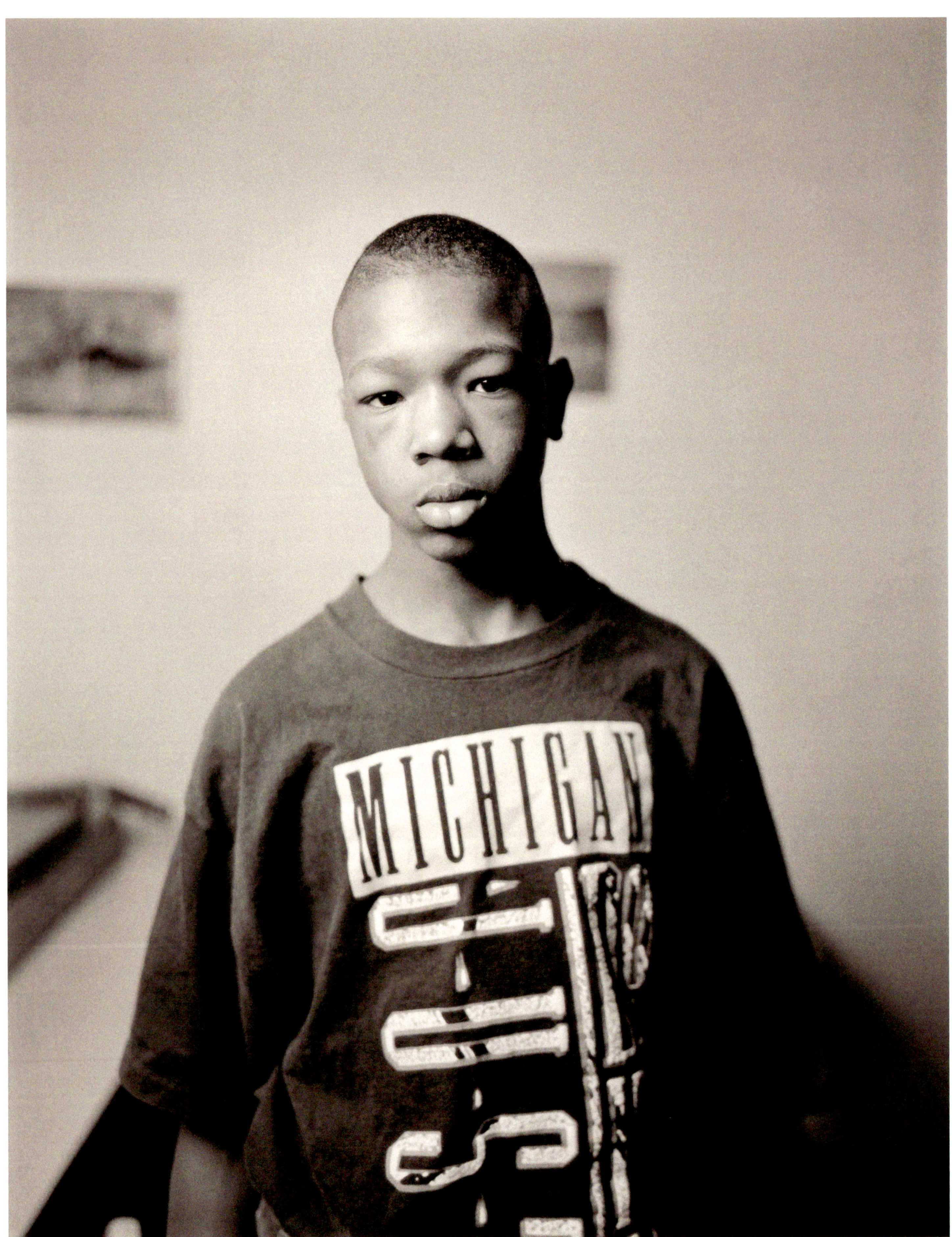

*Robert Williams, Gallagher Junior High
School, Cleveland, Ohio, 1993*

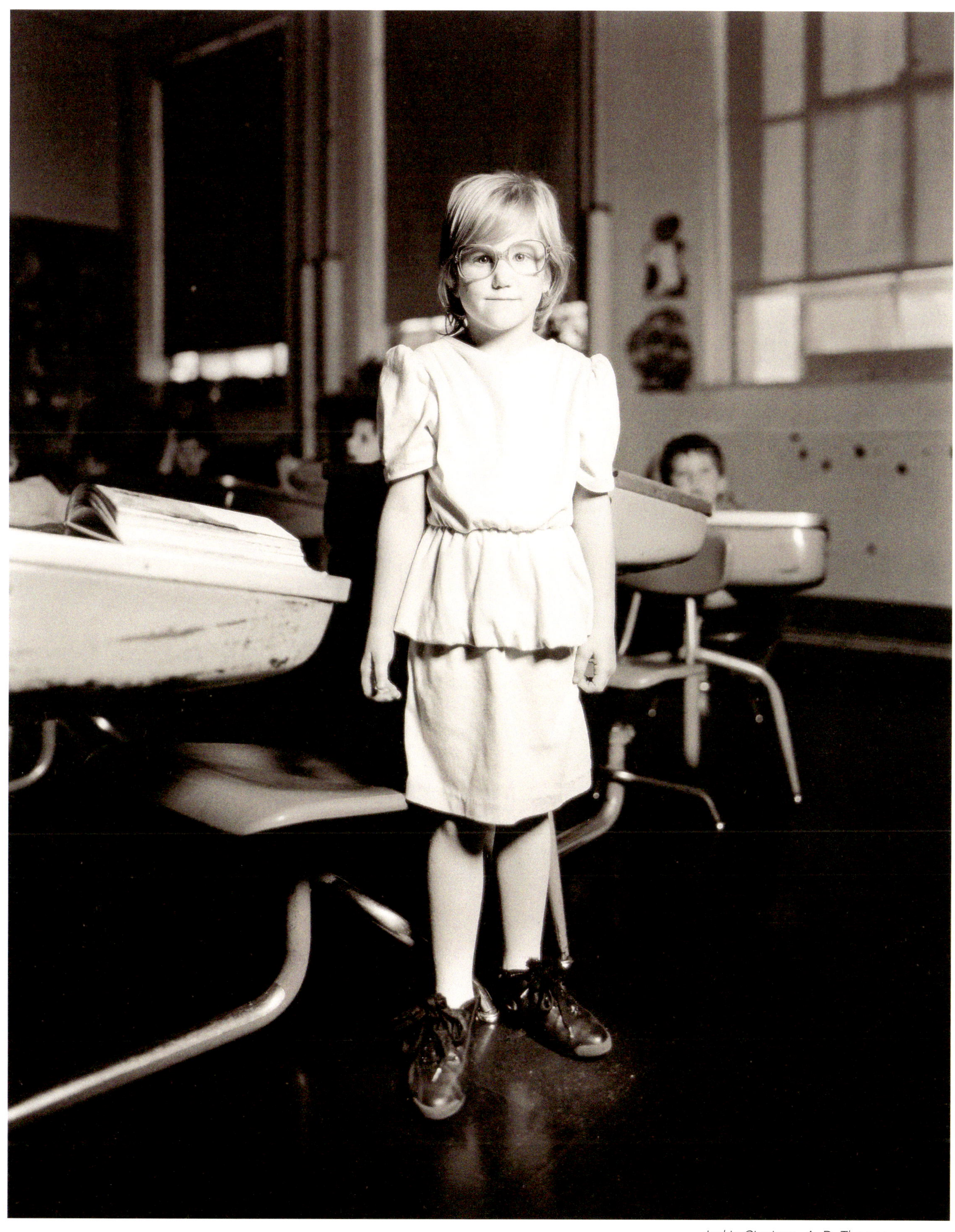

Jackie Cieniawa, A. D. Thomas
Elementary School, Hazleton,
Pennsylvania, 1993

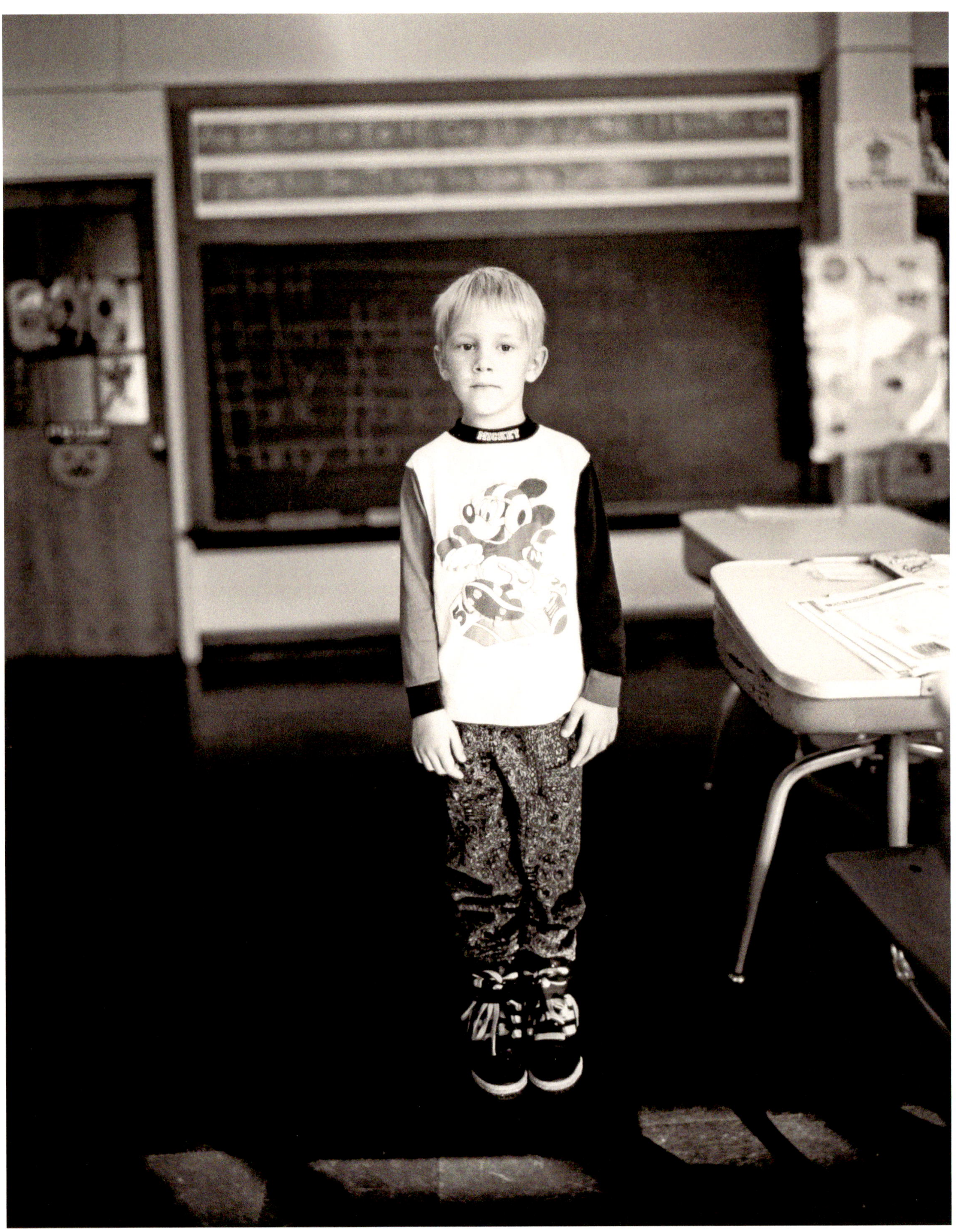

Orion, A. D. Thomas Elementary School,
Hazleton, Pennsylvania, 1993

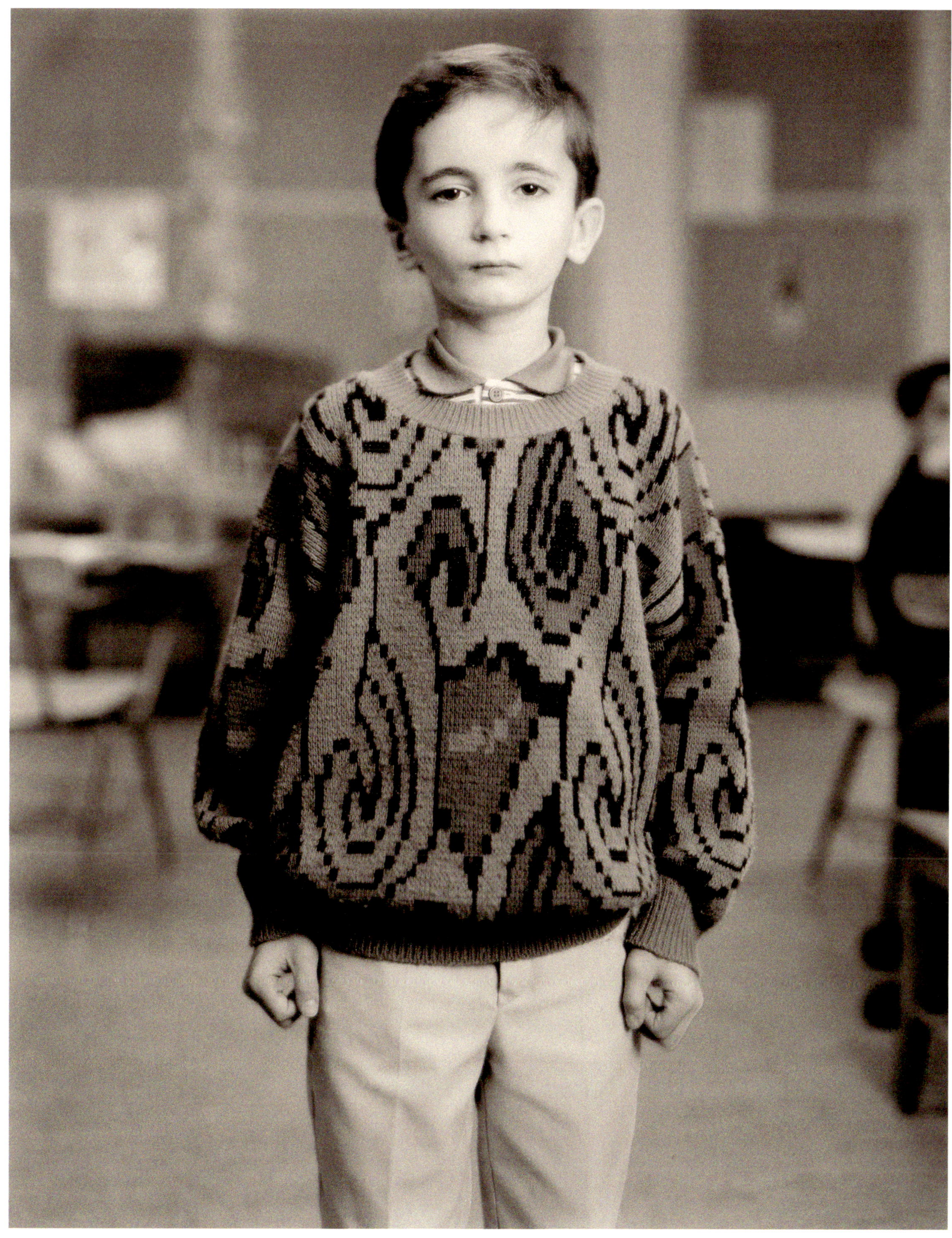

*Svyatoslav Gera, Gallagher Junior High
School, Cleveland, Ohio, 1998*

THOMAS RUFF

Ich bin davon ausgegangen, dass ein fotografisches Porträt gar nicht machbar ist, dass nicht einmal hundert Porträts von einer Person eine Annäherung an die Persönlichkeit geben können. Noch weniger kann demnach ein einziges Porträt die Persönlichkeit repräsentieren, es könnte vielleicht gerade mal ein Tausendstel oder Millionstel von der Person zeigen. Weil ich skeptisch war und davon ausgegangen bin, dass Fotografie nur Oberfläche abbilden kann, machte ich Porträts so, als ob ich eine Beethovenbüste fotografieren würde – in der Frontale, in leichter Kopf- und Schulterdrehung, im Profil.

Das Gesicht selber, die Form, die Nase, die Augen, die Lippen, das sagt eigentlich schon alles über die Person aus. Insofern ist das Erscheinungsbild das wichtigste, das sie einbringt. Ich glaube, es ist sehr schwierig, die Person so zu reduzieren, dass sie gar nichts mehr von ihrer Individualität ausstrahlt, trotz Isolation durch den Hintergrund und Neutralisierung des Gesichts durch den formalen Rahmen.

Ich wollte eben kein geschöntes Porträt, wie es in Passbildstudios und kommerziellen Ateliers zu finden ist, die mit Weichzeichner die Person oder das Gesicht hübscher zu machen versuchen, als die Person tatsächlich ist. Ich wollte eben in erster Linie die Oberfläche abbilden. Was zusätzlich passiert, ist Zufall, das kann ich nicht steuern.

I have assumed that a photographic portrait is not even possible, and that not even one hundred portraits of the same person could come close to portraying his or her personality. Even less, therefore, can a single portrait represent a personality: it could perhaps show a thousandth or a millionth of the person. Because I was sceptical and assumed that photography can copy only the surface, I made portraits as if I were photographing a bust of Beethoven – full frontal, with a slight turn of the head and shoulders, in profile.

The face itself – its form, the nose, the eyes the lips – actually expresses everything about a person. And so appearance is the most important thing it provides. I think it is very difficult to reduce someone to such an extent that there is no longer any radiation of individuality, in spite of isolating the face from the background and neutralizing it with the formal frame.

I did not want a beautified portrait of the kind found in passport photo studios and commercial ateliers, which use a soft-focus lens to try to make the person prettier than he or she really is. What I wanted was, in the first place, to copy the surface. What happens in addition to that is chance; I have no control over that.

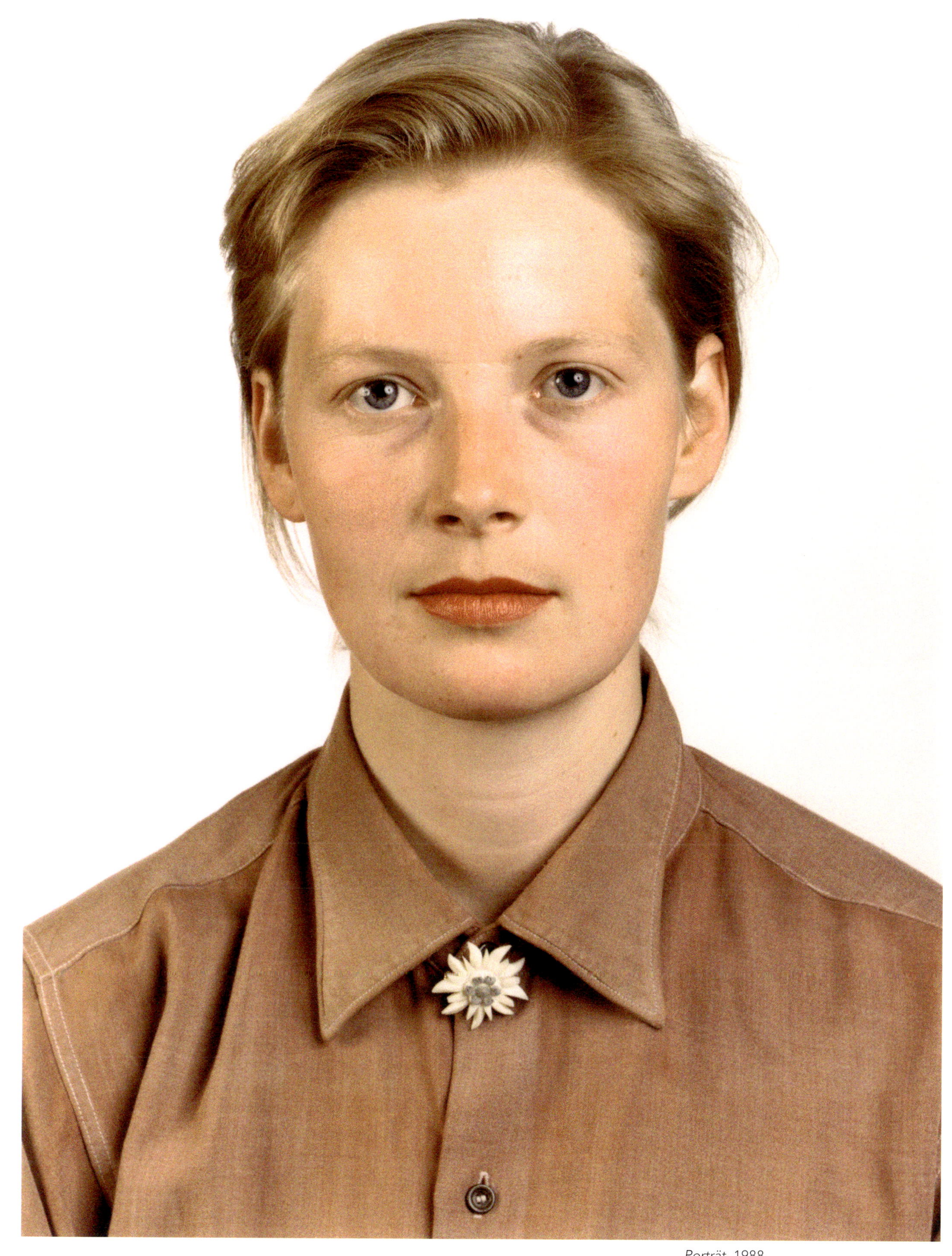

Porträt, 1988
(P. Stadtbäumer)

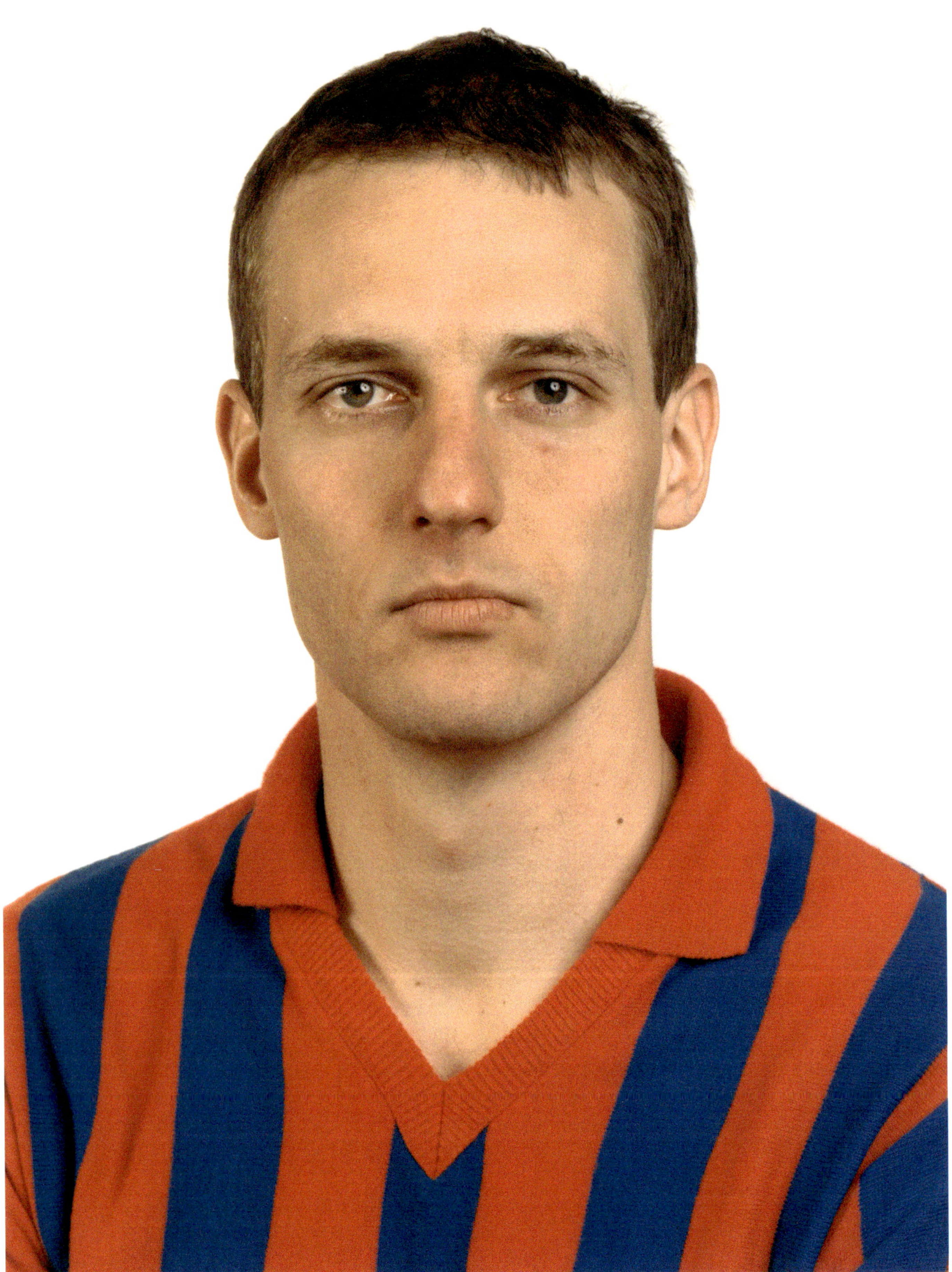

Porträt, 1988
(J. Röing)

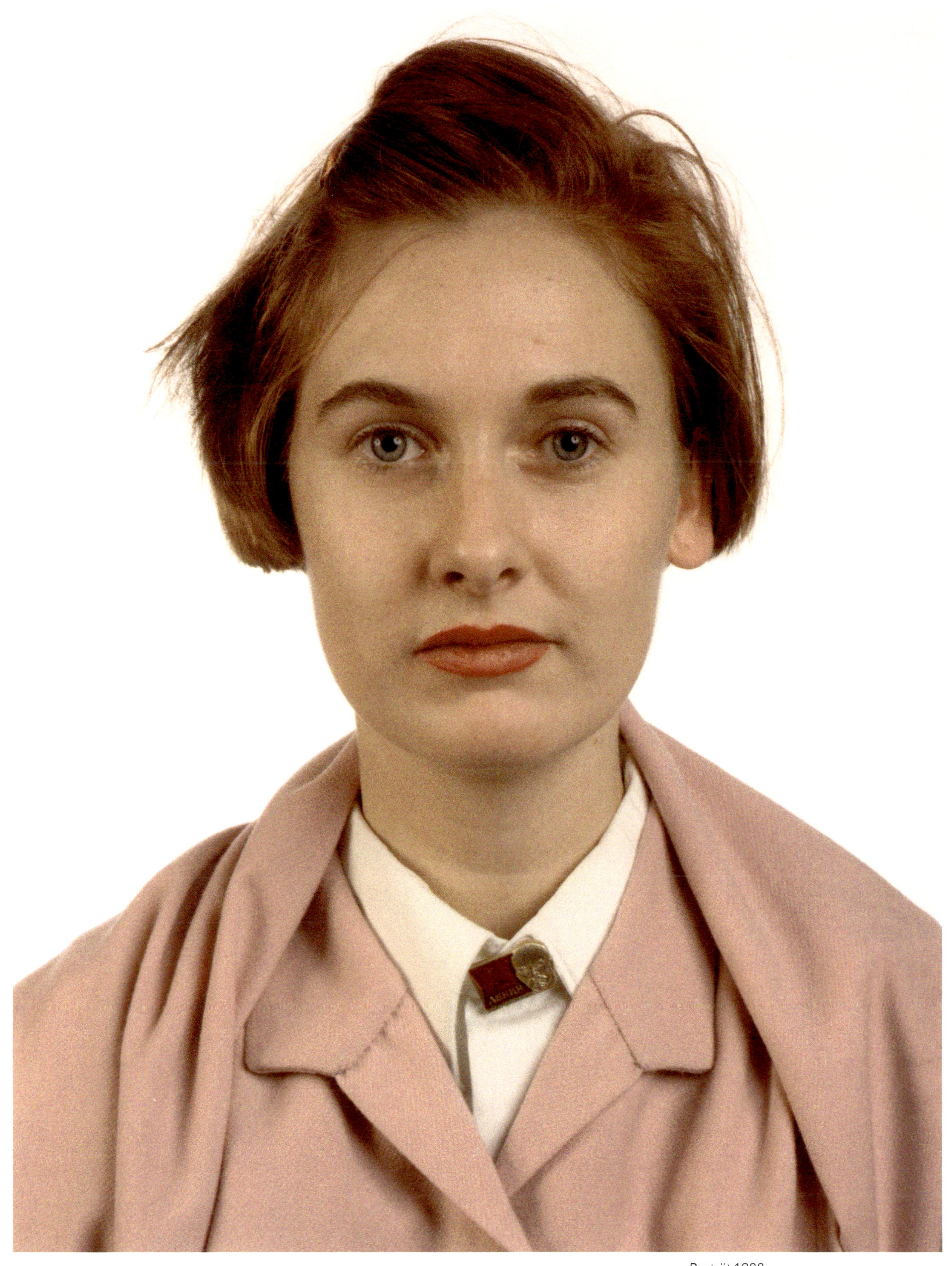

*Porträt,*1988
(L. Coelevy)

STEFANO SCHEDA

Ein Körper ist, auch wenn er kein Gesicht hat, an sich ein Porträt. Er charakterisiert die fotografierte Person, obwohl sie „geköpft" wird. Er behält seine Einzigartigkeit bei, ohne den ikonischen Wert des Gesichts zu erhalten, der innerhalb des gesellschaftlichen Kodes weiterhin als Zeichen der Einzigartigkeit vorherrscht.

Bei dieser Fotoserie wollte ich mich auf eine „Darstellung" meiner Modelle konzentrieren, die so unpersönlich und stereotyp wie nur möglich sein sollte: Es ging mir um vergrößerte „Passbilder", um „Werbeplakate". Um diesen Effekt zu erzielen und zu verstärken, ließ ich die Modelle in einem Studio unter meiner Anleitung von einem professionellen Modefotografen fotografieren. Mir gefiel die Idee, etwas zu zeigen, was nicht nur ein Porträtfoto, sondern gewissermaßen eine redundante Skulptur ist, welche genau die Elemente des Bereichs verkörpert, dem sie zugehört: den Modefotografen, das Papier, das Plakat, das Modell, den Studioraum, das Auf- und Abrollen, die Klammer, die das Blatt oben hält, usw. Die verschiedenen Plakate, die verschiedene Modelle zeigen, wurden alle im selben Format und in derselben Größe auskopiert, dann übereinandergelegt und aufgerollt; jede Rolle besteht aus zwei bis drei plakatartigen Blättern, die wie üblich nur mit einer Klammer zusammengehalten werden. Wenn der porträtierte Körper dadurch auch eine Art „Kreuzhybridisierung" der verschiedenen Teile erfährt, aus denen er besteht, bewahrt er doch stets die erkennbaren spezifischen Merkmale der fotografierten Person, aber die Fotos zeigen nie ein ganzes Bild, da dies einem vergeblichen Homologationsversuch gleichkäme.

Dass die Haut, die Oberfläche des Körpers, gewissermaßen abgezogen und zu Papier wird und sich ein subtiles Spiel mit einer ungemein zarten, leichtfertigen und vergänglichen Form der Darstellung entspinnt, die keine kodifizierten, der Norm entsprechenden Gesichter und Körper hervorbringt, legt den Schluss nahe, dass es für den Körper, den „kanonischen" Körper, kein Modell geben kann. Indem die Bilder ineinander gleiten, lassen sie zu, dass man sie vergisst, was wir immer als erfrischend empfinden. Die Arbeit legt sich auch absichtlich nicht fest, ist beinahe „im Fluss", um das Flüchtige der Zeit zu betonen, in der jedes unmögliche Porträt gemacht wird: Was unser Porträt zeichnet, entzieht sich infolge des Verstreichens der Zeit, und einen Augenblick später sind wir jemand anderer.

The body is in itself a portrait, even when it lacks a face. It typifies the photographed individuals despite them being 'beheaded.' It retains its own uniqueness without acquiring the same iconic value as the face, which continues to hold sway as the mark of uniqueness in the social code.

In this series of photos, I wanted to focus on a 'representation' of my models that had to be as impersonal and stereotypical as possible – I was looking for an enlarged 'passport photo,' an 'advertising poster.' In order to obtain and enhance this effect, I had the models photographed in a studio, under my supervision, by a professional fashion photographer. I liked the idea of showing something that is not merely a portrait photo, but a sort of redundant sculpture that embodies the very elements of the specific domain it belongs to – the fashion photographer, the paper, the poster, the model, the studio space, the rolling up and down, the peg that keeps the sheet up, etc. The different posters, showing different subjects, have all been printed in the same format and size, then overlapped and rolled up, with each roll consisting of 2 to 3 sheets, posterlike, left loose and only fixed with pins, as is usually the case. Although undergoing a sort of 'cross-hybridization' of the different parts that make it up, the portrayed body always retains the recognizable, specific qualities of each photographed subject, but the photos never capture a single, whole image, which would be a vain attempt at homologation.

A sort of flaying of the body's skin, of the flesh's surface, which turns into paper. A subtle play with an extremely frail, frivolous and transient representation, resulting in non-codified, non-standard faces and bodies. All this leads to the conclusion that there can be no model for the body, no 'canonical' body. By sliding one into the other, the images let themselves be forgotten, always leaving us renewed. The work has been intentionally left unstable, almost 'in flow,' also in order to emphasize the fleetingness of the time in which every impossible portrait is created: what draws our portrait withdraws as a consequence of the passing of time, and a moment later we are different.

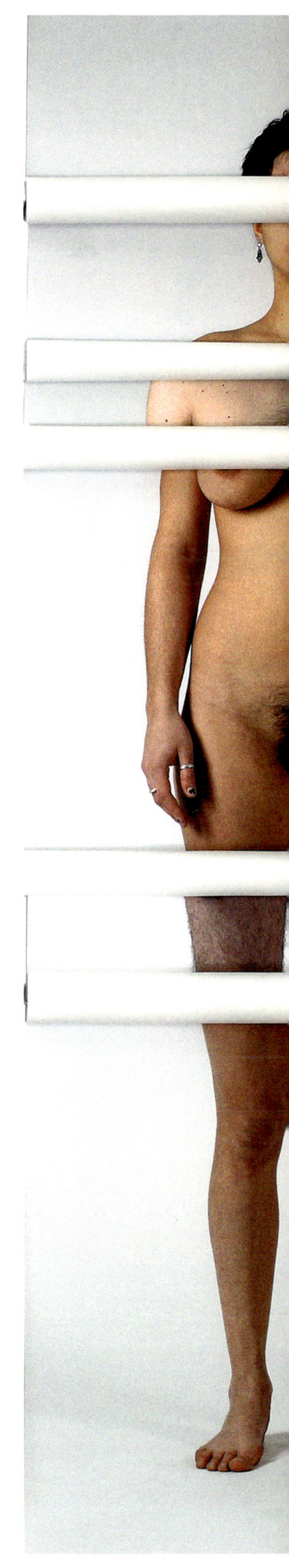

ROLL N'ROLL / the body of the portrait, 2000

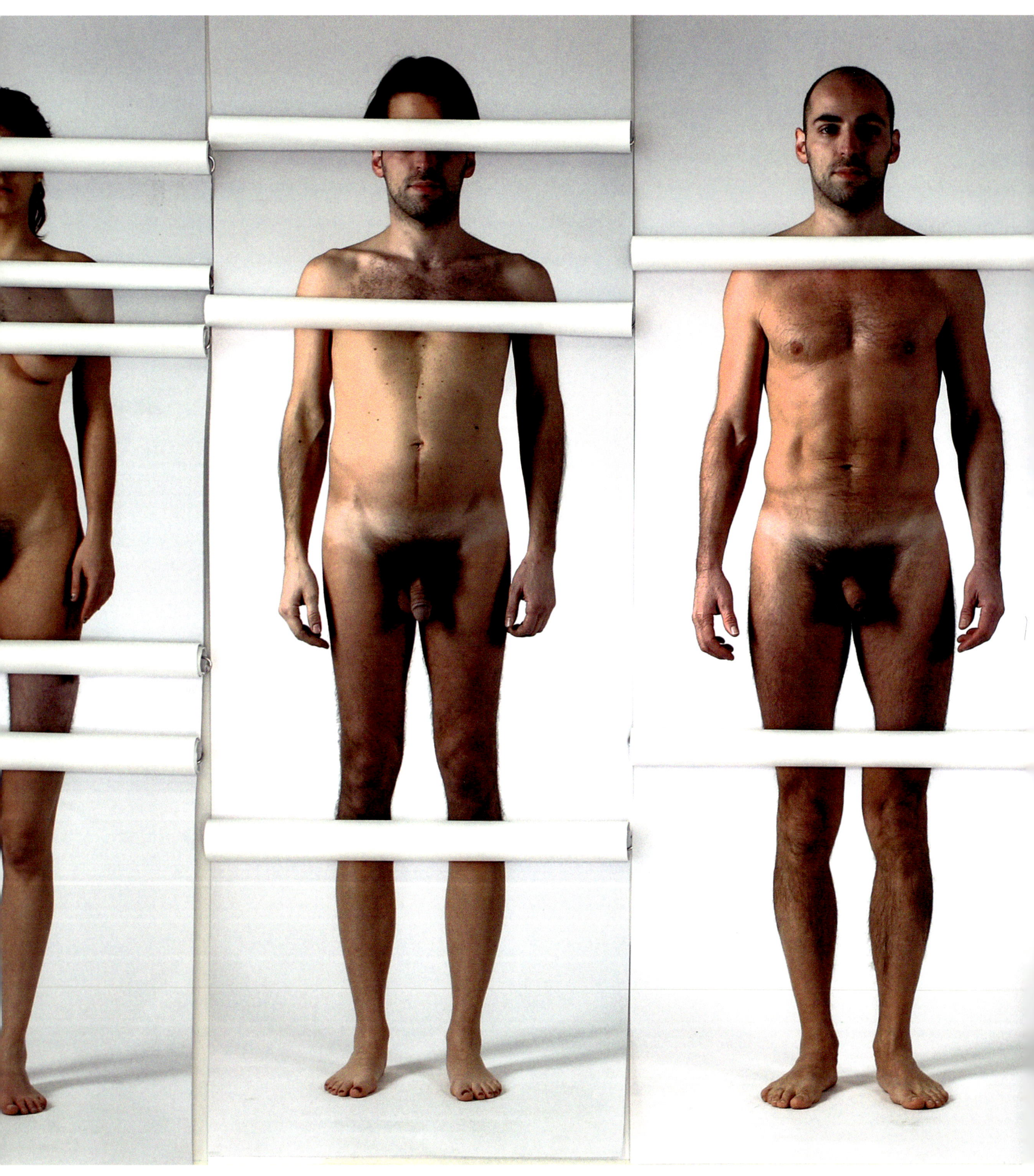

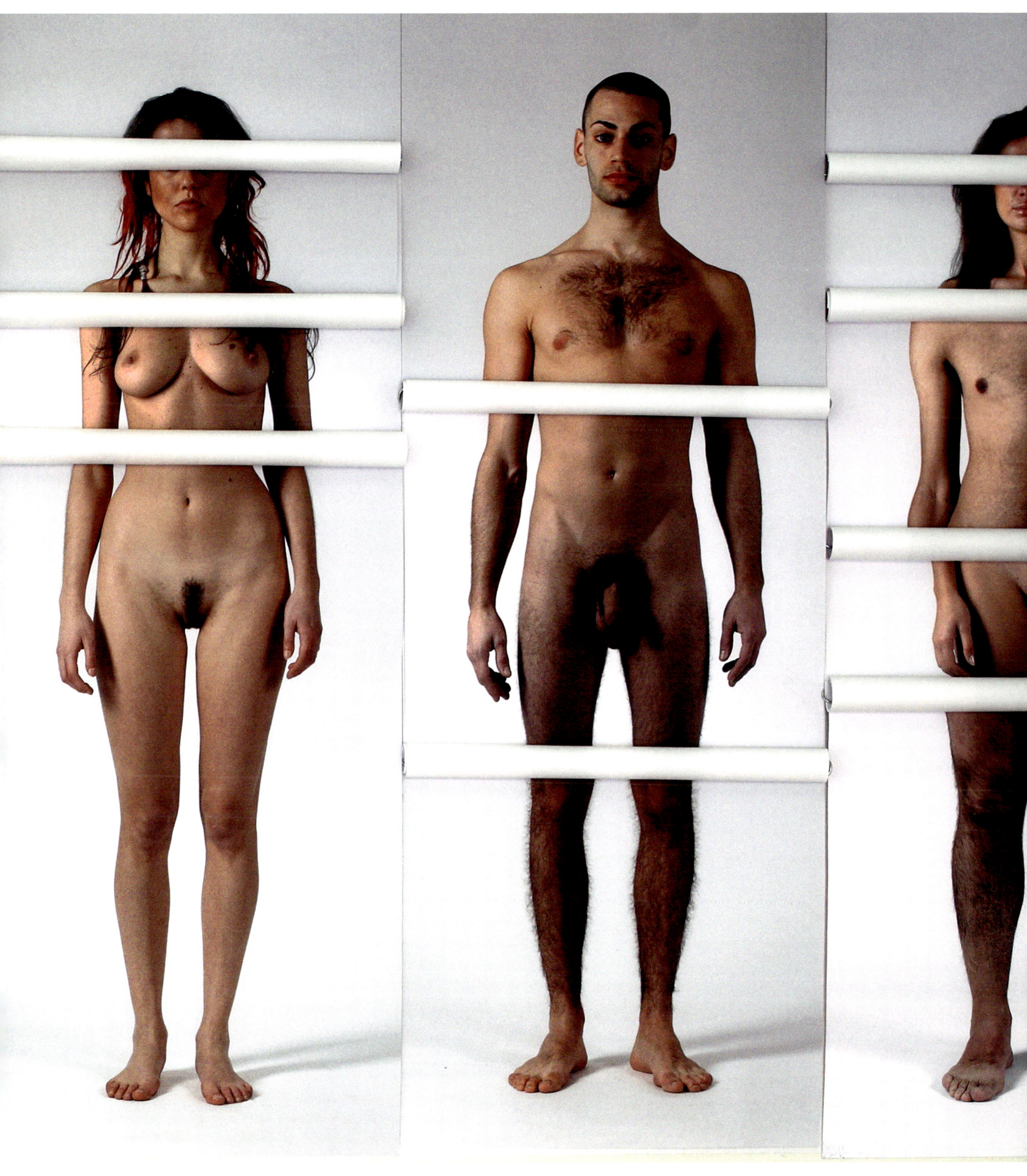

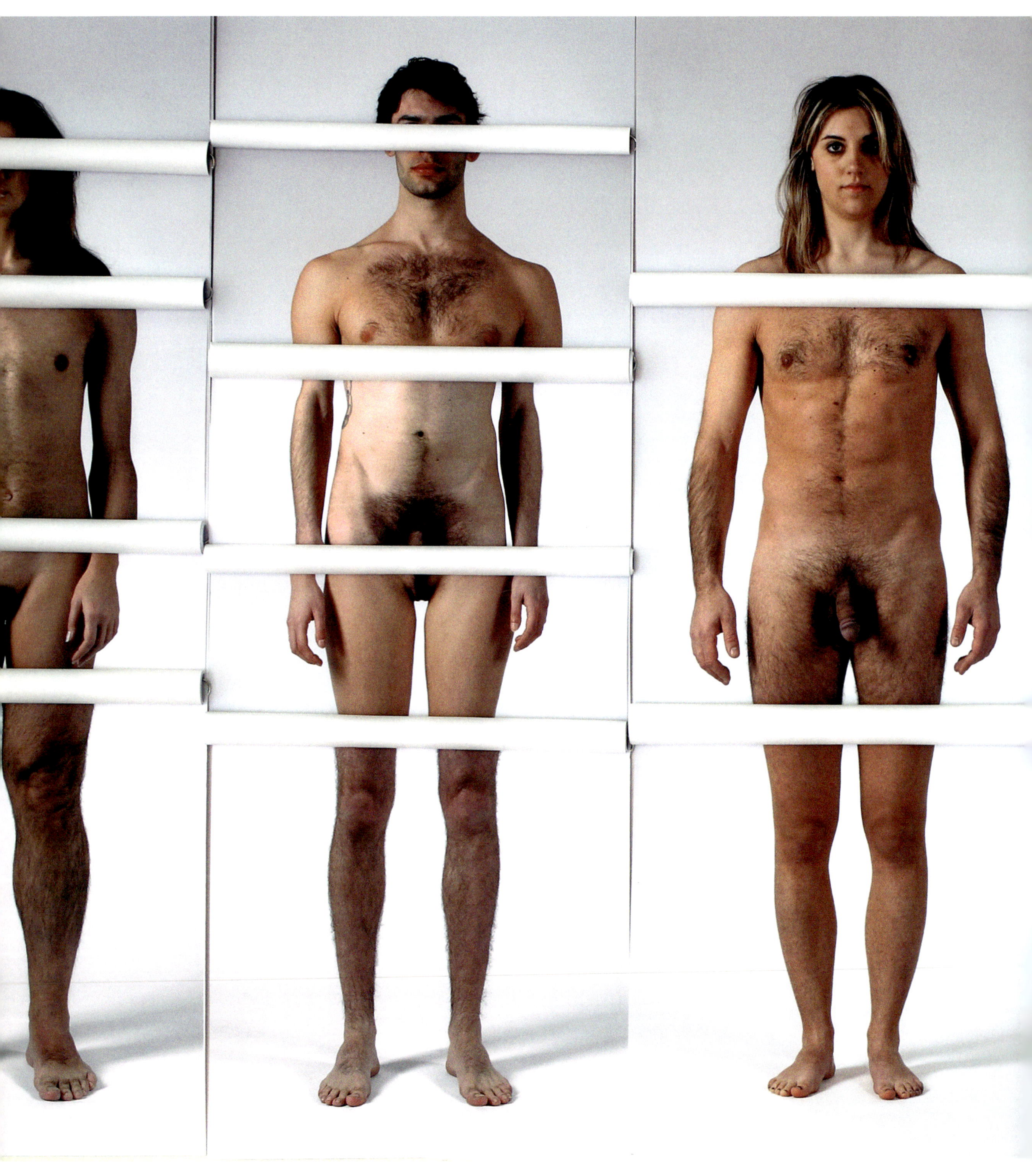

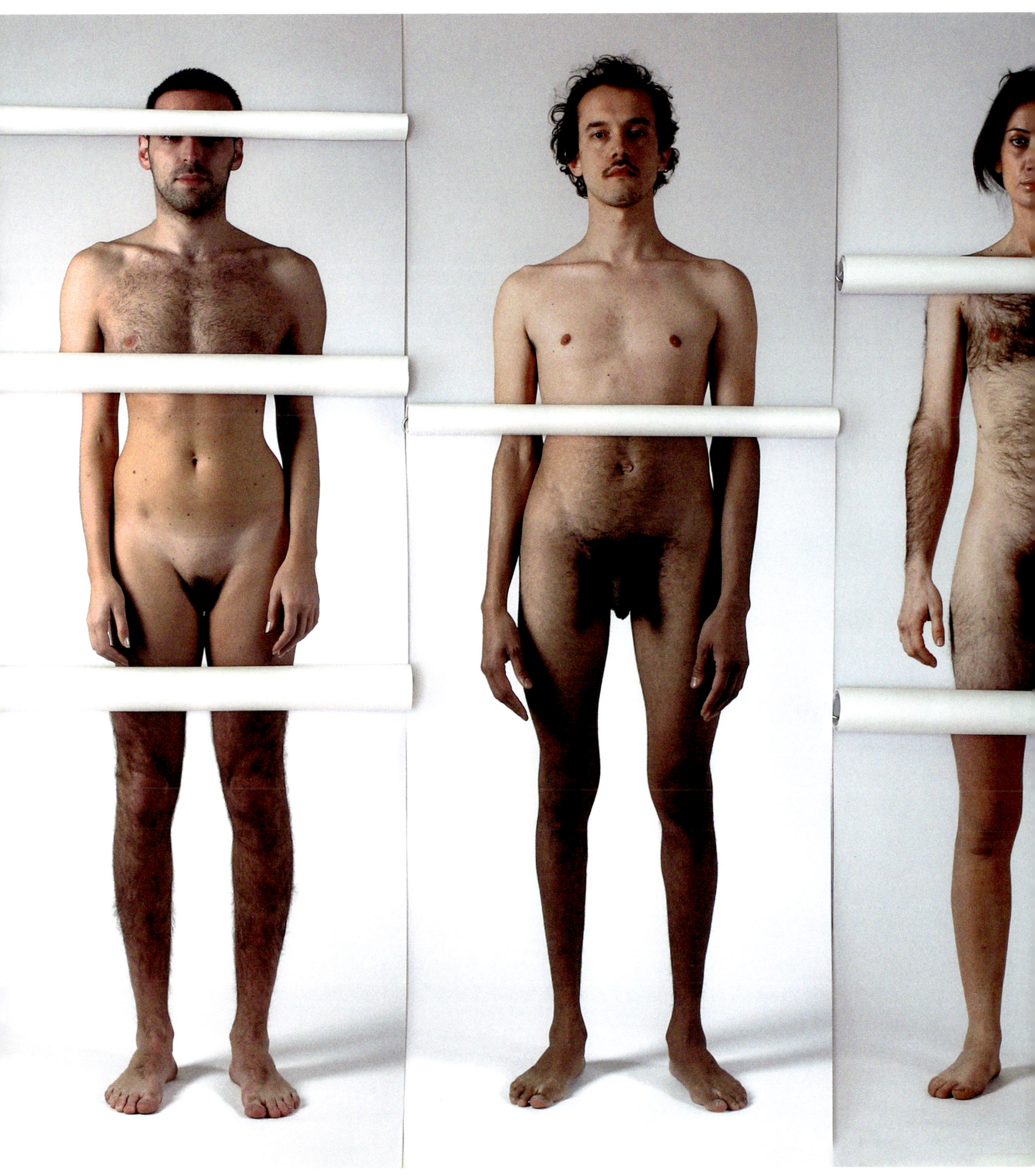

BEAT STREULI

Inszeniert – wie es bei einem Porträt oft der Fall ist – ist meine Arbeit im eigentlichen Sinne nie. Hingegen erreiche ich durch die rigide Auswahl der schlussendlich verwendeten Bilder, durch die Wahl der Ausschnitte und andere formale Instrumente eine Bildhaftigkeit, die in ihrer Einfachheit und Klarheit so in der Realität nicht ohne weiteres wiedergefunden werden kann. Dies aber nicht, um eine quasi malerische Qualität zu erreichen, sondern weil ich glaube, dass diese Art von ‚gefilterter' oder formalisierter Realität unserem Sehen nahe kommt, so wie dem Bild, das wir als Erinnerung aus einer komplexen visuellen Situation destillieren.

Sehr weit bin ich beim Fotografieren nicht von den Fotografierten entfernt, aber doch so, dass ich relativ beiläufig arbeiten kann. Wie es oft der Fall ist, stört man das ‚Objekt seiner Begierde' durch zu große Nähe; man könnte sogar von ‚zerstören' sprechen – nämlich die Offenheit und Intimität, die eben nur jemand ausstrahlt, der sich nicht beobachtet fühlt, der nicht posiert. Dies bei einer großen Vielfalt von Menschen festzuhalten ist fast nur im urbanen Raum möglich, der in seiner Öffentlichkeit den Blick auf das Private erst legitimiert.

Meine Arbeit hat etwas von Geschichten-Erzählen, von einem Journal und will nichts erklären. Spezifische Aspekte einer Kultur oder einer Stadt zu beschreiben führt meist zu Verallgemeinerungen und Banalitäten. Darum reflektiere ich meine Eindrücke von einem Ort oder einer Person lieber in Bildern. Sowenig ich vorgeben kann, zu einer tiefen Einsicht in eine gerade vorbeigehende Person zu gelangen, ist es mir möglich, eine lokale Kultur bei Aufenthalten in einer Stadt zu analysieren. Psychologisieren ist mir fremd, ich versuche die Oberfläche ernst zu nehmen und den in ihr vorhandenen, reichen Informationen zu Leben zu verhelfen. Es ist möglich, ein paar Dinge mit dem unbelasteten Blick des Außenseiters, des ‚kulturellen Touristen', der ich bin, wahrzunehmen.

Abgesehen davon beziehen sich Bilder nicht ausschließlich auf Realitäten, sondern ebenso sehr auf andere Bilder, des Kinos, der Medien, der Literatur. Bilder unter sich und Realität überlappen und inspirieren sich andauernd gegenseitig. Meine Arbeit bewegt sich zwischen diesen verschiedenen Ebenen des Dokumentarischen und des Imaginären, meiner eigenen Interessenlage, dem ‚Theater des modernen Lebens' und dem spezifischen Reagieren auf lokale oder individuelle Realitäten.

My work is never staged in the full meaning of the word, as is so often the case with portraits. In contrast to that, by strictly selecting the images that will ultimately be used, by choosing the parts to be portrayed and by using other instruments I achieve a pictorial quality, which, in its simplicity and clarity, cannot easily be discovered in reality itself. This is not, however, in order to obtain a more-or-less painterly quality but rather because I believe this kind of 'filtered' or formalised reality comes closer to the way we see things and also to the image that we distill as memory from a complex visual situation.

When taking a photograph, I am not very remote from the subject, but sufficiently distanced to permit myself to work rather casually. It is very often the case that one disturbs the 'object of desire' by being too close to it; one could even speak of 'destroying' it – in particular the frankness and intimacy that people radiate only when not feeling watched and therefore not taking on a pose. To capture this in a great many people is possible only in an urban setting, which, because it is so public, actually legitimates looking at things that are private.

My work has a storytelling element like a diary, and does not want to explain anything. Describing specific aspects of a culture or a city usually leads to generalizations and banality. That is why I prefer to reflect my impressions of a place or a person in pictures. Even though I can hardly claim to achieve a deep insight into a person who happens to be going past, it is possible for me to analyse a local culture while staying in a city. Psychologizing is alien to me: I try to take the surface seriously and help the rich information it contains come to life. It is possible to perceive a few things with the unencumbered vision of the outsider, the 'cultural tourist,' which is what I am.

And apart from that, images do not refer exclusively to realities but very often to other images from cinema, the media or literature. Pictures overlap with each other and with reality, and mutually inspire one another. My work moves between these various levels of the documentary and the imaginary, my own current interests, the 'theater of modern life' and specific reactions to local or individual realities.

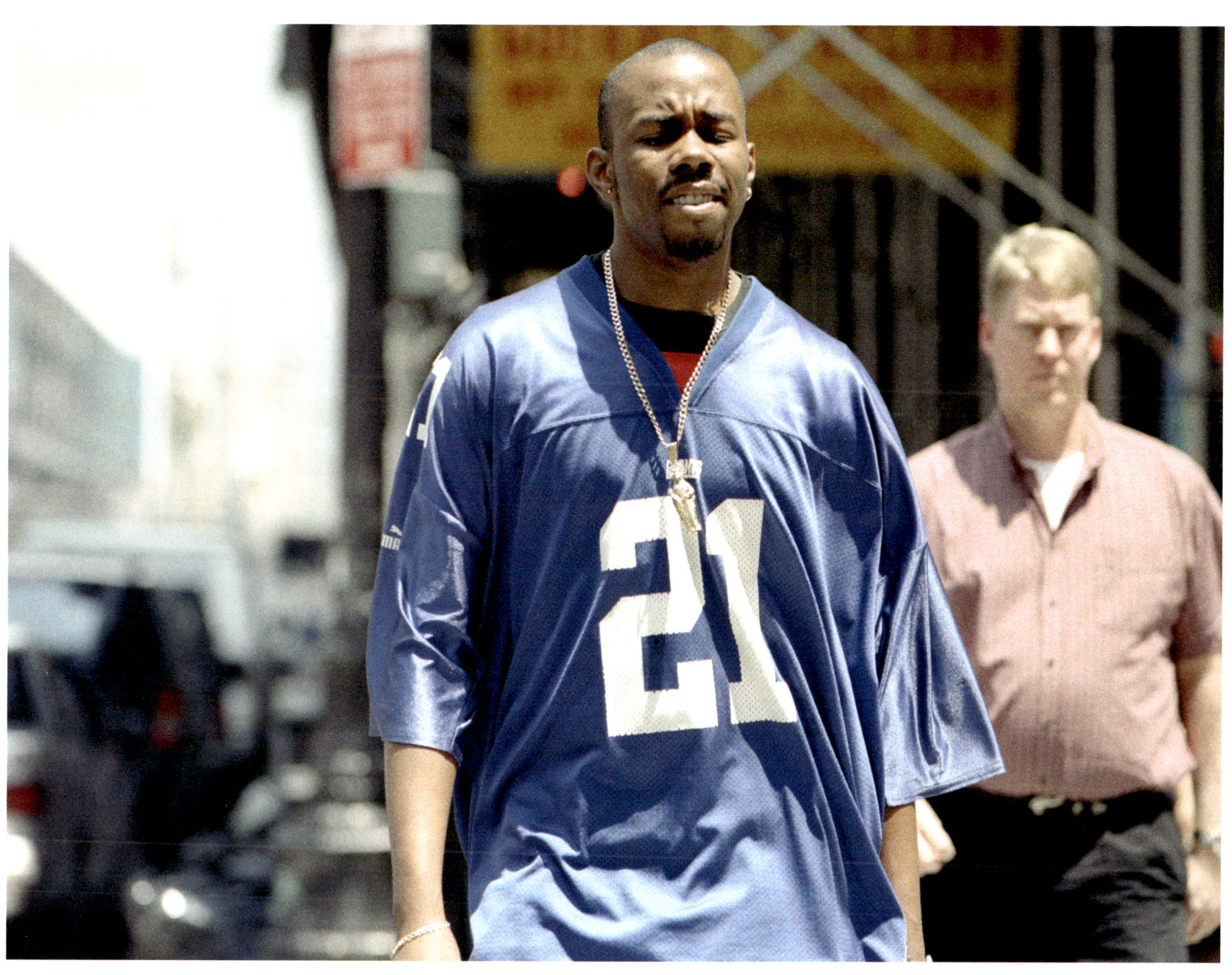

Eighth Avenue / 35th Street 02, 2003

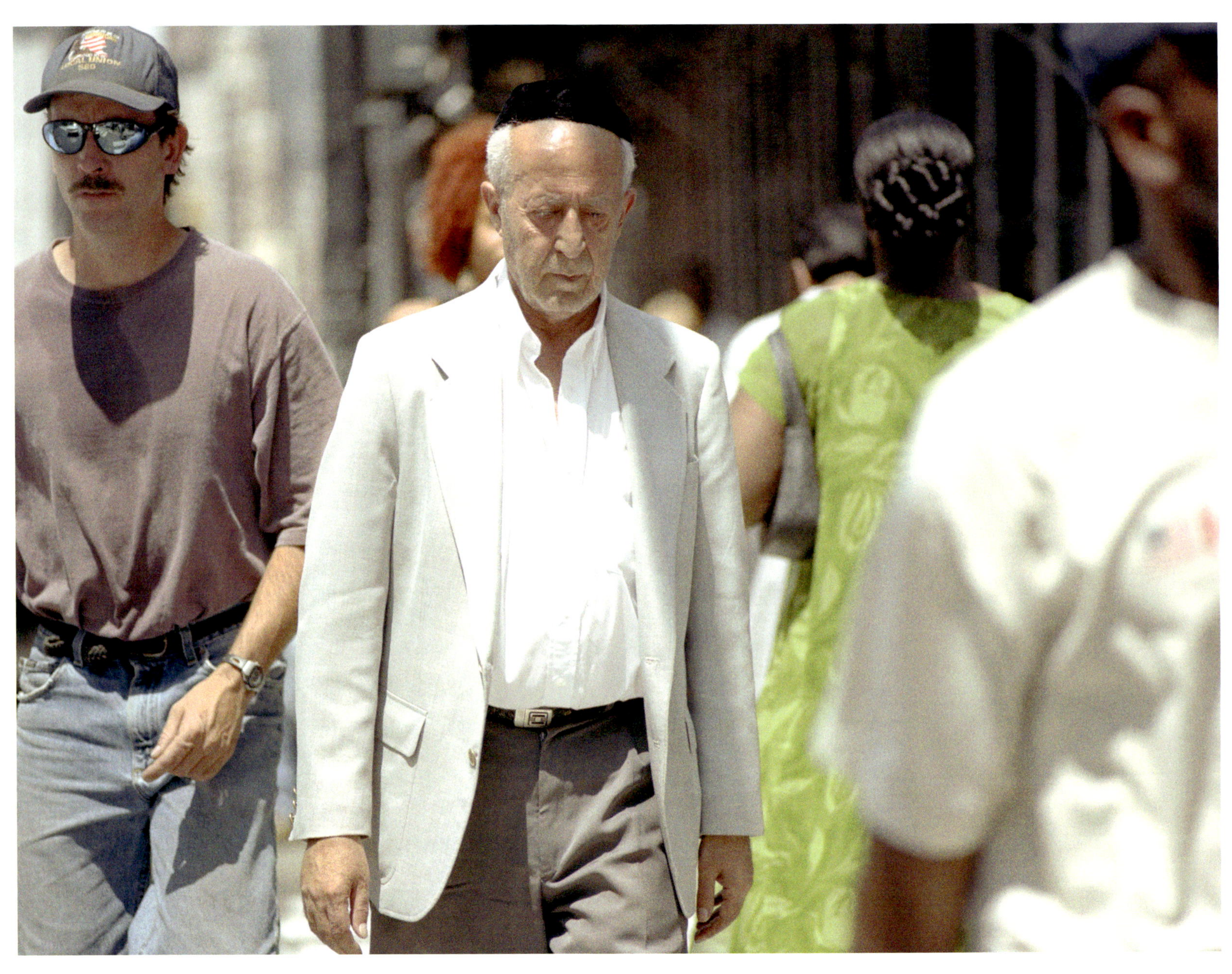

Eighth Avenue / 35th Street 02, 2003

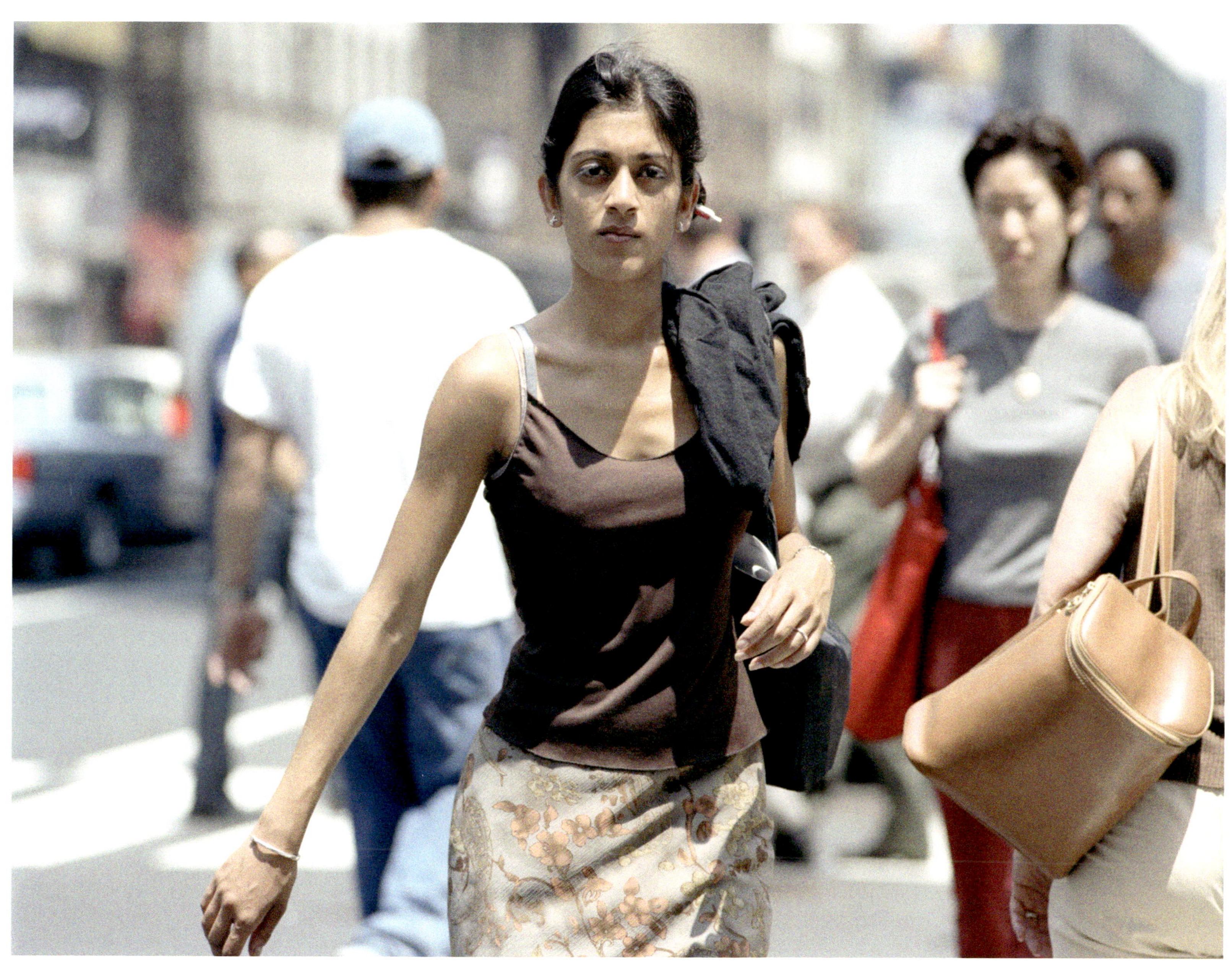

Eighth Avenue / 35th Street 02, 2003

WOLFGANG TILLMANS

Als ich 1990, 1991 meine Vorstellungen von Porträtfotografie zu definieren begann, geschah das aus dem Bedürfnis heraus, die Leute meiner Szene in all ihrer Komplexität so darzustellen, wie ich sie sah und mich dagegen zu wehren, dass man jemanden auf nur eine einzige Art sehen können sollte. Der vielschichtige Charakter einer Persönlichkeit und seine Widersprüche kommen in der Haltung, im Stil, in den Kleidern und in der Lebensweise zum Ausdruck. Es ist diese oft brüchige Wirklichkeit einer Identität, die mich interessiert. Formal habe ich einen Weg gefunden, diese Idee umzusetzen, indem ich alle bildnerischen Mittel, alles, was in der Porträtfotografie künstlerisch ist, über Bord geworfen habe: interessantes Licht, erkennbare „spezielle" Techniken und die ganze Latte von Effekten, die den Betrachter vom Sujet des Bilds trennen.

Seit den frühen 1990er Jahren verwende ich das Magazinformat als Katalysator, um eine Version der Wirklichkeit darzustellen, die ich sehen will. In diesem Zusammenhang sind die Porträts auch zu einem gesellschaftlichen Kommentar geworden, der von der Clubszene berichtete, der ich angehörte und die damals in den Medien nicht vorkam.

Porträts zu machen ist etwas, das ich wohl nie satt bekommen werde – manchmal habe ich zwar das Gefühl, dass ich zur Porträtfotografie nichts beitragen kann, aber nach ein, zwei Jahren erwacht dann mein Interesse daran wieder von Neuem. Ein Porträt zu machen ist ein elementarer künstlerischer Akt – der Vorgang ist ein sehr unmittelbarer menschlicher Austausch, und das interessiert mich. Die eigentliche Dynamik von Verletzlichkeit, Preisgeben, Verlegenheit und Ehrlichkeit ändert sich nicht – nie.

When I began defining my ideas of portraiture between 1990 and 1991, it came out of an urge to represent my peers in the way that I saw them, with all their complexities intact, and to defy the possibility of a singular view of a person. The multi-layered character of a personality and its contradictions is revealed in attitude, in style, in clothes, in the way a person lives. It's this often fractured reality of identity that fascinates me. Formally, I found a way of portraying this idea by stripping all the pictorial devices away. I got rid of everything that is artistic in portraiture: interesting lighting, recognizably 'special' techniques, and all the different effects that divide the viewer from the subject in the picture.

From the early 1990s, I have employed the magazine format as a catalyst to enact a version of reality I wanted to see. In this context, the portraits also became a social commentary reporting from the club culture I was a part of, which was not being represented in the media at this time.

Taking portraits is something I guess I won't ever really tire of – sometimes I don't feel I have anything to contribute to portraiture, and then, suddenly, after a year or two, I find I have a renewed, refreshed interest in people. Growing tired of people in general would be a terrible thing to happen to me. Making a portrait is a fundamental artistic act – and the process of it is a very direct human exchange, which is what I find interesting about it; the actual dynamics of vulnerability and exposure and embarrassment and honesty do not change, ever.

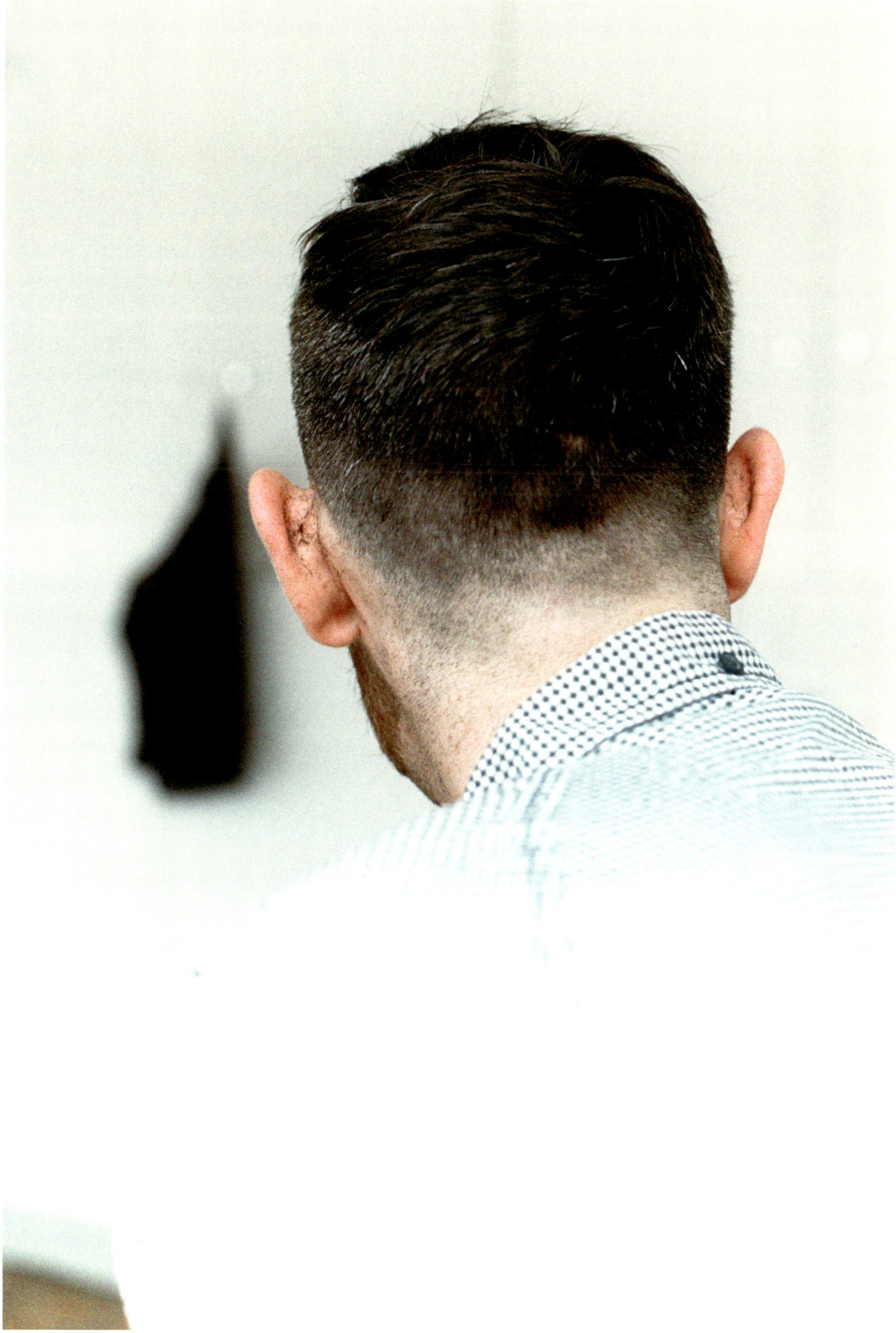

Haircut, 2007

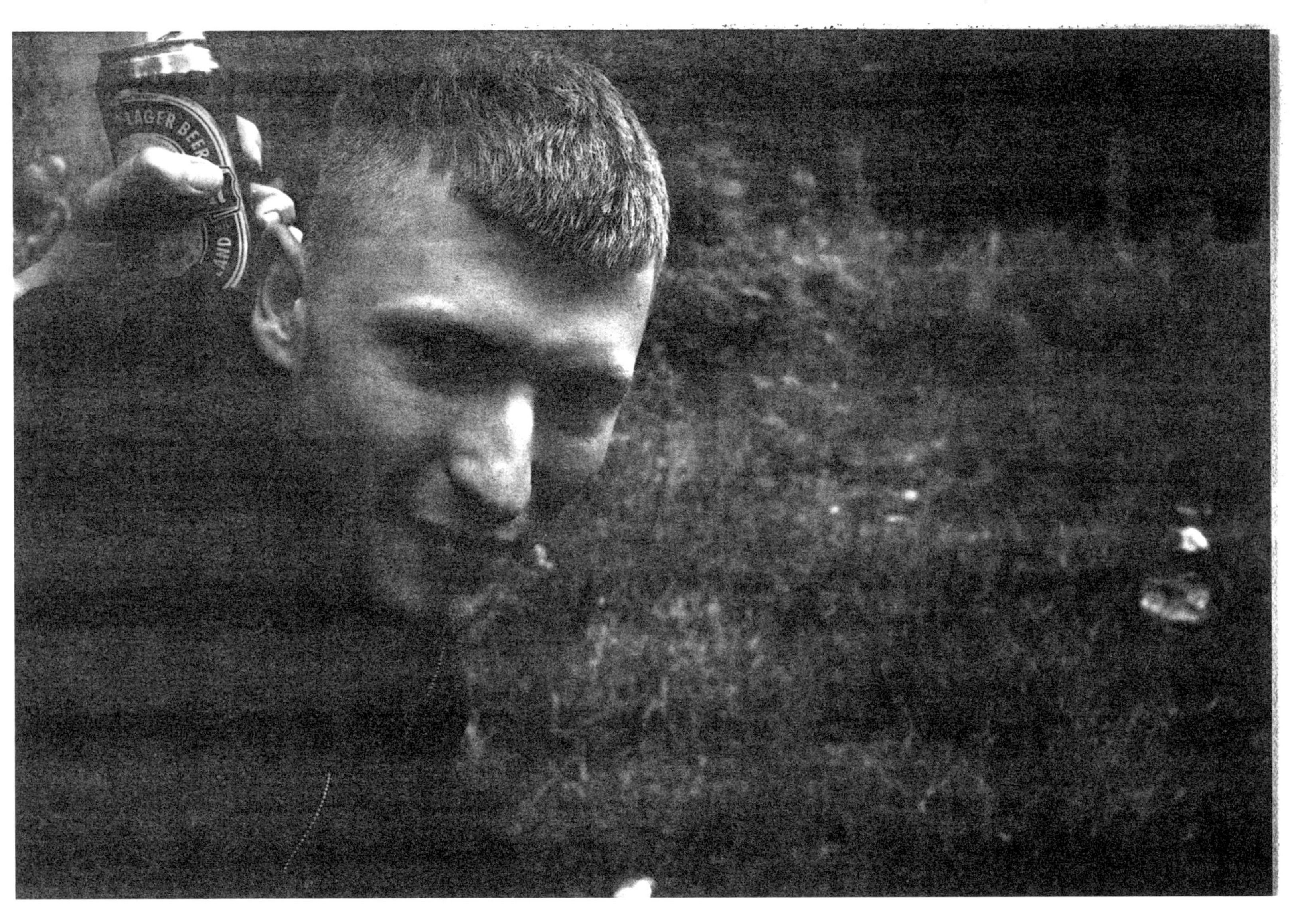

Karl, Abney Park, 2008

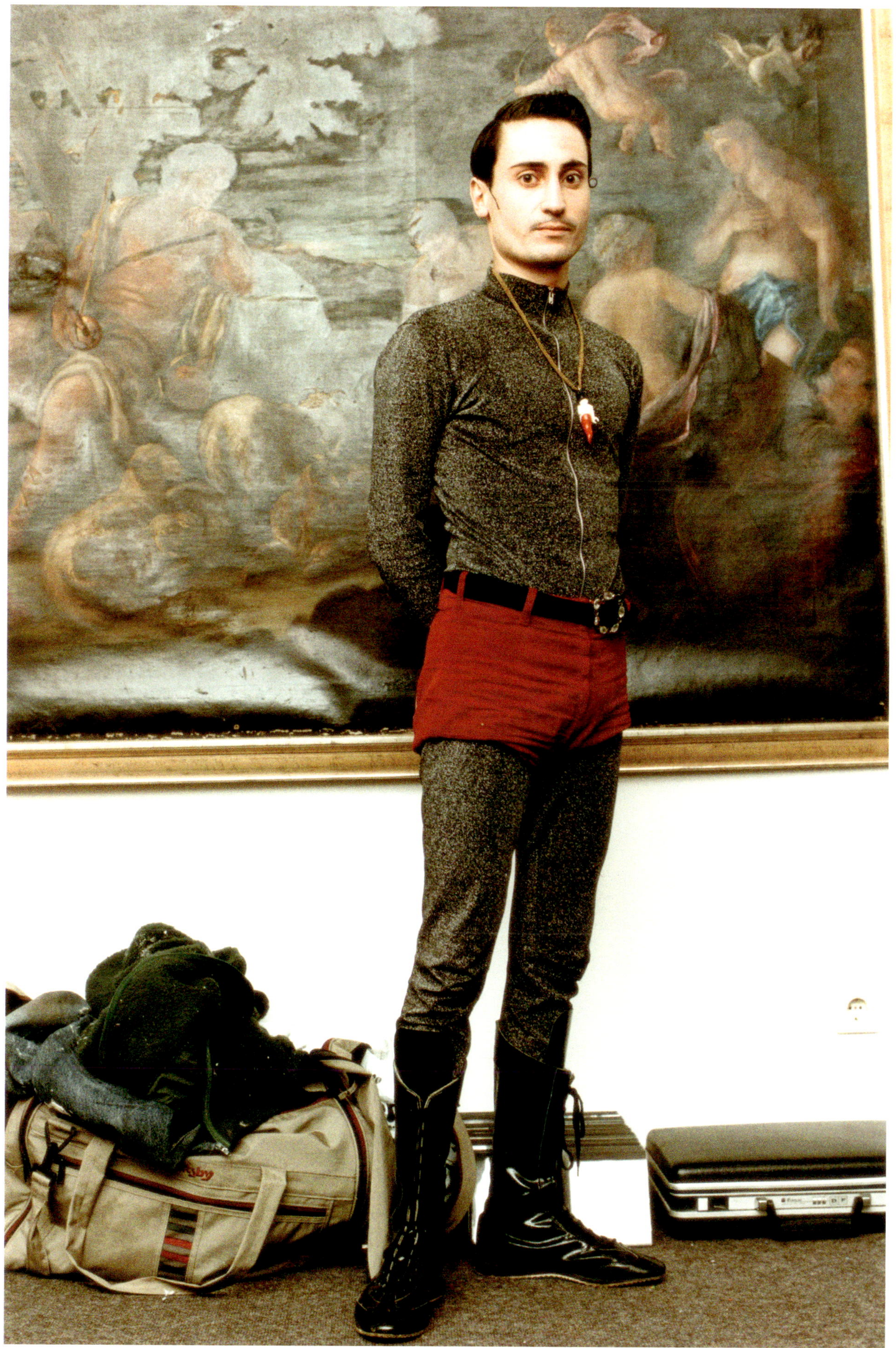

Domenico, 1992

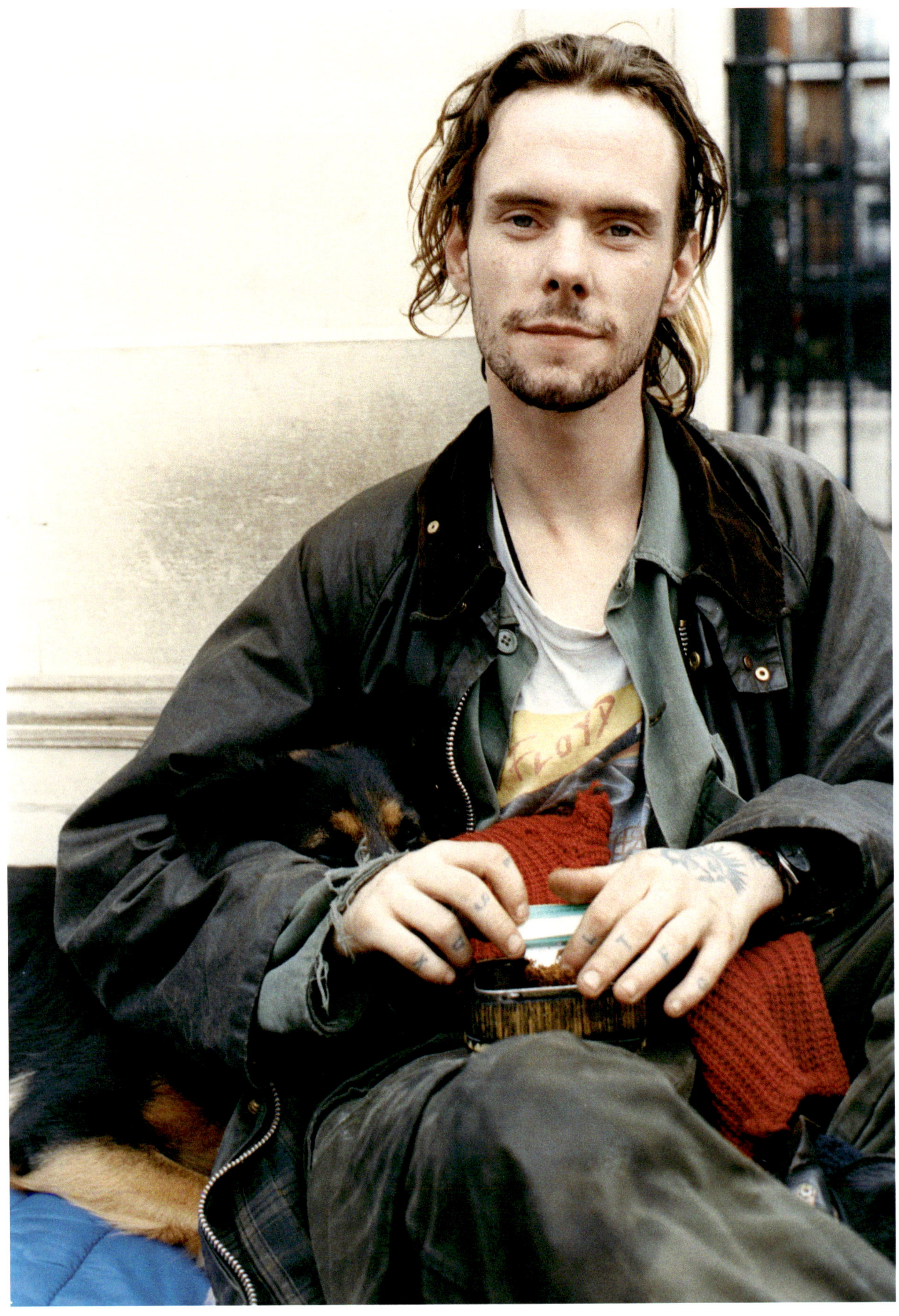

Andy on Baker Street, 1993

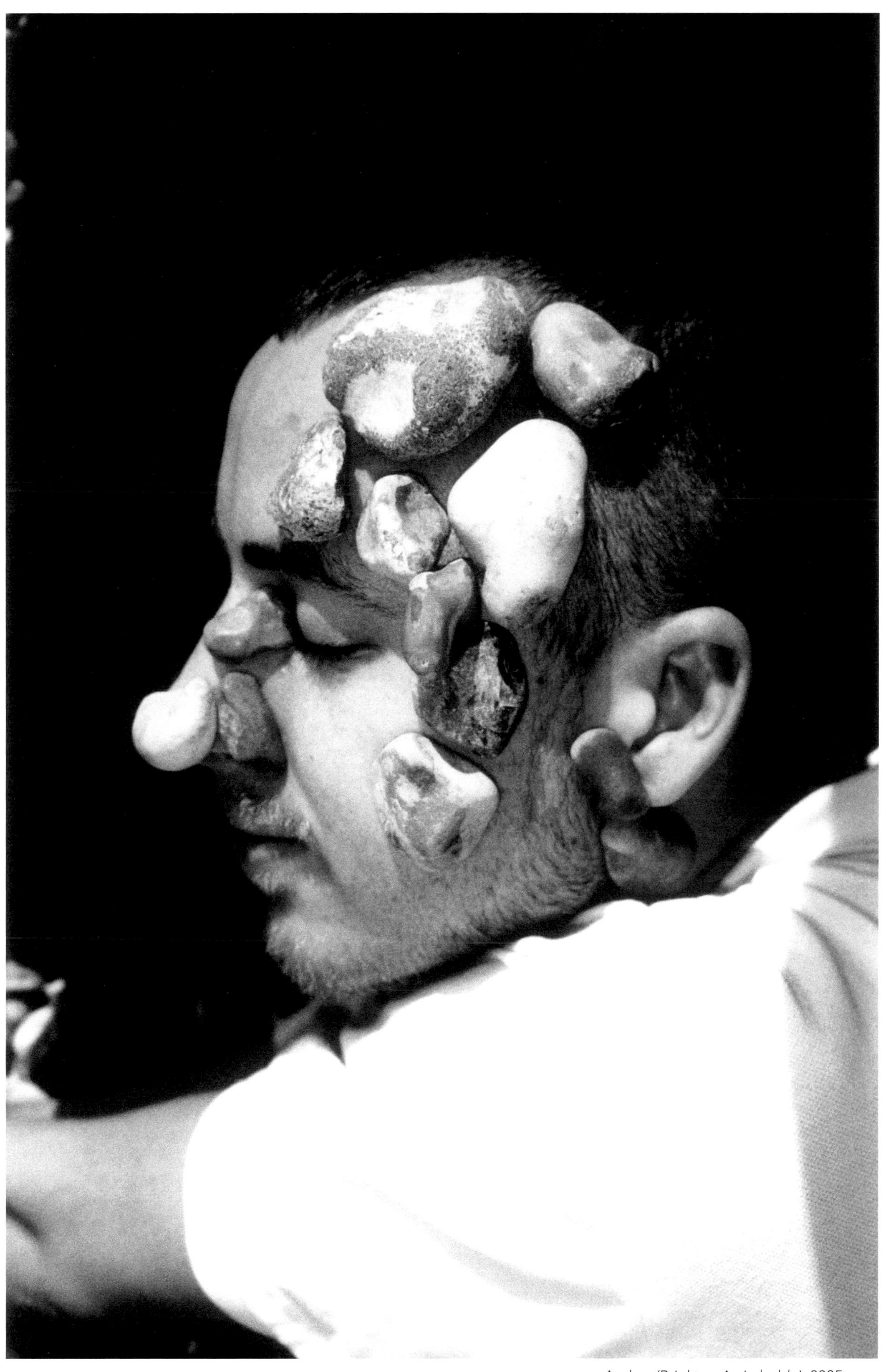

Anders (Brighton Arcimboldo), 2005

ROGER BALLEN

* 1950 in New York City.
Lebt und arbeitet in Johannesburg.
Lives and works in Johannesburg.

Die Protagonisten von Roger Ballen, der seit den 1970er Jahren
als Fotograf in seiner Wahlheimat Südafrika arbeitet und seinen
künstlerischen Interessen lange Zeit neben seiner Tätigkeit als
Geologe nachging, sind gesellschaftliche Außenseiter. Und
sie werden zu Darstellern in den Minidramen des Künstlers, in
denen auch Gegenstände und Tiere eine Rolle übernehmen
müssen. Ballen ist kein kritischer Dokumentarist gesellschaftlicher
Verhältnisse, kein Voyeur der Armut; er beobachtet seine
Mitdarsteller in der menschlichen Komödie eher wie ein Maler, – in
der Art Lucian Freuds beispielsweise –, der gegenüber dem
menschlichen Körper jedweder Erscheinungsform und den
Abgründen des Banalen Ehrfurcht empfindet und davon in
den Bann gezogen wird. Das faszinierende Geheimnis dieser
Fotografien, die uns so lange nicht aus dem Kopf gehen, ergibt
sich daraus, dass wir ihre Wirklichkeit – auch wenn sich uns deren
Wahrheit eigentlich entzieht – als authentisch wahrnehmen, als
etwas offenbar vom Medium der Fotografie Verbürgtes. Man
könnte die Stücke Samuel Becketts, in denen ebenfalls Tiere
als Symbole der Unschuld und Schönheit vorkommen, als ihr
literarisches Pendant ansehen. Durch das Pathos der Darstellung
werden jedoch Verlassenheit, Banalität und Hässlichkeit auf eine
andere, höhere Ebene gehoben. Im Unterschied zu Diane Arbus,
mit deren Arbeiten diese dunkle, verstörende Fotografie vieles
gemeinsam zu haben scheint, kommt bei Ballen die Dimension des
Spiels hinzu, durch die seine Figuren Erlösung finden.

Roger Ballen, *Boarding House*, Phaidon Press, London 2009.
Brutal, Tender, Human, Animal: Roger Ballen Photography, Text von
  text by Robert Cook, Art Gallery of Western Australia, Perth 2007.
Roger Ballen, *Shadow Chamber*, Phaidon Press, London 2005.
Roger Ballen, *Outland*, Phaidon Press, London 2001.
Roger Ballen, *Platteland. Images from Rural South Africa*, William
  Waterman Publications, 1994. Quartet Books, London 1994. St Martins
  Press, New York 1996.
Roger Ballen, *Dorps. Small Towns of Africa*, Hirt and Carter, Cape Town
  1986.

TINA BARNEY

* 1945 in New York City.
Lebt und arbeitet in Watch Hill, Rhode Island und New York City.
Lives and works in Watch Hill, Rhode Island and New York City.

Eine „Saga" oder „ein guter Roman" – diese Bezeichnungen wählt
Tina Barney für ihr Oeuvre, ein Tagebuch aus farbenprächtigen
Tableaus, Fotografien, die nicht zuletzt durch die bewusst gewählte
Großformatigkeit in Konkurrenz zum gemalten Staffeleibild
treten und deren Inhalte zu Vergleichen mit den literarischen
Schilderungen eines Henry James oder den piktoralen Visionen
eines Édouard Manet vom Leben einer privilegierten Gesellschaft
angehalten haben. Tina Barney begann aus dem Bedürfnis heraus,
den biografischen Ereignissen eine objekthafte Form visueller
Erinnerung zu verleihen, ihre Familie, ihre Freunde, ihre Umgebung
zu fotografieren, jene Welt einer Ostküsten-Oberschicht, in die
sie hineingeboren wurde. Als aktive Teilnehmerin und gleichzeitig
distanzierte Voyeurin gelang es ihr, Schnappschussästhetik mit
einem intuitiven Blick für die kompositorische Qualität eines
Motivs zu verbinden und ihre Subjekte oftmals wie unbeobachtet
und zufällig bei vertrauten Tätigkeiten aufzunehmen, das
Menschliche, das Private innerhalb eines bunten gesellschaftlichen
Treibens einzufangen, ohne jedoch die Personen zu entblößen.
Tina Barney friert lebendige Szenerien, die sie häufig dirigiert,
mit ihrer 4x5" Kamera ein. In ihren Bildern deuten sich
unzählige narrative Strukturen an, gleichzeitig geben sie eine
soziologische Bestandsaufnahme über Familientraditionen und
Rollenzuschreibungen, Lifestyle und Alltagsrituale, Sitten und
Eitelkeiten.

Katherine A. Bussard, *So the Story goes. Photographs by Tina Barney,
  Philip-Lorca DiCorcia, Nan Goldin, Sally Mann, Larry Sultan*, The Art
  Institute of Chicago, Yale University Press, New Haven, Conn. 2006.
Tina Barney. The Europeans, Text von text by Merry Forresta, Barbican Art
  Gallery, London, Steidl, Göttingen 2005.
Tina Barney, *Fotografien von Familie, Sitte und Form*, Scalo, Zürich –
  New York 1997.
Tina Barney, *Friends and Relations*, Smithsonian Institution Press,
  Washington 1991.
Photographic Tableaus: Tina Barney's Family Album, Text von text by
  Catherine Evans, Columbus Museum of Art, The Museum of Modern
  Art, New York 1990.

VALÉRIE BELIN

* 1964 in Boulogne-Billancourt, Frankreich France.
Lebt und arbeitet in Paris.
Lives and works in Paris.

Von der Malerei und Skulptur herkommend, interessiert sich
Valérie Belin für die Möglichkeiten digitaler Technologie, mit
denen Bildwirklichkeiten generiert und manipuliert werden
können. Die Verfremdung fotografischer Aufnahmen durch
gesteigerte illusionistische Effekte mittels Glanzlichter, Schatten,
homogenisierter Oberflächen etc., welche die skulpturale
Erscheinung eines Objektes, sei es ein Gesicht, ein Bouquet
oder ein elektronisches Gerät, perfektionieren, erzeugt auf der
zweidimensionalen Bildoberfläche ein Spiel mit Darstellung
und Realität, das die Betrachtung immer ambivalent bleiben
lässt: künstlich oder natürlich? Puppe oder Mensch? Das Auge
kann diese Frage kaum mehr beantworten. Dabei geht Valérie
Belin immer vom natürlichen Objekt der Wirklichkeit aus und
kreiert idealisierte Stereotypen, glamouröse Leblosigkeit, kalte
Oberflächen und perfekte Maskenhaftigkeit durch die digitale
Überarbeitung ihrer Aufnahmen. Ihre hyperrealistischen Bilder, die
Grenzen und Potenzial des fotografischen Mediums reflektieren
und ausloten, scheinen im Zeitalter von plastischer Chirurgie und
virtuellen Realitäten mit bildnerischen Mitteln an den Schnittstellen
der Begriffsfelder von Schönheit und Artifizialität zu operieren und
durch die Loslösung vom Referenten nach eben seinem Ursprung
zu fragen.

Originally coming from a background of painting and sculpture,
Valérie Belin is interested in the possibilities offered by digital
technology that enable her to generate and manipulate pictorial
realities. The defamiliarization of photographic images through
such enhanced illusionist effects as highlights, shadows,
homogenized surfaces and the like, which perfect the appearance
of an object – be it a face, bouquet, or electronic device – results
in an interplay on the picture's two-dimensional surface between
depiction and reality that always leaves the beholder ambivalent:
artificial or natural, dummy or human being? The eye is hardly
capable of reaching a decision. Nonetheless, Valérie Belin always
starts out from the natural object as it exists in reality, creating
idealized stereotypes, glamorous lifelessness, cold surfaces and
flawless masks by digitally retouching her pictures. In the age
of plastic surgery and virtual realities, her hyperrealistic images,
reflecting upon and fathoming the limits and potentials of the
medium of photography, seem to operate with pictorial means
along the interfaces of such fields as beauty and artificiality, looking
for the origins of the object referred to through detachment.

Valérie Belin, Text von text by Larisa Dryansky, Galerie Jérôme de
   Noirmont, Paris 2008.
Striking Resemblance: The Portrait as Muse, Texte von texts by
   Hans Belting, Maurice Berger et al., Norton Museum of Art,
   West Palm Beach 2008.
Valérie Belin, Text von text by Régis Durand, Steidl, Göttingen 2007.
Valérie Belin, Text von text by Michel Poivert, DA2. Domus Artium 2002,
   Salamanca 2004.
Valérie Belin, Texte von texts by Hasier Etxeberria, Javier San Martin,
   Koldo Mitxelena Kulturunea, Saint-Sébastien 2003.

DIRK BRAECKMAN

* 1958 in Eeklo, Belgien Belgium.
Lebt und arbeitet in Gent, Belgien.
Lives and works in Ghent, Belgium.

Dirk Braeckman, der auch durch seine ortspezifische Installationen
im öffentlichen Raum in mehreren belgischen Städten bekannt
wurde, trat zuerst vor allem als Fotograf von Frauenporträts in
Erscheinung, in denen sich Fragilität ausdrückt und Erschütterung
durch das Dasein, gepaart mit Melancholie. In der weiteren
Entwicklung seines Oeuvres verschiebt sich die Ikonografie seiner
Aufnahmen weg von der Figur hin zu dem Innenraum, der sie
umgibt. In seinen charakteristisch dunklen Fotografien zeigt die
Darstellung zunehmend die Tendenz, das Gesicht, konstitutives
Element einer Porträtaufnahme, zu verdunkeln – der Blick des
Modells, der Augenkontakt, wird darin zum blinden Fleck. „Der
fotografische Schleier breitet sich wie eine Schicht Asche über die
dargestellten Innenräume", schreibt der Philosoph Frank Vande
Veire über die fotografischen Arbeiten von Dirk Braeckman,
die weniger eine Person oder einen Raum dokumentarisch
wiedergeben als vielmehr eine Stimmung, die sich wie Traumbilder
vermitteln, in denen Detailinformationen ausgeblendet werden,
jedoch die Reflexion des Blitzes auf einer Oberfläche als ikonischer
Index der Präsenz des Fotografen oftmals sichtbar bleibt.

Dirk Braeckman, who also became known for his site-specific
installations in public places in several cities in Belgium, initially
made his appearance first and foremost as a female portraitist
whose sitters expressed a certain fragility and distress in the
face of existence, coupled with melancholy. In the further
development of his oeuvre, the iconography of the photographs
shifted from the human figure to the interior surrounding it. His
characteristically dark pictures reveal an increasing tendency
toward obscuring the face as the constitutive element of a portrait,
with the sitter's gaze – the eye contact – becoming a blind spot.
"The photographic haze lies across the depicted interiors like
a layer of ash," the philosopher Frank Vande Veire writes about
Dirk Braeckman's photographic works, which are renderings of
a specific mood rather than documentary pictures of a person
or a room. They convey dreamlike visions from which detailed
information is shut out, but in which the reflection of the flash on
a surface frequently remains visible as an iconic indicator of the
photographer's presence.

Chiaroscuro, Text von text by Stefan Hertmans, Imschoot Publishers,
   Ghent 2003.
Leo Delfgauw, *Dirk Braeckman. Additional Photos*, De Pont, no 29,
   Tilburg 2003.
Gregory Salzman, *The Small and the Big of Dirk Braeckman's Art*, Espace
   Vox #6, Montreal 2003.
Frank Vande Veire, „Blind auto-reflexivity. Dirk Braeckman's light on
   photography", in: *A-Prior*, No. 7, Special Issue Dirk Braeckman, March,
   Brussels 2002.
Dirk Braeckman. z.Z(t)., Volume II, Erik Eelbode in conversation with Dirk
   Braeckman, Ludion Editions, Ghent – Amsterdam 2001.
Dirk Braeckman. z.Z(t)., Erik Eelbode in conversation with Dirk Braeckman,
   Ludion Editions, Ghent – Amsterdam 1989.

CLEGG & GUTTMANN

Michael Clegg * 1957 in Jerusalem.
Martin Guttmann * 1957 in Dublin.
Leben und arbeiten in New York, Berlin und Wien.
Live and work in New York, Berlin and Vienna.

Innerhalb der konzeptuellen Praxis des Künstlerduos Clegg & Guttmann spielt der Begriff des Porträts eine fundamentale Rolle, ob es sich um das Medium Fotografie oder Installationen handelt, ob es motivisch um Personen, Orte oder Gegenstände geht. Die Porträtarbeiten von Clegg & Guttmann sind selbstreflexive Bilder, die Prozesse der Bildproduktion und ihre Beziehungsstrukturen mitdenken und gleichzeitig auf ein historisches Kontinuum der Rhetorik der Form verweisen. Die umfangreiche Werkgruppe der inszenierten Einzel- und Gruppenporträts spielt mit kunsthistorischen Referenzen auf die Stilmittel des traditionellen Genres der Porträtmalerei. Klassische Kompositionsregeln, Attribute und Posen zitieren den Kanon historischer Gattungsästhetik, die Repräsentation von Macht erscheint in zeitgenössischer Ausstattung. Dabei ist der Porträtierte aufgefordert, sich seiner eigenen Sichtweise entsprechend selbst zu inszenieren: „Die Photographie fungiert als Ort ihrer Selbstdarstellung und Positionierung im Verhältnis zu den anderen Modellen, zum Betrachter und zu den aufnehmenden Künstlern. Sie spielen eine Rolle innerhalb eines selbstdefinierten Machtverhältnisses, übersetzen die theatralische Bühne des Alltags in den Bildausschnitt der Photographie." *

The idea of the portrait has a fundamental role to play in the conceptual practice of the artist duo Clegg & Guttmann, whether the medium is photography or installation, and whether the basic motif is a person, place or object. The portrait works of Clegg & Guttmann are self-reflective pictures, meditations on the process of making a picture and its relationship structures; furthermore, they make reference to an historical continuum in the rhetoric of form. The side-ranging group of works of staged individual and group portraits plays with art-historical references to the stylistic devices of the traditional genre of portrait painting. Classical rules of composition, attributes and poses, quote the canon of historical genre aesthetics, and the representation of power appears in contemporary clothing. For this purpose, the subject is asked to stage himself according to his own point of view: "Photography functions as a location of self-representation and positioning in relation to the other models, the viewer and the photographic artists. They play a role within a self-defined power relationship, translating the theatrical stage of everyday life into the framework of photography." *

Mach vs Boltzmann – Spatio-Temporal Construction In Eight Parts or Composition For Early Modernis Cognitive Exercise, Künstlerbuch artist book, Secession, Wien 2006.

Clegg & Guttmann, *Clegg & Guttmann – Monument For Historical Change and other Social Sculptures, Community Portraits and Spontaneous Operas 1990–2005*, Verein zur Förderung von Kunst und Kultur am Rosa-Luxemburg-Platz e.V., Schlebrügge Ed., Wien 2005.

Decomposition – Reconstitution, Galerie Christian Nagel Köln/Berlin, Schlebrügge Ed., Wien 2003.

Achim Könneke (Hg. ed), *Die offene Bibliothek. The Open Public Library*, Cantz Verlag, Ostfildern 1994. (*, Beatrice von Bismarck, S. p. 34)

Clegg & Guttmann, *Clegg & Guttmann. Einzel-, Doppel- und Gruppenportraits*, Galerie Löhrl am Abteiberg, Mönchengladbach, 1985.

ANDREA COMETTA

* 1970 in Mendrisio, Schweiz Switzerland.
Lebt und arbeitet in Pedrinate, Schweiz.
Lives and works in Pedrinate, Switzerland.

Andrea Cometta ist in erster Linie ein Fotograf des Porträts. Sein zentrales Interesse richtet sich auf die psychische Spannung zwischen dem Fotografen und dem Fotografierten, wobei es sich bei dem größten Teil seiner Bilder um Porträts von Persönlichkeiten handelt, die es gewohnt sind, fotografiert zu werden. Cometta möchte hinter das öffentliche Bild geraten und sein Gegenüber herausfordern und provozieren. Die Beziehung zwischen Fotograf und Modell zeigt sich darin, wie Cometta seine Modelle darstellt und ihr Wesen hinterfragt, aber auch darin, wie der Fotograf eine Projektion seiner eigenen Natur inszeniert. Er sucht nach Situationen, in denen bestimmte Aspekte der Persönlichkeit des anderen, die vorher nicht sichtbar wurden, zum Vorschein kommen. Dabei führt er in seine Sitzungen Faktoren der Störung ein, die das Equilibrium des Modells durcheinander bringen, was zur Folge hat, dass seine Darstellung oft abgelehnt wird oder die Porträtierten sich in dem oft polemischen oder satirischen Bild nicht wiedererkennen wollen. Cometta interessiert sich für die Sprache des Körpers, die mimische Ausdrucksfähigkeit seines Gegenübers und sowohl die Perspektive der Aufnahme – er kehrt die Gesetze der Schwerkraft oftmals um –, aber auch das Spiel der Hände sind wesentliche Bedeutungsträger. Er führt in seine Bilder ein erotisches, manchmal sexuelles Vokabular ein, welches für ihn symbolisch oder metaphorisch aufgeladen ist.

Andrea Cometta is primarily a portraitist. He is mainly interested in the psychological tension between photographer and subject, most of his pictures being of celebrities who are accustomed to being photographed. Cometta wants to get behind the official image by challenging and provoking his vis-à-vis. The relationship between photographer and model is manifest in the way Cometta presents his models and questions their characters, but also in the way the photographer stages a projection of his own nature. He looks for situations in which certain aspects of the personality start to appear that were previously invisible. Towards this purpose, he introduces disturbing factors into the sessions in order to throw the model off balance, which often results in his representations being rejected or in his subjects not wanting to recognize themselves in the frequently polemical or satirical pictures. He is interested both in the language of the body and the expressiveness of the model's face, as well as the position of the portrait – he reverses the laws of gravity – and the movement of the model's hands. Cometta often introduces an erotic or sexual vocabulary into his pictures, which for him is a matter of symbolic or metaphorical meaning.

Peter Weiermair (Hg. ed), *Andrea Cometta*, Galleria d'arte Moderna, Bologna 2005.

Hans-Ulrich Obrist, Robert Violette (Hg. ed), *The words of GILBERT & GEORGE*, Violette Editions, London 1997.

Mario Botta, Enzo Cucchi – la Capella del monte Tamaro, Umberto Allemandi & C. Editore, Turin 1994.

ANTON CORBIJN

* 1955 in Strijen, Niederlande Netherlands.
Lebt und arbeitet in London.
Lives and works in London.

Der Fotograf, Filmemacher, Bühnen- und Grafikdesigner
Anton Corbijn porträtiert seit vielen Jahren Prominente des
internationalen Showgeschäfts. Mit seiner schnellen Arbeitsweise
– ein Porträt entsteht meist in nur wenigen Minuten – hat er eine
Methode entwickelt, mit der es ihm gelingt, Idole der Gesellschaft
auf unprätentiöse und gleichsam poetisch atmosphärische
Weise darzustellen. Seine Porträts zeichnen sich durch eine
wundersame Stille aus. Anton Corbijn sucht den Menschen hinter
dem Medienimage, das Bild einer öffentlichen Persönlichkeit
in einem uninszenierten Moment, die ungeschminkte Person
hinter der Persona. Der Formsprache des Starporträts fügt Anton
Corbijn durch die körnige Materialität seiner Fotografien etwas
Raues hinzu und nimmt auf formaler Ebene seinen Protagonisten
mittels verstärkter Schatten, ungewohnter Perspektiven und
verschwimmender Konturen das Glamouröse, Unnahbare. Die oft
großformatigen Schwarz-Weiß-Aufnahmen arbeiten mit Gesten
und vielfach mit einem einfachen reduzierten Umraum. Darin
werden vor allem Arme, Hände und Finger zu sprechenden Details
der Darstellung. „Was Anton Corbijns Fotografien einzigartig
macht, ist seine Fähigkeit, ikonenhafte Bilder von Ikonen zu
kreieren", schreibt Alan Bangs: „Subjekt und Image ergänzen
sich gegenseitig – sie existieren in einem gleichberechtigten
Verhältnis –, und dennoch führen beide unweigerlich eine
vollkommene Isolation vor Augen." *

The photographer, film-maker, stage designer and graphic
designer Anton Corbijn has been taking portraits of international
show stars for many years. With his fast working methods – a
portrait is usually made in just a few minutes – he has developed
a process with which he is able to show idols of society in an
unpretentious yet poetically atmospheric manner. His portraits
are marked by a strange stillness. Anton Corbijn looks for the
person behind the media image, a picture of a public personality
in an unstaged moment, the person without make-up behind the
persona. He adds something raw to the formal language of the star
portrait with the grainy materiality of his photographs, and on a
formal level takes from his protagonists whatever is glamorous and
unapproachable, employing intensified shadows, unconventional
perspectives and vague contours. The black-and-white photos,
often in a large format, work with gesture and a simple, reduced
space. In them, arms, hands and fingers become especially
evocative details of the presentation. "What makes Anton Corbijn's
photographs unique is his ability to create iconic images of icons,"
writes Alan Bangs: "Subject and image supplement each other
– they exist in a relationship of equality – and yet both inevitably
present total isolation to our eyes." *

Anton Corbijn, IN CONTROL, Schirmer/Mosel, München 2008.
Anton Corbijn, STAR TRAK, Schirmer/Mosel, München 2005.
Anton Corbijn, U2 & I, Schirmer/Mosel, München 2005.
Anton Corbijn, Herbert Grönemeyer, Schirmer/Mosel, München 2004.
Anton Corbin. Everybody hurts, Kestnergesellschaft, Hannover,
    Schirmer/Mosel, München 2003. (*, S. p. 116)
Anton Corbijn, a. somebody, strijen, Holland, Schirmer/Mosel, München
    2002.

RINEKE DIJKSTRA

* 1959 in Sittard, Niederlande Netherlands.
Lebt und arbeitet in Amsterdam.
Lives and works in Amsterdam.

Die Fotografin und Videokünstlerin Rineke Dijkstra beschäftigt sich
in ihren Arbeiten mit dem Phänomen Jugend, beziehungsweise
mit Individuen, die sich in einem transitorischen Stadium
innerhalb ihrer Biografie befinden. Sie fotografiert und filmt
Teenager und junge Erwachsene, Menschen in einer Zeit des
Übergangs, der Veränderungen, die einer bestimmten Gruppe
zugeordnet werden können und dennoch als Einzelpersonen
wahrgenommen werden. „Ich möchte Dinge zeigen, die man
im alltäglichen Leben nicht sieht", sagt die Künstlerin: „Ich lasse
normale Dinge besonders erscheinen. Mir geht es darum, dass
die Leute das Leben neu und anders sehen, aber das muss
immer auf der Realität beruhen. Wichtig finde ich, dass man
nicht urteilt und Raum für Interpretation lässt. Zeigt man zu viel
vom persönlichen Leben eines Menschen, veranlasst das den
Betrachter unmittelbar dazu, Annahmen zu treffen. Lässt man die
Details aus, muss der Betrachter nach viel subtileren Hinweisen
suchen." * Zu den bekanntesten Serien zählen die Porträts von
Jugendlichen am Strand in unterschiedlichen europäischen
Ländern und den USA sowie Aufnahmen von jungen Müttern
unmittelbar nach der Entbindung, die ihr Neugeborenes auf dem
Arm halten. Formal erinnern beide Werkgruppen an das piktorale
Konzept von August Sander, sie folgen jedoch weniger einer
soziologisch motivierten Systematik, sondern bringen vielmehr das
Selbstverständnis der Porträtierten zum Ausdruck.

The photographer and video artist Rineke Dijkstra concerns
herself in her work with the phenomenon of youth, or rather
with individuals who are in a transitory phase of their life stories,
a condition of uncertain identity. She photographs and films
teenagers and young adults, people in a time of transition, of
change, who can be classified in a certain group and yet should
be perceived as individuals. I want to show things that one doesn't
see in everyday life," says the artist: "I make normal things look
special. I want people to see life anew and differently, but that
always has to be based on reality. I think it is important that one
doesn't make judgements and leaves room for interpretations.
If one shows too much of the private life of a person it leads
the viewer to make assumptions. If one leaves out details, the
viewer must look for much subtler hints." * The best-known series
includes the portraits of young people on beaches of various
European countries and the USA, as well as photos of young
mothers just after giving birth, with their newborns in their arms.
In formal terms, both groups of works are reminiscent of the
pictorial concept of August Sander, at the same time, they pursue
no sociologically motivated system but rather express the self-
understanding of the person portrayed.

Urs Stahel, Hripsimé Visser, Rineke Dijkstra: Portraits, Fotomuseum
    Winterthur, Stedelijk Museum Amsterdam, Schirmer/Mosel,
    München 2005.
Rineke Dijkstra: Beach Portraits, Texte von texts by James Rondeau, Carol
    Ehlers, Thomas Heagy, LaSalle Bank, N.A., Art Institute of Chicago,
    Chicago 2003.
Rineke Dijkstra, Texte von texts by Jessica Morgan, Katy Siegel, The
    Institute of Contemporary Art, Boston, Hatje Cantz, Ostfildern 2001.
Rineke Dijkstra. Menschenbilder, Museum Folkwang Essen, Essen 1998.
Rineke Dijkstra. The Buzzclub, Liverpool, UK/Mysteryworld, Zaandam, NL,
    1996–97, Sprengel Museum Hannover, Hannover 1998.

* „A Conversation with Rineke Dijkstra", in: Anne-Celine Jaeger, Image
    Makers, Image Takers, Thames & Hudson, London 2007.

AMY ELKINS

* 1979 in Venice Beach, Kalifornien California, USA.
Lebt und arbeitet in New York City.
Lives and works in New York City.

Die junge amerikanische Künstlerin Amy Elkins setzt sich in ihrer
fortlaufenden Porträtserie *Wallflower* mit stereotypen Geschlechter-
zuschreibungen auseinander und reflektiert durch das gegen-
einanderstellen von genderspezifisch codierten Elementen
das binäre Konstrukt von Männlichkeit und Weiblichkeit.
Die porträtierten Männer mit nackter Brust vor dem floralen
Hintergrund der Natur oder einem Interieur sind größtenteils
enge Freunde oder Bekannte von Amy Elkins. Ihre Blicke wirken
verloren und suchen nur in den seltensten Fällen ein Gegenüber.
Androgynität, Verwundbarkeit und Sensibilität sind Kennzeichen
eines alternativen männlichen Identitätskonzeptes. Elkins versucht
in ihrer forschenden Auseinandersetzung mit dem anderen
Geschlecht diesem Typus nachzugehen: „Psychologie hat mich
immer interessiert. In diesem Fall ging es, genauer gesagt,
um die Psychologie hinter der Art, in der sich Männer mit ihrer
Männlichkeit identifizieren, und wie ich auf sie reagiere bzw. mit
ihnen interagiere." * In anderen Werkgruppen beschäftigt sich
Amy Elkins mit der Visualisierung der eigenen Befindlichkeit,
indem sie Bilder von sich selbst, ihrer Familie sowie Orten und
Gegenständen autobiografischer Bedeutung macht. Die Arbeit
Where I found you thematisiert die Beziehung zu ihrem Vater und
kann als Porträt und Selbstporträt gelesen werden, als Ausdruck
einer Projektion, die sich jener Motive als Vehikel von Emotionen
bedient, welche gleichzeitig die Lebenswelt einer anderen Person
abbilden.

In her continuing portrait series the young American artist Amy
Elkins deals with stereotypical gender ascriptions and reflects
on the binary male/female construct by counterposing gender-
specific coded elements. The men portrayed here, who position
themselves in front of the floral background with the upper bodies
naked, are mainly close friends or acquaintances of Amy Elkins.
Their eyes look lost and seek a vis-à-vis only in the rarest cases.
Androgyny, vulnerability and sensitivity are signs of an alternative
identity concept. In her exploration of the other gender, Elkins tries
to search out this type: "I've always been interested in psychology;
in this case, it was more specifically the psychology behind the way
men identify with their masculinity and the way that I react/interact
with them." * In other work groups, Amy Elkins visualizes her own
existential orientation by taking pictures of herself, her family, as
well as autobiographically relevant places and objects. *Where
I found you* focuses on the relationship to her father and can
be read both as a portrait and a self-portrait, as expression of a
projection using those motifs as a vehicle of emotions that also
outline the circumstances of another person's life.

Jon Feinstein et al (Hg. ed.), *The Collector's Guide to Emerging Art
   Photography*, Humble Arts Foundation, New York 2009.
NY Arts Magazine, Jan/Feb Issue, 2008.
American Photo, Images of the Year Issue, New York, Jan/Feb 2007.
Erik Kiesewetter et al (Hg. ed.), *Constance. Replicas and Replacements*,
   New Orleans, Los Angeles 2006.

* „A Conversation with Amy Elkins", http://www.jmcolberg.com

JH ENGSTRÖM

* 1969 in Karlstad, Schweden Sweden.
Lebt und arbeitet in Södra Åby, Skåne, Schweden.
Lives and works in Södra Åby, Skåne, Sweden.

Die künstlerische Strategie von JH Engström umfasst alle
fotografischen Genres – Porträt, Landschaft, Selbstporträt,
Interieur, Aktporträt, Stillleben –, die in einem Einzelprojekt wie
zu einer übergreifenden Collage miteinander verbunden werden.
Die Beziehung der Aufnahmen zueinander ergibt sich durch
den inhaltlichen Zusammenhang der Sujets, der gleichwohl das
Geheimnis des Fotografen bleibt. Ebenso spielt JH Engström
alle Stile und Techniken der Fotografie durch: Schwarz-Weiß-
Aufnahmen stehen neben Farbfotografien in unterschiedlichen
Formaten, Schnappschüsse und quasi Studioaufnahmen mit
einer 4x5" Kamera resultieren in nahansichtigen Bildern von
Gegenständen und Personen, teilweise in präziser, teilweise
in verschwommener Ästhetik, die mit panoramaartigen
Stadtlandschaften und Naturphänomenen abwechseln. Alle
Elemente bilden die nicht-hierarchischen Teile eines Mosaiks der
Erinnerung, die Fragmente einer großen Narration über das Leben,
in denen sich Räumlichkeit und Zeitlichkeit der Wahrnehmung
spiegeln. Seinen Aufnahmen haftet eine romantische Melancholie
an, sie verbinden ein Gefühl existenzieller Einsamkeit mit dem
lyrischen Potenzial der Erscheinungswelt. Die erste Publikation von
JH Engström versammelt Schwarz-Weiß-Porträts von obdachlosen
Frauen in Stockholm, geprägt von einem psychologischen
Interesse an den Bedingungen des Überlebens, danach machte
er verstärkt die eigenen Erfahrungen und geografischen Stationen
seines Lebenslaufes zum Thema seiner fotografischen Praxis.

JH Engström's artistic strategy covers all photographic genres
– portrait, landscape, self-portrait, interior, nude portrait, still
life –, which are combined into a single project as if to make an
all-embracing collage. The relationship of the photographs to each
other results from the interconnections of their subject matter,
which nonetheless remains the photographer's secret. Similarly,
JH Engström plays with all styles and techniques of photography:
black and white pictures stand next to color photos in a variety of
formats; snapshots and studio portraits with a 4x5" camera result
in close-up pictures of objects and persons, sometimes in precise
sometimes in vague aesthetics, and in proximity to panoramic
cityscapes and natural phenomena. All these elements form the
non-hierarchical parts of a mosaic of memory, fragments of a great
narration of life, where space and time are reflected in perception.
His photographs have an air of romantic melancholy and combine
the existential loneliness of man with the lyrical potential of the
world of appearances. JH Engström's first publication collected
black and white portraits of homeless women in Stockholm,
marked by a psychological interest in the conditions of survival,
after that he increasingly made his own experience and the
geographic stations of his life the theme of his photographic
practice.

JH Engström, *Sketch of home*, Gun Gallery, Stockholm 2008.
JH Engström, *CDG/JHE*, Steidl, Göttingen 2008.
JH Engström, *Haunt*, Steidl, Göttingen 2006.
JH Engström, *Trying to Dance*, Journal Publishers, Stockholm 2004.
JH Engström, *Shelter*, Bokförlaget DN, Stockholm 1997.

BERNHARD FUCHS

* 1971 in Haslach an der Mühl, Österreich Austria.
Lebt und arbeitet in Düsseldorf, Deutschland.
Lives and works in Düsseldorf, Germany.

Bernhard Fuchs entschied sich zu Beginn der 1990er Jahre bewusst
für ein Studium an der Kunstakademie Düsseldorf in der Fotoklasse
von Bernd und Hilla Becher. Das Thema seiner fotografischen
Praxis wurde zunächst die eigene ländliche Heimat, die er durch
einen veränderten Blick, geprägt durch die Erfahrung der Stadt,
mit der Kamera über mehrere Jahre hinweg festzuhalten begann.
Die präzise Beobachtung und das scharfe Sehen, das er von den
Bechers mitnahm, bestimmen den Charakter seiner sorgfältig
komponierten, unprätentiösen Porträtserien von Personen aus dem
Dorf seiner Kindheit und Jugend, die er vor einem reduzierten
Hintergrund eines Ausschnitts des oberösterreichischen
Landschaftsraumes aufnahm. Formal erinnern die konzentrierten
Ganzkörper- oder Dreiviertelporträts an die Fotografien August
Sanders, es geht Fuchs jedoch mehr um die Beziehung zum
Gegenüber, als um eine soziologische Untersuchung: „Indem
er mit seinen Fotografien seine Herkunft thematisiert und
damit einen authentischen Ansatz verfolgt, vermeidet er den
voyeuristischen konstruierten Blick auf das ‚Andere‘, das in diesem
Fall die Landbevölkerung ist. Die nüchternen Aufnahmen stellen
verbreitete Klischees und überkommene Vorstellungen vom ‚Leben
auf dem Lande‘ und den Begriff der Heimat in Frage und richten
den Blick direkt auf das Individuum, auf die Besonderheit jeder
einzelnen porträtierten Person." *

It was a deliberate decision that made Bernhard Fuchs set out to
study at the Düsseldorf Art Academy in the class of Bernd und
Hilla Becher in the early 1990s. His own rural homeland became
the initial subject of his photographic practice, which he continued
capturing on camera from different perspectives, informed by
his encounter with the city throughout several years. Precise
observation and a keen eye acquired at the Bechers' determine
the character of his carefully composed, unpretentious series
portraying people from the village of his childhood and youth,
which he photographed against the reduced background of the
Upper Austrian landscape. Formally, the calm, focused, full-length
and three-quarter portraits are reminiscent of August Sander's
photographs, but Fuchs is rather interested in the relationship
with the vis-à-vis than in a sociological sense: "By thematizing his
own origins in the photographs and thus pursuing an authentic
approach, he avoids a voyeuristic constructed gaze at the
'other' – in this case, the rural population. Common clichés and
handed-down ideas about 'rural life' and the concept of home are
questioned in the sober photographs, and the gaze is directed
at the individual, at the characteristics of each individual person
portrayed." *

Heinz Liesbrock (Hg. ed.), *Bernhard Fuchs, Straßen und* Wege, Joseph-
Albers-Museum Quadrat Bottrop, Verlag der Buchhandlung Walther
König, Köln 2009.
Bernhard Fuchs, *Autos*, Verlag der Buchhandlung Walther König,
Köln 2007.
Rainer Iglar, Michael Mauracher (Hg. ed.), *Bernhard Fuchs. Portrait
Fotografien*, Ausstellungskatalog, Kunstverein Recklinghausen,
Brotfabrik Galerie, Berlin, Fotohof Edition, Salzburg 2003.
Martin Hochleitner, Rainer Iglar, Michael Mauracher, Gabriele Spindler,
Face to Face. Portraits in Contemporary Photography, Landesgalerie am
Oberösterreichischen Landesmuseum, Fotohof Edition, Salzburg 2002.
(*, S. p. 10)
Ute Eskildsen (Hg. ed.), *reAKTIONen. Bernhard Fuchs. Portraits in Farbe
im Dialog mit Bildern der fotografischen Sammlung*, Museum Folkwang,
Essen 2000.

ALBERTO GARCÍA-ALIX

* 1956 in Léon, Spanien Spain.
Lebt und arbeitet in Madrid.
Lives and works in Madrid.

Die häufig provokanten Aufnahmen von Alberto García-Alix
sind stark von der autobiografischen Perspektive des Fotografen
geprägt. Obwohl dokumentarisch und nüchtern in der
Zugangsweise, steht hinter jeder Aufnahme eine persönliche
Begegnung, ein intimer Moment. Die Porträts von García-Alix
zeigen ungewöhnliche Persönlichkeiten, viele von ihnen
Protagonisten der Movida, der er selbst angehörte. In seinem
fotografischen Journal hat er den Geist einer Generation
eingefangen – jene exaltierte Lebensart einer Jugendbewegung,
die nach der Diktatur Francos neue Freiheiten auslebte, alles,
was als exzentrisch und hedonistisch galt. Viele der Szenen sind
gestellte Tableaus, die mit der Ambivalenz zwischen Figur und
Umgebung spielen, wo Pose, Auftritt und exhibitionistische
Selbstdarstellung des Modells mit den formalen und funktionalen
Gegebenheiten des Ortes kontrastieren. Zum charakteristischen
Morkmal der Fotografien von García-Alix ist eine Ausdrucksqualität
geworden, die Härte mit Zärtlichkeit verbindet und im Besonderen
seine erotischen Bilder kennzeichnen. Die intimen Aufnahmen
bewahren dabei den größten Respekt vor der porträtierten
Person: „Ich möchte den Menschen in meinen Aufnahmen Würde
geben. Die Bilder dokumentieren meine Liebe zur Person. […]
Ich fotografiere frontal, meist schauen die Abgebildeten den
Betrachter an – wichtig ist der Dialog zwischen der Person im Bild
und dem Zuschauer."

The frequently provocative photographs of Alberto García-Alix
are strongly marked by the autobiographical perspective of the
photographer. Although documentary and objective in approach,
they carry behind each picture a personal encounter, an intimate
moment. The portraits of García-Alix show unusual personalities,
many of them prominent in the Movida, of which he was a member
himself. In his photographic diary, he captured the spirit of a
generation, the exalted lifestyle of a youth movement which lived
out the new freedom after Franco's dictatorship in everything
that seemed eccentric and hedonistic. Many of the scenes are
set tableaus that play with the ambivalence between the figure
and the surroundings, where pose, appearance and exhibitionist
self-presentation of the model is in contrast to the formal and
functional situations of the place. One of the characteristic
features of the photographs of García-Alix is an expressive quality
combining toughness with tenderness, and it is a special feature
of his erotic images. The intimate photographs, however, preserve
the greatest respect for the person portrayed: "I want to give the
person dignity in my photographs. The pictures document my love
of people. […] I photograph from the front so that the subjects
usually look at the viewer – the important thing is the dialogue
between the person in the picture and the viewer."

Nicolás Combarro (Hg. ed.), *Alberto García-Alix. De donde no se vuelve*,
Museo Nacional Centro de Arte Reina Sofía, La Fabrica Ed., Madrid
2008.
Galerie Mennour (Hg. ed.), *Daido Moriyama – Alberto García-Alix. Far
from Home*, Kamel Mennour, Paris 2008.
Alberto Garcia-Alix, *No me sigas – estoy perdido* 76–86, Paris Musées,
Paris 2006.
Alberto Garcia-Alix, *Llorando a aquella que creyó amarme: Grieving for
the One Who Thought She Loved Me*, La Fabrica, Madrid 2002.
Alberto Garcia-Alix, *García-Alix Photographs*, Texte von texts by Titto
Ferreira, Alberto Anaut, Tf. Editores, Madrid 2002.

LUIGI GARIGLIO

* 1968 in Turin, Italien Italy.
Lebt und arbeitet in Mailand, Italien.
Lives and works in Milan, Italy.

Bei Luigi Gariglios Fotografien von gesellschaftlichen Randgruppen handelt es sich um eine dezidiert sozialkritisch motivierte Bildproduktion, die sich für die vorurteilslose Begegnung mit dem Gegenüber einsetzt. Bekannt wurde der Fotograf mit Porträtaufnahmen von Strafgefangenen und ihren Gefängniszellen. Die objektiv-dokumentarische Darstellung der Inhaftierten in unterschiedlichen Gemütsverfassungen strebt nach der Betonung des Humanen, die sich gegen stereotype Vorstellungen und irrationale Auffassungen von „menschlichen Monstern" richtet. Gariglio entwickelte eine systematisierte Aufnahmemethode, in der einerseits neben formalen Affinitäten auch das Interesse an bestimmten sozialen Gruppen in der Tradition August Sanders anklingt, die sich aber – im Gegensatz zu einer Suche nach Typologien – der Repräsentation des Individuums jenseits jeglicher konventioneller Einordnung und Klassifizierung verschreibt. Gariglios Zugangsweise zeichnet sich durch den intendierten Verzicht auf äußere Merkmale der Zugehörigkeit aus, wie es im Besonderen in der Serie *Lap Dancer* zum Ausdruck kommt. Die frontalen, neutral ausgeleuchteten auf das Gesicht konzentrierten Porträts zeigen die Person ohne Verweise auf ihren Beruf oder ihr Tätigkeitsumfeld, ein Abbild des „ungeschminkten" Menschen im wörtlichen und metaphorischen Sinne.

Luigi Gariglio's photographs of marginal social groups are a form of picture production with a decidedly socio-critical motivation that advocates encountering the subject without prejudice. This photographer garnered a reputation by taking portraits of convicted criminals and their prison cells. The objective, documentary representation of the prisoners in various moods aims at emphasising the humane while opposing stereotypical concepts and irrational ideas about 'human monsters.' Gariglio developed a systematic method of taking photographs where, in addition to formal affinities, the interest in particular social groups echoes the tradition of August Sanders. Yet in contrast to a search for typologies to represent the individual, he goes beyond any conventional allocation and classification. Gariglio's approach is characterised by a deliberate avoidance of any outward signs of belonging to a group, and this is especially evident in the *Lap Dancer* series. The frontal, neutrally lit portraits concentrating on the face show the person without reference to their profession or their field of activity, an image of the person without cosmetics, both in a literal and metaphorical sense.

Kimmo Lehtone, *2 a.m. A Family Business Society*, Finnish Museum of Photography, Helsinki, Museo di Fotografia Contemporanea, Milan 2008.

Hripsimé Visser, Bas Vroege (Hg. ed.), *Luigig Gariglio. Portraits in prisons*, Contrasto, Rome, De Verbeelding, Amsterdam 2007.

Alessandra Mauro (Hg. ed.), *Luigi Gariglio*, Miss Italia 2004, Contrasto, Milan 2005.

Filippo Maggia (Hg. ed.), *Luigi Gariglio*, Aerospace gallery, Baldini e Castoldi, Milan 2004.

ANTHONY GAYTON

* 1968 in Devon, England.
Lebt und arbeitet in Wien.
Lives and works in Vienna.

Anthony Gayton experimentiert mit unterschiedlichsten Formen der fotografischen Inszenierung, wobei die Form des Porträts darin eine besondere Rolle einnimmt. Die Erzählungen seiner Bilder thematisieren Identität, Sexualität, Obsession und speisen sich aus der Geschichte homosexueller Subkultur. Lebende Modelle oder auch Spielzeugpuppen mimen im Fotostudio die Protagonisten von imaginären Narrativen, um anschließend in einen Bildraum einmontiert zu werden. Schauplätze, denen die historische Atmosphäre schon eingeschrieben ist, dienen als Folie: die romantizistische Ruine Prandegg in Oberösterreich oder die Kaiserbründl Sauna in Wien. In seinen Arbeiten zitiert Anthony Gayton Stile und Epochen, lässt sich von den Werken bildender Künstler wie Caravaggio und Michelangelo ebenso inspirieren wie von Fotografen (Wilhelm von Gloeden) oder Dichtern (Walt Whitman) und bedient sich motivischer Versatzstücke klassischer Mythologie oder christlicher Ikonografie. Die Reproduktion historischer Ästhetik erreicht er durch eine Mischung aus analoger und digitaler Technik, der Inhalt des bildnerischen Produkts ist reine Fiktion. Die Fotografie wird zum Bühnenraum einer homoerotischen Interpretation der Welt, die Realität und Imagination gegeneinander ausspielt: „Für mich lag die Schönheit der Fotografie genau in dieser Fähigkeit, zu überraschen, sich zu widersprechen, die Wahrnehmung des Wirklichen in Frage zu stellen und durch das Erzählen überzeugender Lügen neue Wahrheiten zu erfinden."

Anthony Gayton experiments with various forms of photographic staging, with the portrait playing a special role. The narratives of his pictures take identity, sexuality and obsession as their themes and are fed by the history of gay subculture. Either living models or toy dolls play the protagonists of imaginary narratives in the studio and are then mounted in a pictorial space. Places already inscribed by history serve as foils: the romanticised ruin of Prandegg in Upper Austria or the Kaiserbründl Sauna in Vienna. In his works, Anthony Gayton cites styles and eras, is inspired by visual artists like Caravaggio and Michelangelo or by photographers (Wilhelm von Gloeden) or poets (Walt Whitman), and makes use of set pieces from classical mythology or Christian iconography. The reproduction of historical aesthetics is achieved by a mixture of analogue and digital technologies, while the content of the pictorial product is pure fiction. Photography becomes the stage for a homoerotic interpretation of the world, which pits reality and imagination against one another: "To me, the beauty of photography lays exactly in its ability to surprise and contradict itself, to challenge perceptions of the real and invent new truths by telling convincing lies."

Joris Buik (Hg. ed.), *NightVisions: Contemporary Male Photography*, Bruno Gmünder Verlag Gmbh, Berlin 2008.

Pierre Borhan, *Man to Man: A History of Gay Photography*, The Vendome Press, New York 2007.

Anthony Gayton, *Sinners & Saint*, Te Neues Publishing Company, Kempen 2005.

G. Tobias Natter, *Waschbrettbauch und Wespenteil, Der Traum vom schönen Mann*, Selbstverlag/Österreichische Lesben-, Schwulen-, und Transgenderforum, Wien 1999.

NAN GOLDIN

* 1953 in Washington D.C., USA.
Lebt und arbeitet in New York City, Paris und London.
Lives and works in New York City, Paris and London.

Nan Goldin gehört zu den ersten Fotografinnen, die auf
radikale Weise den voyeuristischen Blick auf das eigene Leben
gerichtet haben. Durch die berühmt gewordene *Ballad of Sexual
Dependency* wurde das fotografische Porträt um eine neue
Kompromisslosigkeit hinsichtlich der Abbildung menschlicher
Gefühlswelten – Liebe und Hass, Verlust und Verlangen,
Gewalt und Exzess – erweitert. Nan Goldin nobilitierte den
Schnappschuss und hielt in Form ihres visuellen Tagebuchs das
eigene Intimleben und dasjenige ihr nahestehender Menschen
mit einer zuvor ungekannten Eindringlichkeit fest. Die wie flüchtig
aufgenommenen Bilder zeugen von emotionaler und physischer
Nähe zwischen Individuen mit ihren Höhepunkten und Miseren,
von psychologischen Abgründen menschlicher Beziehungen und
Ritualen des Alltags. Dabei hat Nan Goldin auch einen Zeitgeist
und einen Lebensstil mittels der punkigen Ästhetik einer intendiert
dilettantischen Technik dokumentiert, gekennzeichnet durch eine
alternative Form von Glamour, begleitet vom Sterben an HIV.
Die Performativität dieses großen Bilderbuches hat „filmischen
Charakter", wie Elisabeth Sussmann schreibt: „In Goldins Werk löst
sich die Fülle an Erfahrungen in kleine, erinnerte Vorfälle auf: Der
Fluß, die Dauer des Lebens kann in Bildern von den Tagen und
Nächten vertrauter Menschen festgehalten werden. Auch wenn
ein einzelnes Bild durch seine Intensität und Schönheit umwerfend
sein kann, denkt Goldin – wie ein Schriftsteller oder Filmemacher
– gleichzeitig in einzelnen Bildern und in Sequenzen miteinander
verbundener Bilder, die eine Erzählung formen." *

Nan Goldin is one of the first photographers to direct a voyeuristic
gaze on her own life in a radical way. With the now famous *Ballad
of Sexual Dependency*, the photographic portrait was extended to
include an uncompromising attitude to recording worlds of human
feeling – love and hate, loss and desire, violence and excess. Nan
Goldin ennobled the snapshot and captured her own intimate life,
and that of the people close to her, with a previously unknown
urgency. The seemingly fleeting pictures give witness to emotional
and physical proximity between individuals, at both high points
and times of misery, as well as to psychological abysses in human
relationships and the rituals of everyday life. In the punk aesthetic
of an intentionally dilettante technology, Nan Goldin also created a
portrait of a *zeitgeist* and a lifestyle, marked by alternative glamor,
accompanied by death. The performative aspect of this big picture
book has a "filmic character" as Elisabeth Sussmann wrote: "In
Goldin's work the fullness of experience is dissolved into small,
remembered incidents: the flow and duration of life can be held
fast in pictures of the days and nights of familiar people. Even if
an individual picture can be devastating in its intensity and beauty,
Goldin – like a novelist or film maker – thinks both in separate
images and in sequences of related images that form a story." *

Jack Ritchey (Hg. ed.), *Nan Goldin – the beautiful smile. The Hasselblad
    Award 2007*, Hasselblad Center, Steidl, Göttingen 2007.
Guido Costa (Hg. ed.), *Nan Goldin*, Phaidon, London 2006.
John Jenkinson (Hg. ed.) *Nan Goldin. Luzifers Garden*,
    Phaidon, Berlin 2003.
Elisabeth Sussmann, David Amstrong (Hg. ed.), *Nan Goldin. I'll be your
    Mirror*, Whitney Museum of American Art, New York, Scalo, Zürich 1996.
    (*, S. p. 25)
David Amstrong, Walter Keller (Hg. ed.), *Nan Goldin. The Other Side*,
    Cornerhouse Publications, Manchester 1993.

GREG GORMAN

* 1949 in Kansas City, Missouri, USA.
Lebt und arbeitet in Los Angeles und Mendocino, Kalifornien, USA.
Lives and works in Los Angeles and Mendocino, California, USA.

Greg Gorman arbeitet in Los Angeles, dem Zentrum der
Medienwelt. Seine Schwarz-Weiß-Fotografien zeugen von einer
tiefen Menschlichkeit und einer Meisterschaft des handwerklichen
Könnens sowie vom Einfühlungsvermögen des Fotografen
gegenüber jenen, die er darstellt. Sein perfekter Umgang mit
Licht und Beleuchtung erinnert an die Studiofotografie von
Horst P. Horst, George Hurrell und George Platt Lynes. Das Spiel
des Lichts verleiht den Gesichtern und Körpern eine ätherische
Qualität und vermittelt den Eindruck, als ob sie von innen heraus
leuchten würden. Gormans fotografische Praxis steht in einer
langen Tradition, die sich aus der Mode- und Porträtfotografie des
frühen 20. Jahrhunderts entwickelt hat. Im Unterschied zu Annie
Leibovitz inszeniert Gorman seine Sujets nicht. Sie suchen weder
nach einer verlorenen Identität, noch bauen sie versuchsweise
eine neue auf, die ihrem Spiegelbild auf Dauer Halt geben
könnte. Gormans Akte sind von einer neoklassizistischen Ästhetik
geprägt, deren Sinnlichkeit es nicht an Abstraktion mangelt. Es
könnte sich um Reliefs von Canova oder Thorwaldsen handeln. Die
Weißheit ihrer Haut erinnert an Marmor, der durch das Schwarz
reiner Schatten Konturen gewinnt. Die meisten seiner Sujets sind
Menschen im Licht der Öffentlichkeit. Wir begegnen ihnen nur
im Film und als Ikonen fotografischer Abbildungen. Sie und ihre
Körper sind Gebilde unserer Fantasie im Rahmen einer modernen
Mythologie.

The photographer Greg Gorman works at the heart of America's,
and the world's, media scene: Los Angeles. His black and
white photos reveal deep-rooted humanity as well as masterly
craftsmanship; they attest to the photographer's compassion
and empathy for his subjects. He has attained the consummate
mastery of light and lighting which also distinguishes the studio
photography of Horst P. Horst, G. Hurrell and George Platt Lynes.
In his studio portraits, the play of light lends faces and bodies an
ethereal quality as if they were glowing from within. His work looks
back on a long tradition that has evolved out of early 20th century
fashion and portrait photography. Gorman does not, unlike Annie
Leibovitz, stage his subjects. They are not searching for a lost
identity nor are they building up a tentative new one as permanent
mirror fixtures. His nudes are informed with a neo-classical
aesthetic; their sensuality is not devoid of abstraction. They might
be reliefs by Canova or Thorwaldsen. The whiteness of their skin
is like marble, sculpted by the black of stark shadow. Most of
Gorman's subjects are people in the public eye. We experience
them only through films and the icons of photographic illustration.
They and their bodies are figments of our imagination in a modern
mythology.

Odes to Pindar, Platinum Prints von platinum prints by Greg Gorman,
    Gedichte von poems by Pindar, The Journal of the 21st Century, 2007.
Greg Gorman, *Just Between Us*, Arena Editions, Santa Fe 2002.
Greg Gorman, *As I See It*, DACO Verlag, Stuttgart 2000.
Greg Gorman, *Inside Life*, Rizzoli, New York 1996.
Greg Gorman, *Greg Gorman Volume II*, Treville Company Limited,
    Tokyo 1991.
Greg Gorman, *Greg Gorman Volume I*, Cpc Publishing, 1989.

KATY GRANNAN

* 1969 in Arlington, Massachusetts, USA.
Lebt und arbeitet in San Francisco.
Lives and works in San Francisco.

Ihrer eigenen Biografie entsprechend, widmet sich Katy Grannan jenen Individualisten, die es an die sonnige Westküste der Vereinigten Staaten verschlagen hat und versuchen, ihre Idee von der eigenen Identität zu leben. Für ihre frühen Arbeiten machte sie sich auf die Suche nach unerfahrenen Modellen und inserierte Kontaktanzeigen in lokalen Zeitungen. Mit ihrer 4x5" Kamera entstehen Aufnahmen oft in erhöhter oder untersichtigen Perspektive, von einer Leiter aus oder am Boden liegend. Bevorzugte Schauplätze der Fotografin sind Naturräume in der Provinz, urbanes Ödland, Motels oder die Wohnräume, in denen die Porträtierten zu Hause sind – Orte, denen das Verborgene, Abgelegene, Geheime anhaftet. Das Modell wählt zwischen einer bestimmten Kleidung oder Nacktheit, der Raum wird gleichwohl zum Filmset, das die Fotografin zur Folie einer inszenierten Wirklichkeit arrangiert. Die reduzierten Hintergründe – eine Tapete, ein Gardine, eine Wiese, ein Gewässer – lassen Körperhaltung, Kleidung, Gesten in den Vordergrund treten und zu Bedeutungsträgern einer ins Entfremdende und Bizarre kippenden Ästhetik werden. Waren die frühen Aufnahmen noch von der unbedarften Spontaneität einer flüchtigen Begegnung gekennzeichnet, so suchte Grannan später die langfristige Beziehung zu ihren Protagonisten. Über Monate und Jahre hinweg fotografierte die Künstlerin individualistische Persönlichkeiten und fing deren performatives Selbstverständnis mit ihren Sehnsüchten und Wünschen ein.

According to her own biography, Katy Grannan devotes her work to individualists who have found their way to the sunny west coast of the United States and are there trying to live out the idea of their own identity. For her earlier portraits, she sought out inexperienced models and placed contact notices in the personal columns of local papers. Using her 4x5" camera, she often takes the photos from a high or low vantage point, standing on a ladder or lying on the ground. Favourite sites for the photographer are nature in the provinces, urban deserts, motels or living rooms where the subjects are at home – places connected with concealment, remoteness or secrecy. The model chooses between certain items of clothing and nudity, the room becomes a film set which the photographer arranges, a foil or staged reality. The reduced backgrounds – wallpaper, a curtain, a meadow, a river or a lake – permit body pose, clothing and gesture to step into the foreground and become the signifiers of an aesthetic that can slip into the alienated and bizarre. While the earlier photos were characterized by the naïve spontaneity of a fleeting encounter, Grannan later sought a longer term relationship with her protagonists. The artist photographed individualist personalities throughout months and years, blending their self-image with their longings and wishes.

Katy Grannan, *The Westerners*, Fraenkel Gallery, Greenberg Van Doren Gallery, Salon 94 Freemans, New York 2007.
Katy Grannan, *Model American*, Text von text by Jan Avgikos, Aperture, DAP, New York 2005.
Susan Bright (Hg. ed.), *Art Photography Now*, Aperture, DAP, New York 2005.
Chrissie Iles et al. (Hg. ed.), *Whitney Biennial 2004*, Whitney Museum of American Art, New York, Abrams, New York 2004.
Katy Grannan, *Dream America*, Text von text by Jeanne Greenberg Rohatyn, Lawrence Rubin Greenberg Van Doren Fine Art, New York 2000.

JITKA HANZLOVÁ

* 1958 in Nachod, Tschechische Republik Czech Republic.
Lebt und arbeitet in Essen, Deutschland.
Lives and works in Essen, Germany.

Die in der ehemaligen Tschechoslowakei aufgewachsene Künstlerin Jitka Hanzlová begann ihren beruflichen Werdegang bei der Staatlichen Fernsehanstalt in Prag. 1983 gelang ihr die Flucht nach Deutschland. In ihren Fotoserien setzt sich Hanzlová stark mit der eigenen Herkunft auseinander und kehrt an die Stätten ihrer Kindheit zurück. Entstanden sind einfühlsame Porträts von Menschen in ihrer ursprünglichen Lebenswelt. Hanzlovás fotografischer Blick bleibt sachlich, trotzdem stellt sich beim Betrachten eine bemerkenswerte Vertrautheit gegenüber den dargestellten Personen und Landschaftsräumen ein. Dieses Naheverhältnis konstruiert die Künstlerin durch zarte und zerbrechliche Farbtöne, dem um die Mittelachse angelegten Motiv und dem direkten Blick der zumeist weiblichen Protagonisten in die Kamera. Der ruhige, selbstverständlich wirkende Dialog zwischen Fotografin und Subjekt wirkt sich auf die Ausdrucksfähigkeit der Aufnahmen aus. Die Serie *bewohner* beinhaltet neben den Porträts von Personen Aufnahmen von Motiven der Umgebung, die sich unter dem Begriff der Mobilität subsumieren lassen: Automobile, Tiere, ephemere Phänomene. Hanzlovás Bilder sind Zeugnisse einer Suchbewegung, die sich mit der Relativität von Zeit auseinandersetzt: „Der Weg, den ich beschreite, ist ein Weg zurück, um in die Zukunft zu sehen." (Forest-Tagebuch)

The artist Jitka Hanzlová, who grew up in the former Czechoslovakia, began her professional career at the State Television Institute in Prague. In 1983, she succeeded in fleeing to Germany. In her photo series, Hanzlová concerns herself intensely with her own origins and returns to the sites of her childhood. The result is a series of sensitive portraits of people in their original surroundings. Hanzlová's photographic eye remains objective, and yet in viewing a remarkable familiarity relates to the represented persons and landscapes. The artist creates a sense of proximity by using delicate and fragile tints, by setting up the motif around a central axis and with the straight gaze of the mostly female protagonists directed into the camera. This quiet, apparently unforced dialog between the photographer and the subject has its effect on the expressive power of the photographs. The series *inhabitants* includes not only portraits of people but also photos of motifs in the environment, which can be brought under the heading of mobility: automobiles, animals, ephemeral phenomena. Hanzlová's pictures are witnesses to a searching movement that concerns itself with the relativity of time: "The path I follow is a way back in order to see the future." (Forest-Diary)

Matthias Flügge, Markus Heinzelmann (Hg. ed.), *Der Kontrakt des Fotografen*, Akademie der Künste, Berlin, Verlag für moderne Kunst Nürnberg, Nürnberg, 2006.
Jitka Hanzlová, *Forest*, Steidl, Göttingen 2005.
Urs Stahel (Hg. ed.), *Jitka Hanzlová: bewohner*, Fotomuseum Winterthur, Verlag der Buchhandlung Walther König, Köln 2001.
Jitka Hanzlová, *Female*, Haus der Photographie, Deichtorhallen Hamburg, Schirmer/Mosel, München 2000.
Rokytník, Text von text by L. Fritz Gruber, Museum Schloß Hardenberg, Velbert 1997.

PETER HUJAR

* 1934 in Trenton, New Jersey, USA. † 1987 in New York City.

Peter Hujar arbeitete als kommerzieller Fotograf für Magazine,
Mode und Werbung, ehe er Ende der 1960er Jahre sein eigenes
Studio eröffnete und einen immer radikaleren Zugang zur
Fotografie entwickelte. Obwohl Student von Lisette Model,
Bewunderer von August Sander und Freund von Diane Arbus,
arbeitete Hujar auf sehr eigenständige Weise. Seine Bilder sind
eindrucksvoll durch ihre Direktheit und die strikte Beschränkung
auf das Wesentliche. Hujars Leben spielte sich in New York ab,
sein Werk besteht im Kern aus Schwarzweißfotografien seiner
Freunde, unter ihnen viele Intellektuelle und Vertreter der
homosexuellen Subkultur. Er hatte eine Vorliebe, seine Modelle
sitzend oder in zurückgelehnter Haltung zu fotografieren, oftmals
in einem leeren Raum, darin lediglich ein Stuhl oder ein Bett.
Seine Aktporträts verströmen kompromisslos maskuline Sexualität,
ohne pornografisch zu wirken, wobei sich Hujar weniger für
einen perfekten Körper interessierte als für den emotionalen
Ausdrucksgehalt der Pose seines Gegenübers. „Was Hujars Fotos
so außergewöhnlich macht, ist seine Fähigkeit, innerhalb eines
einfachen, transparenten und konventionellen Rahmens eine sehr
reale Erfahrung existentieller Ambiguität zu gestalten", schreibt
Hripsimé Visser: „In ihrer trügerischen Einfachheit besitzen seine
Fotos eine Konzentration, die einem bis ins Mark reicht, eine
Signifikanz, die man als Wunsch beschreiben könnte, das Wesen
dessen zu enthüllen, was es heißt, ein Mann, eine Frau, nackt, ein
Transvestit zu sein, ein Tier, eine Landschaft oder ein Stilleben. […]
Er drückte den Auslöser in eben jenem Moment, da sich Person
und Pose widersprachen." *

Peter Hujar worked as a commercial photographer for magazines,
fashion and advertising before he opened his own studio at the
end of the 1960s and developed a continuously more radical
approach to photography. Although he was a student of Lisette
Model, admired August Sander and was a friend of Diane Arbus,
Hujar worked in a very independent manner. His pictures are
impressive for their directness and strict reduction to the essential.
Hujar spent his life in New York and, at core, his work consists
of black-and-white photographs of his friends, including many
intellectuals and representatives of gay subculture. He had a
preference for photographing his models seated or leaning back,
often in an empty room or in one with only a chair or bed. His
nude portraits exude an uncompromising masculine sexuality
without being pornographic, for Hujar is less interested in a perfect
body than an emotional expression. "What makes Hujar's photos
so extraordinary is his ability to shape a very real experience of
existential ambiguity within a simple, transparent and conventional
framework," writes Hripsimé Visser: "in their deceptive simplicity
his photos have a concentration that goes to the marrow, a
significance that one might describe as a wish to unveil the
substance of what it means to be a man, a woman, naked, a
transvestite, an animal, a landscape or a still life. […] He presses
the shutter precisely at the moment when the person and the pose
contradict each other." *

Maureen Paley (Hg. ed.), *Paul P./Peter Hujar*, Maureen Paley Interim Art,
   London 2008.
Robert Nickas, *Peter Hujar: Night*, Matthew Marks Gallery, Fraenkel
   Gallery, New York 2005.
Peter Hujar, *Portraits in Life and Death*, Twin Palms, New York 2003.
Peter Hujar, Klaus Kertess, *Peter Hujar: Animals and Nudes*, Twin Palms,
   New York 2002.
Urs Stahel, Hripsimé Visser (Hg. ed.), *Eine Retrospective*, Stedelijk
   Museum, Amsterdam, Fotomuseum Winterthur, Scalo, Zürich 1994.
   (*, S. p. 10f.)

JEAN-BAPTISTE HUYNH

* 1966 in Chateauroux, Frankreich France.
Lebt und arbeitet in Paris.
Lives and works in Paris.

Porträtfotografie erweist sich in der künstlerischen Praxis von
Jean-Baptiste Huynh als Suche nach einem Schönheitsideal,
das die Würde des Alters ebenso wie die Frische der Jugend
einschließt. Der Fotograf konzentriert sich zumeist auf das
Gesicht, das in klaren, strengen Aufnahmen vor einem neutralen
Hintergrund eine idealisierte Form bekommt. In den puristischen
Bildern werden auch physiognomische Fehler wie eine Narbe
oder ein blindes Auge in die Makellosigkeit der Abbildung
nicht durch ihre Negierung oder Retouchierung, sondern
durch ihre Ästhetisierung in feinsten Schwarz-Grau-Weiß-
Abstufungen integriert. Der Bewunderer der Porträtmalerei des
15. Jahrhunderts, im Besonderen der Gemälde von Jan van Eyck,
wählt für seine Aufnahmen eine klassische Kopfhaltung, oftmals
eine Ansicht en face oder im Dreiviertelprofil, eine Lichtquelle
modelliert das Gesicht. Motivische Details wie Gebärden und
Handbewegungen, ein Lachen, der Rauch einer Zigarette,
ein Tuch, sind kleine Andeutungen auf das soziale Leben der
Dargestellten, sie durchbrechen jedoch die glatte Perfektion
des Antlitzes nicht. Die Faszination an dem Fremden führte
Jean-Baptiste Huynh nach Vietnam, Indien, Mali und Japan.
Jene auf Reisen entstandene Porträts, zumeist Einzelbilder,
verweisen einerseits auf die ethnische und kulturelle Vielfalt des
zeitgenössischen Menschenbildes, gleichzeitig ist ihnen das
Streben nach Zeitlosigkeit und einem emblematischen Ausdruck
implizit.

In the artistic practice of Jean-Baptiste Huynh, portrait
photography is shown to be a search for an ideal of beauty that
includes both the dignity of age and the freshness of youth. His
photographs normally concentrate on the face, which attains
an idealised form in clear, uncluttered pictures with a neutral
background. In these purist pictures, even physiognomic
defects, such as a scar or a blind eye, are integrated into the
immaculate quality of the record, not by negating or retouching
them but by making them aesthetic in the finest phases of black,
grey and white. As an admirer of the portrait painting of the
fifteenth century, especially the art of Jan van Eyck, he chooses
a classical head pose for his pictures, often directly full face or
in a threequarter profile, while some source of light models the
face. Details of the motif, such as gestures and hand movements,
a smile, the smoke from a cigarette or a handkerchief are small
suggestions of the social life of the person portrayed, but do not
interrupt the smooth perfection of the face. Fascination of the
foreign leads Jean-Baptiste Huynh to Vietnam, India, Mali and
Japan. The portraits made on such journeys, usually of individuals,
refer on the one hand to the ethnic and cultural multiplicity of
contemporary human images and, on the other, imply a striving for
timelessness and emblematic expression.

Pascale le Thorel- Daviot (Hg. ed.), *Jean-Baptiste Huynh. Le Regard à
   l'œuvre*, Ecole Nationale Supérieure des Beaux-Arts, Paris, ENSBA,
   Paris 2006.
Jean-Baptiste Huynh, *Ethiopie*, 5 Continents Editions, Mailand 2006.
Jean-Baptiste Huynh, *Inde*, 5 Continents Editions, Mailand 2005.
Jean-Baptiste Huynh, *Mali*, 5 Continents Editions, Mailand 2003.
Jean-Baptiste Huynh, *Japon*, 5 Continents Editions, Mailand 2003.
Jean-Baptiste Huynh, *Univers*, Editions Wasserberg, Basel 2002.

LEO KANDL

* 1944 in Mistelbach, Österreich Austria.
Lebt und arbeitet in Wien.
Lives and works in Vienna.

Die Fotografien von Leo Kandl sind gekennzeichnet durch
einen differenzierten Blick auf die urbane Alltagswirklichkeit.
Im Zentrum steht die Inszenierung und Positionierung des
Subjekts im städtischen Raum. Bereits Anfang der 1990er Jahre
begann Leo Kandl, zunächst noch auf Wien beschränkt, die
Serie *Free Portraits*. Mittels Zeitungsannoncen machte sich der
Fotograf auf die Suche nach unerfahrenen Modellen, die sich
von ihm porträtieren ließen. Damaliges Ziel war es, Wien in
seiner sozio-topografischen Dimension zu erfahren. Wenig später
weitete sich das Projekt auf New York, London, Moskau und
andere Weltstädte aus. Mit Direktiven wie der Festlegung des
Ortes oder der Wahl der Garderobe hält sich Kandl stets zurück
und überließ es seinen Modellen, Schauplatz, Tageszeit, Kleidung
und Accessoires zu bestimmen. Den entstandenen Einzelporträts
mit Schnappschusscharakter, die an private Fotografien oder
Street Photography denken lassen, ist die Repräsentation
von Wirklichkeit eingeschrieben, die dem Betrachter wie ein
spontan entrissenes Fragment aus einem größeren narrativen
Zusammenhang entgegen tritt. Die Einmaligkeit des Augenblicks
und die Selbstinszenierung des Individuums überschneiden
sich in Kandls Arbeiten mit dokumentarischen Eindrücken des
städtischen Lebens, was sich in der Fotografie als Beziehung des
Aufgenommenen zu seinem Lebensraum spiegelt.

Leo Kandl's photographs are characterized by a singular view of
everyday reality in the city. Their emphasis is on the mise-en-scène
and positioning of the subjects in urban space. In the early 1990s,
Leo Kandl began to work on his series *Free Portraits*, for which
he initially confined himself to Vienna. Relying on newspaper
advertisements, the photographer searched for inexperienced
models who were willing to have their portraits taken by him. He
aimed at exploring Vienna in its socio-topographical dimension.
Soon, he extended the project, including New York, London,
Moscow and other metropolises. Kandl always refrains from
prescribing certain specifics and let his models decide the location
and hour and choose their clothes and accessories. The portraits
of individuals he infused with a snapshot-like quality, making them
resemble private photographs or pictures from the genre of street
photography: they are representations of reality that suggest
themselves to the observer as fragments spontaneously taken
from a wider narrative context. In Kandl's works, the singularity
of the moment and the individual's self-staging intersect with
documentary impressions of life in the city – a context becoming
manifest as the subjects' relationship to their surroundings.

Agnes Husslein-Arco (Hg. ed.), *Zwei Sammlungen österreichischer
Photographie*, Museum der Moderne Salzburg, Fotomuseum Winterthur,
Brandstätter, Wien 2005.
Rainer Iglar, Michael Mauracher, Gabriele Spindler (Hg. ed.), *Gegenüber.
Menschenbilder in der Gegenwartsfotografie*, Landesgalerie am
Oberösterreichischen Landesmuseum, Fotohof Edition, Salzburg 2002.
Werkschau IV. Leo Kandl. Arbeiten 1977–1999, Fotogalerie Wien, Triton-
Verlag, Wien 1999.
Leo Kandl. Weinhaus, Rupertinum Salzburg, Stemmle, Zurich 1999.
Leo Kandl. Kollektion, Blau-Gelbe Galerie, Amt der NÖ-Landesregierung,
Wien 1992.

BARBARA KLEMM

* 1939 in Münster, Deutschland Germany.
Lebt und arbeitet in Frankfurt a. Main, Deutschland.
Lives and works in Frankfurt a. Main, Germany.

Nach ihrer Ausbildung zur Fotografin in einem Karlsruher
Porträtatelier, begann Barbara Klemm im Fotolabor der
Frankfurter Allgemeinen Zeitung zu arbeiten. Nach mehreren
Jahren als freie Fotojournalistin erhielt sie 1970 einen festen
Vertrag als Redaktionsfotografin mit dem Schwerpunkt Feuilleton
und Politik. Barbara Klemm gilt heute als eine der wichtigsten
deutschen Fotografinnen. Ihre Bilder über prekäre und alltägliche
Situationen der sozialen und politischen Wirklichkeit sind zu Ikonen
der Zeitgeschichte geworden. Ihre Reisen führten sie bereits zu
Zeiten des Eisernen Vorhangs in weite Teile Europas und Asiens
und liefern visuelle Dokumente, die sich auf selten anzutreffende
Weise mit künstlerischer Inspiration verbinden. Als Pressefotografin
hängt ihre Arbeitsweise immer auch von den gegebenen
Bedingungen ab: „Planung ist bei meiner Art der Fotografie
kaum möglich. […] Häufig sind es Personen, die mich als Motive
am meisten reizen. Manchmal stehen die Figuren plötzlich wie in
einer Theaterinszenierung auf der Straße, obwohl kein Mensch sie
so hingestellt hat – um das zu erwischen, muss man sehr schnell
sein." * Der sichere Sinn für die Eigenheit einer Situation, oft
mit verstecktem Witz versehen, ist den Aufnahmen von Barbara
Klemm eingeschrieben. Es gelingt ihr immer wieder, die spontanen
Handlungen und Gefühlsreaktionen auf Ereignisse festzuhalten,
eine Besonderheit, die auch den unvermittelten Ausdruck ihrer
Künstlerporträts prägt.

After her training as a photographer in a portrait studio in
Karlsruhe, Barbara Klemm started work in the photo laboratory of
the *Frankfurter Allgemeinen Zeitung*. She spent several years as a
freelance photo-journalist until, in 1970, she got a fixed contract as
editorial photographer with a focus on culture and politics. Today
Barbara Klemm is seen as one of the most important German
photographers. Her pictures of precarious and everyday situations
of social and political reality have become icons of contemporary
history. In the days of the iron curtain, her trips already took her to
many parts of Europe and Asia, resulting in visual documents that
are combined in a very rare way with artistic inspiration. As a press
photographer she always works in dependence on the existing
conditions: "In my kind of photography it is almost impossible to
make plans. […] Often people are the motif that excites me most.
Sometimes people are suddenly standing on the street as if in a
theatrical production, even though nobody told them where to
stand – one has to be very quick to capture that." * A secure sense
of the uniqueness of a situation, often with concealed wit, is typical
of Barbara Klemm's work. She succeeds in fixing the spontaneous
actions and emotional reactions to events of her subjects, a feature
that also characterizes the direct expression of her artist portraits.

Hans-Ulrich Lehmann, Ulrike Westphal et al. (Hg. ed.), *Barbara Klemm
& Fritz Klemm. Photographie, Gemälde, Zeichnungen*, Deutscher
Kunstverlag, Berlin 2007.
Inge Zimmermann (Hg. ed.), *Leben. Sehen. Fotografien von Sibylle
Bergemann, Barbara Klemm, Helga Paris*, Käthe-Kollwitz-Museum Köln,
Akademie der Künste, Berlin 2006.
Künstlerportraits, Text von text by Wilfried Wiegand, Nicolai Verlag,
Berlin 2004.
Christoph Stölzl (Hg. ed.), *Unsere Jahre. Bilder aus Deutschland
1969–1998*, Deutsches Historisches Museum, Berlin 1999.
Blick nach Osten. 1970–1995, Vorwort von foreword by Andrzej
Szczypiorski, Fischer Verlag, Franfurt a.M. 1995.

* http://www.zeithistorische-forschungen.de

GERHARD KLOCKER

* 1962 in Hard, Österreich Austria.
Lebt und arbeitet in Paris und Österreich.
Lives and works in Paris and Austria.

Indem er fotografiert, bläst Gerhard Klocker alltägliche Eindrücke auf, sodass sie merkwürdig werden. Auf humorvolle Weise, oft gepaart mit einer gewissen Melancholie, richtet er seine Aufmerksamkeit auf nostalgisch anmutende Elemente, die ihm innerhalb des geläufigen Erscheinungsbildes der modernen Lebenswelt entgegen treten, seien sie objekthafter oder ephemerer Art. Und der Fotograf kreiert mit Vorliebe Absurditäten, indem er Dinge entfremdet – vornehmlich Getier – und zu abnormen Stillleben arrangiert: ein Fisch auf der Heizung, ein Frosch als Fensterdekoration. Diese kombiniert er mit Bildern, die sich so klassischen Sujets wie dem weiblichen Akt oder Blumen widmen. Das System von Gerhard Klocker macht die chaotisch gesetzlose Komposition und Kombination von Motiven, Methoden und Ausdrucksformen zur ästhetischen Strategie, eine Zugangsweise, die auch seine Porträtfotografien prägt. Die Aufnahmen von bekannten und anonymen Persönlichkeiten bezeugen ein Auge für das Eigentümliche. Sie halten spontane natürliche Gesten und Gesichtsausdrücke fest, die dem Abbild des Gegenübers das Charakterhafte verleihen. Das Spiel mit formalen Affinitäten in der Erscheinung des Porträtierten und dem Hintergrund des Bildausschnittes ist ebenso ein Merkmal seiner Fotografien wie ein ausdrucksstarker Habitus und die oft ungewollte subtile Komik einer Situation.

By taking photographs, Gerhard Klocker blows up everyday impressions to make them strange. In a humorous way, often coupled with a certain melancholy, he directs his attention to seemingly nostalgic elements he encounters in the casual appearance of the modern world, whether they be objective or ephemeral in character. He prefers to create absurdities by alienating things – especially animals – and arranging them into abnormal still-life images: a fish on a heater, a frog as a window decoration. He combines these with pictures devoted to such classical subjects as the female nude or flowers. Gerhard Klocker's system turns the chaotically lawless compositions and combination of motifs, methods and expressive forms into an aesthetic strategy, a procedure that also characterises his portrait photographs. The photographs of known and unknown personalities give testimony to an eye for the eccentric. The fixed yet naturally spontaneous gestures and facial expressions give a kind of character to his vis-à-vis portraits. The play with formal affinities in the appearance of the subject, and the background of the excerpted picture is no less characteristic of his photographs than a strongly expressive habitus or the often unintentional comic element of a given situation.

Gerhard Klocker, *12 images of Japan – Tokyo diary*, Bucher Verlag, Hohenems 2007.
Gerhard Klocker, *The uncomplete book of portraits*, Ed. Oehrli, Zürich 2000.
Gerhard Klocker, *California Hardcore*, Künstlerbuch artist book, 2002.
Gerhard Klocker, *Unsweetened*, Künstlerbuch artist book, 1994.

ANDREAS MADER

* 1960 in Bamberg, Deutschland Germany.
Lebt und arbeitet in Zell, Schweiz.
Lives and works in Zell, Switzerland.

In der 1988 begonnenen Serie *Die Tage. Das Leben* fotografierte Andreas Mader über mehrere Jahre hinweg seinen Freundeskreis. Entstanden sind unprätentiöse und unsentimentale aber gleichzeitig sehr intime Porträts seines engsten Umfelds. Nach den ersten eher zufällig entstandenen Fotografien, systematisierte Andreas Mader seine Aufnahmestrategie zunehmend und nahm gezielt in größeren oder kleineren Zeitabständen immer wieder dieselben Personen auf, sei es zu besonderen oder alltäglichen Anlässen der Begegnung. In seinen Bildern kommen zwischenmenschliche Beziehungen zum Ausdruck, die Freude am Zusammensein, familiäre Rollenverhältnisse, Augenblicke inniger Verbundenheit. Die Inszenierung der Aufnahmesituation mit der Großbildkamera lässt dabei den Personen genügend Raum, etwas von sich selbst zu erzählen. „Ich will Fotografien, die nicht distanziert, doch unsentimental sind; intensiv, doch nicht pathetisch; erzählerisch, doch nicht anekdotisch" *, so der Fotograf. Er hält dabei nicht zuletzt die Präsenz von Menschen in seinem eigenen Leben fest, seine Fotografien werden auch zum Ausdruck der Teilnahme an seiner Biografie. Die zeitliche, wenn auch lose Reihenfolge trägt die Merkmale einer Chronik, die auf etwas universell Erlebbares verweist: das Älterwerden, die Entstehung von Familien, den Wandel der äußeren Erscheinung.

In the series *Die Tage. Das Leben*, begun in 1988, Andreas Mader photographed his friends over a period of several years. The result is a group of unpretentious and unsentimental, yet very intimate, portraits of his immediate environment. After the first relatively casual photographs, Andreas Mader increasingly systematised his photographic strategy and captured the same individuals again and again at deliberately longer or shorter intervals, whether on special occasions or in everyday encounters. His pictures express interpersonal relationships showing pleasure in good company, familiar roles and moments of close connection. Staging the photographic situation with a large format camera leaves the subjects enough space to narrate something about themselves. "I want photos that do not create distance but are not sentimental either; intense but without pathos; narrative but not anecdotal," * said the photographer. In this way, he fixes the presence of people in his own life; the pictures also become an expression of their participation in his biography. The temporal sequence, though loose, has the features of a chronicle, which points towards something that can be experienced universally: growing older, the emergence of families, changes in outer appearance.

Valentin Groebner, „Älter werden unter dem Blick der Kamera", in: *Züricher Tagesanzeiger*, 20. April 2007.
Andreas Mader, *Die Tage. Das Leben*, Galerie Nei Liicht, Luxemburg, Stadtische Galerie Iserlohn, ex pose Verlag, Berlin 2006.
Sigrid Schneider (Hg. ed.), *Schwarzweiss und Farbe: das Ruhrgebiet in der Fotografie*, Pomp-Verlag, Bottrop – Essen 2000.

* http://www.photosinstore.com

SALLY MANN

* 1951 in Lexington, Virgina, USA.
Lebt und arbeitet in Lexington.
Lives and works in Lexington.

Bekanntheit erlangte Sally Mann, die zunächst Literaturwissenschaft
studierte, durch die Porträtserie ihrer drei Kinder, die sie unter dem
Titel *Immediate Family* veröffentlichte. Diese Bilder manifestieren
den Blick einer Mutter auf die eigenen Kinder vor dem
Hintergrund der ländlichen Kulisse ihrer Heimat in allen Phasen
des Aufwachsens und Erwachsenwerdens mit allen schönen und
schmerzlichen Erfahrungen. Unschuld, Grausamkeit und Spiel, das
Imitieren der Gewohnheiten von Älteren, auch Koketterie mit der
Kamera und kindliches Körperbewusstsein – all diese Elemente hat
Sally Mann auf malerische Weise eingefangen. Die verwunschene
und dunkle Stimmung haben Vergleiche mit der Malerei Whistlers
und der Ästhetik des Piktoralismus hervorgerufen, wo ebenso
Stilmittel wie weiche Kontraste und dramatische Effekte von
Hell und Dunkel zur Anwendung kamen. Neben der eigenen
Familie widmet sich Sally Mann dem Motiv der Landschaft. Unter
Verwendung alter fotografischer Techniken wie dem direktpositiven
nassen Kollodiumverfahren entstanden Bildserien, die eng mit
dem Lebensumfeld der Künstlerin verbunden sind. In beiden
fotografischen Genres kommt eine intensive Auseinandersetzung
mit dem Kreislauf des Lebens zum Ausdruck, den Zeichen von
Wachstum und Verfall, von Werden und Vergehen, von Entwicklung
und Sterblichkeit. Die antiken Linsen und Verfahren, mit denen die
Fotografin arbeitet, verleihen ihren Abzügen eine Atmosphäre, die
ihre Bilder der Realität zu entheben scheinen.

Sally Mann, who first studied literary theory, achieved fame with
a series of portraits on her three children, published under the
heading *Immediate Family*. These pictures manifest the way a
mother looks at her own children against the background of the
rural landscape of her home, through all phases of growing up and
becoming an adult, with all the associated positive and negative
experiences it entails. Innocence, cruelty and play, imitation of
adult behaviour patterns and even coquetry with the camera and a
child's awareness of the body – Sally Mann has captured all these
elements in a painterly fashion. The enchanted and dark moods
have suggested comparisons with the paintings of Whistler and
the aesthetics of Pictorialism, where similar stylistic devices like
soft contrasts and dramatic effects of light and dark were used. In
addition to her own family, Sally Mann is devoted to the motif of
landscape. Using old photographic techniques, such as the wet
plate collodion method, various series of pictures came about that
are closely associated with the artist's personal surroundings. In
both photographic genres, an intense concern for the cycle of life
is expressed through the signs of growth and decay, becoming
and departing, development and mortality. The antique lenses and
procedures with which this photographer works provide her prints
with an atmosphere that seem to lift her images from reality.

Erik Stephan (Hg. ed.), *Sally Mann. Deep South*, *Battlefields*, Städtische
Museen Jena, Jena 2007.
Sally Mann, *Immediate Family*. Aperture, New York 2007.
Sally Mann, *What Remains*, Corcoran Gallery of Art, Washington, Bulfinch
Press 2003.
Sally Mann, *Still Time*, Aperture, New York 1994.
Sally Mann, *At twelve*, Aperture, New York 1988.

ROBERT MAPPLETHORPE

* 1946 in Queens, New York, USA. † 1989 in Boston, USA.

Robert Mapplethorpe bediente sich anfangs der Technik
der Collage, um Schmuck und andere Kunstgegenstände
herzustellen. Durch seine Vorliebe für Leder begann er mit der
Zeit exzentrische Bilderrahmen zu entwerfen, die er für seine
Fotografien verwendete. Vergleicht man die Fotografien der
1970er Jahre mit seinen Porträts von Künstlern, aber auch von
Förderern und Freunden, zeigt sich, dass diese frühen Aufnahmen
viel erzählerischer, anekdotischer und psychologischer sind
als die späteren Porträts der 1980er Jahre, deren Sujets etwas
Strenges und Unwirkliches haben. Sie erinnern an Skulpturen
des 19. Jahrhunderts in der Art wie sie entweder stehen und
geradeaus schauen oder den Beobachter, den Fotografen,
anstarren. Mapplethorpe war immer von der körperlichen Kraft
und Schönheit seiner Modelle fasziniert. Als Künstler war er von
Anfang an ein Perfektionist, der die vollkommene Darstellung
des Körpers anstrebte. Zwischen Modell und Fotograf musste ein
Vertrauensverhältnis bestehen, weil das Modell, ob nackt oder
bekleidet, auf eine neue und radikale Weise entblößt wurde.
Mapplethorpe inszenierte Personen, aber auch Blumen und
Gegenstände nach den Regeln der klassischen Studiofotografie
und perfektionierte die kalte, distanzierte Ästhetik seiner Schwarz-
Weiß-Fotografien durch die Modellierung mit Licht und Schatten.
Die extreme Stilisierung seiner Sujets eröffnete die Verbindung von
Kunst zu Glamourfotografie.

Robert Mapplethorpe worked first with the process of collage,
creating jewellery and other art objects. A fondness for leather led,
in time, to his design of eccentric picture frames that he would
eventually set his photographs in. If we compare the photographs
of the 1970s to the portraits of artists, sponsors and friends, we
notice that these early photographs are much more narrative,
anecdotal and psychological than the later portraits from the
1980s, which are depicted as austere and illusive. By their postures,
they remind us of sculptures from the 19th century, facing straight
ahead or staring at the observer/photographer. Mapplethorpe
was always captivated by the physical power and beauty of his
models. The artist was a perfectionist from the get-go, searching
for the ideal representation of the human body. There had to be
a trusting relationship between the model and the photographer
because the model was exposed in a new and radical way whether
naked or clothed. Mapplethorpe staged people, but also flowers
and objects, according to the rules of classical studio photography,
perfecting the cool, detached aesthetics of his black-and-white
photographs by modeling his motifs with light and shadow. The
extreme stylization of his subjects forged a bridge between art and
glamor photography.

Robert Mapplethorpe, Einführung von introduction by Peter Weiermair,
Galerija TR3 & Narodna Galerija Ljubljana, Krearna Ed., Ljubljana 2009.
Mapplethorpe, Text von text by Arthur C. Danto, Te Neues, Kempen 2007.
Sylvia Wolf, *Polaroids Mapplethorpe*, Whitney Museum of American Art,
New York, Prestel, München 2007.
Robert Mapplethorpe, *Autoportrait*, Text von text by Richard D. Marshall,
Arena Ed., Santa Fe 2001.
Levas, Dimitri (Hg. ed.), *Robert Mapplethorpe. Pictures*, Arena Ed., New
York 1999.

HELLEN VAN MEENE

* 1972 in Heiloo bei Alkmaar, Niederlande Netherlands.
Lebt und arbeitet in Heiloo, Niederlande.
Lives and works in Heiloo, Netherlands.

Die fragilen und traumverlorenen Bilder von Hellen van Meene
sind feinfühlige Inszenierungen des Erwachsenwerdens.
Sie reflektieren das unsichere Terrain der Pubertät, einem
Lebensgefühl, das sich unbestimmt zwischen Melancholie
und Hoffnung, Verlustängsten und Aufbruchstimmung,
Selbstaufgabe und Neufindung einpendelt. Kate Bush reiht die
Strategie der Fotografin in die Genealogie einer Tradition ein,
die von Julia Margaret Cameron im 19. Jahrhundert bis hin zu
Francesca Wood im 20. Jahrhundert reicht, in der „die Abbildung
des Individuums der dramatischen Darstellung einer Idee
untergeordnet ist. […] Charakteristisch für diese Photographie
ist das Schaffen eines komplizierten Gleichgewichts zwischen
Wirklichkeit und Phantasie, zwischen dem, was das Auge
wahrnimmt und der emotionalen, existentiellen oder spirituellen
Welt, wie sie der Künstler im Geist erschaffen hat. […] Auch für van
Meene besteht die Bedeutung der Modelle in deren Befähigung,
eine bestimmte Expressivität, eine bestimmte physische Präsenz
zu verkörpern und auszustrahlen. In van Meenes Schauspiel ist das
Modell der Schauspieler, eine leeres Gefäß mit darstellerischem
Potential. In ihrer Funktion als Dramaturgin legt van Meene
Schauplatz, *mise en scène*, Kostümierung und Maske bis in die
letzte Einzelheit fest, bis hin zur Farbe des Nagellacks eines
Mädchens. Zugleich hält sie sich offen für zufällige Veränderungen
im Prozeß des Photographierens." *

Hellen van Meene, *Tout va disparaître. Everything will pass*, Text von
text by Joerg Colberg, Schirmer/Mosel, München 2009.
Els Barents (Hg. ed.), *Hellen van Meene. New Work*, Huis Marseille
Amsterdam, Folkwang Museum Essen, Schirmer/Mosel, München 2006.
Hellen van Meene, *Portraits*, Text von text by Kate Bush, Schirmer/Mosel,
München 2004. (*, S. p. 91f)
Hellen van Meene, *Japan Series*, Text von text by Karel Schampers, Verlag
der Buchhandlung Walther König, Köln 2002.

JUDITH JOY ROSS

* 1946 in Hazleton, Pennsylvania, USA.
Lebt und arbeitet in Bethlehem, Pennsylvania.
Lives and works in Bethlehem, Pennsylvania.

Seit über 30 Jahren widmet sich Judith Joy Ross der Porträtfotografie und zählt zu den herausragenden amerikanischen
Fotografinnen in der Tradition des dokumentarischen Stils. Ihre
Aufnahmen sind präzise Studien von Physiognomie, Ausdruck und
Haltung, die sich der klassischen Idee der Abbildung verschrieben
haben. Für ihre Aufnahmen verwendet sie eine großformatige
Plattenkamera. Diese traditionelle Aufnahmetechnik setzt ein
enges Zusammenspiel zwischen Fotografin und Modell voraus und
verleiht dem Akt des Porträtierens einen Moment der Langsamkeit
und Intensität. Durch die heute selten gewordene Verwendung
des Tageslicht-Auskopierverfahrens, bei dem das Negativ direkt
auf das Papier aufgelegt wird und einige Minuten oder Stunden
dem Tageslicht ausgesetzt wird, erhalten die Kontaktabzüge,
die immer im Format 25 x 20 cm gehalten sind, ihre besondere
Qualität. Verstärkt wird der unikate Charakter zusätzlich durch
die anschließende Goldtonung. Die Nähe zu August Sander
ist dem Werkkomplex von Ross nicht nur auf der stilistischen
Ebene eingeschrieben, sondern lässt sich auch durch die
Kontextualisierung des Individuums als Teil einer größeren sozialen
Gruppe aufspüren. Ross hält die Menschen, die sie meist in ihrer
alltäglichen Umgebung oder in für sie typischen Situationen
abbildet, mit großem psychologischem Einfühlungsvermögen fest.
Sie versucht Momente im Dasein der Menschen einzufangen, bei
denen existenzielle Fragestellungen mitschwingen.

Heinz Liesbrock, Judith Joy Ross (Hg. ed.), *Living With War: Portraits*
Josef Albers Museum Quadrat Bottrop, Steidl, Göttingen 2008.
Judith Joy Ross, *Protest the War*, Pace/MacGill Gallery, Steidl,
Göttingen 2007.
Judith Joy Ross, *Portraits of the Hazleton Public School*, Text von text by
Jock Reynolds, Yale University Art Gallery, New Haven 2006.
Thomas Weski, Judith Joy Ross (Hg. ed.), *Judith Joy Ross. Portraits*,
Sprengel Museum, Hannover Hannover 1996.
Susan Kismaric (Hg. ed.), *Judith Joy Ross. Contemporaries. A Photography
Series*, The Museum of Modern Art, New York 1995.

THOMAS RUFF

* 1958 in Zell am Harmersbach, Deutschland Germany.
Lebt und arbeitet in Düsseldorf, Deutschland.
Lives and works in Düsseldorf, Germany.

Seit den 1980er Jahren gehört Ruff zu den bedeutendsten deutschen Fotografiekünstlern, der mit seinen zahlreichen Werkgruppen gekonnt die verschiedenen Genres und Gebrauchsweisen der Fotografie in medienreflexiver Form auslotet. Seine Aufnahmen von Interieurs, Gebäuden oder dem Sternenhimmel folgen der präzisen, objektiven Ästhetik in der Tradition von Bernd und Hilla Becher. Darüber hinaus findet das technische Experiment in seiner künstlerischen Praxis konsequente Anwendung sowie die Arbeit mit vorgefundenem Bildmaterial aus dem World Wide Web und seine digitale Überarbeitung. Am Beginn seiner Karriere stand die Porträtserie von Freunden und Menschen seines studentischen Umfeldes. Die überdimensionalen Porträts sind eine quasi Monumentalisierung des Passbildformates, wie es gegenwärtige Sicherheitsmaßstäbe fordern würden: Das neutral ausgeleuchtete, ernste Gesicht der Porträtierten steht im Zentrum, jedes Detail, jede Pore, jede Unebenheit ist erkennbar. Rückschlüsse auf einen sozialen Kontext, Details, die den privaten Status der Dargestellten preisgeben könnten, bleiben ausgespart. Ruffs Blick durch die Kamera ist ein nüchterner Blick auf die Welt, der trotzdem nicht vorgibt dieselbe zu zeigen, sondern eher dazu anregt, Fotografie als konzentrierte Beobachtung von Wahrnehmungsprozessen zu verstehen. „Ich möchte wissen, was ein Bild ist, wie es funktioniert und wie es wahrgenommen wird", so Ruffs theoretische Fragestellung, die ihn in seiner Arbeit voranzutreiben scheint.

Since the 1980s, Ruff has been one of the most important German photographic artists who, in his many groups of works, skillfully plumbs the various genres and customs of photography in a media-reflective form. His photographs of interiors, buildings or the starry sky follow a precise, objective aesthetic in the tradition of Bernd and Hilla Becher, furthermore, technical experimentation as well as work with found image materials from the World Wide Web including their digital processing has a consistent application in his artistic practice. A series of portraits depicting friends and fellow students marked the beginning of Ruff's career. The over-dimensional pictures are a quasi monumentalising of the passport photo, of the kind current safety standards would demand: the neutrally lit, serious face of the subject is at centre, so that every detail, every pore, every lack of symmetry is identifiable. References back to a social context, details that might give away the private status of the subject, are excluded. Ruff's gaze through the camera is a sober gaze at the world which, however, does not presume to show that world but rather proposes to understand photography as a concentrated observation of processes of perception. "I want to know what a picture is, how it functions and how it is perceived," is Ruff's theoretical query, which seems to drive him forward in his work.

Gerald Matt (Hg. ed.), *Thomas Ruff. Oberflächen, Tiefen*, Kunsthalle Wien, Verlag für moderne Kunst, Nürnberg 2009.
Thomas Ruff, *JPGs*, Text von text by Bennett Simpson, DuMont, Köln 2009.
Matthias Winzen (Hg. ed.), *Thomas Ruff*, Snoeck, Köln 2009.
Thomas Ruff, *Nudes*, Text von text by Michel Houellebecq, Schirmer/Mosel, München 2003.
Matthias Winzen (Hg. ed.), *Thomas Ruff. Fotografien 1979–heute*, Staatliche Kunsthalle Baden-Baden, Verlag der Buchhandlung Walther König, Köln 2001.
Anna Giese (Hg. ed.), *Thomas Ruff. Andere Portraits + 3D*, Biennale Venedig, Hatje Cantz, Ostfildern 1995.

STEFANO SCHEDA

* 1957 in Faenza, Ravenna, Italien Italy.
Lebt und arbeitet in Bologna, Italien.
Lives and works in Bologna, Italy.

Der multimedial arbeitende Künstler Stefano Scheda begann als Maler mit einer autobiografischen und intimen Thematik in der Manier eines David Hockney, entschied sich jedoch bald für das Medium der Fotografie. Am Anfang verwendete er vorhandenes, zum Teil pornografisches Material, das er veränderte und verfremdete. In Folge wandte er sich der Inszenierung von Situationen mit anonymen Modellen zu, wobei es ihm um das Verhältnis von Architektur und Mensch als Ausdruck eigener psychischer Neurosen ging, aber auch um die symbolische Veranschaulichungen existenzieller Bedingungen. Von jeher spielte die Körper- und Genderthematik für ihn eine wesentliche Rolle sowie die damit einhergehende Performativität von Identitäten. Motiv seiner Arbeiten ist oftmals der nackte Körper, die Aktdarstellung, für Scheda ein seit Jahrhunderten gleichbleibender Ausdruck von Identität. In der Serie der Porträts wählt er nicht die mögliche digitale Lösung, sondern die Überlagerung der unterschiedlichen Darsteller zu einem aus verschiedenen Elementen bestehenden Porträt. Als zeitgemäße Interpretation des gegenwärtigen Wahns rund um die Überhöhung des Körperkults ist die Arbeit *ROLL N'ROLL / the body of the portrait* zu lesen. Die weiblichen und männlichen Aktfotografien wurden in Form von Fotorollen nach dem Zufallsprinzip mit Klammern übereinander fixiert und bilden in der Erscheinung neue Körper, die sich einer einheitlichen geschlechtlichen Zuordnung versperren. Scheda konstruiert durch die Überlagerung und das fragmentarische Sichtbarmachen androgyne und polymorphe Identitäten, denen eine gewisse Schönheit nicht abzusprechen ist.

The multimedia artist Stefano Scheda began as a painter with autobiographical and intimate themes emulating David Hockney, but soon decided in favour of the photographic medium. At first, he used existing, sometimes pornographic material, which he altered and made alien. Afterwards, he turned to staging situations with anonymous models, where he was concerned with the relationship between architecture and humans as an expression of his own psychological neuroses, but also with the symbolic visualisation of existential conditions. From the beginning, themes involving the body and gender played an important role for him, as well as the associated performative quality of identities. The subject of his work is often the naked body and the presentation of the nude, for Scheda an expression of identity that has remained the same for centuries. In his series of portraits, he does not choose the possible digital option but rather the superimposition of different actors into a portrait consisting of various elements. His work *ROLL N'ROLL / the body of the portrait* can be read as a timely interpretation of the current craze for intensifying the cult of the body. According to the principle of randomness, the female and male nude photographs, overlaid and secured with clips, form a new body that resists single sex categorisation. By superimposition and fragmentary revelation, Scheda constructs androgynous and polymorphous identities, which cannot be denied a certain beauty.

Il Corpo de Reato: La Reclusione, Edizione CACT 2008.
Peter Weiermair (Hg. ed.), *Landschaft als Metapher*, Ursula Blickle Stiftung, Kraichtal 2005.
Histories. Photographs by Stefano Scheda, Casa Editrice Tutti i Santi, Bologna 2001.
8/8. Otto artisti, otto critici, otto stanze, Libri d'artista, Hopefulmonster Editore, Torino 2001.
Stefano Scheda. Artifici, Edizioni Pendragon, Trieste 1999.
Adriano Parise (Hg. ed.), *Stefano Scheda. Infinitapelle*, Adriano, Paris 1996.

BEAT STREULI

* 1957 in Altdorf, Schweiz Switzerland.
Lebt und arbeitet in Zürich, Brüssel und Düsseldorf, Deutschland.
Lives and works in Zurich, Brussels and Düsseldorf, Germany.

Beat Streuli fotografiert seit 1988 mit seiner Kamera Fragmente und Wahrnehmungssplitter unserer urbanen Realität. Im Fokus sind dabei einzelne Menschen in der Masse der großen Städte. Mit einem starken Teleobjektiv ausgerüstet, bewegt sich der Künstler innerhalb der *urbanen moving crowd* und fotografiert die Menschen dann, wenn sie sich in der Masse unbeobachtet fühlen, wenn sie sich selbstvergessen und selbstverständlich ganz ihrem Alltag widmen. Bereits mit 17 kaufte sich Streuli sein erstes Teleobjektiv – doch nicht um damit künstlerische Fotografie zu betreiben, sondern „um die Schönheit eines Mädchens, in das ich verliebt war, besser auf Film zu bannen." Erst durch das Experimentieren mit abstrakten Fotomontagen kam Streuli, der zunächst Malerei studierte und sich mit der amerikanischen Minimal und Conceptual Art auseinandersetzte, zur Fotografie. Seitdem richtet er seinen Fokus auf die Heterogenität und Vielschichtigkeit des Oberflächenmusters ‚Stadtraum'. Seine Bilder reflektieren die gegenseitige Wahrnehmung auf den Straßen lebendiger Metropolen, bei der das Bewusstsein den Anderen innerhalb des öffentlichen Raums nur fragmentarisch scannen kann. Gleichzeitig fordern sie die Möglichkeiten des fotografischen Mediums hinsichtlich der Darstellbarkeit der Person heraus: „Denn die flüchtige Begegnung eines Menschen, der Blick, der unvorbereitet, vielleicht abwesend oder unkonzentriert auf uns trifft, verweist viel eher auf ein Zentrum, auf eine Innenseite einer Person sowie auf eine Präsenz eines seelischen Lebens, als bei der bewussten Inszenierung in Studiosituationen." *

Beat Streuli has been using his camera since 1988 to photograph fragments and splinters in the perceptions of our urban reality. The focus is on the individual within the mass of the metropolis. With a powerful telescopic lens, the artist moves about in the *urban moving crowd* and takes photographs of people when they are feeling unobserved, when they are naturally going about their daily business, unaware of themselves. Streuli already bought his first telescopic lens when he was seventeen – not to practise art photography but rather to "better capture on film the beauty of a girl I had fallen in love with." Only after experimenting with abstract photo-montages did Streuli, who had first studied painting and grappled with American Minimal and Conceptual Art, come to photography. Since then, he has focused on the heterogeneity and multiplicity of the surface model, 'urban space.' His pictures reflect the mutual observation in the streets of lively metropolises, where one can only consciously scan the Other in fragments in the open space. At the same time, his pictures challenge the possibilities of the medium of photography regarding the capacity to present the person: "For a fleeting encounter with a person, the glance that meets us unprepared, perhaps unthinking or unconcentrated, points more radically to a centre, the interior of a person and the presence of a mental life than a conscious pose in a studio situation does." *

Lionel Bovier (Hg. ed.), *BXL: Beat Streuli*, Mac's Grand-Hornu, jrplringier, Zürich 2008.
Beat Streuli, Kraków October 2005 / Cities 2001–2006, Texte von texts by Maria Anna Potocka, Rita Kersting, Bunkier Sztuki, Kraków 2006.
Beat Streuli, New York 2000–02, Text von text by Vincent Katz, Hatje Cantz, Ostfildern 2003.
Beat Streuli, Portraits 98-00, La bella estate, Text von text by Alessandra Pace, Roberta Valtorta, Galleria Civica d'Arte Moderna, hopefulmonster, Turin 2000.
Beat Streuli CITY, Texte von texts by Rupert Pfab, Boris Groys, Kunsthalle Düsseldorf, Kunsthalle Zürich, Hatje Cantz, Ostfildern 1999. (*, S. p. 10)

WOLFGANG TILLMANS

* 1968 in Remscheid, Deutschland Germany.
Lebt und arbeitet in London und Berlin.
Lives and works in London and Berlin.

Wolfgang Tillmans zählt durch seinen Crossover aus musealer Fotokunst und Lifestyle zu den innovativsten deutschen Fotokünstlern. Zum erstenmal machte er Anfang der 1990er Jahre mit seinen Bildern auf den Titelseiten von Magazinen wie *i-D* oder *The Face* auf sich aufmerksam und setzte durch seine Arbeiten neue Paradigmen, die sowohl die Kunst-, als auch die Werbefotografie nachhaltig beeinflussten. Tillmans interessierte sich vor allem für das Leben seiner Generation und für jugendliche Selbsterfindung. Neben zahlreichen Porträts von Freunden entstanden in den 1990er Jahren jene Arbeiten, die die deutsche und englische Schwulen- und Technoszene dokumentieren. Für die Präsentation wählt er eine Kombination aus alten und neuen Arbeiten. Seine fotografische Praxis ist von dem „Wunsch nach einer Erzählung" durchdrungen, schreibt David Deitcher: „Doch die Flut der Spekulationen über die Bedeutung der Bilder wird auch dadurch genährt und weiter angeregt, dass Tillmans seine Fotografien immer wieder neu arrangiert. [...] Seine Fotos zeigten schon immer Spuren des Reisens, Spuren, die sich in den vergangenen Jahren eher verdichtet haben. Erst jetzt aber fügen sie sich zu einer deutlich lesbaren visuellen Figur zusammen, zu einer Metapher, in der die rastlose Bewegung des Fotografen sich als eine Suche darstellt – nach persönlichem Kontakt und Bedeutung, oder nach außergewöhnlichen Momenten der Leidenschaft. Das heißt nach Transzendenz." *

Due to his crossover between museum-style photograhic art and lifestyle photography, Wolfgang Tillmans is said to be one of the most innovative German photo artists. He attracted interest for the first time in the early 1990s with his pictures on the title pages of magazines like *i-D* and *The Face*, and set new paradigms with his works, which had a long-term effect on both art photography and advertising. Tillmans was especially interested in the life of his generation and the self-discovery of youth. Alongside numerous portraits of friends came works that documented the German and English homosexual and techno scenes in the 1990s. For presentation he chooses a combination of old and new works. His photographic practice is permeated with the "desire for narrative cases," writes David Deitcher: "But the ensuing flood of speculation about the meaning of the photographs is sustained and intensified by Tillmans' various ways of rearranging his work, which keep meaning in a state of flux. [...] There has always been visual evidence of travel in his photographs, and these traces have lately become even more apparent. But only now have they clearly coalesced to form a visual trope, a metaphor in which the photographer's restlessness takes on the significance of a search – whether for intimate contact and meaning, or for rare experiences of transport, by which I refer to transcendence." *

Wolfgang Tillmans, *Wolfgang Tillmans (1995/2008)*, Künstlerbuch artist book, 2. Auflage, jrplringier, Zürich 2008.
Karl Kolbitz, (Hg. ed.), *Lighter*, Text von text by Julie Ault, Hamburger Bahnhof, Museum für Gegenwart, Berlin, Hatje Cantz, Ostfildern 2008.
Wolfgang Tillmans, *Manual*, Verlag der Buchhandlung Walther König, Köln 2007.
Julie Ault (Hg. ed.), *Wolfgang Tillmans*, Museum of Contemporary Art, Chicago, Yale University Press, New Haven 2006.
Wolfgang Tillmans, *if one thing matters, everything matters*, Tate Britain, Hatje Cantz, Ostfildern 2003.
Wolfgang Tillmans, *Burg*, Text von text by David Deitcher, Taschen, Köln 2002. (* o.S. no p.)

**Werke in der Ausstellung /
Abbildungsverzeichnis**
**Works in the exhibition /
List of illustrations**

ROGER BALLEN

*Factory worker holding portrait of
grandfather, Gauteng*, 1996
Silbergelatineabzug gelatin silver print
36,2 x 37 cm
Münchner Stadtmuseum
Abb. S. 27 ill. p. 27

Dresie and Casie, twins, Western Transvaal,
1993
Silbergelatineabzug gelatin silver print
36 x 36 cm
Münchner Stadtmuseum
Abb. S. 28 ill. p. 28

Man with aerials, Gauteng, 1998
Silbergelatineabzug gelatin silver print
36,6 x 35,9 cm
Münchner Stadtmuseum
Abb. S. 29 ill. p. 29

Security guard and girlfriend, 1997
Silbergelatineabzug gelatin silver print
36 x 36,1 cm
Münchner Stadtmuseum
Abb. S. 30 ill. p. 30

*Security guard and puppy on staircase,
Gauteng*, 1997
Silbergelatineabzug gelatin silver print
36,2 x 36 cm
Münchner Stadtmuseum
Abb. S. 31 ill. p. 31

TINA BARNEY

Jill & I, 1993
Chromogener Farbabzug
chromogenic color print
121,9 x 152,4 cm
Courtesy die Künstlerin the artist,
Janet Borden, Inc., New York
Abb. S. 33 ill. p. 33

Jill & I, 1990
Chromogener Farbabzug
chromogenic color print
121,9 x 152,4 cm
Courtesy die Künstlerin the artist,
Janet Borden, Inc., New York
Abb. S. 34 ill. p. 34

Red Bathrobe, 1994
Chromogener Farbabzug
chromogenic color print
121,9 x 152,4 cm
Courtesy die Künstlerin the artist,
Janet Borden, Inc., New York
Abb. S. 35 ill. p. 35

Mark, Amy & Tara, 1983
Chromogener Farbabzug
chromogenic color print
121,9 x 152,4 cm
Courtesy die Künstlerin the artist,
Janet Borden, Inc., New York
Abb. S. 36 ill. p. 36

Diane, Mark & Tim, 1982
Chromogener Farbabzug
chromogenic color print
121,9 x 152,4 cm
Courtesy die Künstlerin the artist,
Janet Borden, Inc., New York
Abb. S. 37 ill. p. 37

Phil & I, 1989
Chromogener Farbabzug
chromogenic color print
121,9 x 152,4 cm
Courtesy die Künstlerin the artist,
Janet Borden, Inc., New York
Ohne Abb. no ill.

VALÉRIE BELIN

Untitled, 2006
Aus der Serie from the series *Models II*
Pigment Ink Print auf Papier
pigment ink print on paper
125 x 100 cm
Courtesy Michael Hoppen Contemporary,
London
Abb. S. 39 ill. p. 39

Untitled, 2006
Aus der Serie from the series *Models II*
Pigment Ink Print auf Papier
pigment ink print on paper
125 x 100 cm
Courtesy Michael Hoppen Contemporary,
London
Abb. S. 40 ill. p. 40

Untitled, 2006
Aus der Serie from the series *Models II*
Pigment Ink Print auf Papier
pigment ink print on paper
125 x 100 cm
Courtesy Michael Hoppen Contemporary,
London
Abb. S. 41 ill. p. 41

Untitled, 2006
Aus der Serie from the series *Models II*
Pigment Ink Print auf Papier
pigment ink print on paper
125 x 100 cm
Courtesy Michael Hoppen Contemporary,
London
Abb. S. 42 ill. p. 42

Untitled, 2006
Aus der Serie from the series *Models II*
Pigment Ink Print auf Papier
pigment ink print on paper
125 x 100 cm
Courtesy Michael Hoppen Contemporary,
London
Abb. S. 43 ill. p. 43

DIRK BRAECKMAN

D.G-L.O.-97-01
Silbergelatineabzug gelatin silver print
180 x 120 cm
Courtesy Zeno X Gallery Antwerp
Abb. S. 45 ill. p. 45

N.P-F.A.-04
Silbergelatineabzug gelatin silver print
180 x 120 cm
Courtesy Zeno X Gallery Antwerp
Abb. S. 46 ill. p. 46

A.D.F.-V.N.-1-03
Silbergelatineabzug gelatin silver print
180 x 120 cm
Collection S.M.A.K., Ghent
Abb. S. 47 ill. p. 47

I.P.-E.E.-01
Silbergelatineabzug gelatin silver print
180 x 120 cm
Courtesy Zeno X Gallery Antwerp
Abb. S. 48 ill. p. 48

V.F.-V.F.-01
Silbergelatineabzug gelatin silver print
80 x 60 cm
Collection S.M.A.K., Ghent
Abb. S. 49 ill. p. 49

CLEGG & GUTTMANN

Matrimonial portrait of the Gallery Owners,
2006
Lambda Print
176 x 157 cm
Courtesy Galerie Elisabeth & Klaus Thoman,
Innsbruck
Abb. S. 51 ill. p. 51

Portrait of a Young Man, 2006
Lambda Print
155 x 115 cm
Courtesy Galerie Elisabeth & Klaus Thoman,
Innsbruck
Abb. S. 52 ill. p. 52
Nicht ausgestellt not on display

Portrait of a man with Nok masks, 2006
Lambda Print
115 x 155 cm
Courtesy Galerie Elisabeth & Klaus Thoman,
Innsbruck
Abb. S.53 ill. p. 53
Nicht ausgestellt not on display

ANDREA COMETTA

Gilbert & George, Lugano, 17.6.1994
Silbergelatineabzug, Selentonung
gelatin silver print, toned in selenium
28 x 28,5 cm
Courtesy der Künstler the artist
Abb. S. 55 ill. p. 55

Claudio Parmiggiani, Torrechiara di Parma,
26.5.1996
Silbergelatineabzug, Selentonung
gelatin silver print, toned in selenium
29,1 x 29,5 cm
Courtesy der Künstler the artist
Abb. S. 56 ill. p. 56

Ernst Beyeler, Basilea, 23.10.1999
Silbergelatineabzug, Selentonung
gelatin silver print, toned in selenium
29,2 x 29,5 cm
Collezione Patrizia Macagnino, Milano
Abb. S. 57 ill. p. 57

Luigi Ontani, New York, 8.4.1997
Silbergelatineabzug, Selentonung
gelatin silver print, toned in selenium
28,9 x 29,5 cm
Courtesy der Künstler the artist
Abb. S. 58 ill. p. 58

Giovanni Pozzi, Lugano, 2.8.2000
Silbergelatineabzug, Selentonung
gelatin silver print, toned in selenium
27,4 x 27,3 cm
Collezione Isabella Maeder, Vacallo
Abb. S. 59 ill. p. 59

UBS #5 (Unicorn), Chiasso, 16.12.2003
Silbergelatineabzug, Selentonung
gelatin silver print, toned in selenium
27,2 x 27,5 cm
Courtesy der Künstler the artist
Ohne Abb. no ill.

ANTON CORBIJN

David Bowie, Chicago, 1980
Lithprint
68 x 69 cm
Courtesy der Künstler the artist,
Galerie Anita Beckers, Frankfurt
Abb. S. 61 ill. p. 61

Quentin Crisp, London, 1982
s/w Fotografie b/w photograph
144 x 99 cm
ourtesy der Künstler the artist,
Galerie Anita Beckers, Frankfurt
Abb. S. 62 ill. p. 62

Tom Waits, Los Angeles, 1983
s/w Fotografie b/w photograph
145 x 100 cm
ourtesy der Künstler the artist,
Galerie Anita Beckers, Frankfurt
Abb. S. 63 ill. p. 63

Leonard Cohen, Hamburg, 1985
s/w Fotografie b/w photograph
100 x 145 cm
Courtesy der Künstler the artist,
Galerie Anita Beckers, Frankfurt
Abb. S. 64 ill. p. 64

Annie Lennox, London, 1992
Lithprint
68 x 69 cm
Courtesy der Künstler the artist,
Galerie Anita Beckers, Frankfurt
Abb. S. 65 ill. p. 65

Gérard Depardieu, Cannes, 1994
s/w Fotografie b/w photograph
145 x 100 cm
Courtesy der Künstler the artist,
Galerie Anita Beckers, Frankfurt
Ohne Abb. no ill.

RINEKE DIJKSTRA

Tecla, Amsterdam, Holland, May 16, 1994
C-Print
124,5 x 104 cm
Sammlung Hoffmann
Abb. S. 67 ill. p. 67

Odessa, Ukraine, August 27, 1992
C-Print
35 x 28 cm
Sammlung Hoffmann
Abb. S. 68 ill. p. 68

Kolobrzeg, Poland, July 27, 1992
C-Print
35 x 28 cm
Sammlung Hoffmann
Abb. S. 69 ill. p. 69

Kolobrzeg, Poland, July 26, 1992
C-Print
35 x 28 cm
Sammlung Hoffmann
Abb. S. 70 ill. p. 70

De Panne, Belgium, August 7, 1992
C-Print
35 x 28 cm
Courtesy die Künstlerin the artist
Abb. S. 71 ill. p. 71
Nicht ausgestellt not on display

Saskia, Harderwik, Holland, March 16, 1994
C-Print
124,5 x 104 cm
Sammlung Hoffmann
Ohne Abb. no ill.

Julie, Den Haag, Holland, February 24,
1994
C-Print
124,5 x 104 cm
Sammlung Hoffmann
Ohne Abb. no ill.

AMY ELKINS

Bon, Brooklyn, NY, 2008
Aus der Serie from the series *Wallflower*
C-Print
50,8 x 40,6 cm
Courtesy die Künstlerin the artist,
Yancey Richardson Gallery, New York
Abb. S. 73 ill. p. 73

Jon, Brooklyn, NY, 2008
Aus der Serie from the series *Wallflower*
C-Print
50,8 x 40,6 cm
Courtesy die Künstlerin the artist,
Yancey Richardson Gallery, New York
Abb. S. 74 ill. p. 74

Jeffrey, New York, NY, 2006
Aus der Serie from the series *Wallflower*
C-Print
50,8 x 40,6 cm
Courtesy die Künstlerin the artist,
Yancey Richardson Gallery, New York
Abb. S. 75 ill. p. 75

Extending, Bronx, NY, 2007
Aus der Serie from the series *Gray*
C-Print
50,8 x 40,6 cm
Courtesy die Künstlerin the artist,
Yancey Richardson Gallery, New York
Abb. S. 76 ill. p. 76

Ron, New York, NY, 2007
C-Print
50,8 x 40,6 cm
Courtesy die Künstlerin the artist,
Yancey Richardson Gallery, New York
Abb. S. 77 ill. p. 77

JH ENGSTRÖM

Stockholm, 2000
Aus der Serie from the series
Trying to Dance
C-Print
125 x 95 cm
Courtesy Galerie VU, Paris
Abb. S. 79 ill. p. 79

Brooklyn, 1999
Aus der Serie from the series
Trying to Dance
C-Print
125 x 95 cm
Courtesy Galerie VU, Paris
Abb. S. 80 ill. p. 80

Brooklyn, 1999
Aus der Serie from the series
Trying to Dance
C-Print
125 x 95 cm
Courtesy Galerie VU, Paris
Abb. S. 81 ill. p. 81

Brooklyn, 1999
Aus der Serie from the series
Trying to Dance
C-Print
125 x 95 cm
Courtesy Galerie VU, Paris
Abb. S. 82 ill. p. 82

Brooklyn, 1999
Aus der Serie from the series
Trying to Dance
C-Print
125 x 95 cm
Courtesy Galerie VU, Paris
Abb. S. 83 ill. p. 83

BERNHARD FUCHS

Frau vor Haustür, Traberg, 1996
Farbfotografie color photograph
24 x 30 cm
Courtesy der Künstler the artist
Abb. S. 85 ill. p. 85

Herr Ö., St. Peter am Wimberg, 1994
Farbfotografie color photograph
24 x 30 cm
Courtesy der Künstler the artist
Abb. S. 86 ill. p. 86

Frau K., St. Margareten, 1999
Farbfotografie color photograph
24 x 30 cm
Courtesy der Künstler the artist
Abb. S. 87 ill. p. 87

Johannes, Helfenberg, 2001
Farbfotografie color photograph
24 x 30 cm
Courtesy der Künstler the artist
Ohne Abb. no. ill.

Mädchen auf Mauervorsprung, Düsseldorf,
2000
Farbfotografie color photograph
24 x 30 cm
Courtesy der Künstler the artist
Ohne Abb. no. ill.

ALBERTO GARCÍA-ALIX

Emma Suárez, 1987
s/w Fotografie b/w photograph
110 x 110 cm
Courtesy Galería Juana de Aizpuru, Madrid
Abb. S. 89 ill. p. 89

Francis, 2007
s/w Fotografie b/w photograph
110 x 110 cm
Courtesy Galería Juana de Aizpuru, Madrid
Abb. S. 90 ill. p. 90

La Princesita, 1988
s/w Fotografie b/w photograph
110 x 110 cm
Courtesy Galería Juana de Aizpuru, Madrid
Abb. S. 91 ill. p. 91

Mister X, 2001
s/w Fotografie b/w photograph
110 x 110 cm
Courtesy Galería Juana de Aizpuru, Madrid
Abb. S. 92 ill. p. 92

Cesar, 2002
s/w Fotografie b/w photograph
110 x 110 cm
Courtesy Galería Juana de Aizpuru, Madrid
Abb. S. 93 ill. p. 93

Tres Hembras, 1989
s/w Fotografie b/w photograph
110 x 110 cm
Courtesy Galería Juana de Aizpuru, Madrid
Ohne Abb. no. ill.

LUIGI GARIGLIO

Naomi, Torino (I), 2005
Aus der Serie from the series *Lap Dancer*
Lambda C-Print
81 x 63,5 cm
Museo di Fotografia Contemporanea,
Cinisello, Milano
Abb. S. 95 ill. p. 95

Mazynek, London (GB), 2005
Aus der Serie from the series *Lap Dancer*
Lambda C-Print
81 x 63,5 cm
Museo di Fotografia Contemporanea,
Cinisello, Milano
Abb. S. 96 ill. p. 96

Samara, Torino (I), 2004
Aus der Serie from the series *Lap Dancer*
Lambda C-Print
81 x 63,5 cm
Museo di Fotografia Contemporanea,
Cinisello, Milano
Abb. S. 97 ill. p. 97

Marina, Glasgow (GB), 2005
Aus der Serie from the series *Lap Dancer*
Lambda C-Print
81 x 63,5 cm
Museo di Fotografia Contemporanea,
Cinisello, Milano
Abb. S. 98 ill. p. 98

Vanessa, Cracow (Pol), 2005
Aus der Serie from the series *Lap Dancer*
Lambda C-Print
81 x 63,5 cm
Museo di Fotografia Contemporanea,
Cinisello, Milano
Abb. S. 99 ill. p. 99

Jennifer, Amsterdam (NL), 2007
Aus der Serie from the series *Lap Dancer*
Lambda C-Print
81 x 63,5 cm
Museo di Fotografia Contemporanea,
Cinisello, Milano
Ohne Abb. no. ill.

ANTHONY GAYTON

*My new arrival at Stepney. Feliks age
fifteen*, 2008
Aus der Serie from the series *Ladslove*
Digitaler Pigment Print auf Büttenpapier
digital pigment print on paper
34 x 50 cm
Courtesy der Künstler the artist
Abb. S. 101 ill. p. 101

*Prince R. at seventeen, shortly before his
marriage*, 2008
Aus der Serie from the series *Ladslove*
Digitaler Pigment Print auf Büttenpapier
digital pigment print on paper
34 x 50 cm
Courtesy der Künstler the artist
Abb. S. 102 ill. p. 102

*Henry age fifteen, the butcher's boy
at Smithfield*, 2008
Aus der Serie from the series *Ladslove*
Digitaler Pigment Print auf Büttenpapier
digital pigment print on paper
34 x 50 cm
Courtesy der Künstler the artist
Abb. S. 103 ill. p. 103

My "Sunshine". Stephen at age seventeen,
2008
Aus der Serie from the series *Ladslove*
Digitaler Pigment Print auf Büttenpapier
digital pigment print on paper
34,5 x 50 cm
Courtesy der Künstler the artist
Abb. S. 104 ill. p. 104

Gordon age sixteen. My first private, 2008
Aus der Serie from the series *Ladslove*
Digitaler Pigment Print auf Büttenpapier
digital pigment print on paper
34 x 50 cm
Courtesy der Künstler the artist
Abb. S. 105 ill. p. 105

NAN GOLDIN

Amanda in the Mirror, Berlin, 1992
Cibachrome
40 x 60 cm
DZ BANK Kunstsammlung
Abb. S. 107 ill. p. 107

*Siobhan on the toilet, Berlin, New Year's
Eve, Berlin*, 1991/92
Cibachrome
51 x 61 cm
DZ BANK Kunstsammlung
Abb. S. 108 ill. p. 108

Siobhan in my Mirror, Berlin, 1992
Cibachrome
41 x 61 cm
DZ BANK Kunstsammlung
Abb. S. 109 ill. p. 109

Alf at my Bon Voyage party, NYC, 1991
Cibachrome
51 x 61 cm
DZ BANK Kunstsammlung
Abb. S. 110 ill. p. 110

David Wojnarowicz at home, NYC, 1991
Cibachrome
72,2 x 101,6 cm
DZ BANK Kunstsammlung
Abb. S. 111 ill. p. 111

GREG GORMAN

Alex Pettyfer, Los Angeles, 2008
Digital Pigment Print
43,2 x 55,8 cm
Courtesy der Künstler the artist
Abb. S. 113 ill. p. 113

Ashton Kutcher, Los Angeles, 2000
Digital Pigment Print
43,2 x 55,8 cm
Courtesy der Künstler the artist
Abb. S. 114 ill. p. 114

Mickey Hardt, Berlin, 2001
Digital Pigment Print
43,2 x 55,8 cm
Courtesy der Künstler the artist
Abb. S. 115 ill. p. 115

Luca and Luigi, Los Angeles, 2008
Digital Pigment Print
43,2 x 55,8 cm
Courtesy der Künstler the artist
Abb. S. 116 ill. p. 116

Heath Ledger, Venice, 2004
Digital Pigment Print
43,2 x 55,8 cm
Courtesy der Künstler the artist
Abb. S. 117 ill. p. 117

Matt and Tristan, Mendocino, 2008
Digital Pigment Print
43,2 x 55,8 cm
Courtesy der Künstler the artist
Ohne Abb. no ill.

KATY GRANNAN

Ghent, NY, 1999
C-Print
113 x 88,9 cm
Courtesy Greenberg Van Doren Gallery,
New York; Fraenkel Gallery, San Francisco;
Salon 94, New York
Abb. S. 119 ill. p. 119

Mike, private property, New Paltz, NY, 2003
C-Print
121,9 x 152,4 cm
Courtesy Greenberg Van Doren Gallery,
New York; Fraenkel Gallery, San Francisco;
Salon 94, New York
Abb. S. 120 ill. p. 120

*Mike, Hearthstone Motel, Upper Red Hook,
New York*, 2004
Silbergelatineabzug gelatin silver print
50,8 x 40,6 cm
Courtesy Greenberg Van Doren Gallery,
New York; Fraenkel Gallery, San Francisco;
Salon 94, New York
Abb. S. 121 ill. p. 121

Barry, Bethlehem, PA, 2002
Silbergelatineabzug gelatin silver print
50,8 x 40,6 cm
Courtesy Greenberg Van Doren Gallery,
New York; Fraenkel Gallery, San Francisco;
Salon 94, New York
Abb. S. 122 ill. p. 122

Friends, New Paltz, 2000
C-Print
113 x 88,9 cm
Courtesy Greenberg Van Doren Gallery,
New York; Fraenkel Gallery, San Francisco;
Salon 94, New York
Abb. S. 123 ill. p. 123

Dee and Van, Prospect Park, Brooklyn, NY,
2003
C-Print
121,9 x 152,4 cm
Courtesy Greenberg Van Doren Gallery,
New York; Fraenkel Gallery, San Francisco;
Salon 94, New York
Ohne Abb. no ill.

JITKA HANZLOVÁ

Ohne Titel, 1996
Aus der Serie from the series *bewohner*
C-Print
40 x 30 cm
DZ BANK Kunstsammlung
Abb. S. 125 ill. p. 125

Ohne Titel, 1995
Aus der Serie from the series *bewohner*
C-Print
40 x 30 cm
DZ BANK Kunstsammlung
Abb. S. 126 ill. p. 126

Ohne Titel, 1996
Aus der Serie from the series *bewohner*
C-Print
40 x 30 cm
DZ BANK Kunstsammlung
Abb. S. 127 ill. p. 127

Ohne Titel, 1995
Aus der Serie from the series *bewohner*
C-Print
40 x 30 cm
DZ BANK Kunstsammlung
Abb. S. 128 ill. p. 128

Ohne Titel, 1996
Aus der Serie from the series *bewohner*
C-Print
40 x 30 cm
DZ BANK Kunstsammlung
Abb. S. 129 ill. p. 129

Ohne Titel, 1995
Aus der Serie from the series *bewohner*
C-Print
40 x 30 cm
DZ BANK Kunstsammlung
Ohne Abb. no ill.

Ohne Titel, 1996
Aus der Serie from the series *bewohner*
C-Print
40 x 30 cm
DZ BANK Kunstsammlung
Ohne Abb. no ill.

PETER HUJAR

Daniel Shook, Sucking Toe, 1981
Silbergelatineabzug gelatin silver print
37,5 x 37,5 cm
Courtesy Matthew Marks Gallery, New York
Abb. S. 131 ill. p. 131

David Wojnarowicz Reclining, 1981
Silbergelatineabzug gelatin silver print
37,5 x 37,5 cm
Courtesy Matthew Marks Gallery, New York
Abb. S. 132 ill. p. 132

Gary in Contortion, 1979
Silbergelatineabzug gelatin silver print
37,5 x 37,5 cm
Courtesy Matthew Marks Gallery, New York
Abb. S. 133 ill. p. 133

Ethyl Eichelberger as Minnie the Maid, 1983
Silbergelatineabzug gelatin silver print
37,5 x 37,5 cm
Courtesy Matthew Marks Gallery, New York
Abb. S. 134 ill. p. 134

John Heys (Nude with Blanket), 1985
Silbergelatineabzug gelatin silver print
37,5 x 37,5 cm
Courtesy Matthew Marks Gallery, New York
Abb. S. 135 ill. p. 135

JEAN-BAPTISTE HUYNH

Huyen VII, 2002
Silbergelatinechlorbromidabzug
gelatin chlorobromide silver print
120 x 120 cm
Privatsammlung Private Collection
Abb. S. 137 ill. p. 137

Mali Portrait IV, 2003
Silbergelatinechlorbromidabzug
gelatin chlorobromide silver print
120 x 120 cm
Privatsammlung Private Collection
Abb. S. 138 ill. p. 138

Ethiopie Portrait XVI, 2005
Silbergelatinechlorbromidabzug
gelatin chlorobromide silver print
120 x 120 cm
Privatsammlung Private Collection
Abb. S. 139 ill. p. 139

Christian Portrait III, 2004
Silbergelatinechlorbromidabzug
gelatin chlorobromide silver print
120 x 120 cm
Privatsammlung Private Collection
Abb. S. 140 ill. p. 140

Mali Portrait XXVI, 2003
Silbergelatinechlorbromidabzug
gelatin chlorobromide silver print
120 x 120 cm
Privatsammlung Private Collection
Abb. S. 141 ill. p. 141

LEO KANDL

Nestor, Lwiw, 1. Oktober 2002
Farbfotografie color photograph
46 x 30,5 cm
Courtesy der Künstler the artist
Abb. S. 143 ill. p. 143

Amir, NYC, 23. Februar 2000
Farbfotografie color photograph
46,5 x 30 cm
Courtesy der Künstler the artist
Abb. S. 144 ill. p. 144

Roxana, Teheran, 12. Dezember 2003
Farbfotografie color photograph
30,5 x 46 cm
Courtesy der Künstler the artist
Abb. S. 145 ill. p. 145

Georges, NYC, 25. Februar 2000
Farbfotografie color photograph
31 x 49,5 cm
Courtesy der Künstler the artist
Abb. S. 146 ill. p. 146

Swetlana, Moskau, 2. Oktober 2004
Farbfotografie color photograph
47 x 30,5 cm
Courtesy der Künstler the artist
Abb. S. 147 ill. p. 147

John, London, 20. April 2001
Farbfotografie color photograph
45 x 30,5 cm
Courtesy der Künstler the artist
Ohne Abb. no ill.

BARBARA KLEMM

Richard Serra, Paris 2008
s/w Fotografie b/w photograph
30 x 40 cm
Courtesy die Künstlerin the artist
Abb. S. 149 ill. p. 149

Madonna, Paris 1993
s/w Fotografie b/w photograph
30 x 40 cm
Courtesy die Künstlerin the artist
Abb. S. 150 ill. p. 150

*Merkel, Stoiber mit Frau, Wahlnacht bei der
CDU*, Berlin 2002
s/w Fotografie b/w photograph
30 x 40 cm
Courtesy die Künstlerin the artist
Abb. S. 151 ill. p. 151

Thomas Bernhard, Ohlsdorf 1981
s/w Fotografie b/w photograph
30 x 40 cm
Courtesy die Künstlerin the artist
Abb. S. 152 ill. p. 152

Hans Werner Henze, Marino 2001
s/w Fotografie b/w photograph
30 x 40 cm
Courtesy die Künstlerin the artist
Abb. S. 153 ill. p. 153

*Empfang Gorbatschow, Schloss
Augustenburg*, Brühl 1989
s/w Fotografie b/w photograph
30 x 40 cm
Courtesy die Künstlerin the artist
Ohne Abb. no ill.

GERHARD KLOCKER

Andreas Ticozzi, Bregenz, 2003
C-Print
78 x 78 cm
Courtesy der Künstler the artist
Abb. S. 155 ill. p. 155

King of Camden, London, 2006
C-Print
118 x 118 cm
Courtesy der Künstler the artist
Abb. S. 156 ill. p. 156

Friedrich Cerha, Wien, 2003
C-Print
78 x 78 cm
Courtesy der Künstler the artist
Abb. S. 157 ill. p. 157

Gerald Matt, 2000
C-Print
37 x 48 cm
Privatsammlung Private Collection
Abb. S. 158 ill. p. 158

Baby, 2003
Lambda Print
68 x 68 cm
Courtesy der Künstler the artist
Abb. S. 159 ill. p. 159

Herbert Willi, Schrunz, 2003
C-Print
78 x 78 cm
Courtesy der Künstler the artist
Ohne Abb. no ill.

ANDREAS MADER

Eva und Herveva, 1999
C-Print
44 x 55,4 cm
Courtesy der Künstler the artist
Abb. S. 161 ill. p. 161

Gitte und Benno, 2001
C-Print
44 x 55,4 cm
Courtesy der Künstler the artist
Abb. S. 162 ill. p. 162

Herveva und Eva, 2003
C-Print
44 x 55,4 cm
Courtesy der Künstler the artist
Abb. S. 163 ill. p. 163

Heike, 2004
C-Print
44 x 55,4 cm
Courtesy der Künstler the artist
Abb. S. 164 ill. p. 164

Udo, 2003
C-Print
44 x 55,4 cm
Courtesy der Künstler the artist
Abb. S. 165 ill. p. 165

Hervé und Herveva, 1998
C-Print
44 x 55,4 cm
Courtesy der Künstler the artist
Ohne Abb. no ill.

SALLY MANN

The Perfect Tomato, 1990
Silbergelatineabzug gelatin silver print
20,3 x 25,4 cm
Courtesy die Künstlerin the artist,
Gagosian Gallery
Abb. S. 167 ill. p. 167

Venus after School, 1992
Silbergelatineabzug gelatin silver print
20,3 x 25,4 cm
Courtesy die Künstlerin the artist,
Gagosian Gallery
Abb. S. 168 ill. p. 168

Holding Virginia, 1989
Silbergelatineabzug gelatin silver print
20,3 x 25,4 cm
Courtesy die Künstlerin the artist,
Gagosian Gallery
Abb. S. 169 ill. p. 169

Jessie as Jessie, 1990
Silbergelatineabzug gelatin silver print
20,3 x 25,4 cm
Courtesy die Künstlerin the artist,
Gagosian Gallery
Abb. S. 170 ill. p. 170

Jessie as Madonna, 1990
Silbergelatineabzug gelatin silver print
20,3 x 25,4 cm
Courtesy die Künstlerin the artist,
Gagosian Gallery
Abb. S. 171 ill. p. 171

Three Generations, 1989
Silbergelatineabzug gelatin silver print
20,3 x 25,4 cm
Courtesy die Künstlerin the artist,
Gagosian Gallery
Ohne Abb. no ill.

Sun Poisoning, 1992
Silbergelatineabzug gelatin silver print
20,3 x 25,4 cm
Courtesy die Künstlerin the artist,
Gagosian Gallery
Ohne Abb. no ill.

ROBERT MAPPLETHORPE

Greg Cauley, 1980
Silbergelatineabzug gelatin silver print
40,6 x 50,8 cm
Robert Mapplethorpe Foundation,
New York
Abb. S. 173 ill. p. 173

Ken Moody, 1983
Silbergelatineabzug gelatin silver print
40,6 x 50,8 cm
Robert Mapplethorpe Foundation,
New York
Abb. S. 147 ill. p. 147

Jill Chapman, 1983
Silbergelatineabzug gelatin silver print
40,6 x 50,8 cm
Robert Mapplethorpe Foundation,
New York
Abb. S. 175 ill. p. 175

Alice Neel, 1984
Silbergelatineabzug gelatin silver print
40,6 x 50,8 cm
Robert Mapplethorpe Foundation,
New York
Abb. S. 176 ill. p. 176

Ken Moody and Robert Sherman, 1984
Silbergelatineabzug gelatin silver print
40,6 x 50,8 cm
Robert Mapplethorpe Foundation,
New York
Abb. S. 177 ill. p. 177

HELLEN VAN MEENE

Untitled #125, Bergen, Netherlands, 2000
C-Print
39,4 x 39,4 cm
Courtesy die Künstlerin the artist,
Yancey Richardson Gallery, New York
Abb. S. 179 ill. p. 179

Untitled #63, 1999
Chromogener Farbabzug chromogenic print
38,1 x 38,1 cm
Courtesy die Künstlerin the artist,
Yancey Richardson Gallery, New York
Abb. S. 180 ill. p. 180

Untitled #154, 2003
Chromogener Farbabzug chromogenic print
38,1 x 38,1 cm
Courtesy die Künstlerin the artist,
Yancey Richardson Gallery, New York
Abb. S. 181 ill. p. 181

Untitled #132, 2003
Chromogener Farbabzug chromogenic print
38,1 x 38,1 cm
Courtesy die Künstlerin the artist,
Yancey Richardson Gallery, New York
Abb. S. 182 ill. p. 182

Untitled #72, 1999
Chromogener Farbabzug chromogenic print
39,4 x 39,4 cm
Courtesy die Künstlerin the artist,
Yancey Richardson Gallery, New York
Abb. S. 183 ill. p. 183

JUDITH JOY ROSS

Anthony Graff, Northeast Philadelphia, 1998
Silbergelatineabzug, goldgetont
gelatin silver print, gold toned
25,4 x 20,3 cm
Niedersächsische Sparkassenstiftung,
Hannover
Abb. S. 185 ill. p. 185

*Robert Williams, Gallagher Junior High
School, Cleveland, Ohio*, 1993
Silbergelatineabzug, goldgetont
gelatin silver print, gold toned
25,4 x 20,3 cm
Niedersächsische Sparkassenstiftung,
Hannover
Abb. S. 186 ill. p. 186

*Jackie Cieniawa, A. D. Thomas Elementary
School, Hazleton, Pennsylvania*, 1993
aus der Serie from the series *Portraits of
Hazleton Public School*, 1992–1994
Silbergelatineabzug, goldgetont
gelatin silver print, gold toned
25,4 x 20,3 cm
Niedersächsische Sparkassenstiftung,
Hannover
Abb. S. 187 ill. p. 187

*Orion, A. D. Thomas Elementary School,
Hazleton, Pennsylvania*, 1993
aus der Serie from the series *Portraits of
Hazleton Public School*, 1992–1994
Silbergelatineabzug, goldgetont
gelatin silver print, gold toned
25,4 x 20,3 cm
Niedersächsische Sparkassenstiftung,
Hannover
Abb. S. 188 ill. p. 188

*Svyatoslav Gera, Gallagher Junior High
School, Cleveland, Ohio*, 1998
Silbergelatineabzug, goldgetont
gelatin silver print, gold toned
25,4 x 20,3 cm
Niedersächsische Sparkassenstiftung,
Hannover
Abb. S. 189 ill. p. 189

Sophia, Philadelphia, Pennsylvania, 1998
Silbergelatineabzug, goldgetont
gelatin silver print, gold toned
25,4 x 20,3 cm
Niedersächsische Sparkassenstiftung,
Hannover
Ohne Abb. no ill.

THOMAS RUFF

Porträt, 1988
(P. Stadtbäumer)
C-Print
210 x 165 cm
Privatsammlung Private Collection
Abb. S. 191 ill. p. 191

Porträt, 1988
(J. Röing)
C-Print
210 x 165 cm
Courtesy der Künstler the artist
Abb. S. 192 ill. p. 192
Nicht ausgestellt not on display

Porträt, 1988
(L. Coelevy)
C-Print
210 x 165 cm
Courtesy der Künstler the artist
Abb. S. 193 ill. p. 193
Nicht ausgestellt not on display

STEFANO SCHEDA

ROLL N'ROLL / the body of the portrait,
2000
C-Print
Installation, 5-teilig 5 parts
Je each 200 x 80 cm
Courtesy LipanjePuntin artecontemporanea,
Triest
Abb. S. 195–199 ill. p. 195–199

BEAT STREULI

Eighth Avenue / 35th Street 02, 2003
C-Print
151 x 201 cm
Courtesy der Künstler the artist,
Galerie Conrads, Düsseldorf
Abb. S. 201 ill. p. 201

Eighth Avenue / 35th Street 02, 2003
C-Print
151 x 201 cm
Courtesy der Künstler the artist,
Galerie Conrads, Düsseldorf
Abb. S. 202 ill. p. 202

Eighth Avenue / 35th Street 02, 2003
C-Print
151 x 201 cm
Courtesy der Künstler the artist,
Galerie Conrads, Düsseldorf
Abb. S. 203 ill. p. 203

WOLFGANG TILLMANS

Haircut, 2007
Inkjet-Print
204 x 137 cm
Courtesy Galerie Daniel Buchholz,
Köln/Berlin
Abb. S. 205 ill. p. 205

Karl, Abney Park, 2008
C-Print auf Forex im Künstlerrahmen
C-print mounted on Forex in artist's frame
172 x 252 x 6 cm
Courtesy Galerie Daniel Buchholz,
Köln/Berlin
Abb. S. 206 ill. p. 206

Domenico, 1992
C-Print
61 x 51 cm
Courtesy Galerie Daniel Buchholz,
Köln/Berlin
Abb. S. 207 ill. p. 207

Andy on Baker Street, 1993
C-Print auf Forex im Künstlerrahmen
C-print mounted on Forex in artist's frame
211 x 145 x 6 cm
Courtesy Galerie Daniel Buchholz,
Köln/Berlin
Abb. S. 208 ill. p. 208

Anders (Brighton Arcimboldo), 2005
Inkjet-Print
204 x 137 cm
Courtesy Galerie Daniel Buchholz,
Köln/Berlin
Abb. S. 209 ill. p. 209

Richard Hamilton, 2005
C-Print auf Forex im Künstlerrahmen
C-print mounted on Forex in artist's frame
211 x 145 x 6 cm
Courtesy Galerie Daniel Buchholz,
Köln/Berlin
Ohne Abb. no ill.

William of Orange, 2007
C-Print
40 x 30 cm
Courtesy Galerie Daniel Buchholz,
Köln/Berlin
Ohne Abb. no ill.

Impressum Colophon

Katalog Catalog

Herausgeber Editor
KUNSTHALLE wien, Gerald Matt, Peter Weiermair

Redaktion Editing
Synne Genzmer

Assistenz Assistant
Martin Walkner

Grafische Gestaltung Catalog Design
Dieter Auracher

Texte Texts
Ulrich Pohlmann, Peter Weiermair

Biografien Biographies
Synne Genzmer, Martin Walkner, Peter Weiermair

Übersetzungen Translations
Wolfgang Astelbauer, Margarethe Clausen, Nelson Wattie

Lektorat Proof-Reading
Theresa Haigermoser, Sandra Huber

Druck Printed by
Holzhausen

Zweite Auflage Second Edition

© 2010 KUNSTHALLE wien, Verlag für moderne Kunst Nürnberg für das Buch for the book
© 2010 für die abgebildeten Werke bei for the reproduced images with the artists; VBK, Wien 2009: Valérie Belin, Alberto García-Alix, Thomas Ruff und siehe Bildnachweis and see credits
© 2010 für die abgedruckten Texte bei den Autoren for the texts with the authors

Verlag für moderne Kunst Nürnberg
Luitpoldstraße 5
D-90402 Nürnberg
Tel.: +49 911 240 21 14
Fax: +49 911 240 21 19
www.vfmk.de

ISBN 978-3-85247-076-4 (Kunsthalle Wien)
ISBN 978-3-941185-60-9 (Verlag für moderne Kunst Nürnberg)

Bibliografische Information der Deutschen Nationalbibliothek
Die Deutsche Nationalbibliothek verzeichnet diese Publikation in der Deutschen Nationalbibliografie; detaillierte bibliografische Daten sind im Internet über http://dnb.d-nb.de abrufbar.

Bibliographic information published by Die Deutsche Bibliothek
Die Deutsche Bibliothek lists this publication in the Deutsche Nationalbibliografie; detailed bibliographic data is available in the internet at http://dnb.ddb.de

Vertrieb Großbritannien Distribution in the United Kingdom
Cornerhouse Publications
70 Oxford Street, Manchester M1 5 NH, UK
Tel.: +44 161 200 15 03, Fax: +44 161 200 15 04

Vertrieb außerhalb Europas Distribution outside Europe
D.A.P./Distributed Art Publishers, Inc., New York
155 Sixth Avenue, 2nd Floor, New York, NY 10013, USA
Tel.: +1 212 627 19 99, Fax: +1 212 627 94 84

Cover: Katy Grannan, *Ghent, NY*, 1999, © die Künstlerin the artist, Courtesy Greenberg Van Doren Gallery, New York; Fraenkel Gallery, San Francisco; Salon 94, New York

Ausstellung Exhibition

Das Porträt. Fotografie als Bühne The Portrait. Photography as Stage

KUNSTHALLE wien, halle 2
3. Juli bis 18. Oktober 2009 July 3 – October 18, 2009

Kurator Curator
Peter Weiermair

Kuratorische Assistentin Curatorial Assistant
Synne Genzmer

Produktionsleitung Production Manager
Sigrid Mittersteiner

Presse, Marketing Press, Marketing
Claudia Bauer (Leitung Head)
Katharina Murschetz (Presse Press), Michaela Zehetner (Marketing)

Kunstvermittlung Educational Department
Isabella Drozda (Leitung Head), Katharina Braun

Technik Technical Coordinator
Johannes Diboky

Transporte Transport
hs art service austria GmbH

Ausstellungsgrafik Exhibition Design
Angela Althaler

Direktor Director
Gerald Matt

Geschäftsführerin General Manager
Bettina Leidl

Leitender Kurator Head of Exhibitions
Thomas Mießgang

Die KUNSTHALLE wien ist die Institution der Stadt Wien für moderne und zeitgenössische Kunst und wird durch die Kulturabteilung MA7 unterstützt.

KUNSTHALLE wien is the institution of the City of Vienna devoted to modern and contemporary art and is supported by the Department of Cultural Affairs MA7.

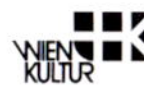